Microsoft Azure
Machine Learning Studio를 활용한

머신러닝 시작하기

저자 소개

강민수 | 을지대학교 의료IT학과에 재직 중인 강민수 교수는 의료원 전산처 통합전산센터장과 한국인공지능학회 편집위원장을 맡고 있으며, 을지대학교 병원의 심장내과, 류마티스내과, 진단검사의학과와 함께 의료분야의 머신러닝 연구를 진행 중이다. 강민수 교수는 광운대학교 로봇학부의 전신인 제어계측공학과에 입학하여 동대학원에서 ASIC 제작을 위한 설계와 센서, USN, 로봇에 인공지능 적용을 위한 연구를 진행했으며 한양대학교 융합전자공학부 겸임교수, 한양사이버대학교 정보통신공학과 교수를 거쳐 (舊)지식경제부의 RFID/USN Program Director 업무를 수행하였다. 저서로는 서울특별시 교육감 인정 교재인 〈RFID기초〉, 〈VHDL을 이용한 디지털 회로설계〉, 〈국가공인 RFID GL 기술자격검정〉 등을 출간하였다.

강희재 | 강희재 디에스이트레이드 연구소장은 한국교원대학교 물리교육과를 졸업하고 다수의 IT업체에서 보안 및 모바일 솔루션 개발과 SCM 컨설팅을 수행했으며, 단국대학교 정보통계대학원에서 통계 및 머신러닝에 대한 이론을 습득 후 현재 한국마이크로소프트 빅데이터 및 AI 플랫폼 전문 파트너인 디에스이트레이드에서 연구소장으로 서울아산병원 빅데이터 공모전 공동 수행, 연세의료원 AI 및 삼성서울병원 AI 과제에 참여 공동 연구를 진행하고 있으며, IoT 기반의 센서데이터 분석 영역으로 글로벌제조업체와 공동 연구를 수행하였다. 최근에는 (주)비알프레임을 설립하여 기술이사로서 AI를 빠르고 쉽게 수행하도록 돕는 업무를 담당하고 있다. 주 연구분야는 AI Platform 활용, 유전체 분석, 수요예측, Signal 기반 패턴 예측을 통한 이상감지 영역이다.

유기봉 | 연세대학교 보건행정학과 및 정보통계학과 조교수로 재직 중인 유기봉 교수는 홍익대학교 컴퓨터공학과를 졸업하고 연세대학교에서 보건정보 분야로 석사, 보건학 분야로 박사 학위 취득하였다. 현재 보건의료분야의 데이터 사이언티스트로서 활동하고 있으며 주요 연구 분야는 보건의료 빅데이터를 활용한 건강결정론, 보건의료 정책의 사회경제적 영향 분석으로 딥러닝을 활용하여 보건의료 빅데이터 중 청구자료에 기반한 질병예측 연구를 진행 중이며 그 외에 흡연 규제 정책 영향 평가, ODA 성과 평가 등에 대한 연구를 진행하고 있다.

임춘화 | 임춘화 교수는 충남대학교 의학과를 졸업하고 대학원에서 석사 및 박사학위를 취득하였다. 충남대학교병원에서 인턴을 하고 진단검사의학과 전공으로 레지던트를 수료, 서울아산병원에서 전임의를 수료하였다. 일본 국립순환기병센터의 연구소와 Brigham Women's Hospital의 세포유전학분과에서 연수를 하였고, 현재는 을지대학교에 재직 중이며 을지대학교의료원 전산처장, 을지의생명과학연구소 센터장으로 일하고 있다. 대한진단검사의학회 정보이사, 대한수혈학회 법제이사로도 활동하고 있으며, 저서로는 〈진단검사의학(대한진단검사의학회 출간)〉 등이 있다.

최은수 | 을지대학교 의료IT마케팅학과를 졸업하고 동대학원 석사과정 중인 최은수 연구원은 Microsoft의 의료연구를 위한 Deep Learning(CNTK)과 Azure Machine Learning Studio 과정을 공부하고 현재 의료지능정보연구센터(MIIC: Medical Intelligence Information R&D Center)에서 머신러닝 기반의 퇴행성류마티스관절염 예측(진단)에 관한 연구와 인공지능을 활용한 ACS(Acute Coronary Syndrome) 환자의 부작용 최소화에 관한 연구를 진행 중에 있다.

Microsoft Azure Machine Learning Studio를 활용한

머신러닝 시작하기

발행일 2018년 9월 27일 1쇄
2019년 2월 20일 2쇄
지은이 강민수, 강희재, 유기봉, 임춘화, 최은수
감 수 김민선
펴낸이 김준호
펴낸곳 한티미디어 | **주 소** 서울시 마포구 연남로 1길 67 1F
등 록 제15-571호 2006년 5월 15일
전 화 02)332-7993~4 | **팩 스** 02)332-7995
ISBN 978-89-6421-350-6 (93000)
정 가 27,000원

마케팅 박재인 최상욱 김원국
편 집 김은수 유채원
관 리 김지영

이 책에 대한 의견이나 잘못된 내용에 대한 수정정보는 한티미디어 홈페이지나 이메일로 알려주십시오.
독자님의 의견을 충분히 반영하도록 늘 노력하겠습니다.
홈페이지 www.hanteemedia.co.kr | **이메일** hantee@hanteemedia.co.kr

---

Microsoft Azure Machine Learning Studio를 활용한 머신러닝 시작하기

강민수 • 강희재 • 유기봉 • 임춘화 • 최은수 지음
김민선 감수

한티미디어

머리말

제4차 산업혁명의 시대를 이끌어갈 주요 동력이 되고 있는 인공지능은 산업계, 교육계, 의료계 등 모든 분야가 상호 연결되어 지능화된 사회로 발전할 것이다. 인공지능의 발전은 기계에게 인간의 지능과 같은 능력을 부여함으로써 실생활에 적용 가능성이 본격화되고 있다. 1997년 체스게임에서 딥블루 승리를 시작으로, 알파고의 바둑 승리, 자율주행차의 시험주행 성공, 엑소브레인의 장학퀴즈 성공, 음성인식기능을 갖춘 통신사의 서비스, 의사의 진단을 지원하는 등 우리의 실생활에 녹아 있다. 그래서 인공지능 분야의 연구자가 늘어나는 추세이지만 머신러닝, 딥러닝 등 모르는 용어, 애매한 정의 등이 시작부터 어렵게 만들고 있다. 저자 역시 로봇공학에서 제어이론과 함께 공부했던 기억으로 인공지능을 접근하다 보니 애매할 수 밖에 없었다.

인공지능 연구를 시작하기 위해서 수학이나, 활용할 알고리즘, 인공지능의 정의와 논리등 학문적 접근이 필요하다. 하지만, 인공지능을 처음 접하는 입장에서는 다양한 프로그램 활용이나 알고리즘 적용 등 실무적 접근이 오히려 흥미를 더 끌어올릴 것으로 생각된다.

그래서 많은 연구자들이 오픈 소스를 활용한 접근 방법을 시도했으나 어려움이 많았다. 왜냐하면 말 그대로 오픈된 소스이기 때문에 공짜라는 의미에서 접근은 좋았으나 필요한 라이브러리나 알고리즘 적용에는 한계가 있어서 저자 역시 실제 목표한 연구에 투자하는 시간보다 소스를 찾거나 적용해보는데 더 많은 시간이 소요되었다. Windows/iOS 사용자와 Linux 사용자를 비교해 본다면 쉽게 이해할 것이다. Windows/iOS 사용자는 OS를 구입하지만 다양한 지원이 있고 해당 OS 기반으로 프로그램이 만들어지고 있다. 반면 Linux 사용자는 무료이지만 편리함과 지원에는 한계가 있는 것이다. OS 설명은 이해를 돕기 위한 설명으로 '100% 그렇다'는 아니기 때문에 오해하지 않기를 바란다.

이러한 이유로 본 책에서는 마이크로소프트사에서 제공하는 Microsoft Azure Machine Learning Studio 프로그램을 사용하였다.

이 책은 1, 2, 3부로 구성되었다. 1부에서는 인공지능의 역사, 머신러닝, 딥러닝의 소개와 알고리즘에 대해서 간략히 소개하였다. 특히 수학에 약한 사람은 시도조차 하지 않기 때문에 수식을 사용하지 않았다. 만약 심층적 접근이 필요한 사람은 다른 교재의 선택을 권장한다. 2부에서는 Azure Machine Learning Studio에 대한 소개와 사용하는 방법 그리고 필요한 예제를 다루었다. Azure Machine Learning Studio는 지도학습과 비지도학습에서 사용하는 알고리즘을 메뉴로 선택하여 사용할 수 있도록 쉽게 구성되어 편리하게 사용할 수 있다. 그래서 Azure Machine Learning Studio를 시작부터 예제프로그램까지 완성할 수 있도록 각 단계마다 설명과 함께 그림으로 나타내었다. 또한 공공, 실제 의료 데이터를 활용한 예제를 설명하였다. 그래서 2부까지 정독해서 한 번만이라도 따라한다면 머신러닝을 시작하는 초보자도 Machine Learning 프로그램을 적용할 수 있도록 하였다.

3부에서는 분석 단계별−데이터 전처리/모형선택/평가 등의 과정이 예제와 함께 정리되어 있다. 특히, 대용량 데이터 처리에 용이한 Microsoft Machine Learning Server(R 기반)를 활용하여 예제 중심으로 설명하였고, Open R과의 차이점을 파악하면서 학습하기 용이하게 구성하였다. 또한 R 기반의 통계적 접근 및 모형 활용, 데이터 사이언스/애널리틱스 및 시뮬레이션까지 정리하였다.

인공지능의 이론적 접근보다 실제 적용을 원한다면 꼭 Azure Machine Learning Studio가 아니더라도 반드시 하나의 프로그램은 습득해야만 할 것이다. 국내의 연구소에서 개발한 프로그램도 있고 해외의 프로그램도 있지만, 저자가 선택한 Azure Machine Learning Studio 프로그램은 많은 기능도 중요하지만 필요한 기능이 빠짐없이 제공된다는 점이 장점이다. 다만 라이선스 비용이 든다는 것은 감안해야 할 것이다. 그래서 Azure Machine Learning Studio를 시작하는 초보자는 마이크로소프트사에서 8시간 사용할 수 있는 8−hour trial 버전을 제공하고 있으니 활용해 보기를 권장한다.

끝으로 집필에 참여하신 유기봉, 임춘화 교수님과 강희재 소장님, 최은수 연구원에서 감사드리고, 출판에 애써주신 한티미디어 사장님과 관계자분들께 감사드린다. 책을 읽는 독자분들에게는 이 책을 덮을 때쯤 인공지능에 대한 기본적인 이해와 더불어 머신러닝을 연구용 프로그램으로 활용할 수 있는 연구자가 되어 있기를 기대한다.

대표저자 **강민수**

차 례

1부 인공지능

1부 인공지능

1. 인공지능의 개요

1.1 인공지능의 정의

인공지능은 '기계로부터 만들어진 지능' '인간이 지닌 지적 능력의 일부 또는 전체를 인공적으로 구현한 것' 등 여러 가지 정의가 있지만 전체적인 내용을 정리해보면 '인간의 판단, 행위, 인지 등을 이해해서 인간의 지능을 기계[1]가 갖출 수 있도록 하는 것'이라고 할 수 있다. 지능이라고 하는 것은 '도전적인 새로운 과제를 성취하기 위한 사전지식과 경험을 적용할 수 있는 능력'이라고 말할 수 있으며 이는결국 인간의 지적 능력(들)을 지칭하는 것이라고 할 수 있다. 이러한 능력은 다양한 상황과 문제에 융통성을 갖고 반응하는 데 사용될 수 있고 학습능력Learning Ability과도 관련이 있다.

학습능력이란 배우는 능력을 말하는 것으로, 학습능력이 뛰어나다는 것은 남들이 배우기 힘들어 하는 내용을 배울 수 있거나 같은 내용을 배우더라도 더 빠르게 혹은 그 배움의 활용도를 생각하면서 넓게 배우는 것을 의미한다. 다만 지능은 학업 성취 같은 개인이 실제로 학습한 것과는 다르지만 지적인 사고와 행동은 사전지식에 달려있어 지능은 경험과 학습을 통해 변화될 수 있다고 말한다. 그래서 일반적으로는 지능이란 '문제를 해결할 수 있는 능력'이라고 정의하고 시작한다. 우리는 여러 가지 문제를 해결하기 위해서 고도의 지능을 필요로 한다. 예를 들면, 바둑을 둘 때 방대한 경험과 학습된 정보와 경험을 토대로 상대의 심리를 생각해서 다음 수를 미리 예측하고, 바둑경기와 사전지식 즉 문서, 인터넷 등을 통해 학습된 한 수를 두는 것이다. 이런 행동은 인간의 높은 지능이 요구되는 일이고, 이러한 지능을 기반으로 학습한 결과를 나타내는 것은 생각에서 비롯된다.

생각은 결론을 얻으려는 관념의 과정으로 목표에 이르는 방법을 찾으려고 하는 정신 활동 즉, 사상(思想), 사유(思惟)라고도 한다. 지각이나 기억의 활동만으로는 충분하지 않은 경우에, 어떻게 이해하고 또 행동해야 할 것인가를 헤아리는 활동인 것이다. 생각을 과학적으로 설명하면 큰 범위에서 의식이라고 할 수 있으며 넓은 뜻으로는 대상에 관한 '경험'과 같다고 한다. 경험도 어떤 절차에 의한 지식으로 특정 분야에서 상당한 경험을 한 사람은 전문가로서 명성을 얻을 수도 있다. 결국 지능은 인간이 가질 수 있는 생각과 경험 등을 기계가 인지하고 분석하고 이해하는 것이고, 이를 인공적으로 만든 지능이 인공

1 인공지능에서 기계는 마이크로컴퓨터, PC, 서버 등을 의미함

지능이라고 할 수 있을 것이다.

인간처럼 생각하는 기계를 만들려면 인간의 생각과 행동을 연구해야 하는데, 듣고, 말하고 보는 행동이 매우 쉬운 것처럼 보이지만 컴퓨터가 이러한 능력을 지니는 것은 매우 힘들고 어려운 작업으로 인간이 생각하는 것 자체를 모방하는 것이 가장 빠를 것이다.

그래서 과학적인 접근 방법으로 인간과 같은 생각과 그로 인한 행동이 필요하다. 이를 실천하기 위해서는 어린아이가 경험에 의한 학습으로 스스로 생각해서 행동하는 것처럼 반복된 학습과 실험을 통해 조사하고 면밀히 연구하여야 할 것이다. 인간의 생각과 행동에 대해서 캐슬린 맥코운[Kathleen McKeown] 교수는 크게 4가지로 구분하고 있다.

● 인간처럼 생각하는 시스템(Systems that think like humans)

1985년 호지랜드[Haugeland]와 1978년 벨만[Bellman]에 의해 정의된 것으로 인간과 유사한 사고 및 의사결정을 내릴 수 있는 시스템으로 인지모델링 접근 방식이다. 이는 인공지능에 기초한 컴퓨터 모델을 만들어 실제 실험을 통해 인간의 사고 작용을 모방하려는 분야로 인간의 복잡한 생각, 인지 등의 작용과 이것을 컴퓨터로 모델화한 것과는 여러 가지로 차이점이 존재한다.

● 합리적으로 생각하는 시스템(Systems that think rationally)

1985년 차니악[Charniak]과 맥더멋[Mcdermott], 1992년 윈스턴[Winston]에 의해 정의된 것으로 계산모델을 통해 지각, 추론, 행동 같은 정신적 능력을 갖춘 시스템으로 사고의 법칙 접근 방식이다. 인간의 사고 과정을 컴퓨터로 프로그래밍 할 수 있도록 비형식적인 것을 형식화하여 기계의 논리 시스템에 적용하여 실제로 수행되는 데 필요한 결론을 추론해 내는 것이다.

● 인간처럼 행동하는 시스템(Systems that act like humans)

1990년 커즈와일[Kurzweil]과 1991년 리치[Rich]와 나이트[Knight]에 의해 정의된 것으로 인간의 지능을 필요로 하는 어떤 행동을 기계가 따라할 수 있는 시스템으로 튜링 테스트 접근 방식이다. 앨런 튜링이 1950년에 제안한 테스트로 기계와 인간이 얼마나 비슷하게 대화할 수 있는지를 기준으로 기계에 지능이 있는지를 판별하는, 즉 인간과 같은 수준의 성능을 이루어 내는 능력이라고 할 수 있다.

- **합리적으로 행동하는 시스템(Systems that act rationally)**

1990년 쇼코프[Schalkoff]와 1993년 루거[Lugar]와 스터블필드[Stubblefield]에 의해 정의된 것으로 계산모델을 통해 지능적 행동을 하는 에이전트[2] 시스템으로 합리적인 에이전트 접근 방식이다. 에이전트란 단지 행동하는 어떤 것으로 컴퓨터 에이전트는 단순한 '프로그램'이 아니라, 자율적인 제어 하에서 작동하고, 주위 환경을 지각하며, 오랜 시간 동안 동작하고, 변화에 적응하며, 다른 에이전트의 목표를 흉내 낼 수 있는 속성을 가졌다는 면에서 독특한 것으로 생각된다. 합리적인 에이전트란 최상의 결과 즉, 불확실성이 있는 경우에는 최상의 기대 결과를 얻을 수 있도록 행동하는 것이다. 합리적 행동은 설정된 목표를 달성하는 방식으로 추론이 합리적인 행동을 이루기 위해서 필요하고 유용한 메커니즘이다. 이는 단순 행동, 즉 본능적 행동이 아니라 신중한 사고 과정 후에 행해지는 행동이기 때문이다.

결론적으로 인공지능은 기계로부터 만들어진 인간의 인지, 추론, 학습 등을 컴퓨터나 시스템 등으로 구현하는 것으로 그와 같은 지능을 만들 수 있는 방법론이나 실현 가능성 등을 연구하는 기술 또는 과학 분야라고 할 수 있다.

1.2 인공지능의 역사

1.2.1 인공지능의 시작

인공지능의 태동이라고 할 수 있는 것은 1943년 워렌 맥컬로치[Warren McCulloch]와 월터 피츠[Walter Pitts]가 인공지능을 연구하면서 시작되었다. 이들이 인공지능을 연구하게 된 것은 뇌에서의 기초 생리학[Physiology]과 뉴런의 기능에 대한 지식, 러셀[Russell]과 화이트헤드[Whitehead]에 따른 명제논리[Propositional Logic]의 형식적 분석, 튜링의 계산이론[Theory of Computation]의 연구 등 3가지 동기에서였다고 한다.

이들은 인공지능의 모델로서 뉴런[3]이 시냅스에 의해 상호 간 정보를 처리하는 연결모델을 제안하였다. 하나의 뉴런이 다른 연결된 뉴런으로부터 자극을 받으면 on으로, 아니면 off로 표시하며 뉴런 상호

2 인공지능분야에서 자신의 감각기관(sensor)을 통해 환경(environments)을 인지(percept)하여 작용기(effectors)를 통해 그 환경에 대해 반응(action)하는 시스템

3 신경계를 구성하는 주된 세포로서 인접한 신경세포와 시냅스라는 구조를 통해 신호를 주고 받음으로써 다양한 정보를 받아들이고, 저장하는 기능을 함

간의 작용 관계를 모델화한 것으로 인공신경망을 그물망 형태로 연결하면 사람의 뇌에서 동작하는 아주 간단한 기능을 흉내 낼 수 있다는 것을 이론적으로 증명한 것이다. 이때의 뉴런은 인공지능 측면에서 '충분한 자극을 제공하는 하나의 명제'라고 개념적으로 정의한 최초의 뉴런 인공신경망 모델이다. 뉴런은 사전적인 의미로 신경계를 이루는 구조적 및 기능적 기본 단위로서 신경세포와 거기에서 나온 돌기를 합친 것이라고 할 수 있다. 뉴런은 전기적인 신호를 전달하는 특이한 세포로 뇌는 뉴런의 집합체로 볼 수 있다. [그림 1-1]에 뉴런과 연결된 신경망으로 표현되는 그림을 나타내었다.

그림 1-1 • 뉴런과 연결된 신경망

맥컬로치McCulloch와 피츠Pitts는 뉴런으로 연결된 네트워크에 학습의 개념이 필요하다고 주장하였고 1949년 헤브Hebb는 뉴런 간의 연결 정도를 변화시킬 수 있는 학습 규칙을 제안하여 '헤브의 학습 규칙[4]'이라 정의하였다. 이후 1950년에 앨런튜링Alan Turing이 생각하는 기계의 구현 가능성에 대한 튜링테스트를 발표하고 1951년에 맨체스터 대학의 페란티 마크 1Ferranti Mark 1기계에 크리스토퍼 스트레이Christopher Strachey와 디트리히 프린츠Dietrich Prinz가 체스 프로그램을 적용했다. 이후 1959년에 아서 새뮤얼Arthur Samuel이 "기계가 일일이 코드로 명시하지 않은 동작을 데이터로부터 학습하여 실행할 수 있도록 하는 알고리즘을 개발하는 연구 분야"로 머신러닝을 정의하여 이에 대해 도전할 수 있는 충분한 기술적 발전을

4 1949년 캐나다의 심리학자인 Donald Hebb은 그의 저서인 「The Organization of Behavior」에서 '헵의 시냅스'라고 알려진 시냅스의 연결강도 조정을 위한 생리학적 학습 규칙으로 두 개의 뉴런 A, B가 서로 반복적이고 지속적으로 점화(firing)하여 어느 한쪽 또는 양쪽 모두에 어떤 변화를 야기한다면 상호 간의 점화의 효율(weight)은 점점 커지게 된다고 저술함

이룩했다.

[그림 1-2]에 인공지능의 역사를 시계열 순서대로 설명하였다.

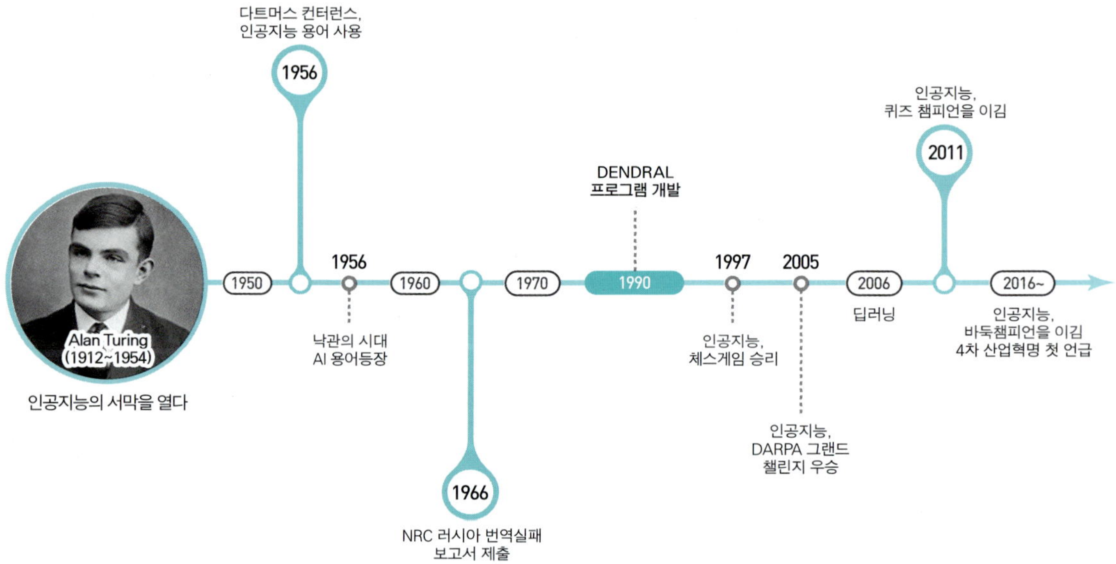

그림 1-2 • 인공지능의 역사

인공지능에서 빼놓을 수 없는 사건이 다트머스Dartmouth 컨퍼런스이다. 매카시McCarthy는 1956년 여름에 2개월간 민스키Minsky, 섀넌Shannon, 로체스터Rochester 등을 포함하여 오토마타 이론, 신경 회로망, 지능에 관한 연구 등의 워크숍을 개최하여 "학습의 모든 면 또는 지능의 다른 모든 특성으로 기계를 정밀하게 기술할 수 있고 이를 시뮬레이션할 수 있다"라고 제안했다. 당시 참여했던 사람들을 살펴보면, 모두 인공지능 역사에 한 획을 그은 사람들이었다. [그림 1-3]은 다트머스 컨퍼런에 참여했던 사람들이다.

(a) 다트머스 컨퍼런스 참석자 (b) 다트머스컨퍼런스의 인공지능 창시자

그림 1-3 • 다트머스 컨퍼런스 참여자

다트머스 워크숍 인공지능에 별다른 성과를 내지 못했으나, 이후에 인공지능의 여러 분야를 도입하게 되는 직접적인 계기가 되었다. 미국의 MIT, 카네기 멜론 대학교, 스탠포드 대학교, IBM 등에서 계속적으로 연구하게 된 계기가 되었으며, 매카시의 주장대로 '인공지능'이란 용어를 최초로 사용하게 된 유명한 워크숍이 되었다.

1.2.2 인공지능의 초기

컴퓨터나 프로그래밍 툴의 개발은 원시적이지만 간단한 계산 능력을 갖추기 시작하였다. 이 시점에 노웰Nowell과 사이먼Simon은 여러 가지 요인을 변화시켜 바람직한 결과와 예상되는 결과 사이의 차이를 줄일 수 있는 GPSGeneral Problem Solver라는 문제풀이 시스템을 개발하였는데 이는 매우 성공적이었다. GPS는 LT-Logic Theorist와는 달리 인간이 문제를 해결해나가는 과정을 모델화한 프로그램이었다. 이는 검색Searching, 목표지향적 행동Goal-oriented behavior, 규칙의 응용Application of rules을 복합하여 사용한 추론 프로그램으로서 비수치적으로 사고하는 즉 인간처럼 생각하는 접근 방식을 가진 최초의 프로그램이라고 할 수 있다.

GPS는 인간과 같은 사고 시스템이라는 인공지능의 첫 번째 목표를 달성하고자 하는 최초의 프로그램이 되었다. 이러한 인공지능과 사람의 인지능력도 결국 컴퓨터와 같을 것이라는 인지과학적인 접근 방법과의 융합 연구는 카네기 멜론 대학에서 시작되어 오늘날에도 생물학, 언어학, 심리학, 컴퓨터 등이 함께 연구하는 인지과학의 근간이 되고 있다.

인공지능의 초기, 시작을 알렸던 매카시는 1958년 다트머스에서 MIT로 옮겨가면서 중요한 3가지 업적을 남겼다.

첫째, 인공지능 프로그램 언어의 대표적인 LISP를 개발하여 현존하는 언어 중 두 번째로 오래된 언어가 되었다.

둘째, 시분할 시스템Time sharing을 도입하게 되었는데, 이는 비싼 컴퓨터의 사용료가 계속적으로 문제가 되어 해결하기 위해 시작된 것이다. 당시에는 컴퓨터의 사용료가 비싸기 때문에 짧은 시간 동안에 한 사람의 사용자가 사용하던 것을 다른 사용자도 돌아가면서 상호작용함으로써 한 대의 컴퓨터를 여러 사람이 동시에 쓰는 효과를 낼 수 있었다.

셋째, 1958년에 「Programs with Commonsense」란 논문을 발표하면서 'Advice Taker'라는 최초의 완전한 인공지능 프로그램을 개발하게 되었다. 이 프로그램은 지식 표현 및 추론의 중요원리를 모두 포함하고 있으며, 지식은 문제해결을 위해 탐색과정에서 사용된다.

1.2.3 인공지능의 침체기

처음부터 인공지능 연구자들은 성공을 예측했고 심지어 "지금 세상에는 생각하고, 학습하고, 창조하는 기계가 있다"라고 하버트 사이먼Herbert Simon이 1957에 발언했을 정도이다. 사이먼이 과신한 이유는 간단한 예제를 성공시키기에는 인공지능 시스템의 성능이 좋았기 때문이다. 그러나 거의 모든 경우에서 초기의 시스템은 문제를 더 넓게 선택하고 더 어렵게 되었을 때는 능력의 한계를 느낄 수 밖에 없었는데, 그 이유는 다음과 같다.

첫째, 초기 인공지능 프로그램들이 주제에 관한 지식이 거의 없기 때문에 단순한 문법적 조작에 대해서만 성공했다는 것이다. 미국 국립 연구 회의National Research Council에서 러시아어를 번역하기 위한 예산을 지원하였으나 언어의 애매 모호성을 해결하고 문장의 내용을 파악하기에는 어려웠던 것이다. 결국 1966년에 자문위원회에서는 "일반적인 과학 텍스트를 기계 번역하는 것은 있을 수 없으며 즉시 사용할 수 있는 전망이 없다"는 보고서를 냈다. 학문적인 번역 프로젝트에 대한 정부차원의 재정 지원이 모두 취소되었다. 지금의 상황으로 본다면 언어처리 측면에서 자연어처리가 어려웠음을 알 수 있는 부분이다.

둘째, 인공지능이 해결하고자 하는 문제들이 매우 어렵다는 점이다. 초기 인공지능 프로그램은 해법이 발견될 때까지 문제에 관해 기본 사실만을 표현하여 단계적으로 해결할 수 있었다. 해법을 발견해서 해결하는 것은 간단한 프로그램으로 가능하였으나 복잡한 인공지능 프로그램은 불가능하였다. 당시에는 좀 더 나은 컴퓨터 기계나 메모리가 확보되면 가능하리라고 기대하고 있었다. 그러나 시간이 지나 계산 복잡도 이론Computational Complexity Theory이 개발되면서 하나의 프로그램이 한 개의 문제를 해결하는 것이 원리적으로 문제의 난이도에 따라 시간과 공간이 선형적으로 비례하지 않는다는 것을 알게 되었다.

셋째, 지능화된 행동을 생성하기 위해 사용되는 기본적인 구조의 한계 때문이다. 예를 들면, 1969년 민스키Minsky와 파페트Papert의 퍼셉트론Perceptron이란 책에서 불가능한 사실을 학습하려고 한다는 것 자체가 문제가 된다는 것이 증명되었다. 물론 세월이 지나 다층 신경 회로망을 위한 역전파Back-Propagation 학습 알고리즘이 도입되어 이 문제를 해결할 수 있었지만 당시에는 해결할 수 없는 문제였다.

1.2.4 인공지능의 활성기(1969-1990)

인공지능이 발전하기 어려웠던 이유는 여러 가지가 있지만 그 문제해결 방법은 일반 범용탐색방법General purpose search method이라고 할 수 있을 것이다. 이는 해결할 부분에 대한 지식이 부족해서 복잡한 부분을 해결하기에는 성능이 떨어질 수 밖에 없었다. 이러한 접근 방법을 불충분한 방법Weak methods이라고 부르는데, 그 이유는 비록 일반적이기는 했지만 더 크거나 어려운 문제를 해결하기에는 무리가 따를 수밖에 없다는 것이다. 이를 해결하기 위해서는 전형적으로 발생하는 경우를 더 쉽고 더 큰 추론 단계를 허용할 수 있는 강력한 특수 영역의Domain-specific 지식을 사용해야 했다. 그래서 누군가 어려운 문제를 해결하려 한다면 이미 그 해답을 알고 있는 누군가 즉, 전문가의 지식을 활용해야만 효율적으로 해결할 수 있다는 것을 깨달았다. 현재의 전문가 시스템의 시작일 것이다.

이 시기에 발표된 뷰캐넌Buchanan의 DENDRAL 프로그램이 대표적인 예이다. DENDRAL 프로젝트는 가장 일찍이 나온 전문가 시스템 중 하나로서 특정 과학 분야인 유기화학에서의 작업에서 과학적 추론의 메커니즘을 연구하고 과학적 지식을 형식화하려는 목적에서 시작된 것이다. DENDRAL은 새로운 것이나 아직 알려지지 않은 화학물질의 가장 그럴듯한 가능성 있는 구조Plausible candidate structures를 제시하였고 그것의 성능은 유기물질의 어떤 부분에서는 인간 전문가와 경쟁할 정도였다. DENDRAL의 중요성은 최초의 성공적인 지식집약적시스템Knowledge-intensive system일 것이다.

1.2.5 인공지능의 융성기(1980-현재)

최초로 상업적으로 성공한 전문가 시스템은 Digital Equipment Corporation에서 사용된 R1이다. R1은 새로운 컴퓨터 시스템을 주문하는 것을 도와주는 전문가 시스템이었다. 1986년까지 매년 약 4천만 달러를 절감할 수 있었다. 1988년까지 DEC의 AI 그룹은 40개의 전문가 시스템을 더 사용했다. 최근에는 신경 회로망이 다시 융성하기 시작하여 여러 분야에 신경 회로망을 응용하려는 경향을 보이고 있다. 1970년대 말에 신경망 분야를 포기했지만 다른 분야에서는 계속 작업이 이루어졌다. 존 홉필드John Hopfield 같은 물리학자는 원자의 집합과 같이 교점Node의 집합을 처리하고, 통계적 기계학 Statistical mechanics의 기술을 사용해서 저장장치를 분석하고 네트워크를 최적화했다.

이는 신경 회로망을 네트워크에 적용하여 네트워크의 통신량을 미리 예측하여 통신 부하를 최소화함으로써 효율적으로 운영하는 것이다. 또한 에이전트 이론에 지능이 부여된 지능적인 에이전트에 관한 연구들이 상당히 많이 진행되고 있다. 특히, 정보탐색 시스템에서의 지능형 모바일 시스템은 매우 활성화되어 있으며 현재까지 계속적인 진보가 이루어지고 있으며, 전 세계 수많은 산업 시스템에 적용되고 있다.

1.3 인공지능의 구분

인공지능은 철학적 관점에서 강인공지능Strong AI과 약인공지능Weak AI으로 구분된다. 강힌 인공지능이 어떤 문제를 실제로 사고하고 해결할 수 있는 컴퓨터 기반의 인공적인 지능을 만들어내는 연구라면, 약인공지능은 어떤 문제를 실제로 생각하거나 해결할 수는 없지만 주어진 룰에 의한 컴퓨터 기반의 인공적인 지능을 만들어내는 연구라고 할 수 있다.

1.3.1 강인공지능(범용인공지능)

인공지능의 강한 형태는 지각력이 있고, 스스로를 인식하는 것이라고 말할 수 있다. 실제로 사고하거나 해결할 수 있다는 점에서 약한 인공지능과 차이가 있으며, 인간의 생각과 같이 컴퓨터 프로그램이 행동하고 생각하는 인공지능인 것이다. 다시 말하자면 강한 인공지능은 단순한 컴퓨터가 아니라 인간의 지능을 가지고 생각을 할 수 있는 컴퓨터로서 단순한 예로 인간과 전쟁을 일으켰던 영화 터미네이터처럼 명령을 받지 않아도 스스로 일을 할 수 있으며, 자신이 생각했을 때 불합리하다면 명령 거부도 가능한 형태이다. 그래서 인간의 생각처럼 컴퓨터 프로그램이 행동하고 사고하는 인간형 인공지능과 인간과 다른 형태의 지각과 사고 추론을 발전시키는 컴퓨터 프로그램인 비인간형 인공지능의 두 형태가 존재하는 것이다.

● 인공일반지능(AGI: Artificial General Intelligence)

인공일반지능은 용어에서 일반[General]의 의미는 '일반적이다'라는 의미보다는 '범용적이다'의 뜻으로 이해해야 할 것이다. 즉 특정한 조건하에서만 적용할 수 있는 약인공지능과 달리 모든 상황에 일반적이고 범용적으로 적용할 수 있는 인공지능을 말한다. 인공일반지능은 약인공지능과 달리 한 번도 해보지 않은 일을 남들이 하는 것을 보고 배워서 실행하는 것이다. 보고 듣고 따라하는 자기학습[Self Learning]이 가능한 형태가 되는 것이다. 이는 현재 인공지능 연구자들이 목표 삼는 '기계를 인간 행동의 지식에서와 같이 행동하게 만드는 것'을 의미한다.

● 인공의식(AC: Artificial Consciousness)

인공의식은 인공지능 중의 하나로 기계의식[Machine consciousness], 인조의식[Synthetic consciousness]이라고도 불린다. 인공일반지능의 다음 형태라고도 할 수 있으며, 일반적인 인공지능이 평범한 사물을 분석하고 이해한다면 인공의식은 그것을 뛰어넘어 감정, 자아, 창의성 등을 흉내 내거나 아예 갖추어 받아들이고, 자기 자신을 조작하며 환경에 알맞다고 판단하면 해당 요소를 적극적으로 이용해 명령받지 않은 일도 스스로 필요하다고 생각해서 판을 벌일 수 있는 인공지능이라고 할 수 있다.

따라서 인공의식은 인간과 유사하게 작동하는, 인간과 비슷하거나 그를 뛰어넘는 지성이 전제되기 때문에, 단순히 주어진 것을 실행하는 컴퓨터에 불과한 약인공지능과는 달리 도구가 아니라 인간과 동일한 지성체라고 할 수 있는 셈이다. 이러한 인공지능이 발달하면 인공의식에 도달할 수 있다고 생각될 수 있겠지만 현 시점에서는 실현이 불가능하다고 판단되어 가설 정도로 생각해야 할 것이다. 결국 인간처럼 생각하는 의식을 기계적으로 구현할 수 있는지와, 이론적으로 구현이 가능하더라도 사람 같은 기계를 만들어도 되는지의 여부는 큰 윤리적인 논란이 될 수 있을 것이다.

1.3.2 약인공지능

약한 인공지능은 어떤 문제를 실제로 생각하거나 해결할 수는 없는 컴퓨터 기반의 인공적인 지능을 만들어내는 연구로 정의된 학습을 통해 특정한 문제를 해결하는 것이다. 실제로 지능이나 지성을 갖추고 있지는 않지만, 미리 정의된 규칙의 모음을 이용해서 지능을 흉내 내는 프로그램을 개발하는 것으로 지능적인 행동처럼 보인다. 강한 인공지능분야의 연구는 현재의 인공지능 연구자들이 이루고자 하는 연구이기는 하지만 미약했다고 볼 수 있다. 그러나 목표의 관점에 따라 약한 인공지능분야에서는 꽤 많은 발전이 이루어졌다고 볼 수 있다.

오늘날 가장 쉽게 볼 수 있는 구글 딥마인드의 알파고, IBM의 왓슨은 모두 룰Rule 기반의 인공지능이 약인공지능이다. 특정 영역의 문제를 푸는 인공지능 기술로서 문제 해결하거나, 이상적 업무의 연구 처리에 최적화된 인공지능이라고 할 수 있다. 이미 언급한 대로 약한 인공지능은 알고리즘과 기초 데이터, 규칙을 입력해야 한다는, 즉 지도해야 한다는 특징이 있다. 오늘날 약한 인공지능은 의료, 경영, 교육, 서비스 등에서 활발하게 이용되고 있으며, 사람처럼 자아를 가질 수 있는 강인공지능과 달리 인간의 인지적 능력 중 한정적인 부분만 생각과 연산을 할 수 있다는 한계가 있다.

2. 머신러닝

2.1 머신러닝 정의

머신러닝은 사전적인 의미로 인공지능의 한 분야로, 컴퓨터가 학습할 수 있도록 하는 알고리즘과 기술을 개발하는 분야로서 표현Representation과 일반화Generalization에 중점을 두고 있으며, 기본적으로 알고리즘을 이용해 데이터를 분석하고, 분석을 통한 학습, 학습을 기반으로 한 판단이나 예측이라고 할 수 있다. 표현이란 데이터의 평가이며, 일반화란 아직 알 수 없는 데이터에 대한 처리이다. 머신러닝이라는 용어는 IBM의 인공지능분야 연구원이었던 아서 사무엘이 자신의 논문 「Studies in Machine Learning Using the Game of Checkers」에서 처음으로 사용했다. 여기서 머신Machine이라는 것은 프로그래밍이 가능한 컴퓨터를 말하는 것으로 서버로 통용되기도 한다.

머신러닝은 3가지 접근법으로 연구가 진행돼 왔다. 첫 번째가 신경 모형 패러다임이다. 신경 모형은 퍼셉트론[5]에서 출발해서 지금의 딥러닝으로 이어지고 있다. 두 번째는 심볼 개념의 학습 패러다임이다. 이 패러다임은 숫자나 통계이론 대신 논리학이나 그래프 구조를 사용하는 것으로 1970년 중반부터 1980년대 후반까지 인공지능의 핵심적인 접근법이었다. 세 번째는 현대지식의 집약적 패러다임이다. 1970년대 중반부터 시작된 이 패러다임은 백지상태에서 학습을 시작하는 신경 모형은 지양하고 이미 학습된 지식은 재활용해야 한다는 이론이 대두되면서 시작됐다.

1990년대에 들어서면서 컴퓨터의 학습 방법론에 중점을 뒀던 기존의 접근법보다는 실생활에서 필요한 문제를 해결할 수 있는 실용적인 머신러닝 연구가 주류를 이뤘다. 1990년대의 머신러닝 패러다임은 컴퓨터를 이용한 통계학에 가까웠다. 통계학 관점에서 데이터를 분석하는 데이터 마이닝과 이론적으로 많은 부분을 공유했으며, 최근 급격히 발전된 고성능 컴퓨터의 보급과 인터넷의 확산으로 인한 빅데이터에 기반한 디지털 데이터의 손쉬운 확보 역시 이러한 움직임에 많은 영향을 끼쳤다.

머신러닝에 대해서 아서 사뮤엘은 명시적으로 프로그램을 작성하지 않고 컴퓨터에 학습할 수 있는 능력을 부여하기 위한 연구 분야라고 했으며 톰 미첼Tom Mitchell은 "만약 컴퓨터 프로그램이 특정한 태스크Task T를 수행할 때 성능Performance P만큼 개선되는 경험Experience E를 보이면, 그 컴퓨터 프로그램은 태스

5 시각과 뇌의 기능을 모델화한 학습, 지적동작기능을 가진 패턴인식의 기계를 정의하며 로젠블렛(F. Rosenblatt)이 만들었음.

크 T와 성능 P에 대해 경험 E를 학습했다"라고 하면서 구체적으로 설명하였다. 예를 들어, 컴퓨터에 글자를 인식하는 학습을 시킨다고 했을 때 컴퓨터가 새롭게 입력된 글자를 분류하는 것(T), 미리 만들어진 데이터 세트로 학습한 경험을 하는 것(E), 정의된 수준으로 글자를 인식하는 것(P)을 컴퓨터는 '학습을 했다'라고 말하는 것이다. 결국 경험을 통해 특정 작업의 성능을 향상시키는 방법인 것이다.

● 머신러닝과 데이터 마이닝

머신러닝은 종종 데이터 마이닝[6]과 혼용되기도 하는데, 그 이유는 아마도 머신러닝에서 사용하는 분류Classification나 군집Clustering 같은 방법을 데이터 마이닝에서도 똑같이 사용하기 때문일 것이다. 즉, 분류나 예측, 군집과 같은 기술, 모델, 알고리즘을 사용해 문제를 해결하는 것을 컴퓨터과학Computer Science의 입장에서 볼 때 머신러닝이라고 하고, 통계학Statistics 관점에서는 데이터 마이닝이라고 할 수 있을 것이다. 통계학은 수량적 비교를 기초로 하여, 많은 사실을 통계적으로 관찰하고 처리하는 방법을 연구하는 학문으로 관찰과 실험을 통하여 얻어진 자료에서 질 좋은 정보Information를 축출하는 것이다. 즉 어떤 데이터에 대해서 의미하는 것이 무엇인지 알아내기 위해서 의미 있는 데이터를 마이닝 하는 것이다. 머신러닝과 데이터 마이닝의 혼용은 1990년대에 들어서면서 실용적인 머신러닝 연구를 위해 컴퓨터 과학자들이 통계학에서 다루고 있는 사례들에서 좀 더 효율적인 해결 방안을 찾아내는 과정에서 비롯됐다고 할 수 있다.

머신러닝과 데이터 마이닝의 차이점을 굳이 설명하자면 데이터 마이닝은 가지고 있는 데이터에서 현상 및 특성, 즉 속성Attribute을 발견하는 것이 주 목적이라면, 머신러닝은 훈련데이터Train Data를 통해 알려진 속성을 기반으로 예측Prediction에 초점을 두고 있다.

6 대규모로 저장된 데이터 안에서 체계적이고 자동적으로 통계적 규칙이나 패턴을 찾아내는 것

머신러닝, 데이터마이닝과 무엇이 다를까?

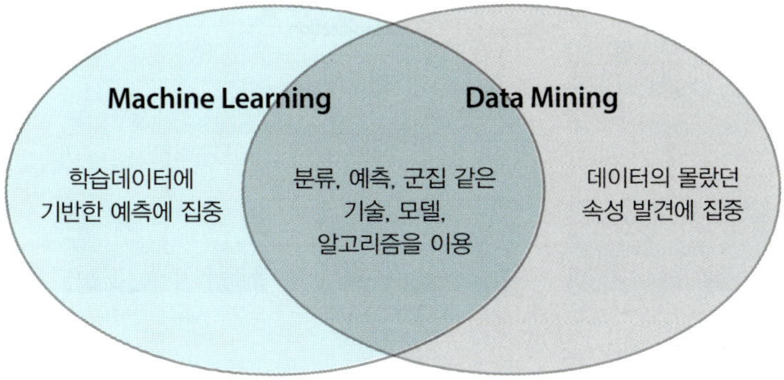

그림 2-1 • 머신러닝과 데이터 마이닝의 차이점

[그림 2-1]에서처럼 동일한 알고리즘을 사용하지만 컴퓨터과학 관점에서는 학습데이터 기반의 예측에 집중하는 머신러닝이 되고, 통계학 관점에서는 속성 발견에 집중하는 데이터 마이닝으로 구분된다.

2.2 머신러닝의 분류

머신러닝은 학습데이터에 레이블 Label이 있는 경우와 레이블이 없는 경우에 따라 각각 지도학습 Supervised Learning과 비지도학습Unsupervised Learning으로 구분한다. 지도학습과 비지도학습의 가장 큰 차이점은 레이블이라는 것을 제공하는 것인데 이는 학습데이터의 속성을 정의하여 학습시키는 것으로 레이블을 제공하는 방법은 지도학습, 레이블을 제공하지 않는 방법은 비지도학습으로 구분한다. [그림 2-2]에서 지도학습과 비지도학습을 모델별로 구분하였다.

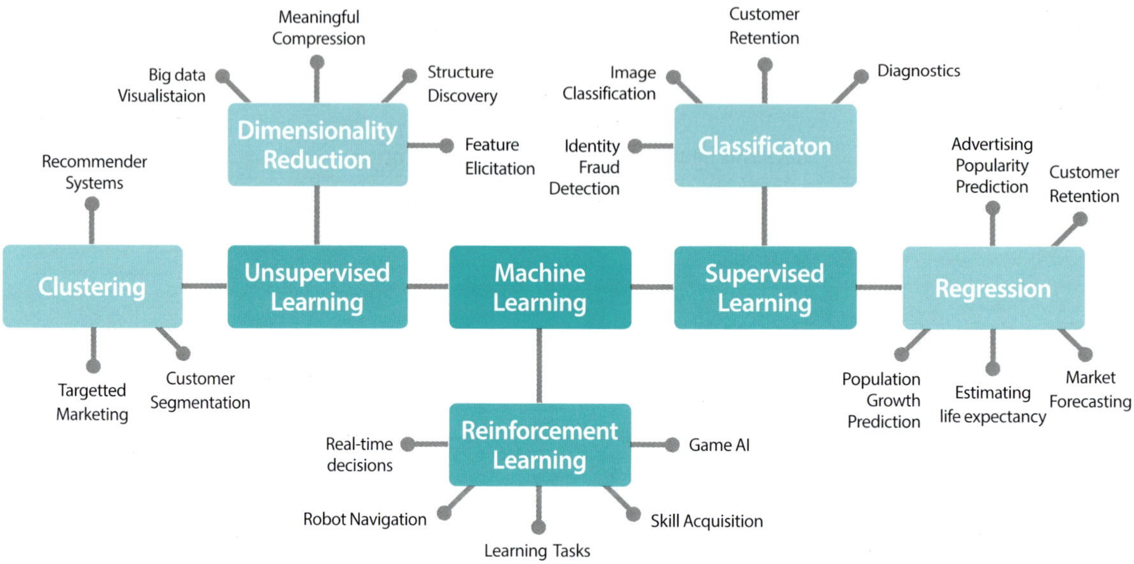

그림 2-2 • 머신러닝의 지도학습과 비지도학습의 모델별 분류

사람이나 사물을 인식하기 위해서는 실제 사물을 보여주거나 사물을 찍은 사진을 제공해야 한다. 제공된 사진이나 사물은 학습할 데이터라고 할 수 있고 실물이나 사진 속 사물을 '컵', '책상', '자전거', '고양이'라고 미리 정의하는데 이것을 레이블이라고 한다.

레이블은 사람이 사물이나 사진을 보고 정의한 것이기 때문에 레이블된 사진을 읽어서 학습을 하는 컴퓨터 입장에서는 사람으로부터 지도를 받은 것이 된다.

반면 입력 데이터에 레이블이 없다면 컴퓨터가 사람으로부터 지도를 받은 것이 없기 때문에 비지도학습이라고 한다. 지도학습에는 분류Classification, 회귀Regression, 강화Reinforcement 모델이 있고, 비지도학습은 대표적으로 군집Clustering 모델이 있다.

2.3 지도학습

데이터 세트의 특징과 목적에 따라 몇 가지 접근법이 있는데, 지도학습은 데이터에 레이블이 주어진 상태에서 컴퓨터를 학습시키고 레이블이 있는 학습데이터 세트를 가지고 갖가지 알고리즘을 통해 데이터를 구별해내는 판별식을 만든 후 새로운 데이터가 어떤 결과값을 갖는지를 알아내는 학습 모델이다.

지도학습은 크게 회귀와 분류로 나뉘는데 회귀분석이 대표적이다. 분류와 회귀는 둘 다 지도학습 모델이기 때문에 레이블이 있는 입력 데이터로 학습한다는 공통점이 있다. 분류와 회귀의 차이점에 있어서 분류는 그 결과값이 고정되어 있고, 회귀는 그 결과값이 데이터 세트의 범위 내 어떠한 값도 가능하다는 것이다.

즉, 분류의 결과값은 학습데이터 세트에 포함된 레이블 중 하나이고 회귀의 결과값은 학습데이터 세트로 결정된 함수식(회귀식)으로 계산한 임의의 값이다. [그림 2-3]에 분류와 회귀를 비교하였다.

분류와 회귀의 비교

	분류(Classification)	회귀(Regression)
결과	학습데이터의 레이블 중 하나를 예측(Discrete)	연속된 값을 예측 (Continuous)
예제	학습데이터가 A, B, C인 경우 결과는 A, B, C 중 하나다. 예) 스팸메일 필터	결과 값이 어떠한 값도 나올 수 있다 예) 주가 분석 예측

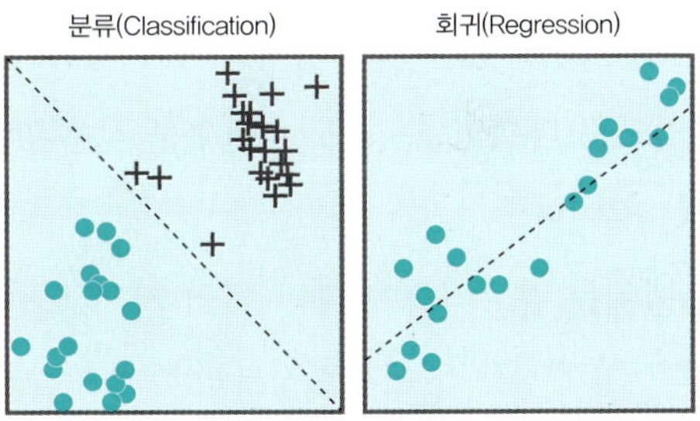

그림 2-3 • 분류와 회귀의 비교

조금 더 구체적으로 설명하면 분류 모델은 그룹명(레이블)이 적힌 학습데이터로 학습한 후 새로 입력된 데이터가 속한 그룹을 찾아내는 것이 목적이어서 분류 모델의 결과값은 반드시 학습데이터의 레이블 중의 하나여야 한다. 예를 들면, 자전거, 고양이, 강아지, 책, 책상이라는 레이블로 구성된 데이터 세트가 있다고 가정하면 분류 모델의 결과값은 자전거, 고양이, 강아지, 책, 책상 5개 중 하나가 되어야 한다. 참고로 분류되는 그룹의 수가 2개인 경우 이진분류 또는 이항분류라고 하고 3개 그룹 이상인 경우에는 다항 분류라고 한다.

회귀모델의 경우에는 레이블된 학습데이터를 가지고 특성Feature과 레이블의 관계를 함수식으로 표현하는 것이 목적이다. 그래서 함수식을 사용하는 회귀모델에서는 어떤 특정한 패턴을 찾아내고 일정한 패턴 내에서 무엇인가를 예측하는 것이다. 그래서 무엇인가를 예측할 때 대충 잡은 수치보다 평균값으로 돌아가려는 성질 때문에 평균적인 측면에서 훨씬 신뢰도가 높다. 그래서 회귀분석은 무엇인가를 예측하는 예측 모델이라고도 한다.

회귀모델도 분류와 같이 몇 가지 범주형Categorical 결과값을 예측하는 경우에 적용할 수 있다. 이 경우의 회귀모델을 로지스틱Logistic 회귀라고 한다. 로지스틱회귀는 'S' 모양을 보이는 로지스틱 함수 또는 시그모이드Sigmoid 함수를 이용하기 때문에 입력 데이터를 [0,1] 경계를 가지고 이진 분류하는 데 탁월한 성능을 보인다.

2.3.1 분류

분류는 사전적인 의미로는 개념이나 주체를 인지하고, 차별화하고, 이해하는 과정을 말하는 것으로 주체가 범주 안에 있는 것을 암시하며, 보통 특정한 목적을 가지고 있다. 그래서 언어, 추측, 추론, 의사결정, 그리고 환경과 관련한 모든 종류의 상호작용에 필수적이다. 머신러닝에서 분류는 데이터 분석의 대표적인 기법으로 다수의 속성 또는 변수를 갖는 객체Object를 사전에 정해진 그룹 또는 범주class 중의 하나로 분류하는 것이다.

분류 모델에는 알고리즘에 따라 여러 가지 모델로 나뉘는데, 그 중에서 K-NNK-Nearest Neighbor, 서포트 벡터 머신Support Vector Machine, 의사결정트리Decision Tree 모델이 대표적이다.

(1) K-NN 모델

분류에 사용되는 K-NNK-Nearest Neighbor 모델은 머신러닝 모델 가운데 가장 직관적이고 간단한 지도학습 모델 중 하나다. 주어진 데이터에서 직접 확률을 계산하여 통계학적으로 검정하는 분석법으로 인스턴스 기반의 러닝Instance-based Learning 또는 메모리 기반의 러닝Memory-based Learning이라고도 한다.

그 이유는 학습을 사전에 하지 않고 미뤄두고 학습에 필요한 데이터를 메모리에 기억만 하고 있다가 인스턴스가 발생될 때 비로소 일반화하는 일을 시작한다.

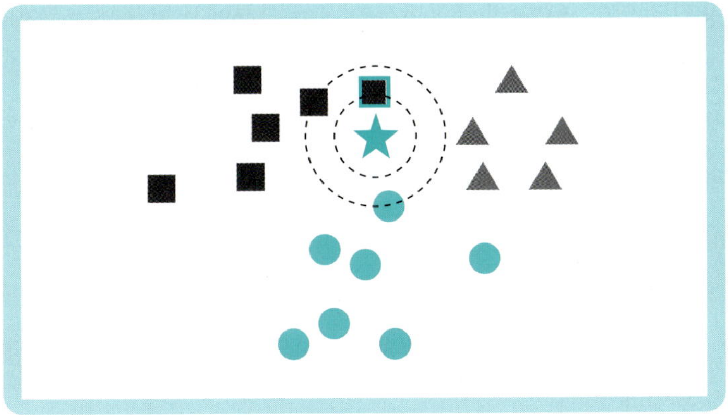

그림 2-4 • 새로운 데이터가 인접한 그룹 표현

K-NN의 기본적인 개념은 레이블이 있는 데이터를 사용하여 분류하는 알고리즘이다.

이를 위해 먼저 레이블된 학습데이터들의 특성을 정량화한 후 좌표공간에 표현한다. 그리고 알고자 하는 새로운 데이터를 중심으로 가상의 원을 확장해 가다가 첫 번째 데이터가 발견되면 그 데이터가 속해있는 그룹(레이블)이 바로 새로운 데이터의 그룹이 되는 것이다(k=1인 경우). 같은 방법으로 원하는 데이터가 발견될 때까지 가상의 원을 확장하고, 이때 원하는 데이터 가운데 가장 많은 그룹을 새로운 데이터의 그룹으로 결정한다. [그림 2-4]를 통해 새로운 데이터가 인접한 그룹을 표현하는 것을 볼 수 있다.

즉, K-NN에서 K는 새로운 데이터가 속한 그룹을 알아내기 위해 인접 데이터를 K개만큼 찾는 것이다. 그러나 K를 선정하기 전에 선행되어야 할 일은 거리척도에 대한 문제이다. 그래서 가깝다는 개념은 표준에 의한 것이어야 되고 이는 유클리드 거리로 정의한다. 유클리드 거리를 정의할 때 반드시 단위를 중요시해야 한다. 좌표상의 단위는 눈에 띄는 거리지만 단위는 돈이 될 수도 있고 무게가 될 수도 있다. 이는 단위에 따라 좌표상의 거리가 바뀔 수 있다. 따라서 K-NN 알고리즘을 정의할 때 데이터의 단위에 대한 표준은 매우 중요하다.

(2) SVM

SVM은 데이터를 선형 또는 비선형으로 분리하는 최적의 선형 결정 경계를 찾는 알고리즘으로 분류와 회귀에 응용할 수 있는 지도학습이다. 원래는 이진분류Binary Classification를 위하여 개발되었으나 인공지능

전반에 다양하게 적용되고 있다. SVM이 주목받는 이유는 분류에서 발생하는 문제를 해결하기 위해 최적의 초평면분리경계, Hyperplane을 제공함으로써 학습해야 할 데이터의 양이 적어도 결과해석이 용이하고 구조적 위험 최소화의 원칙SRM: Structural Risk Minimization에 기반하기 때문에 경험적 위험도 역시 최소화할 수 있는 장점이 있다. 초평면이라고 하는 것은 주변의 공간보다 한 차원 낮은 공간으로 3차원은 2차원의 평면이고 2차원은 1차원의 선이 된다. 2차원의 경우 분리 경계를 선으로 구분하면 [그림 2-5]의 (a)로 나타내며 구분이 잘된 경우는 실선이고 점선은 잘못 구분된 예이다. 왜냐하면 검정색 공과 흰색 공이 같이 섞여 있기 때문이다. [그림 2-5]의 (b)는 네모와 동그라미의 경계를 명확히 하고 경계에 대해서 최대한의 마진Maximum Margin을 두었다.

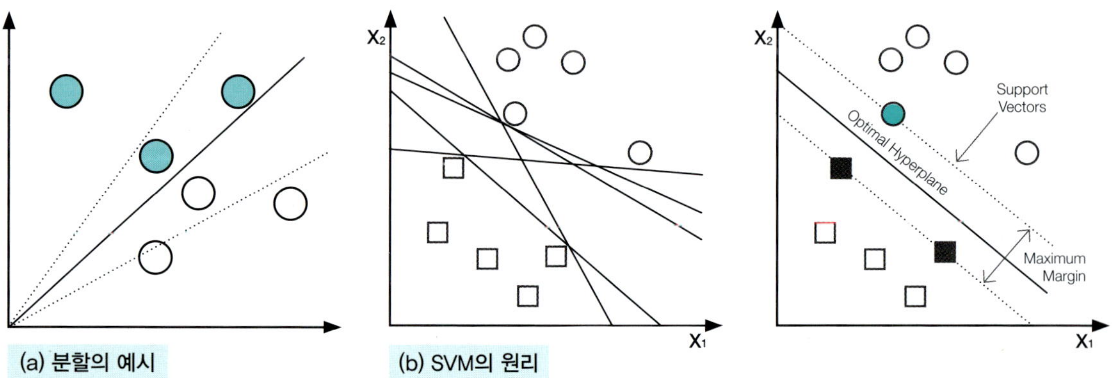

그림 2-5 • SVM 분할

[그림 2-5]의 초평면은 데이터를 분류하는 선으로, 서포트 벡터Support Vectors와 마진Margin을 통해 두 클래스 사이를 분류하는 최적의 초평면을 구한다. 초평면을 구하는 방법은 하드 마진Hard Margin 방법과 소프트 마진Soft Margin 방법 두 가지가 있는데, 하드 마진 방법은 매우 엄격하게 두 개의 그룹을 분리하는 방법으로 명확하게 구분되지 않은 경우 노이즈로 판단하기 때문에 노이즈가 있으면 사용하기 힘들다. 소프트 마진 방법은 서포트 벡터가 위치한 경계선에 약간의 여유Slack를 두는 방식이다.

결국 [그림 2-5]를 예시로 볼 때, SVM의 최종의 목표는 두 개의 그룹을 분리하는 직선을 찾는 것이다. 두 그룹을 구별하는 초평면을 구분하되, 초평면을 사이에 두고 가능하면 두 그룹이 멀리 떨어져 있도록 직선식을 구하는 것이다. 왜냐하면 두 그룹이 멀리 떨어질수록 나중에 추가로 입력된 데이터를 판별하는 데 더 높은 신뢰도로 예측할 수 있기 때문이다.

(3) 의사결정트리

의사결정트리는 어떤 항목에 대한 관측값과 목표값을 연결해주는 예측 모델로서 데이터를 분석하여 이들 사이에 존재하는 패턴을 예측 가능한 규칙의 조합으로 나타내며, 그 모양이 '나무'와 같다고 해서 의사결정트리라 불린다.

의사결정트리 역시 분류나 회귀에 사용 가능하다. 의사결정트리는 비슷한 특성을 갖는 몇 개의 그룹으로 분할한다. 그룹별 특성을 발견해서 데이터가 어떤 집단에 속하는지를 파악하고자 하는 경우, 규칙을 찾아내고 이를 이용해 미래의 사건을 예측할 때 사용 가능하다.

2.3.2 회귀

회귀는 주어진 데이터가 어떤 함수로부터 생성됐는가를 알아보는 '함수 관계'를 추측하는 것으로 오늘날 회귀분석은 경제학, 의학, 공학 등 다방면의 영역에서 활용성이 입증되면서 현재 가장 많이 사용되는 통계 모델로 자리잡고 있다.

통계학에서 회귀분석은 연속형 변수들에 대해 변수 사이의 모형을 구한 뒤 적합도를 측정해 내는 분석 방법으로 함수의 관계가 선형이면 선형회귀분석으로, 변수가 여러 개로 나타난다면 다중선형회귀분석 방법을 실시한다. 이는 추론[Hypothesis]을 표현하는 형태로 사용되어 머신러닝에서도 지도학습 중 하나인 예측 모델로 이용되고 있다. 예를 들어 많이 먹으면 살이 찐다, 자동차의 속도가 높으면 사고날 확률이 높다는 입력이 많으면 출력도 높아질 것이라는 예측인 것이다.

(1) 선형회귀

선형회귀[Linear Regression]는 종속변수 y와 한 개 이상의 독립변수(또는 설명변수) X와의 선형 상관 관계를 모델링하는 회귀분석 기법이다. 일반적인 선형 방정식에는 종속변수 값을 적절히 예측하는 독립변수가 한 개 이상 포함될 것이다. 예를 들면 어떤 회사의 매출은 구성원의 연령, 학력, 경력의 독립변수로 표현할 수 있는 것이다. 종속, 독립변수는 항상 정량화되어 있어야 한다. [그림 2-6]에 선형회귀모델의 예시를 나타내었다.

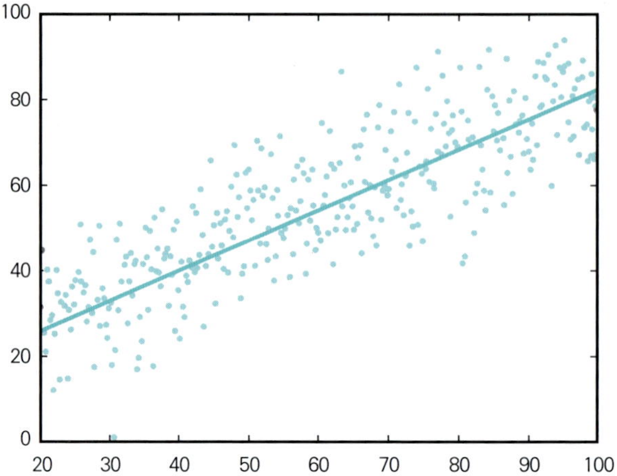

그림 2-6 • 선형회귀모델 예시

[그림 2-6]은 모든 데이터들이 선형적인 분포 형태를 갖고 있다는 가정으로 비교적 간단한 구조로 되어 있어 속도도 빠르다. 그러나 데이터들이 선형 분포를 이루는 경우가 그리 많지 않기에 정확도 면에서는 떨어질 수밖에 없다.

통계학이나 데이터 마이닝에서 사용되는 선형회귀분석이 머신러닝 분야에서는 데이터 세트를 가지고 학습을 하는 지도학습 모델로 분류하고 있다. 특히 선형회귀분석은 지도학습 중에서도 예측Prediction모델이라고 한다. 통계학에서는 데이터 x를 독립변수, 데이터 y를 종속변수라고 부르는 반면, 머신러닝에서는 데이터 x를 특성, 데이터 y를 레이블이라고 한다. 이러한 데이터 세트로 임의의 계수를 구하는 과정을 통계학에서는 회귀식의 추정이라고 하고, 머신러닝에서는 학습이라고 한다. 학습을 하고 나면 선형예측 모델을 통해 새로운 입력 데이터에 대한 결과값을 예측한다.

(2) 로지스틱회귀

로지스틱회귀Logistic Regression는 범주형의 경우에 사용한다. 선형회귀의 종속변수는 일반적으로 연속적인 정규분포를 가질 경우에 사용하는데 예를 들어 종속변수가 범주형Categorical(예/아니오, 1/0, 합격/불합격, 구매/비구매)으로 표현될 때 로지스틱회귀 분석 방법을 사용한다. 이와 같이 종속변수가 2가지 범주에 속할 때는 이진형 로지스틱회귀모델이라고 한다.

로지스틱회귀는 선형회귀분석과는 다르게 종속변수가 범주형 데이터가 대상이고 입력 데이터가 주어졌을 때 해당 데이터의 결과가 특정 분류로 나눠지기 때문에 일종의 분류 기법으로도 볼 수 있다.

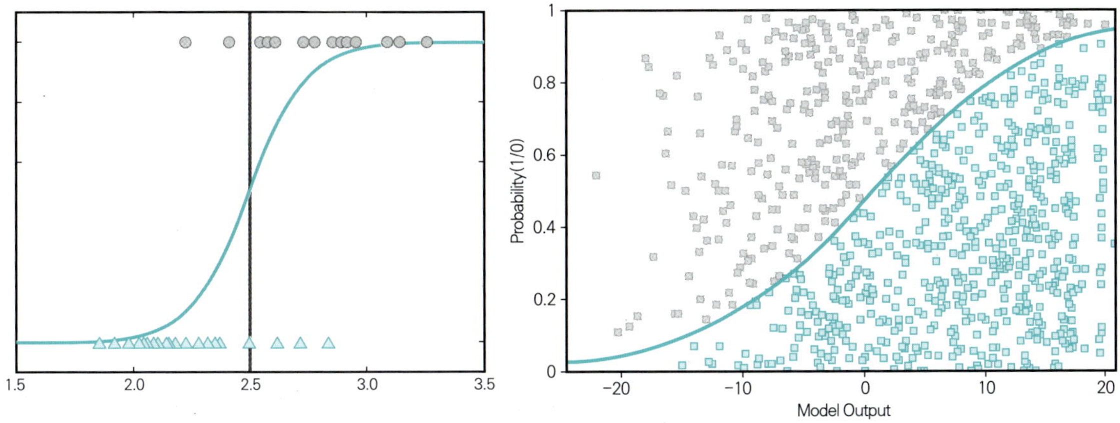

그림 2-7 • 로지스틱회귀모델 예시

모든 데이터가 선형 특성을 가지는 게 아니기 때문에 여러 개의 클래스를 가진 로지스틱회귀가 등장하게 되었다. [그림2-7]에서처럼 특정 데이터를 분류하는 기준Threshold을 바탕으로 기준을 넘어서면 분류 내에 속하고 아니면 분류에 속하지 않는 것으로 판별하기 때문에 0,1로 나타낸다. 그래서 메일이 스팸인지 아닌지, 암 판단에 있어서 양성인지 악성인지를 구분한다.

2.3.3 강화학습

강화학습은 앞서 살펴본 지도학습과 비지도학습과 약간은 다른 종류의 학습 알고리즘이다. 앞서 살펴본 알고리즘들이 데이터가 주어진 정적인 상태에서 학습을 진행하였다면, 강화학습은 에이전트가 주어진 환경State에 대해 어떤 행동Action을 취하고 이로부터 어떤 보상Reward을 얻으면서 학습을 한다고 볼 수 있다. 이때 에이전트는 보상을 최대화하도록 학습이 진행된다. 즉, 강화학습은 일종의 동적인 상태Dynamic Environment에서 데이터를 수집하는 과정까지 포함하는 알고리즘이다.

어떤 상황에 대해서 시행착오 과정을 거쳐 학습하기 때문에 사람의 학습방식과 가장 유사하다고 볼 수 있다. 에이전트는 환경으로부터 상태를 관측하고 이에 따른 적절한 행동을 하면 이 행동을 기준으로 환경으로부터 보상을 받는다.

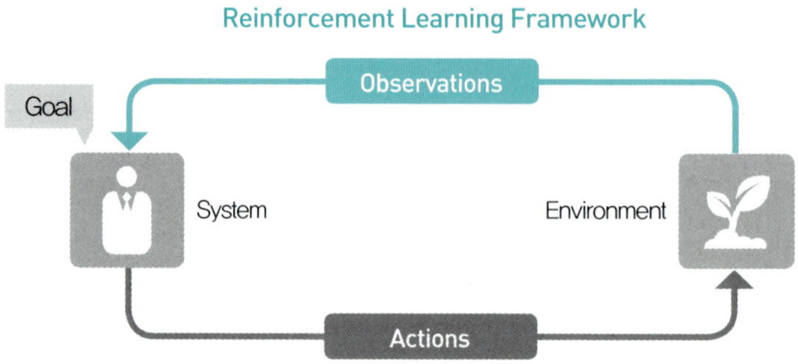

그림 2-8 • 강화학습의 형태

[그림 2-8]은 상태의 관측State — 행동Action — 보상Reward의 상호작용을 반복하면서 환경으로부터 얻는 보상을 최대화하는 태스크를 수행하기 위한 일련의 과정이다. 상태의 관측 — 행동 — 보상의 과정을 경험Experience이라고도 한다. 강화학습을 발전시킨 학문 분야는 여러 가지가 있는데, 그중에서 특히 행동심리학과 제어이론이 가장 큰 영향을 끼쳤다. 행동심리학에서 말하는 '시행착오', 즉 사람과 동물이 학습하는 원리를 머신러닝에 적용한 경우다. 에이전트는 모든 행동에 대한 보상과 벌칙을 기억해서 최선의 결정을 내리도록 학습한다.

강화학습에 중요한 영향을 준 또 하나의 연구 분야는 최적 제어Optimal Control이다. 최적 제어는 1950년대 말에 등장한 이론으로 동적시스템Dynamic System의 효율성을 최적화하는 조작장치 설계를 위해 시작됐다. 동적시스템 최적화 문제는 시간의 흐름에 따라 각 과정별 최적의 의사결정을 하는 것인데 미국의 수학자인 리처드 벨만은 불연속적인 시간문제에 대해 마코프 디시즌 프로세스[7] MDP: Markov Decision Process 모델을 도입해 이 문제를 해결했다. 강화학습은 이처럼 사건이 전개되면서 받는 피드백을 통해 학습하기 때문에 순차적 사전Sequential Event에 대한 의사결정을 내릴 때 주로 사용된다.

시행착오를 기반으로 학습하는 과정이 사람의 학습방식과 매우 닮아 인공지능을 가장 잘 대표하는 모델이라고 주장하는 사람도 있다. 강화학습 모델은 게임이나 로보틱스에 가장 효과적으로 활용하고 있다. 머신러닝 차원에서 본다면 강화학습은 수학적 기반이 아니라 제어 기반의 접근으로 지도학습으로도 보지만 비지도학습으로 구분하는 경우도 있다.

7 확률과정 중에서 시스템의 미래상태가 현재의 상태만 주어지면 과거의 역사와는 무관하게 결정되는 성질을 가지는 확률과정으로 어떤 S(state), A(action)을 했을 때 현재 상태까지 지속될(처음 어떠한 상태로부터 현재까지 지속) 확률

2.4 비지도학습

비지도학습Unsupervised Learning은 주어진 데이터에 레이블이 주어지지 않은 상태에서 컴퓨터를 학습시키는 방법으로 데이터의 숨겨진 특징이나 구조를 발견하는 것이다. 앞에서 설명한 지도학습의 분류는 레이블이 있는 학습데이터를 기반으로 분류를 위한 판별식을 만든 후 이 판별식을 이용해 새로운 어떤 데이터의 레이블을 예측하는 것이다. 반면에 비지도학습은 레이블이 없는 데이터를 분류하는 것이기 때문에 현재 데이터 세트를 같은 특성을 가진 그룹으로 묶는 데 그 목적을 두고 있다. 비지도학습의 대표적인 모델이 군집Clustering이다.

군집 모델은 학습데이터가 레이블을 가지지 않는 경우이므로 입력된 데이터들이 어떤 형태로 그룹을 형성하는지가 중요하다. 즉, 레이블이 없이 확보된 데이터의 특성을 분석해서 서로 유사한 특성을 가진 데이터끼리 그룹화하는 것이 군집 모델의 기본이다. 레이블이 없다는 것을 빼고는 군집 모델은 지도학습의 분류 모델과 그 목적이 동일하다. 즉, 군집 모델은 레이블이 없는 데이터를 분류하는 것이다.

[그림 2-9]는 분류와 군집을 비교하였다.

분류와 군집의 비교

	분류(Classification)	군집(Clustering)
공통점	입력된 데이터들이 어떤 형태로 그룹을 형성하는지가 관심사	
차이점	레이블이 있다.	레이블이 없다.

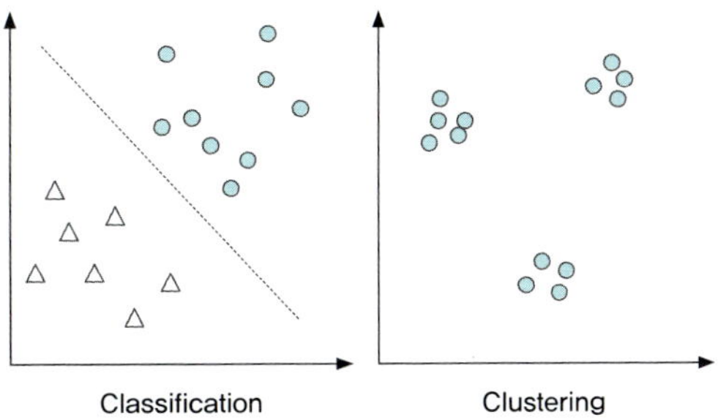

그림 2-9 • 분류와 군집 모델

군집 모델은 군집화 알고리즘 관점에서 크게 2가지 모델로 나눌 수 있다. 첫 번째가 평할Flat 또는 분할 기반의 군집Partition-based Clustering 기법이고, 두 번째가 계층적 군집Hierachical Clustering 모델 방법이다. 분할 기반 군집 모델에는 K-Means, K-Medoids, DBSCAN이 대표적이다. 계층적 군집은 병합적 군집Agglomerative Clustering과 분할적 군집Divisive Clustering으로 구별된다.

군집 모델이 적용되는 분야는 매우 다양하다. 예를 들면, 전화기에서 통화음질을 개선하기 위해 사람 목소리와 노이즈를 구별하는 것은 레이블이 없는 데이터를 구별하기 좋은 예이다. 의학 분야에서 임상 실험을 할 때 질병군과 환자군을 구별할 때도 군집 모델을 사용하고, 마케팅에서 고객을 세분화 할 때도 군집 모델이 사용된다.

최근 마케팅 분야에서 시장 및 고객 분류 등에 활용되고 있으며, 페이스북과 같은 소셜 네트워크 서비스에서는 관심사가 같은 사용자를 위한 커뮤니티를 만들 때도 사용된다. 구글은 뉴스 서비스에서 같은 주제의 뉴스들을 같은 카테고리로 묶어주는 데 군집 모델을 사용하고 있다.

(1) K-Means Clustering

K-Means Clustering 알고리즘은 주어진 데이터를 k개의 클러스터로 묶는 알고리즘으로, 각 클러스터와 거리 차이의 분산을 최소화하는 방식으로 K-Means는 레이블이 없는 데이터들을 군집화하는 가장 간단한 비지도학습 중 하나다. K-Means에서는 레이블이 없는 데이터에서는 몇 개의 클러스터가 존재하는지 모르기 때문에 분류할 클러스터의 수를 미리 정한다. K-Means에서의 k가 바로 클러스터의 개수를 의미한다.

분류할 클러스터의 수가 정해지면 각 클러스터마다 초기 중심[Initial Centroid]을 정한다. K-Means에서 사용되는 중심[Centroid]의 의미는 클러스터를 대표하는 가상의 그룹이며 각 학습데이터가 자신이 속한 클러스터를 결정하는 데 기준점이 된다. 초기 중심은 임의로 정해지며, 학습이 진행되면서 각 클러스터마다 최적의 중심으로 이동한다. [그림 2-10]에 K-Means Clustering 수행절차를 나타내었다.

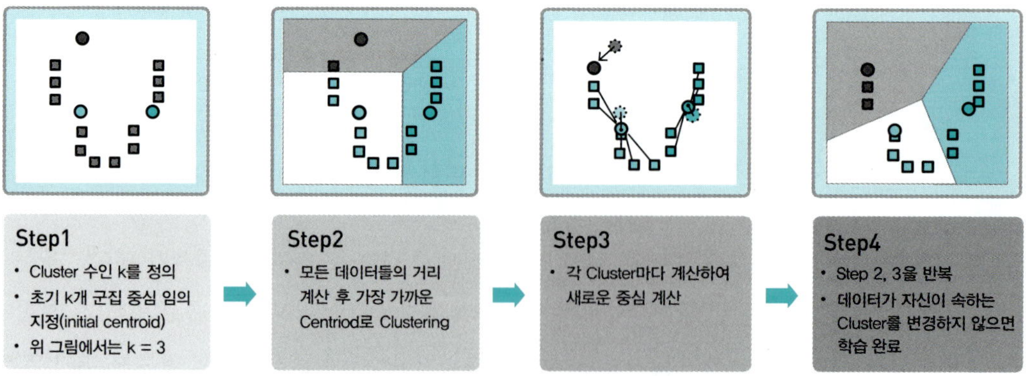

그림 2-10 • K-Means Clustering 수행절차

최적의 중심을 구하는 것이 K-Means 알고리즘의 핵심이다. 최적의 중심을 구하는 개념은 매우 직관적이고 간단하다. 즉, 모든 데이터는 임의로 정한 k개의 초기 중심까지 거리를 계산하고 가장 가까이에 있는 중심을 자기 클러스터의 중심이라고 생각한다. k개의 클러스터가 정해지면 각 클러스터에 속한 학습데이터의 좌표값 평균을 구해 이를 새로운 중심으로 정한다. 다시 모든 학습데이터는 새롭게 정의된 k개의 중심까지 거리를 계산하고 가장 가까운 중심을 자기가 속한 클러스터로 정의한다. 이를 반복하면서 클러스터 소속을 바꾸는 경우가 생기지 않으면 종료한다. 이를 알고리즘으로 표현하면 다음과 같다.

① 클러스터 개수 결정(k=n) 후 임의의 중심 n개를 설정한다.
② 모든 데이터는 n개의 중심까지 각각 거리를 계산한 후 가장 가까운 중심을 자신의 클러스터 중심이라고 정한다.
③ 각 클러스터마다 학습데이터의 좌표값 평균을 계산한 후 이를 새로운 중심으로 설정한다.
④ 각 데이터의 오브젝트의 소속 클러스터가 바뀌지 않을 때까지 2, 3단계 반복한다.
⑤ 만약 모든 학습데이터 중에서 자신이 속하는 클러스터를 변경하는 경우가 발생되지 않으면 학습 완료한다.

이처럼 K-Means 모델은 학습을 위한 데이터 계산이 매우 빠르다. 학습데이터의 규모가 n일 때 대부분의 다른 알고리즘이 $O(n^2)$, O(nlogn)의 계산량을 갖는데 K-Means는 O(n)이다. 결국 소프트웨어 공학 측면에서 알고리즘의 복잡도를 계산할 때 복잡도가 가장 낮은 알고리즘으로 표현되는 것이다.

(2) DBSCAN

DBSCAN[Densitiy Based Spatial Clustering of Application with Noise]은 K-Means 방법과 같이 비지도학습 모델이며, 이름에서 알 수 있듯이 노이즈 및 아웃라이어 데이터 식별에 강한 군집 모델이다.

DBSCAN은 밀도 기반의 클러스터링 알고리즘으로서 가장 많이 사용되는 알고리즘이다. 클러스터를 생성하는 데 영역 외의 데이터는 잡음이나 경계지점으로 간주한다.

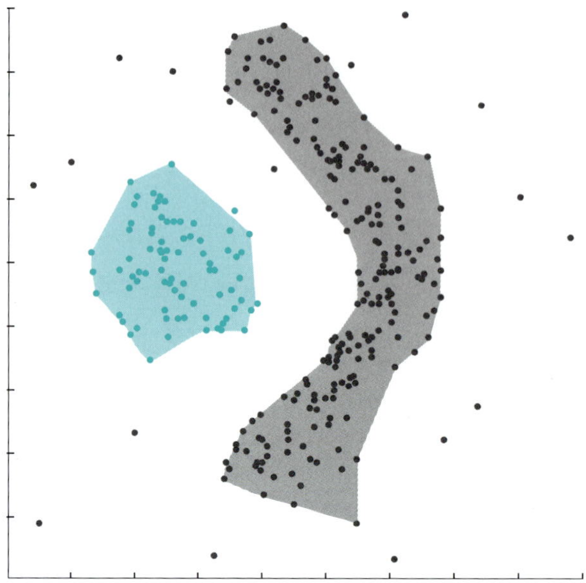

그림 2-11 • 밀도 기반 클러스터 알고리즘 예시

K-Means 모델에서는 모든 데이터들이 자기가 속한 클러스터를 정할 때 K개의 중심으로부터 거리를 측정해 가장 짧은 거리에 있는 중심을 자신의 클러스터라고 정하지만 [그림 2-11]에서 나타낸 바와 같이 DB-SCAN은 일정한 밀도를 가지는 데이터의 무리가 거리의 개념과는 관계없이 같은 클러스터로 판단한다.

2.5 머신러닝의 동작 방식과 통계학과의 차이

많은 연구자들은 통계학의 회귀분석에 익숙할 것이다. 통계학의 다중선형회귀분석 중 대표적인 최소제곱Ordinary Least Square 추정은 각 관측치와 초평면과의 거리를 최소화하는 방식으로 회귀 계수를 찾고 이에 대한 통계적 유의성을 검증한다.

머신러닝에서도 회귀분석 시 최소제곱법Least Square Estimation을 사용하기도 하지만 컴퓨팅의 발달로 빠른 분석이 가능한 경사하강법Gradient Descent을 더 선호한다. 경사하강법은 가중치[8]의 조합으로 그려진 오차 표

8 머신러닝의 선형회귀분석 수식 $H(x) = Wx + b$에서, 독립변수 x의 기울기에 해당하는 W에 대해 통계학에서는 회귀 계수(Coefficient)라고 표현하지만 머신러닝에서는 가중치(Weight)라 표현을 한다.

면상에서 임의의 가중치를 선택한다. 그 후 데이터를 입력-학습하여 오차 표면상의 오차 최소값에 도착할 때까지 가중치를 갱신하는 방식이다.

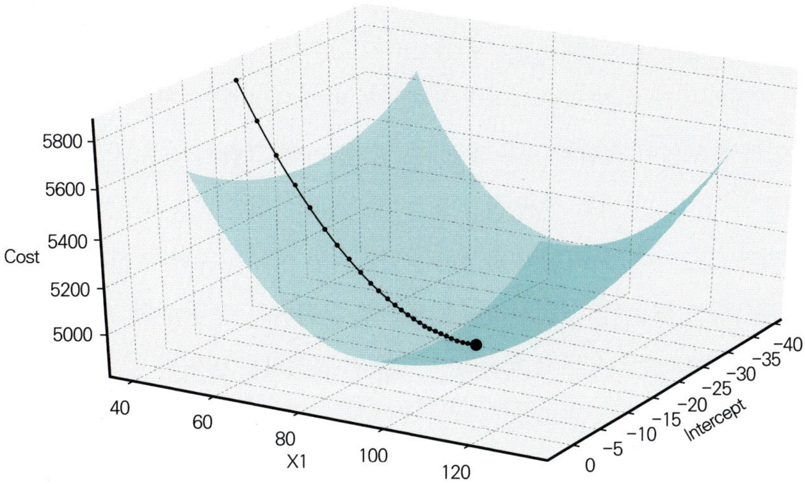

그림 2-12 • 오차 표면상에서 학습에 따라 오차 최소값에 도달하는 경로를 보여주는 그래프

통계학에서는 주어진 자료로 모집단을 추정하기 위해 통계적 유의성을 검정하고 변수 간의 관계를 살펴본다. 반면 머신러닝의 경우 귀납적 방법으로 데이터에 기반하여 학습하고 가중치를 수정한다. 통계적 유의성 검정과정이 없으므로 머신러닝의 결과가 적합한지를 파악하기 위해 훈련데이터와 검증데이터, 테스트데이터 세트를 구성하여 성능 평가를 하여야 한다.

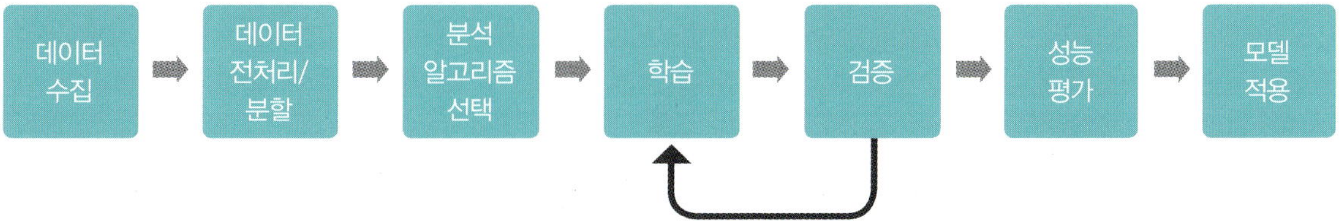

그림 2-13 • 머신러닝 수행 절차

2.6 머신러닝 수행에 있어 고려사항

머신러닝을 활용한 분석 시에는 반드시 과소적합Underfitting, 과적합Overfitting 문제를 고려하여야 한다. 과소적합은 모델이 단순하여 입력된 데이터를 제대로 설명하지 못하고 예측력이 떨어지는 것을 의미한다. 모델이 과소적합인지 아닌지는 모델의 예측치와 실측치 간의 오차인 Cost에 따라서 판단이 가능하다. 과소적합인 경우 모델 선택과 추가 학습데이터를 확보하는 것으로 어느 정도 보완 가능하다. 과적합은 지나치게 훈련데이터에 모델이 적합된 경우라 볼 수 있다. 아래 그림의 경우처럼 훈련데이터상에서 모델의 예측력은 매우 높아지지만 이를 실제 현장 또는 테스트데이터에 적용하였을 때는 예측력이 현저히 감소하게 되는 결과가 도출된다. 과적합이 발생하는 근본적인 이유는 주요 머신러닝 알고리즘이 귀납적 방법으로 모델을 구축하기 때문이다. 머신러닝 방법으로 분석하는 경우 이와 같은 과적합 문제가 언제든지 발생할 수 있다는 점을 염두에 두고 계속적인 모델 검증 절차를 밟아야 할 것이다.

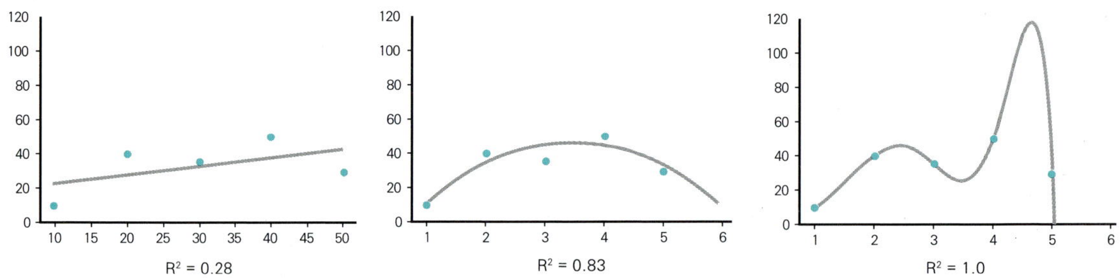

그림 2-14 • 과소적합, 적합, 과적합의 사례

2.7 모델 검증

2.7.1 모델 검증을 위한 준비

머신러닝에 의해 구축된 모델이 과적합인지 아닌지를 판단하기 위해서는 모델을 검증하는 과정이 필요하다. 이를 위해 수집한 데이터를 훈련데이터, 검증데이터, 테스트데이터로 구분해야 할 필요가 있다. 과거에는 수집된 데이터 중에서 훈련데이터를 70~80%, 테스트데이터를 20~30%로 설정하고 모델 성능을 평가하는 과정을 거쳤다. 최근에는 수집된 데이터를 훈련데이터, 검증데이터, 테스트데이터로 구분하여 분석에 사용한다. 모델 학습에는 훈련데이터를 사용한다. 학습 이후 부분적인 성능을 평가하기 위해서는 학습에 사용되지 않은 데이터가 필요할 수가 있다. 이 경우 검증데이터를 사용하여 모델을 선택하고 세부적인 부분을 조정한다. 최종적인 모델이 선택되면 그 이후 테스트데이터를 사용해서 모델의 예측력을 평가한다. 일반적으로 3개 데이터의 비율을 5:2:3으로 설정하며 각각의 연구 환경에 맞추어 비율을 조정하여 학습에 사용한다.

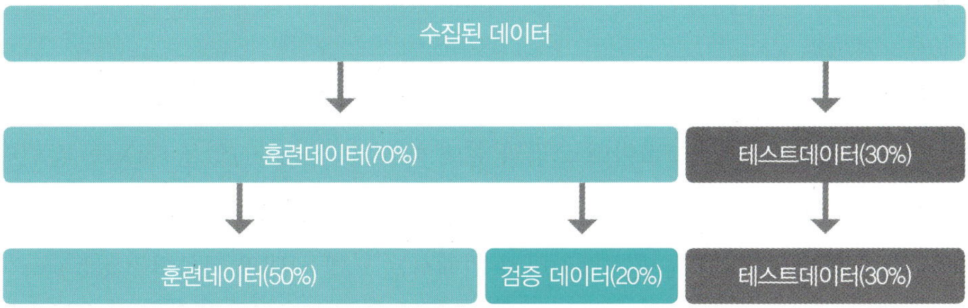

그림 2-15 • 모델 검증을 위한 데이터 분할

2.7.2 Batch size, Iteration, Epoch, Learning rate

훈련데이터, 검증데이터, 테스트데이터로 구분하고 모델링 작업에 착수하여도 연구자는 학습의 강도에 해당하는 Batch size, Iteration, Epoch 값을 결정하여야 한다. 학습시에는 한 번에 얼마나 많은 데이터[Batch size]를 가지고 몇 번 반복[Iteration]하여 학습할지를 결정하여야 한다. 가지고 있는 훈련데이터 전체를 모두 학습하면 그 경우는 1 Epoch를 수행했다고 보면 된다. 상황에 따라 Batch size, Iteration, Epoch 값을 조정하여 학습하여야 한다. Batch size가 크면 모델 구축에 걸리는 시간은 줄어들지만, 그만큼 학습 빈도가 낮아진다. 학습 빈도가 낮다라는 것은 오차 최소값에 도달하기 위해 가중치를 수정하는 빈도가 적어질 수 있기 때문에 예측력이 떨어질 수 있다는 것을 의미한다. 이러한 경우 Epoch 수를 높여 학습 수를 높이거나 Learning rate를 높여 학습 빈도가 적은 것을 일부 보완할 수 있다. 머신러닝 모델 구축과정에서 1 iteration마다 오차 최소값에 도달하기 위해 가중치를 1회 수정하는데, Learning rate는 1회 수정되는 가중치의 크기를 조정한다.

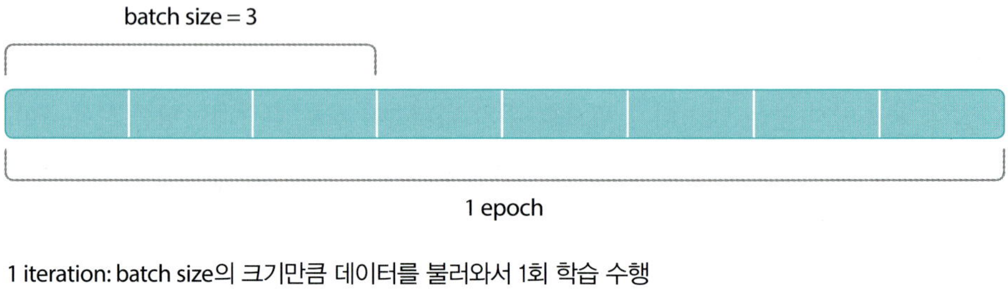

그림 2-16 • Batch Size, Iteration, Epoch의 관계

Batch size를 작게 하거나 Epoch 수를 높이면 더 많이 학습하지만 이 경우 과적합을 주의해야 한다. Early stopping 이슈에 대한 부분으로 아래 그림과 같이 학습 수가 증가하였을 때(X축) 훈련데이터에서의 오차(Y축)는 감소한다. 하지만 검증데이터나 테스트데이터에서의 오차는 특정 시점 이후부터는 오차가 다시 증가하게 된다. 이러한 문제를 해결하기 위해서는 모델 선택과 더불어 Batch size, Iteration, Epoch, Learning rate 값을 분석할 시 사용되는 데이터와 경험, 환경, 현재 모델의 예측력 수준에 따라 적정 수로 조정하며 학습 및 성능 평가를 해야 한다.

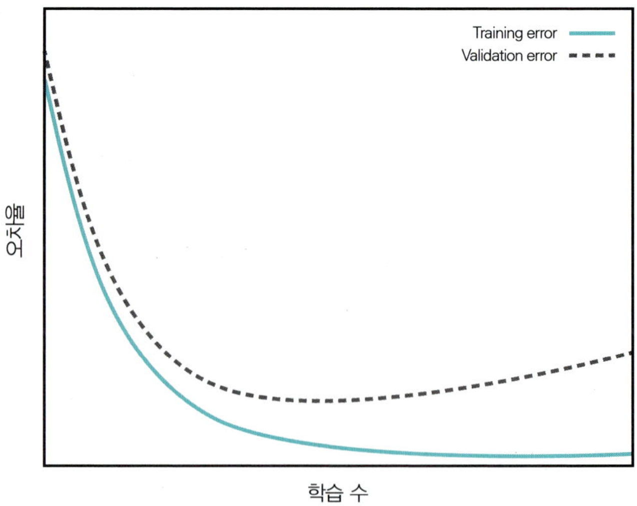

그림 2-17 • 학습 수에 따른 오차율 그래프

2.7.3 교차 검증법

검증데이터와 테스트데이터로 나누었을 때, 검증데이터와 테스트데이터가 편향[Biased]된 경우 검증과 테스트 절차에서 모델을 잘못된 방향으로 유도할 수 있다. 이러한 부분을 고려하여 더욱 안정적인 모델링을 위해 사용하는 방법 중 한 가지가 교차 검증법[Cross-validation]이다. 교차 검증법은 수집한 데이터가 적거나, 별도의 검증자료를 설정하기 어려운 경우에도 주로 사용된다.

교차 검증법을 수행하기 위해서는 몇 겹[Fold]으로 데이터를 구성할지 정해야 한다. 예를 들어 4겹 교차 검증법[Four-fold Cross-validation]을 수행한다면 현재 가지고 있는 데이터를 4개의 세트로 나눈다. 4개의 세트로 나눌 때는 수집한 데이터를 순차적, 인터리빙[Interleaving] 또는 랜덤 샘플링 방식을 사용할 수 있다. 교차 검증법의 학습 효과를 상승시키기 위해서는 랜덤 샘플링 등을 통해 각 세트의 데이터 분포가 비슷하게 구성하는 것을 권장한다. 분포가 비슷한지는 도표를 그리거나 기술 통계분석을 수행하여 평균과 표준편차 등을 통해 확인한다. 각 데이터 세트 간 데이터를 중복하여 구성하는 방법도 있다.

학습 시 4개의 데이터 세트 중 하나를 테스트데이터로 설정하고 나머지 3개의 데이터 세트는 학습데이터로 설정한다. 1번째 데이터 세트를 테스트데이터로 설정하고 나머지 3개의 데이터 세트를 학습데이터로 설정하고 학습을 수행하고 성능을 평가한 이후에는, 2번째 데이터 세트를 테스트데이터로 설정하고 나머지 3개의 데이터 세트를 학습데이터로 설정하고 학습을 수행한다. 이러한 과정을 4차례 수행한다. 모델의 최종 성능 지표는 4번의 성능 평가 결과의 평균치로 계산한다.

많이 사용하는 방법으로는 처음 수집된 데이터 중 70%를 학습데이터로 설정한 이후, 이 학습데이터에 한해서 교차 검증법으로 모델을 학습시키고 구축한다. 모델이 구축되면 처음 수집된 데이터 중 30%인 테스트데이터에 모델을 적용하여 최종 성능을 평가한다.

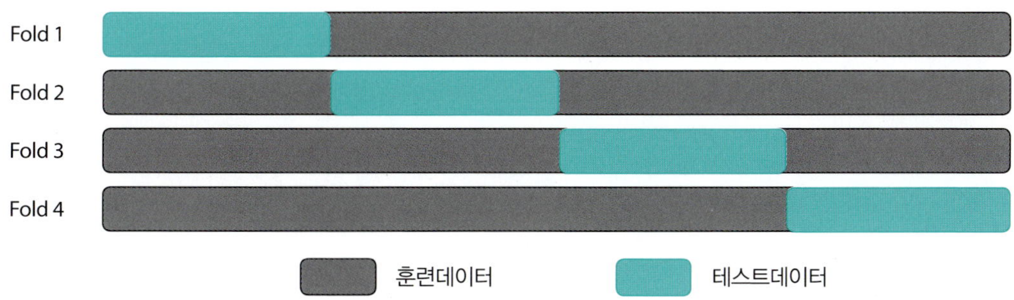

그림 2-18 • 교차검증법

2.8 머신러닝을 위한 자료원

이번 장에서는 머신러닝을 분석 시 사용 가능한 자료원에 대해 소개하고자 한다.

2.8.1 Kaggle

https://www.kaggle.com

위의 주소는 Kaggle 사이트 주소이다. Kaggle은 데이터 사이언스, 머신러닝을 위한 사이트이다. 이 사이트에는 전 세계의 데이터 사이언티스트들과 기업이 상금을 걸고 누가 더 효율적으로, 효과적으로 분류 또는 예측을 하는지를 가르는 대회가 상시로 열리고 있다. 대회 주제는 매번 바뀌고 다양하다. 우승자의 알고리즘을 볼 수 있기 때문에 관심 있는 연구자는 필히 참조하여야 할 사이트이다.

연구자가 관심 있는 주제인데 데이터 확보가 어려운 경우, Kaggle에 업로드되어 있는 데이터로 미리 테스트하여 전체 방향을 잡고 연구 진행을 결정할 수 있다. Kaggle에는 대회용 데이터 세트와 연구자들이 테스트하고 분석을 수행할 수 있는 텍스트, 이미지, 사운드 등의 다양한 데이터들이 업로드되어 있다.

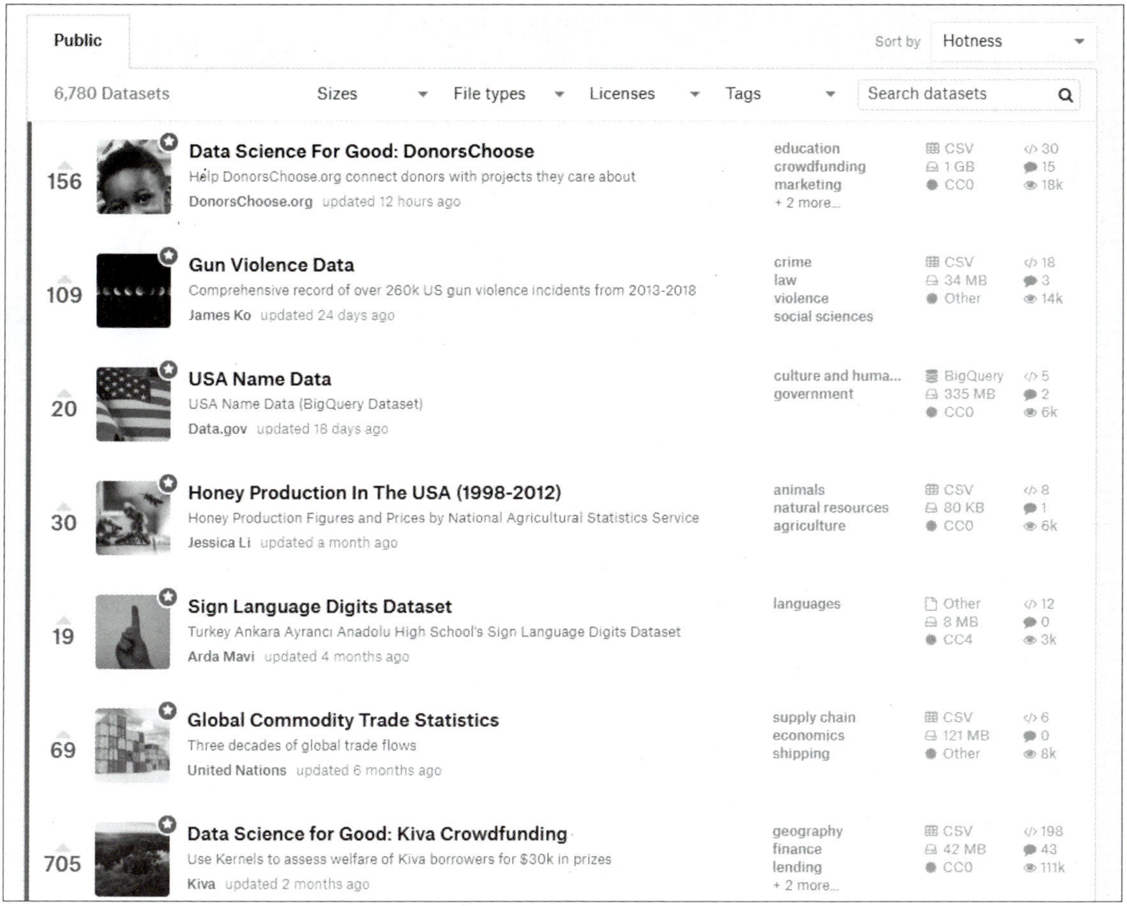

그림 2-19 • Kaggle 데이터 세트 리스트 일부(https://www.kaggle.com/datasets)

2.8.2 공공데이터포털

https://www.data.go.kr

위의 주소는 공공데이터포털 사이트 주소이다. 공공데이터포털은 공공기관에서 생성되고 관리되고 있는 공공데이터를 통합 관리하고 있는 사이트이다. 또한 OPEN API를 통해 공공데이터를 쉽게 접근할 수 있다. 공공기관에 데이터가 있지만 공공데이터포털에 없는 경우 제공 신청을 하거나 관계 부처에 문의하여 공공데이터를 다운로드할 수 있다. 공공데이터포털을 통하지 않더라도 통계청, 질병관리본부 등의 공공기관 사이트에서 직접적으로 2차 데이터를 제공하고 있다. 이러한 공공데이터는 신청 서류와 일정금액의 수수료를 지불하면 다운로드해 사용할 수 있다.

공공데이터포털 외에 각 기관에서 다운로드할 수 있는 대표적인 2차 데이터는 다음과 같다. 아래 외에도 각 분야의 여러 기관에서 2차 데이터를 공개하고 있다.

데이터 명칭	주제	관리기관	주소
국민건강보험공단 빅데이터	보건의료	국민건강보험공단	https://nhiss.nhis.or.kr/bd/ay/bdaya001iv.do
국민건강영양조사	보건의료	질병관리본부	https://knhanes.cdc.go.kr/
청소년건강행태온라인조사	보건의료; 청소년	질병관리본부	https://yhs.cdc.go.kr/
한국복지패널	복지, 사회	한국보건사회연구원	https://www.koweps.re.kr:442/
한국노동패널	노동	한국노동연구원	https://www.kli.re.kr/klips/index.do
사업체패널	경영	한국노동연구원	https://www.kli.re.kr/wps/index.do
한국여성패널	여성, 사회	한국여성정책연구원	http://klowf.kwdi.re.kr/
통계지리정보	지리정보	통계청	https://sgis.kostat.go.kr/view/index
서울서베이	사회	서울시	http://data.si.re.kr/sisurvey

3. 딥러닝

3.1 딥러닝 정의와 개념

인공지능은 이미 앞서 인간의 판단, 행위, 인지 등을 이해해서 인간의 지능을 기계[9]가 갖출 수 있도록 하는 것이라고 정의하였다. 최근 머신러닝과 딥러닝에 대해서 많은 이들이 혼돈을 일으키는 것 같다. 그래서 이해하기 쉽게 설명하자면 기계가 인간의 지능을 가질 수 있도록 인공지능을 만들어야 하고 인공적 지능을 만들기 위해서는 학습을 해야 하는데 학습 중 한 분야가 머신러닝 분야이고 머신러닝을 하기 위하여 신경망과 유사하게 학습하는 한 분야가 딥러닝이라고 할 수 있다. [그림 3-1]에 이 관계를 나타내었다.

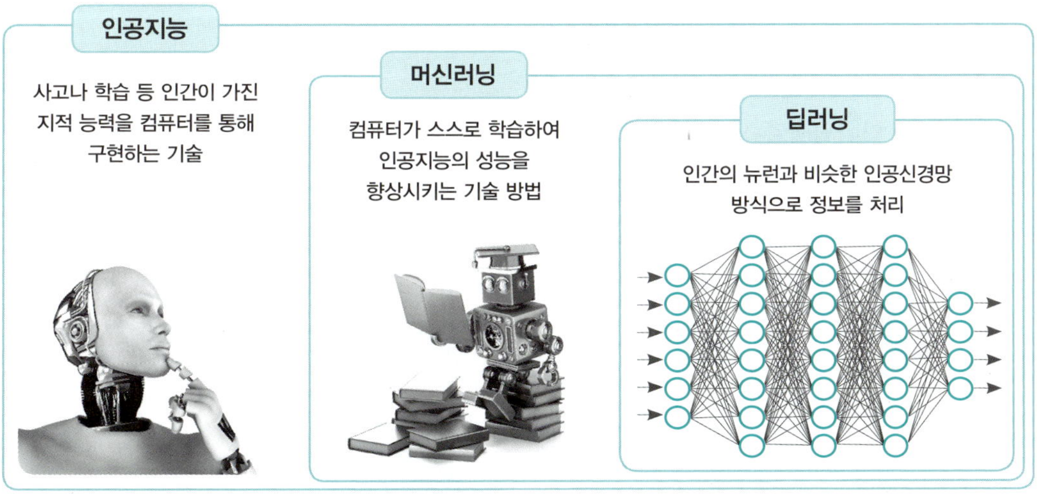

그림 3-1 • 인공지능, 머신러닝, 딥러닝의 관계도

딥러닝은 간단히 말해서 사람의 사고방식을 컴퓨터에게 가르치는 머신러닝의 한 분야로서 인간의 뇌를 표방한 높은 수준의 추상화Abstractions[10]를 인공신경망을 기반으로 컴퓨터가 스스로 학습할 수 있게 하는

9 인공지능에서 기계는 마이크로컴퓨터, PC, 서버 등을 의미함

10 다량의 데이터나 복잡한 자료들 속에서 핵심적인 내용 또는 기능을 요약하는 작업

머신러닝의 한 부분으로 정의할 수 있다. 뇌의 신경세포인 뉴런은 전기적인 신호를 전달하는 특이한 세포로 뇌는 뉴런의 집합체라고 할 수 있는데 약 1천억 개가 존재하고 100조 개의 연결로 이루어 져 있다고 한다. 이 뉴런은 줄줄이 연결되어 있어 뉴런이 연결된 것을 신경망이라고 하고 인공적으로 만든 것을 인공신경망이라고 부른다. [그림 3-2]에 뉴런이 연결된 신경망을 나타내었다.

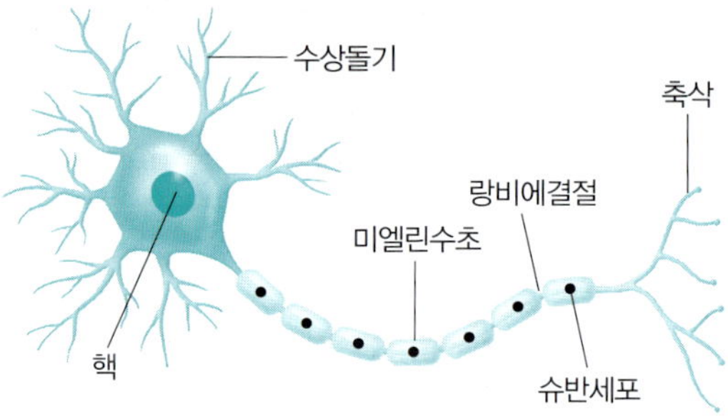

그림 3-2 • 뉴런

뉴런은 줄줄이 연결되어 수상돌기에서 신호를 받아들이고 축색돌기에서 신호를 전송하는 형태로, 그 사이에는 시냅스가 있는데 신호가 전달되기 위해서는 임계값 이상의 전기신호로 정보를 전송하거나 저장하게 된다. 이러한 인공지능의 흐름을 수학과 뉴런으로 표현하면 [그림 3-3]과 같다.

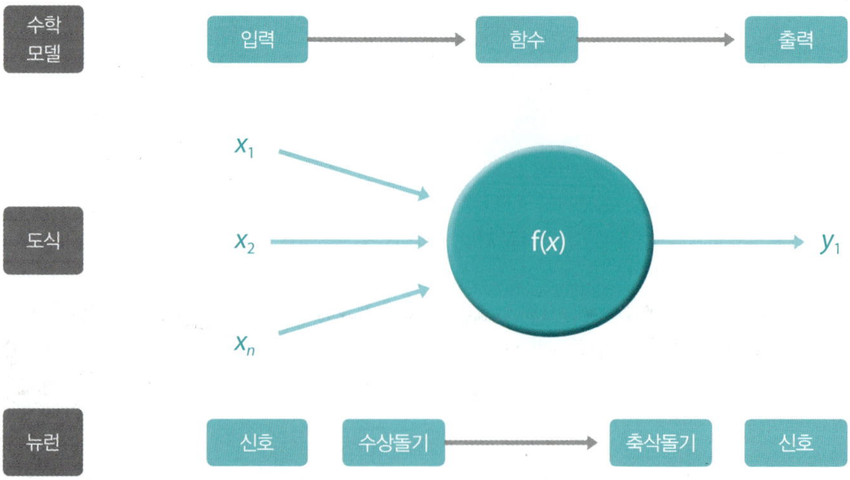

그림 3-3 • 신경망 모델링 예시

딥러닝 기술은 이미 구글, 페이스북, 아마존 등 글로벌 IT기업들에서 광범위하게 이용되고 있는 기술이며 특히, 패턴인식이나 사진, 음성 등의 인식, 기계번역 등의 자연언어처리에 좋은 성능을 발휘하는 것으로 알려져 있다. 딥러닝은 퍼셉트론Perceptron, 다층퍼셉트론, 그리고 현재의 딥러닝으로 구분하고 있다.

3.1.1 퍼셉트론

인공신경망의 기원은 1958년에 플랭크 로젠블레트가 제안한 퍼셉트론이 시작이라 할 수 있다. 퍼셉트론은 n개의 입력과 1개의 출력에 대하여 각 입력의 가중치Weight를 둔 개념으로 뉴런이 전기신호로 정보를 전달하는 방식이다. 즉 다수의 레이블이 있는 트레이닝 데이터를 이용한 지도학습의 한 모델로 트레이닝 데이터는 특성값에 대응되는 실제 결과값을 가지고 예측된 값이 같아질 때까지 가중치를 조절하는 것이다.

뉴런에서는 입력신호를 받으면 수상돌기, 축색돌기에서 신호를 전달하는 것을 퍼셉트론에서는 가중치를 부여하였다. [그림 3-4]에 퍼셉트론의 개념도를 나타내었다.

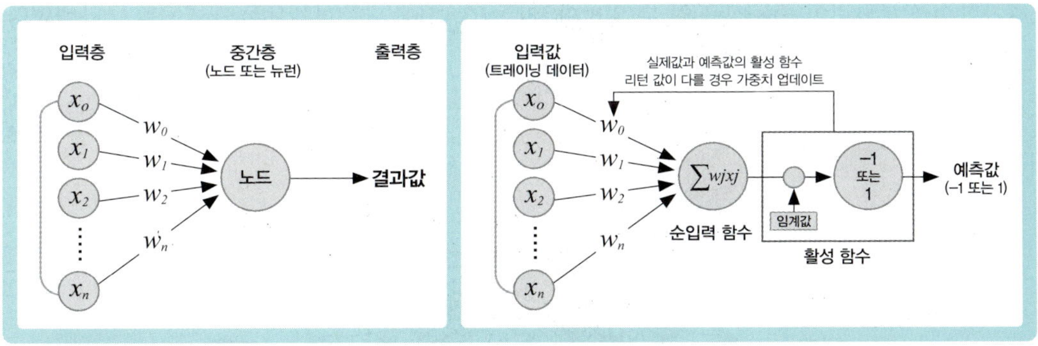

(a) 뉴런의 신경망 개념 (b) 로젠블레트 퍼셉트론 개념

그림 3-4 • 퍼셉트론 개념도

[그림 3-4]의 (a)와 (b)에서 차이점은 가중치가 부여되었다는 것이다. 가중치는 각 n개의 입력신호에 부여되어 연산 후 신호의 총합이 전해진 임계값을 넘었을 때 1의 값을 출력하고 그렇지 못하면 0 또는 −1을 출력하게 된다.

즉, $X^1W^1+X^2W^2+X^3W^3\cdots+X^nW^n$〉임계값이라면 '1' 그렇지 않으면 '0'이 된다. 가중치는 임계값의 경계를 구분하기 때문에 입력된 값이 출력값에 얼마만큼의 영향을 줄 것인가의 매개변수 역할을 하게 된다. 따라서 임계값의 범위 내에 있는지 그렇지 않는지에 따라서 구분하기 때문에 퍼셉트론은 선형 분류 모델로도 볼 수 있기 때문에 지도학습으로 구분할 수 있다. 즉 입력값은 각각의 가중치와 함께 순입력 함수 즉, 뉴런으로 입력되어 하나의 값으로 만들어진다. 순입력 함수의 결과값을 비교하여 순입력 함수 결과값이 임계치보다 크면 1, 아니면 −1로 출력하는 함수로 정의한다[그림 3−4]. 퍼셉트론은 인공신경망의 시작이지만 모든 시작이 그렇듯이 매우 단순한 XOR 모델의 문제 해결 방식에 한계를 보이기 시작한다. 그래서 다층퍼셉트론이 등장한다.

3.1.2 다층퍼셉트론

다층퍼셉트론은 XOR 같은 간단한 것도 학습하지 못하는 퍼셉트론의 단점을 해결하기 위해 도입되었고, 그 해결 방법은 의외로 단순하다. 중간층을 하나만 두는 것이 아니라 여러 개를 두었다. 그래서 하나 이상의 중간층을 두어 다층퍼셉트론이 되었고, 중간층은 은닉층 또는 은닉레이어(Hidden Layer)로 두어 은닉층이 증가할수록 분류력이 좋아짐을 알 수 있었다. [그림 3−5]에 다층퍼셉트론 개념도를 나타내었다.

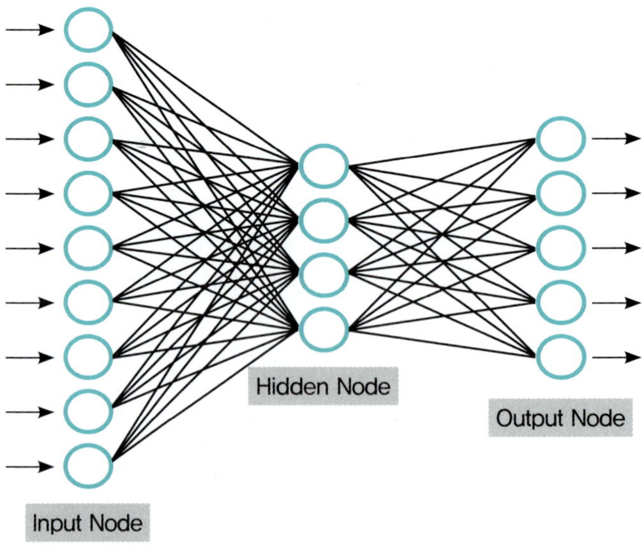

그림 3−5 • 다층퍼셉트론 개념도

다층퍼셉트론의 도입으로 XOR 문제를 해결했지만 은닉층이 늘어날수록 가중치도 늘어나게 되어 학습이 어렵다는 단점이 나타났다. 이를 해결하기 위해 제어이론의 되먹임Feedback Control 이론과 유사한 역전파Backpropagation 기법을 적용하여 다층퍼셉트론의 학습을 가능하게 하였다.

딥러닝 분야에서는 이러한 여러 가지 방법론을 가지고 지속적인 연구를 진행하고 있지만 예전의 제어이론 기반의 학습 방법들이 재조명되면서 새로운 인공신경망이 등장하게 된다. 이전의 볼츠만 머신[11]의 학습 방법이 제안되어 학계의 주목을 받게 되는데 이는 비지도학습으로 힌튼Geoff Hinton과 테리Terry Sejmowski가 레이블이 없는 데이터로 미리 충분한 학습을 한 후 레이블이 있는 지도학습을 수행하는 것을 [그림 3-6]에 나타내었다.

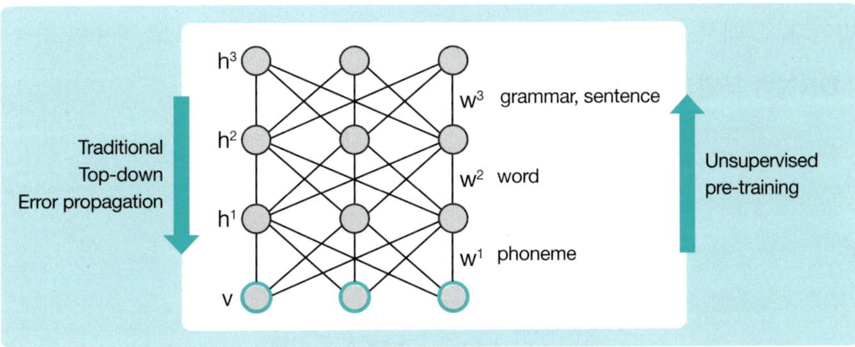

그림 3-6 • 비지도학습의 표현

이와 같은 방법을 통해 다층퍼셉트론의 단점들이 많이 해결되는데, 레이블 없는 데이터를 활용할 수 있고 이를 이용해 사전비지도학습Unsupervised Pre-training을 수행함으로써 그동안 많은 문제점들을 해결할 수 있을 것이라 판단한다.

3.2 인공신경망의 종류

인공신경망의 종류는 알고리즘별, 이론별로 복잡한 다중 입력과 방향성 피드백 루프와 단방향 또는 양

11 확률적으로 순환하는 신경망 네트워크

방향 그리고 다양한 계층 등 여러 가지 종류가 있지만 일반적으로 언급하고 있는 인공신경망을 크게 DNN^Deep Neural Network, CNN^Convolution Neural Network, RNN^Recurrent Neural Network으로 구분하였다.

3.2.1 DNN

DNN^Deep Neural Networks은 퍼셉트론 관점에서 볼 때 하나의 입력과 하나의 출력층으로 이루어져 있으며 많아야 중간에 하나의 중간층을 가지고 있다. 그러나 심층 신경망은 입력층과 출력층 사이에 다수의 은닉층들로 구성되어 있다. 기본적으로 DNN은 RBM^Restricted Boltzmann Machine, RBM은 볼츠만 머신에서 층간 연결을 없앤 형태의 모델이다. 층간 연결을 없애면, 머신은 가시층과 은닉층으로 이루어진 무방향 이분 그래프 형태의 모양을 기반으로 사전학습을 통해 어느 정도 보정을 한 후 튜닝의 과정으로 최종 가중치를 계산하는 방법이다. 그래서 DNN은 레이블된 데이터 세트가 충분하지 않아도 적용이 가능한 방법이다. [그림 3-7]에 DNN의 모델을 나타내었다.

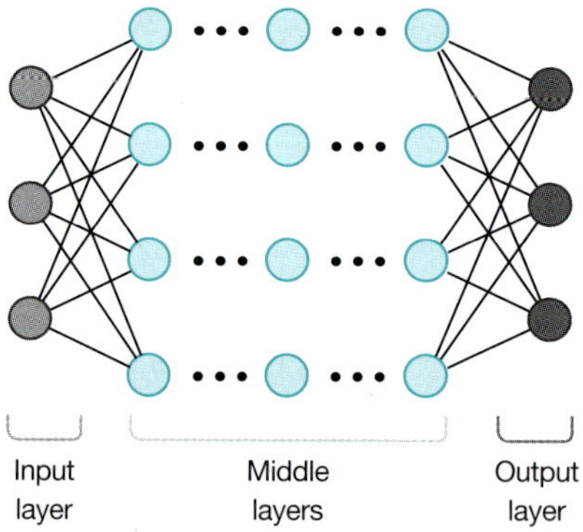

그림 3-7 • 일반적인 DNN 모델

심층 신경망은 동일 입력층에 대해 원하는 값이 출력되도록 개개의 가중치를 조정하는 방법으로 사용되며, 속도는 느리지만 안정적인 결과를 얻을 수 있는 장점이 있어 머신러닝에 널리 사용되는 오류역전파 알고리즘으로 학습될 수 있다.

3.2.2 CNN

CNN^Convolution Neural Network^은 최소한의 사전처리를 사용하도록 설계된 다층퍼셉트론의 한 종류로서 하나 또는 여러 개의 합성곱 계층과 그 위에 올려진 일반적인 인공신경망 계층들로 이루어져 있다. 이러한 사전처리를 하는 구조 덕분에 다른 딥러닝 구조들과 비교해서 영상, 음성 인식 야 모두에서 좋은 성능을 보여준다. [그림 3-8]에 CNN의 학습과정을 나타내었다.

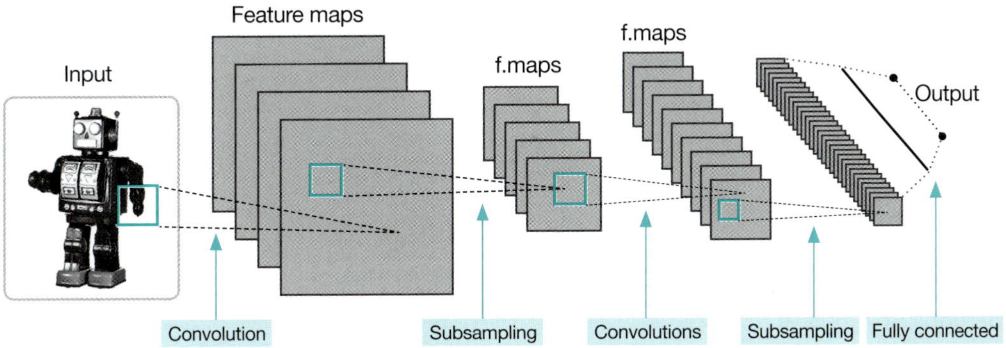

그림 3-8 • CNN의 학습과정

최근에 딥러닝에서는 합성곱 심층 신뢰 신경망 Convolutional Deep Belief Network, CDBN가 개발되었는데, 기존 CNN과 구조적으로 매우 비슷해서 그림의 2차원 구조를 잘 이용할 수 있으며 그와 동시에 심층 신뢰 신경망 Deep Belief Network, DBN에서의 선훈련에 의한 장점도 취할 수 있다. CDBN은 다양한 영상과 신호처리 기법에 사용될 수 있는 일반적인 구조를 제공하고 있다.

3.2.3 RNN

RNN Recurrent Neural Network은 유닛 간의 연결이 순환적 구조를 갖는 특징을 가지고 있어서 지금 들어온 입력 데이터와 신경망 내부에 상태를 저장할 수 있도록 과거에 입력받았던 데이터를 동시에 고려할 수 있다. 그래서 시변적 동적 특징을 모델링할 수 있도록 신경망 내부에 상태를 저장할 수 있게 해줌으로써 내부의 메모리를 이용해 시퀀스 형태의 입력을 처리하여 필기체 인식이나 음성 인식과 같이 시변적 특징을 가지는 데이터를 처리하는 데 용이하다. [그림 3-9]에 기존의 신경망과 RNN망의 비교 그림을 나타내었다.

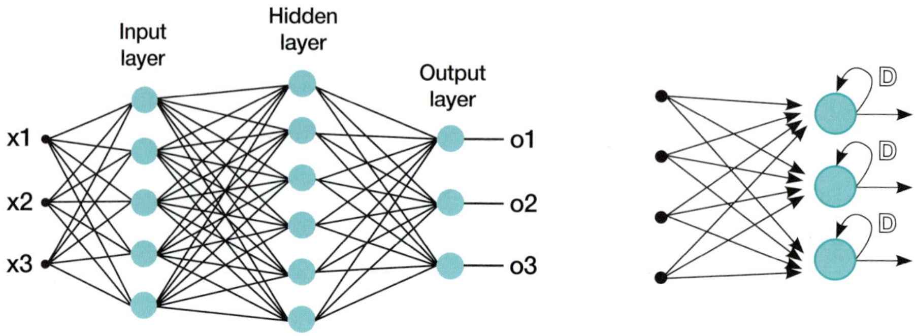

그림 3-9 • 신경망과 RNN망의 비교

[그림 3-9]에서와 같이 RNN은 인공신경망의 특정 부분이 반복되는 구조를 가지고 있어서 순환[Recurrent], 즉 반복의 의미를 가지게 되는 것이다.

RNN을 훈련시키기 위해 대표적으로 경사 하강법, Hessian Free Optimization, Global Optimization Methods 방식이 쓰이고 있다.

2부 Microsoft Azure Machine Learning Studio

4. Microsoft Azure Machine Learning Studio

4.1 Microsoft Azure Machine Learning Studio 소개

Azure란 2010년부터 서비스한 Microsoft의 클라우드 컴퓨팅 플랫폼이다. 2011년 PaaS에 이어 2013년 IaaS 서비스를 시작하였다. Azure 플랫폼은 약 600개 이상의 서비스를 제공하는데, 우리는 그 중 하나인 Azure Machine Learning Studio를 사용한다. 그렇다면 머신러닝을 할 수 있는 오픈 소스 라이브러리와 툴이 많은데, 왜 굳이 Azure Machine Learning Studio를 사용할까?

기존의 Machine Learning 라이브러리와 툴의 고질적인 문제인

(1) 학습에 필요한 컴퓨팅 자원의 유연성 부족

(2) Tensor Flow 라이브러리와 같이 GPU 기반 학습을 위한 설정 작업의 번거로움

(3) 학습에 필요헌 도구 · 환경의 설치 · 설정의 어려움

(4) 실험 과정의 기록 및 버전 관리의 어려움

(5) Jupyter Notebook 등의 협업을 위한 솔루션 직접 설치 · 설정의 어려움

과 같은 문제를 해결할 수 있기 때문이다.

[그림 4−1]은 Azure Machine Learning Studio의 workflow이다. [그림 4−1]을 통해 Azure 플랫폼을 활용하여 데이터 수집 & 관리를 클라우드에서 하고 Azure Machine Learning Studio를 통해 모델을 만들고 손쉽게 웹 서비스를 구축한 뒤 다양한 기기에 적용시킬 수 있다는 것을 알 수 있다. 또한 기존의 클라우드 플랫폼 · 머신러닝 라이브러리와 툴과는 다르게 사용자의 편의성을 고려하여 접근하기 쉬운 GUI 환경을 제공한다.

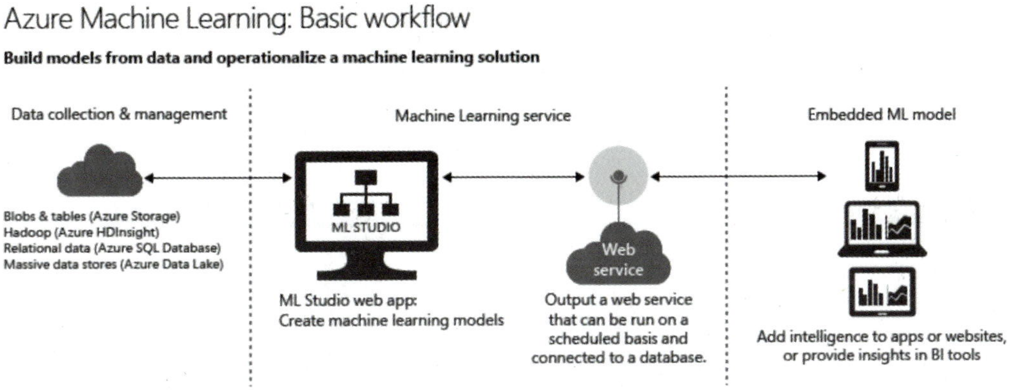

그림 4-1 • Azure Machine Learning Studio Basic workflow

[그림 4-2]를 통해 Azure Machine Learning Studio는 기존의 머신러닝 툴 · 라이브러리와 다르게 블록을 Drag & Drop 형식으로 끌어와 쉽게 모델을 만들 수 있는 것을 볼 수 있다. 아울러 R, Python 언어로 짠 스크립트를 블록형태로 삽입하여 활용도 가능할 뿐 아니라 결과를 시각화를 통해 확인할 수 있다. 쉬운 구조 덕분에 사용방법만 숙지하면 누구나 쉽게 예측 모델을 만들고 배포할 수 있다.

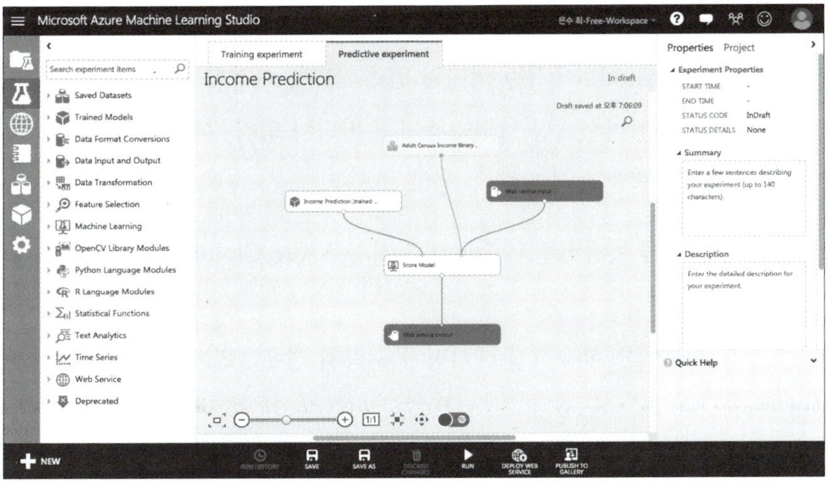

그림 4-2 • Azure Machine Learning Studio Experiment 캔버스

[그림 4-3]은 Azure AI Gallery로 다른 사용자가 개발한 프로젝트를 사용해보거나 자신의 프로젝트로 가져와 수정할 수 있으며 Gallery에서 공유한 프로젝트를 Facebook, Twitter 같은 SNS에 게시하여 프로젝트에 대한 의견을 물어볼 수 있다.

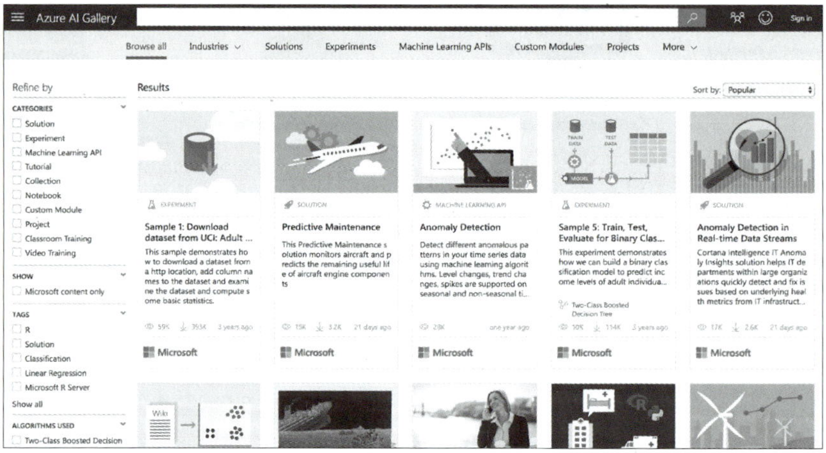

그림 4-3 • Azure AI Gallery

[그림 4-4]를 통해 전체적인 Azure Machine Learning Studio의 기능을 볼 수 있다.

Azure Machine Learning Studio에서는 데이터 입력, 출력, 시각화를 기본적으로 지원하며, 데이터 과학자들이 애용하는 대표적인 머신러닝 알고리즘이 준비되어 있다. 이러한 구성 요소를 활용하여, 다음과 같은 과정으로 모델을 개발하고 배포할 수 있다.

① 실험데이터 삽입: 모델을 학습시킬 데이터를 가져와 Azure Cloud에 삽입하여 다방면으로 활용할 수 있다.

② 실험데이터 전처리: 모델을 학습시킬 데이터가 누락된 경우 오탈자가 있을 경우를 위해 데이터를 전처리해야 한다.

③ 특징추출: 모델을 학습시키기 위해 목적과 알고리즘에 맞게 특징을 추출한다.

④ 학습과 모델 평가: 알고리즘을 선정하고 학습시키고 평가하여 모델에 대한 평가를 내리고 오류는 없는지 확인한다.

⑤ 학습된 모델 저장: 학습 완료된 모델을 저장한다.

⑥ 웹 서비스 적용 및 실행: 학습 완료된 모델을 웹 서비스를 활용하기 위해 적용하고 실행한다.

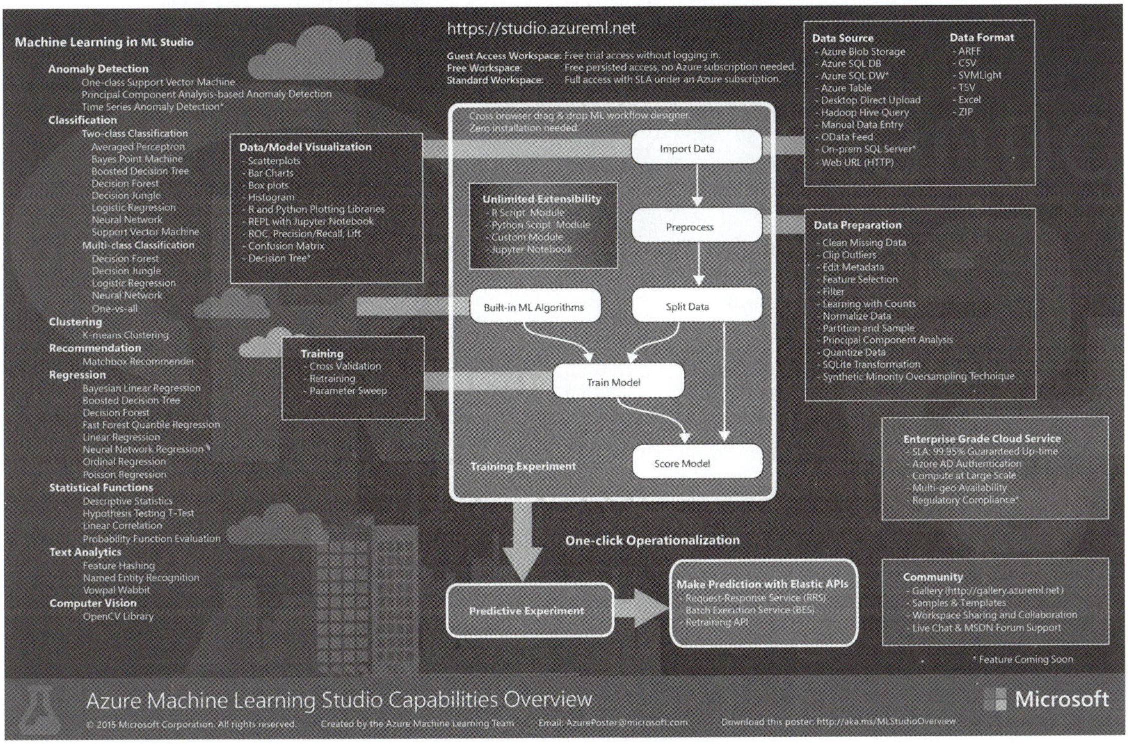

그림 4-4 • Azure Machine Learning Studio 다이어그램

4.2 Microsoft Azure Machine Learning Studio 사용자 등록하기

https://studio.azureml.net/에 접속하여 [그림 4-5]의 Sigh up here 링크를 클릭한다.

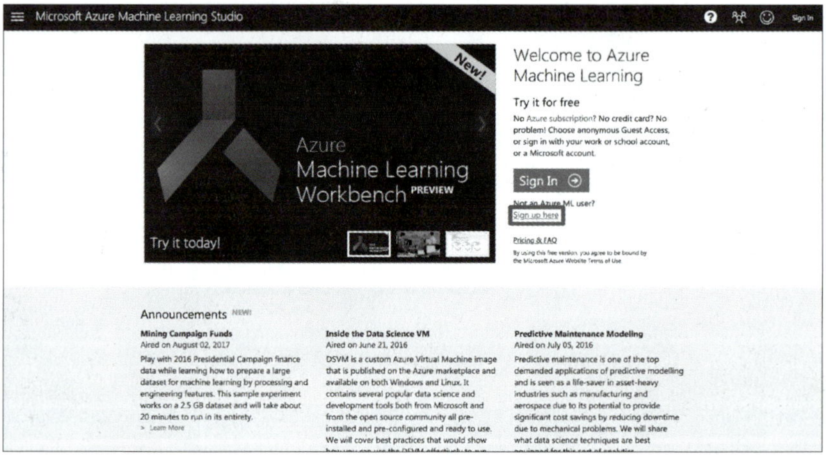

그림 4-5 • Azure Machine Learning Studio 홈페이지

[그림 4-6]과 같이 팝업창이 뜨는 것을 볼 수 있는데, Guest로 들어가 8시간 무료로 사용할 수 있으나, 프로젝트, 실험데이터 등의 보관을 위해서 Microsoft 계정으로 Free Workspace를 받아 사용하는 것을 추천한다.

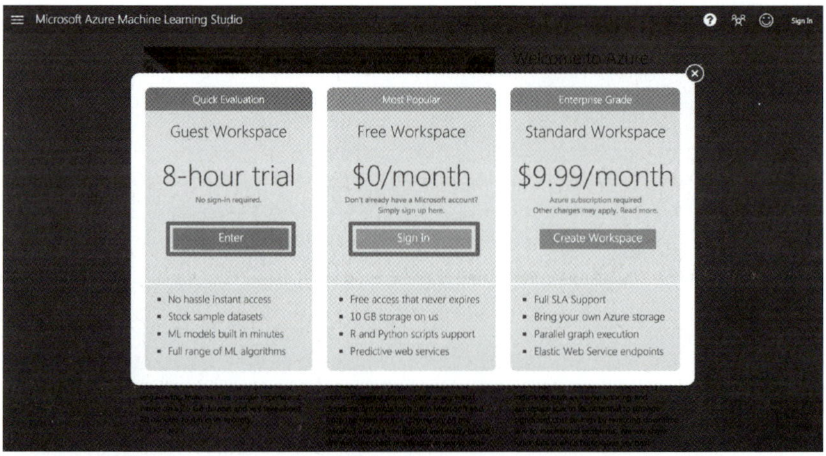

그림 4-6 • Azure Machine Learning Studio 사용자 선택 팝업창

정상적으로 로그인했다면 [그림 4-7]과 같은 Workspace를 볼 수 있다. 정상적으로 로그인했다면 다음 장에서 Azure Machine Learning Studio의 기능을 알아보도록 하자.

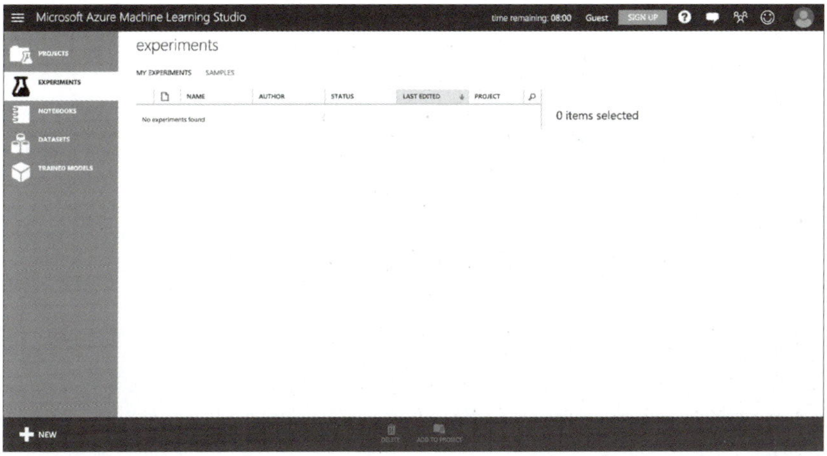

그림 4-7 • Azure Machine Learning Studio Workspace

4.3 Microsoft Azure Machine Learning Studio 기능 소개

로그인에 성공했으면 [그림 4-8]의 + NEW 버튼을 눌러 Workspace의 기능을 보자.

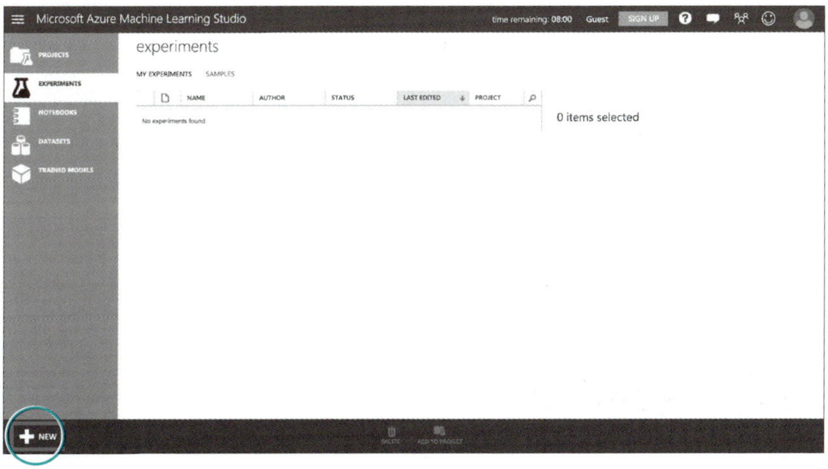

그림 4-8 • Azure Machine Learning Studio Workspace의 +NEW 버튼

+NEW 버튼을 누르면 [그림 4-9]와 같이 1) DATASET, 2) MODULE, 3) PROJECT, 4) EXPERIMENT, 5) NOTEBOOK이 담긴 버튼들을 볼 수 있다. DATASET 기능은 실험데이터 파일을 Azure Cloud에 올려 계정 내에서 계속 사용할 수 있다. 또한, Python 언어로 작성된 모듈을 담은 압축파일(.zip)을 넣어 Python 스크립트를 모듈화하여 사용할 수 있다.

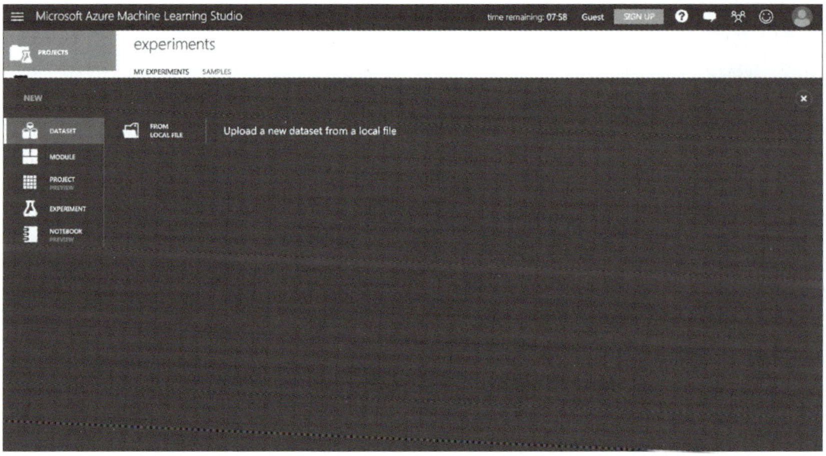

그림 4-9 • Azure Machine Learning Studio의 기능 목록 및 DATASET 기능

[그림 4-10]의 MODULE 기능은 R 언어로 작성된 스크립트를 담은 압축파일(.zip)을 넣어 R 스크립트를 모듈화하여 사용할 수 있다. 아울러 Microsoft가 Gallery에 공개한 다양한 R 언어로 만들어진 모듈 예제를 가져와 사용할 수 있다.

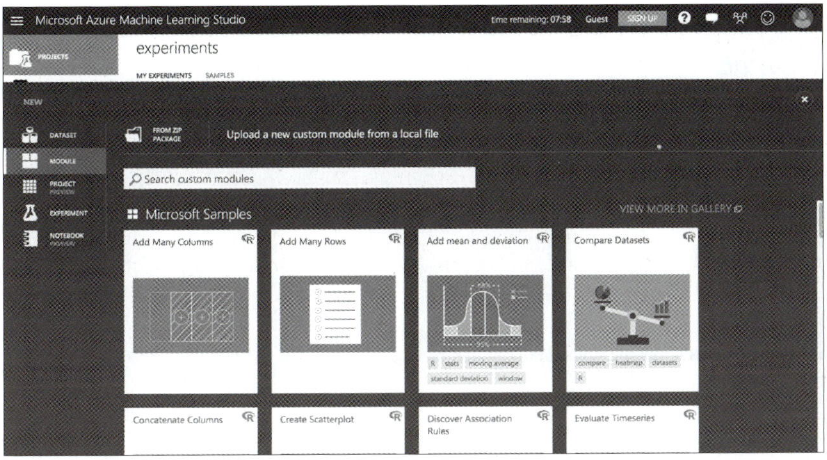

그림 4-10 • Azure Machine Learning Studio의 MODULE 기능

[그림 4-11]의 PROJECT 기능을 활용하여 Datasets, Experiments, Modules, Notebooks, Trained Models, Webservice 등의 기능들을 한 집합으로 꾸려서 편리하게 관리할 수 있다.

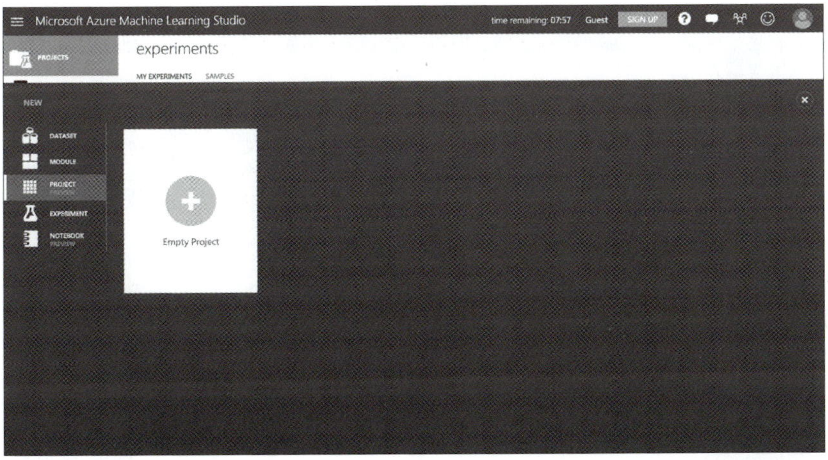

그림 4-11 • Azure Machine Learning Studio의 PROJECT 기능

[그림 4-12]의 EXPERIMENT 기능은 삽입한 Dataset과 다양한 기능들을 활용하여 모델을 만들고 Webservice까지 적용할 수 있는 장소이다. 또한 Microsoft가 Gallery에 공개한 예제를 가져와 사용할 수 있다.

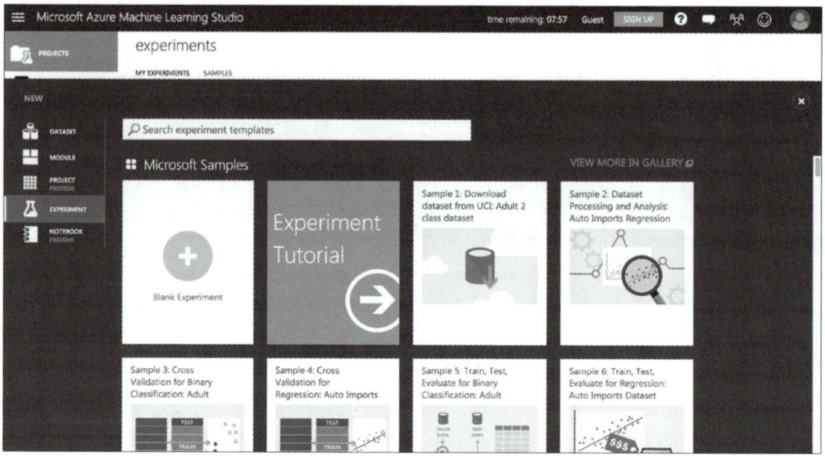

그림 4-12 • Azure Machine Learning Studio의 EXPERIMENT 기능

[그림 4-13]의 NOTEBOOK 기능은 Jupyter notebook을 통해 R 언어, Python 언어를 실습할 수 있는 Workspace를 주는 기능을 한다.

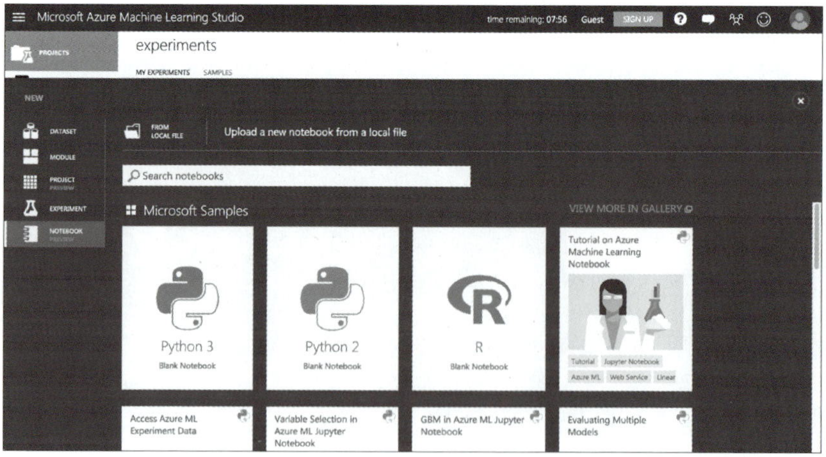

그림 4-13 • Azure Machine Learning Studio의 NOTEBOOK 기능

4.4 Microsoft Azure Machine Learning Studio Experiment 기능

[표 4-1]은 Microsoft Azure Machine Learning Studio Experiment의 기능으로 15개의 카테고리가 있다. 목적에 맞게 찾아서 사용하도록 하자.

기능명	기능 설명
Saved Datasets	DATASET 기능을 사용하여 저장된 데이터 세트, 샘플 데이터 세트가 담겨있는 저장소
Trained Models	훈련 완료된 모델이 담겨 있는 저장소
Data Format Conversions	입력데이터의 형식 전환과 포맷을(확장자 .Arff .csv 등) 변환하는 기능
Data Input and Output	데이터 입출력, 훈련 모델을 불러오는 기능
Data Transformation	데이터를 훈련시키기 위해 전처리(Split, Filter, Join 등)하는 기능
Feature Selection	통계적 기준에 따라 지정한 개수의 Feature 추출
Machine Learning	모델을 만들기 위해 사용하는 알고리즘을 담았다. 모형 알고리즘, 학습, 적합, 평가 모델 등이 있다.
OpenCV Library Modules	영상처리 라이브러리인 OpenCV Library 기능이 있다.
Python Language Modules Python	언어 스크립트를 실행할 수 있다.
R Language Modules	R 언어 스크립트를 실행할 수 있다.
Statistical Functions	통계함수가 담겨있다. 기술 통계량, 통계검정, 상관 행렬계산, Recode 등
Text Analytics	텍스트 마이닝 도구들을 제공한다.
Time Series	시계열자료의 이상탐지 도구가 담겨있다.
Web Service	웹 서비스용 입력, 출력자료 관리
Deprecated	사라질 기능들 모음

표 4-1 • Azure Machine Learning Studio Experiment 기능

[표 4-2]의 알고리즘은 탐색 팔레트에서 편하게 블록으로 가져와 사용할 수 있다. 업그레이드될수록 알고리즘의 종류가 증가할 것이다. 사용하고 싶은 알고리즘이 없다면, Python, R 스크립트로 구현한 뒤 Experiment에서 블록을 배치하여 사용할 수 있다.

알고리즘 분류	알고리즘 명
이상탐지(Anomaly Detection)	One–Class Support Vector Machine
	PCA–Based Anomaly Detection
분류(Classification)	Multiclass Decision Forest
	Multiclass Decision Jungle
	Multiclass Logistic Regression
	Multiclass Neural Network
	One–vs–All Multiclass
	Two–Class Averaged Perceptron
	Two–Class Bayes Point Machine
	Two–Class Boosted Decision Tree
	Two–Class Decision Forest
	Two–Class Decision Jungle
	Two–Class Locally–Deep Support Vector Machine
	Two–Class Logistic Regression
	Two–Class Neural Network
	Two–Class Support Vector Machine
군집화(Clustering)	K–Means Clustering
회귀(Regression)	Bayesian Linear Regression
	Boosted Decision Tree Regression
	Decision Forest Regression
	Fast Forest Quantile Regression
	Linear Regression
	Neural Network Regression
	Ordinal Regression
	Poisson Regression

표 4–2 • Azure Machine Learning Studio Algorithm(2018.1. 기준)

5. Microsoft Azure Machine Learning Studio 예측 모델 제작

5.1 Microsoft Azure Machine Learning Studio Experiment 화면 구성 및 기능

튜토리얼에 앞서 Experiment 창에 구성된 화면을 알아보도록 하자. [그림 5-1]의 번호를 통해 기능 설명을 보도록 하자.

(1) 카테고리 메뉴

Dataset, Experiment 등을 관리할 수 있는 장소

(2) 탐색 팔레트

분석 프로젝트의 주요 기능을 담은 장소

(3) 실험 캔버스

실제 분석을 수행하는 Workflow 영역, Drag & Drop을 통해 모델을 만들 수 있다.

(4) 속성

각 모듈의 속성을 나타낸다. 각 모듈마다 다른 속성을 가질 수 있다.

(5) 관리 메뉴

저장, 실행, 웹 서비스 게시, 갤러리 게시 등을 실행할 수 있고, +NEW를 선택하여 Dataset 삽입, 모듈 불러오기 등을 실행할 수 있다.

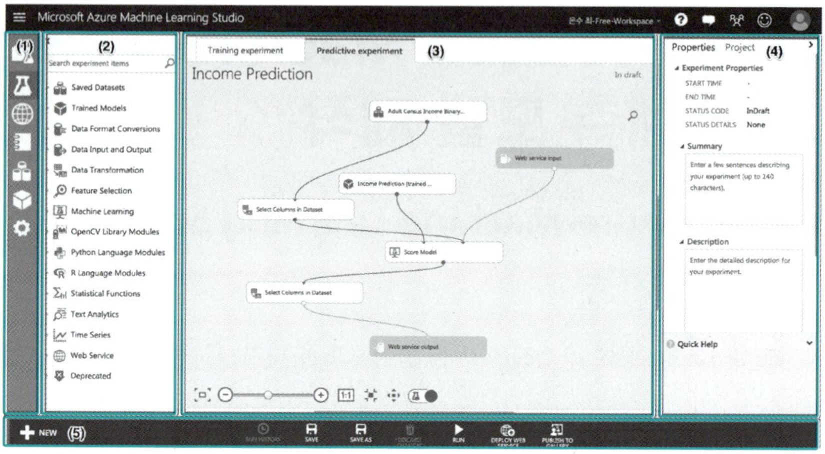

그림 5-1 • Azure Machine Learning Studio Experiment 화면 구성

5.2 Microsoft Azure Machine Learning Studio 예측 모델 제작 튜토리얼

Azure Machine Learning Studio는 Microsoft에서 튜토리얼을 제공해준다. [그림 5-2]의 +NEW 버튼을 눌러 EXPERIMENT 메뉴를 클릭 후 튜토리얼을 시작해보자. 자동으로 블록을 끌어다주면서 설명을 해주니 걱정하지 말고 튜토리얼을 통해 기본 사용법을 배워보자.

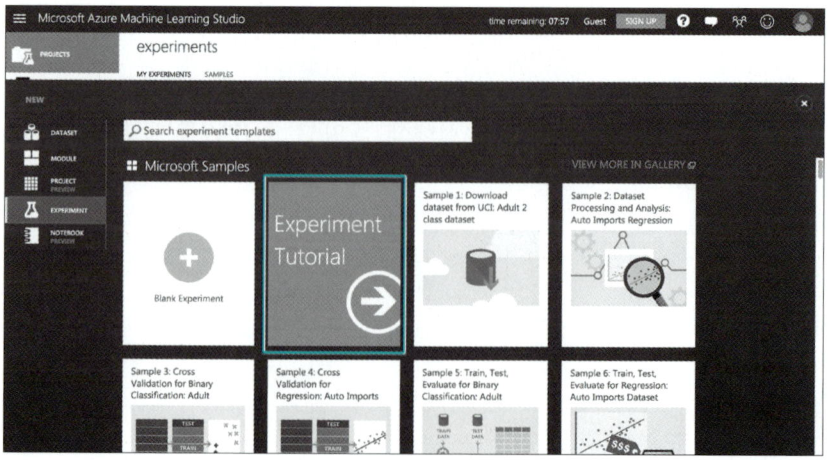

그림 5-2 • 튜토리얼 시작

[그림 5-3]의 Get Started 버튼을 누르면 튜토리얼이 시작된다. 튜토리얼은 5단계로 진행하게 된다.

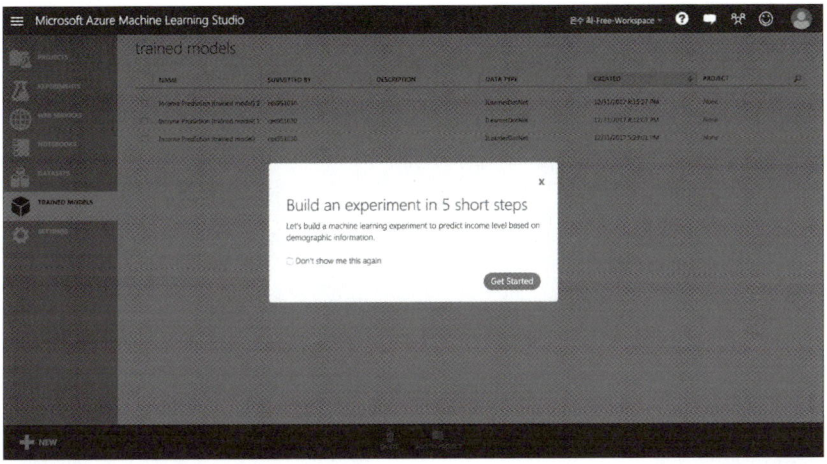

그림 5-3 • 튜토리얼은 5단계로 진행

[그림 5-4]는 튜토리얼이 시작되고, 원격으로 마우스를 움직이며 빈 Experiment를 만들어주는 장면이다. Experiment가 없으면 Azure Machine Learning Studio를 사용하여 예측 모델을 만들 수 없다.

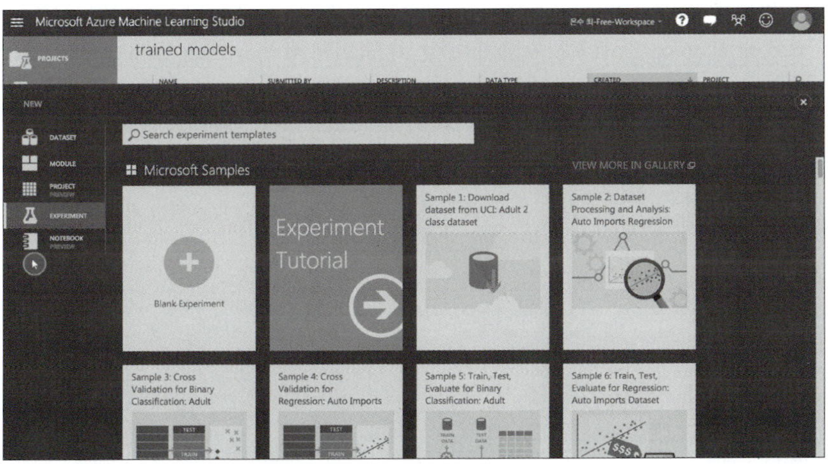

그림 5-4 • 원격으로 작동되는 튜토리얼

[그림 5-5]는 Experiment 이름을 Income Prediction으로 변경하고, 모델을 만들기 위해 샘플 데이터를 가져오는 장면이다. 튜토리얼에 사용할 샘플 데이터는 Azure Machine Learning Studio에서 제공해준다. Show Me 버튼을 눌러 진행하자.

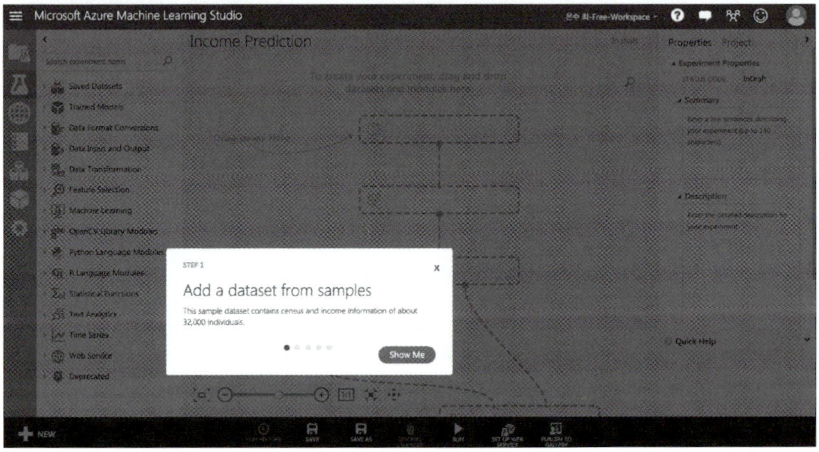

그림 5-5 • 샘플 데이터를 가져오자

[그림 5-6]은 탐색 팔레트에서 Income을 검색하여 Saved Datasets의 샘플 데이터인 Adult Census Income Binary Classification Dataset을 가져오는 장면이다. 샘플 데이터 말고 내가 원하는 데이터를 삽입하는 방법은 추후에 배울 예정이니 걱정하지 말고 마음 편하게 튜토리얼을 보도록 하자.

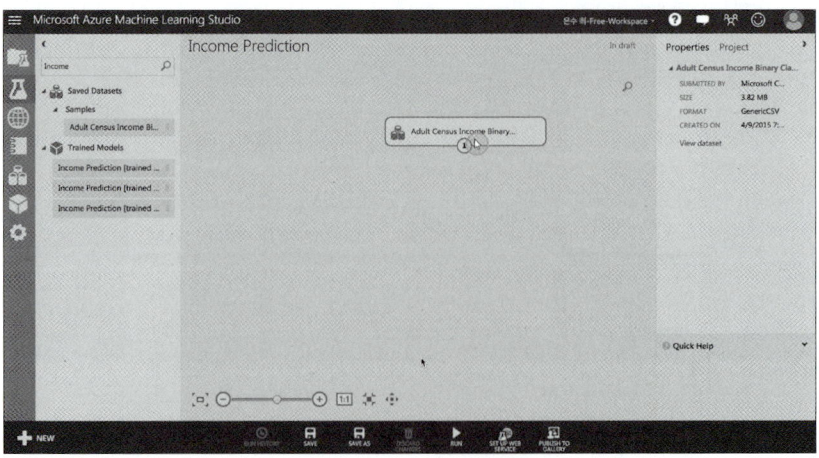

그림 5-6 • 탐색 팔레트에서 샘플 데이터를 제공

[그림 5-7]은 가져온 데이터 세트 블록을 오른쪽 클릭한 후 Visualize 버튼을 클릭해 시각화된 데이터 세트를 보는 장면이다. 데이터 세트를 간단하게 클릭만으로도 시각화하여 데이터 현황을 볼 수 있다.

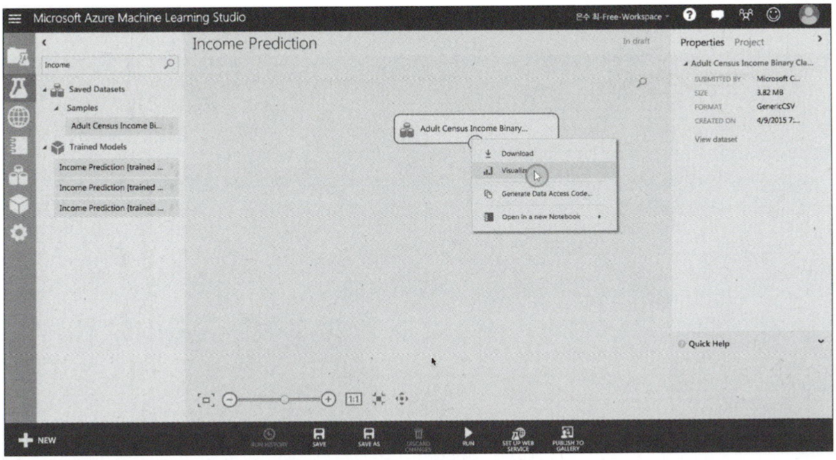

그림 5-7 • 데이터 시각화

[그림 5-8]은 데이터 시각화를 통해 데이터의 행과 열을 확인할 수 있으며, 데이터의 속성을 세분화하여 볼 수 있는 장면이다.

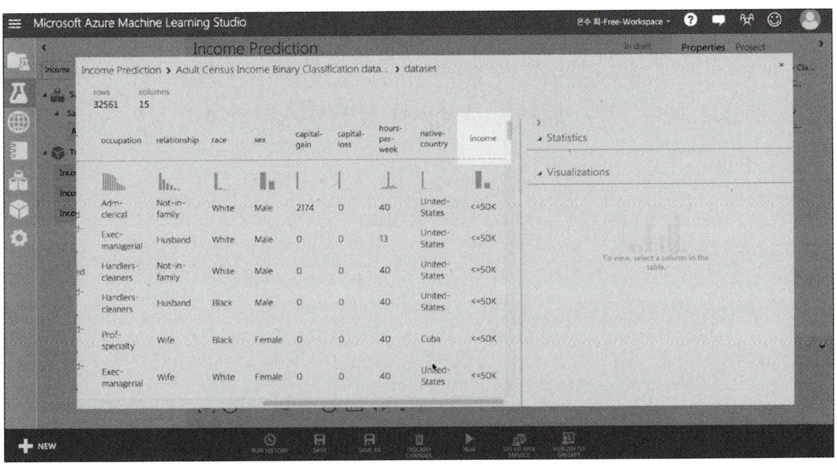

그림 5-8 • 데이터 시각화를 통해 속성 세분화하여 보기

[그림 5-9]는 모델이 데이터에 과적합, 즉 오버피팅[Overfitting]을 방지하기 위해 데이터 세트를 Split하자고 제안하는 장면이다. 모델을 학습시킬 때 과적합을 피하기 위해 데이터 세트를 훈련데이터와 테스트데이터를 나누는 것은 매우 중요하다. 보통 훈련데이터와 테스트데이터를 7 : 3 비율로 나누는 경향이 있다.

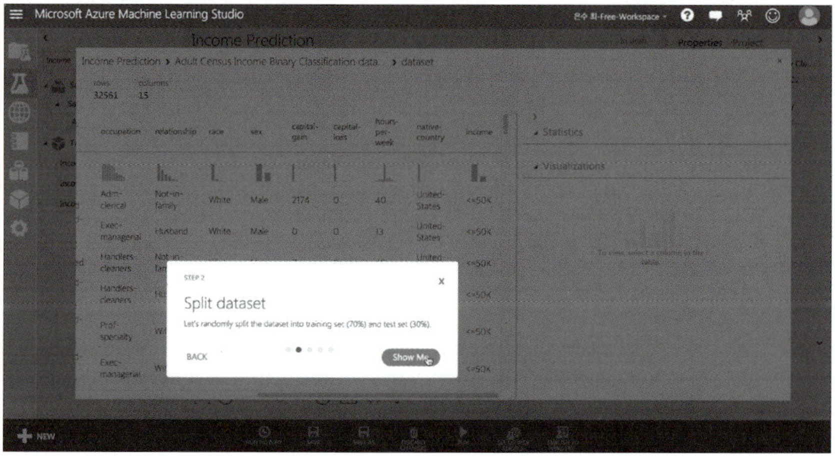

그림 5-9 • 과적합을 피하기 위한 데이터 분할

[그림 5-10]은 탐색 팔레트에서 Split를 검색하여 캔버스에 배치하고, Split의 속성 창에서 훈련데이터 비율과 Random seed의 파라미터 값을 정해주는 장면이다. 훈련데이터 비율은 0.7로 입력하고, 무작위 Random seed 값을 입력해준다. Random seed는 무작위로 입력해도 상관이 없다. Random seed는 컴퓨터 자체가 논리적으로 짜여 있기 때문에, 무작위를 선정하는 파라미터 값이다.

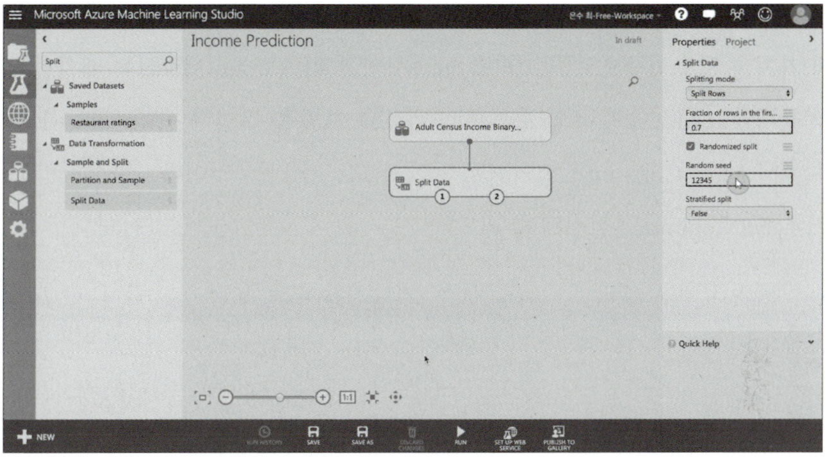

그림 5-10 • 데이터 분할을 위한 Random Seed

[그림 5-11]은 데이터 분할 설정이 완료되었고, 모델을 학습시킬 알고리즘을 정하자고 제안하는 장면이다. 본 튜토리얼은 Two-Class Boosted Decision Tree 알고리즘을 적용한다. 알고리즘을 직역해보면 2진 향상된 의사결정트리 알고리즘이다. 여기서 유심히 봐야할 단어는 2진이다. 왜 2진을 유심히 봐야 할까? 튜토리얼을 진행하면서 천천히 살펴보도록 하자.

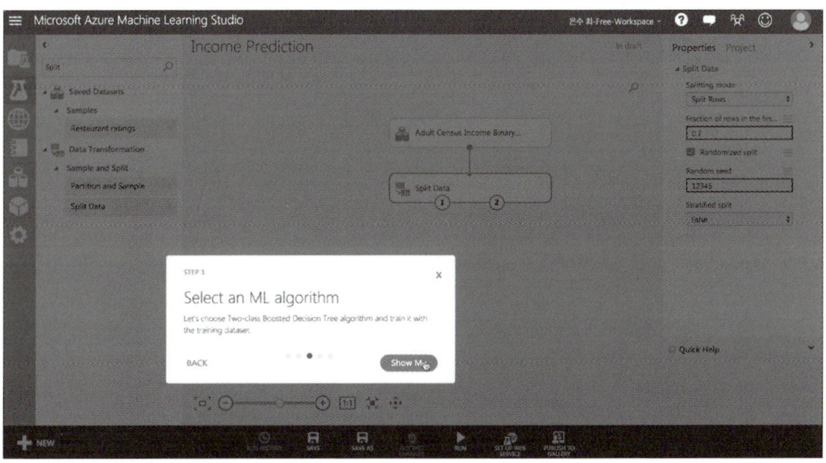

그림 5-11 • 예측 모델 제작을 위한 알고리즘 선택

[그림 5-12]는 탐색 팔레트에서 Two-Class Boosted Decision Tree 알고리즘을 캔버스에 배치하고, 탐색 팔레트에 가져온 알고리즘으로 데이터를 학습시키기 위해 Train Model을 배치한 장면이다. 눈썰미가 좋은 독자는 Train Model 블록의 오른쪽 느낌표를 보았을 것이다. Two-Class Boosted Decision Tree를 적용하는 데 Label Column이 정의되지 않아서 오류가 나는 것이다. 속성 창의 Launch column selector를 눌러 Label Column을 설정해보자.

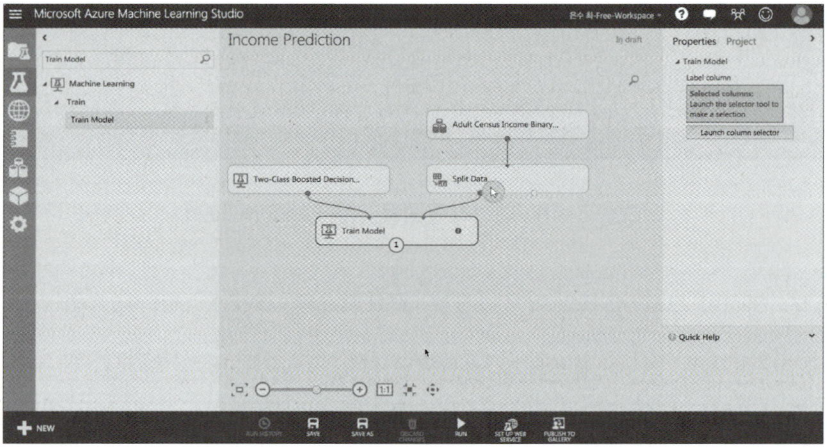

그림 5-12 • 데이터 학습을 위한 Train Model

[그림 5-13]은 Launch column selector를 눌러 Label Column을 Income으로 설정하는 장면이다. 왜 많은 속성값 중에 Income 속성을 골랐을까? 그 이유는 Income의 속성값은 〈=50K, 〉50K 2가지로 구성되어 있기 때문이다. 많은 속성값을 받아 Income의 2가지 값 중 하나로 예측값이 나오는 형태이기 때문이다. 이를 통해 '왜 2진일까?'의 의문이 풀렸을 것이다.

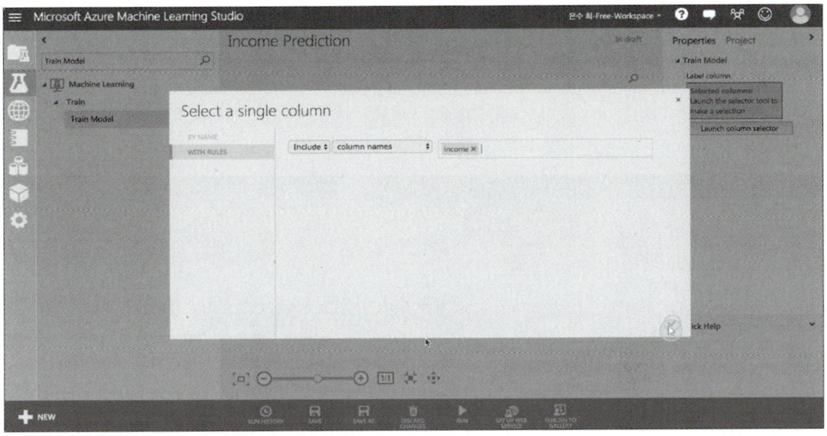

그림 5-13 • 예측값 선정

[그림 5-14]는 Income 칼럼을 선택하고 난 뒤 오류가 말끔히 사라지는 것을 확인할 수 있는 장면이다.

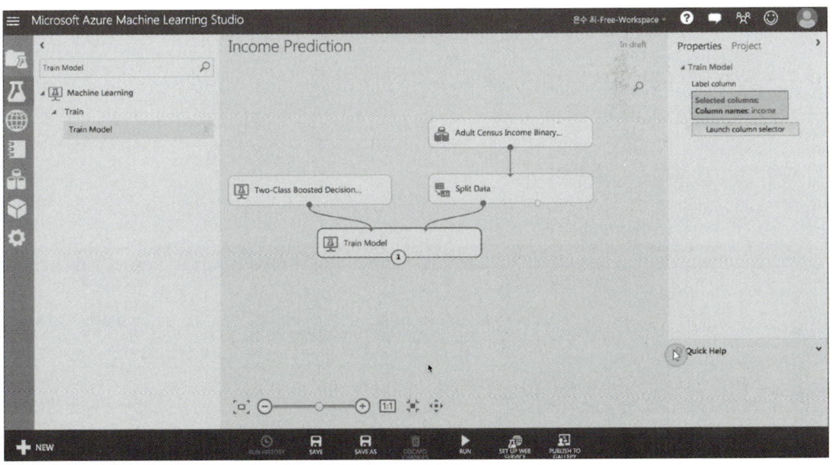

그림 5-14 • 오류가 사라짐

[그림 5-15]는 훈련 모델과 테스트데이터를 활용하여 예측을 하자고 제안하는 장면이다. Show Me 버튼을 눌러 진행한다.

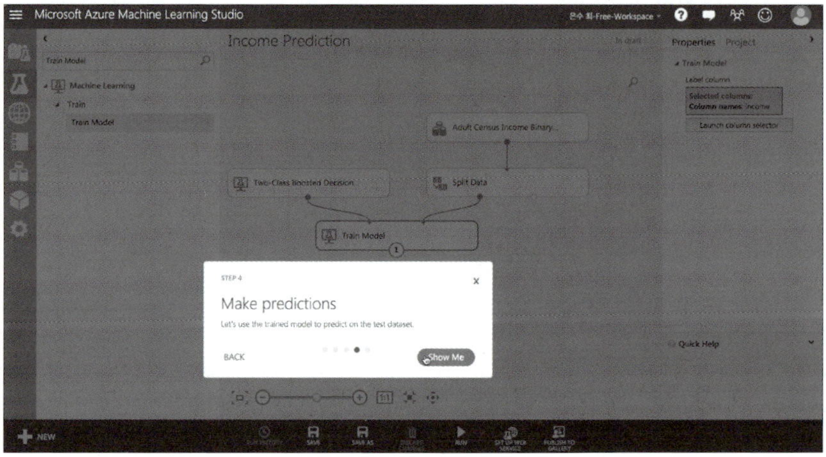

그림 5-15 • 훈련이 완료되고 예측을 위한 준비 제안

[그림 5-16]은 예측을 위해 탐색 팔레트에서 Score Model을 배치, 예측한 값을 평가하기 위해 Evaluate Model을 배치한 뒤 연결하는 장면이다.

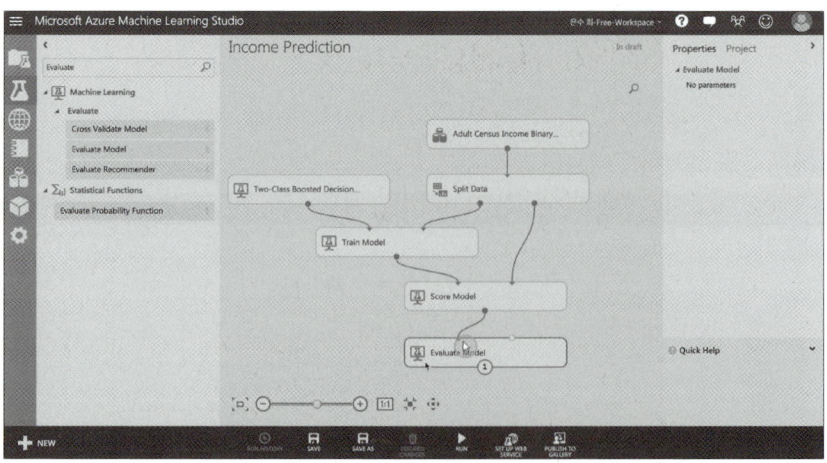

그림 5-16 • 예측 모델을 위한 배치

[그림 5-17]은 예측을 위한 모델이 완성이 되었으니 하단의 Run 버튼을 눌러 훈련과 예측 모두 실행하자고 제안하는 장면이다. Show Me 버튼을 눌러 진행하도록 하자.

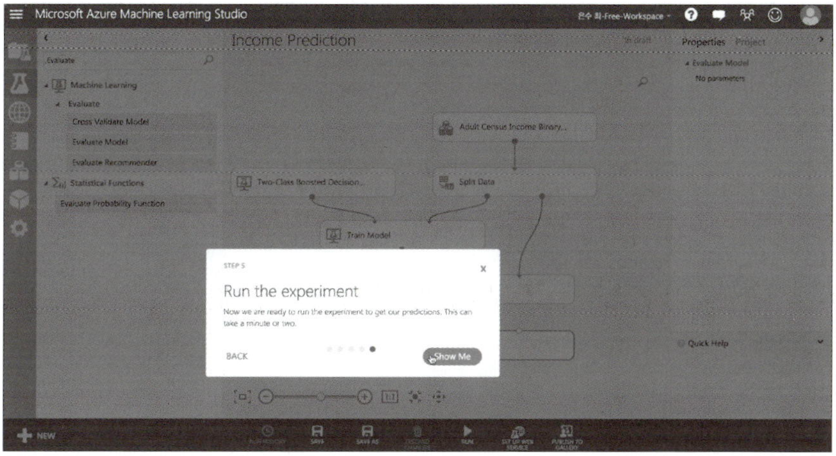

그림 5-17 • Run을 눌러 예측 제안

[그림 5-18]은 Run 버튼을 누르면 모델의 훈련이 진행되는 것을 볼 수 있다. 튜토리얼이지만 실제로 지구 어딘가에 있는 Azure 클라우드 센터의 서버가 연산을 하고 있다.

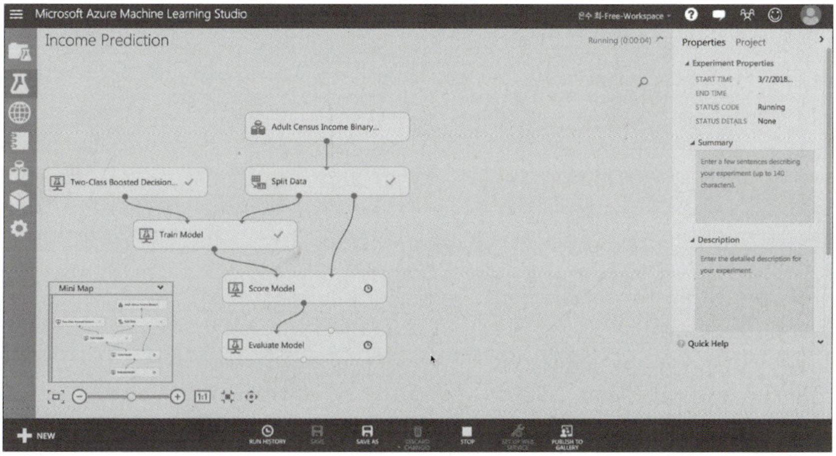

그림 5-18 • 예측 모델의 훈련 진행과정

[그림 5-19]는 데이터 세트를 제외한 모든 블록에 체크 표시가 있는 것을 보아 모델 훈련과 예측이 모두 완료된 것을 볼 수 있는 장면이다.

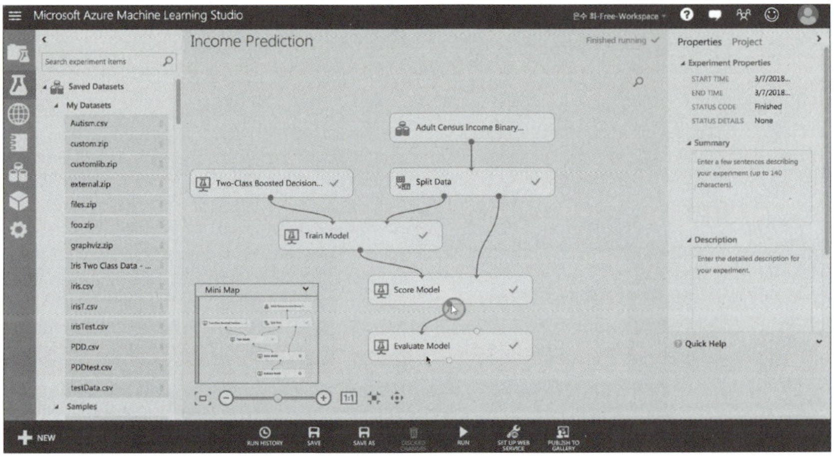

그림 5-19 • 예측 모델 훈련 및 예측 완료

[그림 5-20]은 모델의 훈련과 예측이 완료된 상태로 Score Model의 현황을 보는 과정이다. 모든 모델은 오른쪽 클릭으로 Visualize 항목을 통해 훈련 · 예측된 결과를 확인할 수 있다.

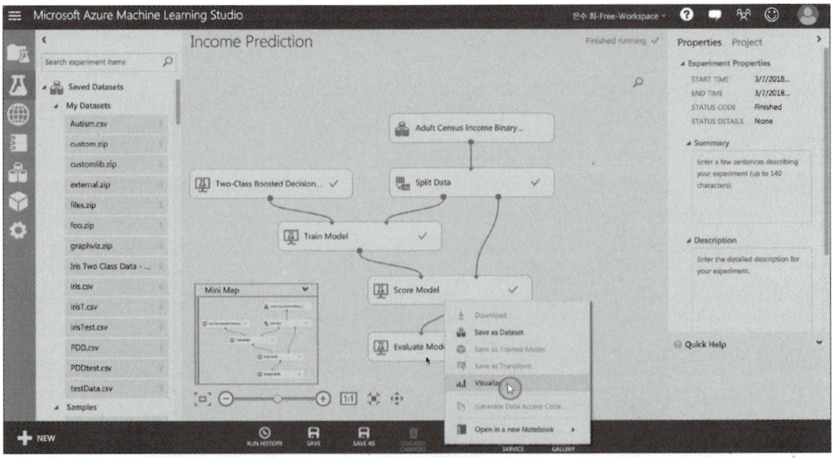

그림 5-20 • 예측된 결과보기

[그림 5-21]은 Score Model을 통해 연산된 예측된 값[Scored Labels]과 예측된 값의 확률[Scored Probabilities]을 확인하는 과정이다. 테스트데이터를 삽입하고 Scored Model을 통해 예측된 값과 예측된 값의 확률을 볼 수 있다.

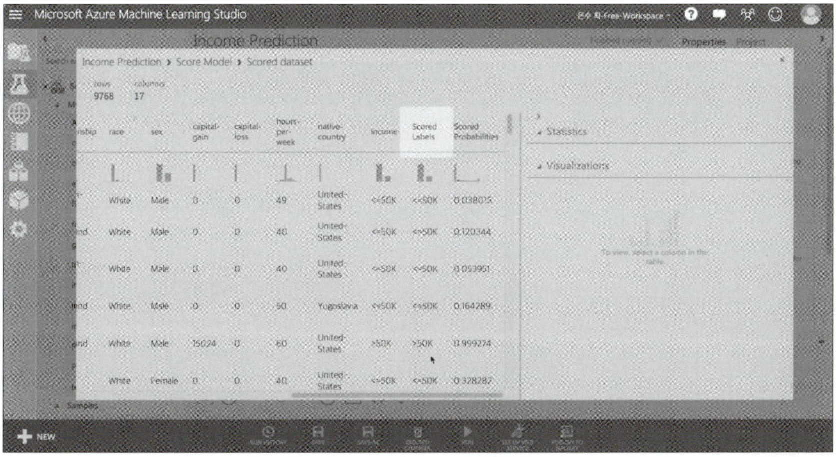

그림 5-21 • 예측된 값 확인하기

[그림 5-22]는 Score Model이 예측한 값을 평가한 통계값을 보는 과정이다. Evaluate Model을 오른쪽 클릭하여 Visualize 항목을 통해 평가한 통계치를 볼 수 있다.

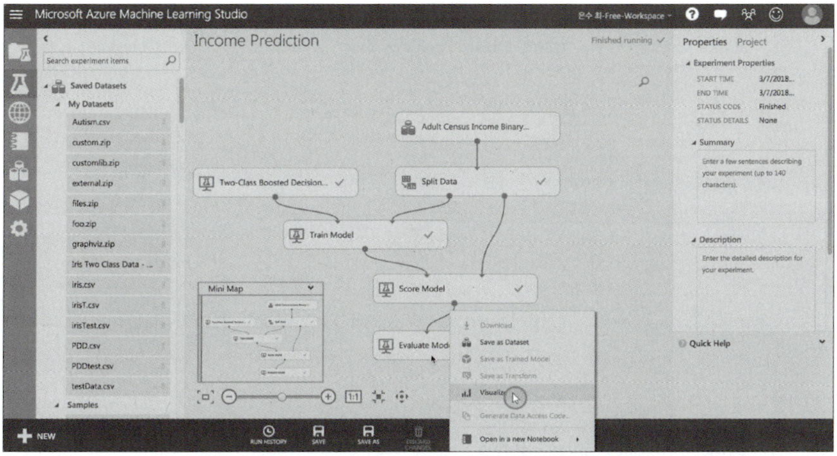

그림 5-22 • 예측한 값의 통계치 확인

[그림 5-23]은 모델의 ROC[Receiver Operating Curve] 곡선이다. ROC 곡선은 거짓 양성[False Positives]에 대한 참 양성[True Positives]의 비율을 나타내는 그래프이다. ROC 곡선은 이진 분류 모델의 예측 성능을 시각화한 곡선이며, ROC 곡선의 면적이 클수록 더 나은 성능을 보인다. 물론 ROC 곡선의 면적이 1일 경우 오버피팅을 의심해야 한다.

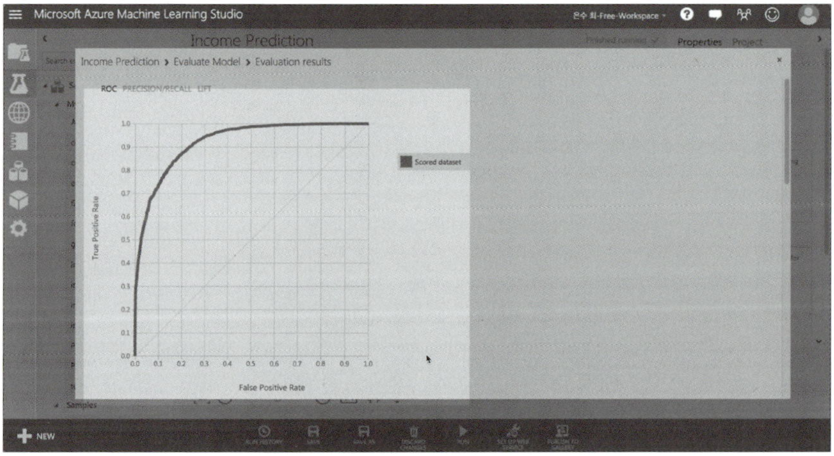

그림 5-23 • Evaluate Model을 통한 예측 모델의 ROC 곡선

[그림 5-24]는 Evaluate Model를 통해 데이터 세트 평가 결과가 나오는 것을 볼 수 있다.

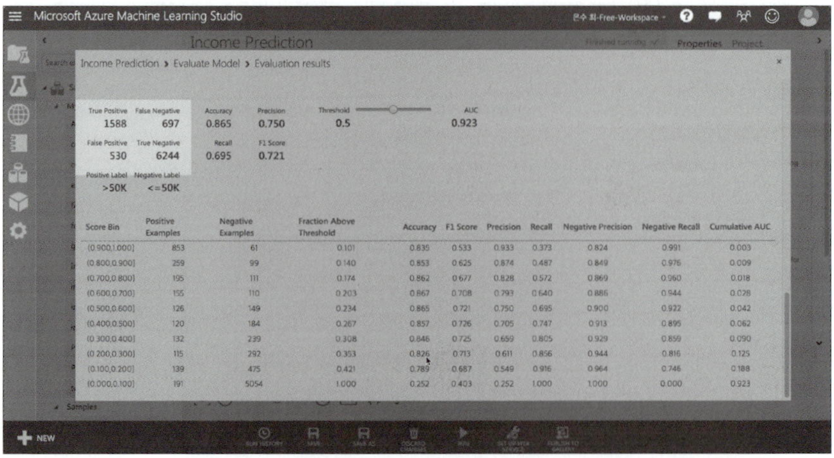

그림 5-24 • Evaluate Model을 통한 예측 모델의 통계치

[표 5-1]은 Evaluate Model을 통해 나오는 통계치 용어와 의미를 작성한 표다. 의미가 비슷해 보이나 모두 다른 중요한 의미이므로 유심히 봐두자.

용어	의미
TP(True Positives, 참 양성)	참으로 예측했고, 데이터가 참일 경우
TN(True Negatives, 참 음성)	참으로 예측했고, 데이터가 거짓일 경우
FP(False Positives, 거짓 양성)	거짓으로 예측했고, 데이터가 참일 경우
FN(False Negatives, 거짓 음성)	거짓으로 예측했고, 데이터가 거짓일 경우
정확도(Accuracy) (TP+TN)/(TP+TN+FP+FN)	나의 예측값이 정답과 얼마나 정확한가?
정밀도(Precision) TP/(TP+FP)	내가 예측한 값 중에 진짜 예측한 값은 얼마나 있는가?
재현율(Recall) TP/(TP+TN)	전체 참 값 중 내가 맞춘 참 값의 비율

표 5-1 • 모델 성능의 용어와 의미

[그림 5-25]는 예측 모델 만드는 튜토리얼이 완료된 장면이다. 약 3분의 짧은 시간이었지만 예측 모델을 만드는 과정을 배울 수 있는 시간이었다. 튜토리얼을 통해 예측 모델을 만들었다면 웹 서비스 연동을 통해 원격으로 예측 모델을 사용할 수 있도록 만들어보자. Setup a web service 버튼을 클릭하여 마저 진행한다. 다음 장의 웹 서비스 배포 튜토리얼에서 확인해보자.

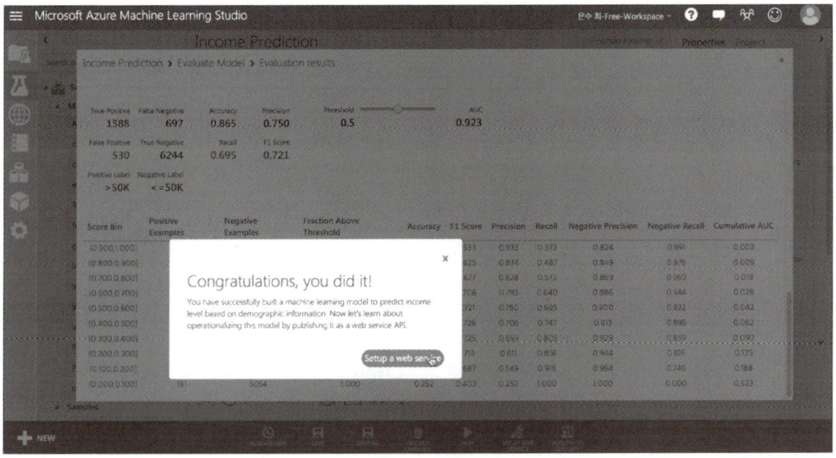

그림 5-25 • 예측 모델 튜토리얼 완료

5.3 Microsoft Azure Machine Learning Studio Experiment 예측 모델 제작 실습해보기

5.3.1 외부 데이터 클라우드에 담기

Azure Machine Learning Studio는 클라우드 기반이기 때문에 데이터를 내가 원하는 데이터를 기반으로 모델을 만들려면 클라우드에 모델 학습을 위한 데이터를 직접 올려줘야 한다. [그림 5-26]처럼 하단의 +NEW 버튼을 눌러 Dataset 카테고리를 통해 From Local File을 클릭한다.

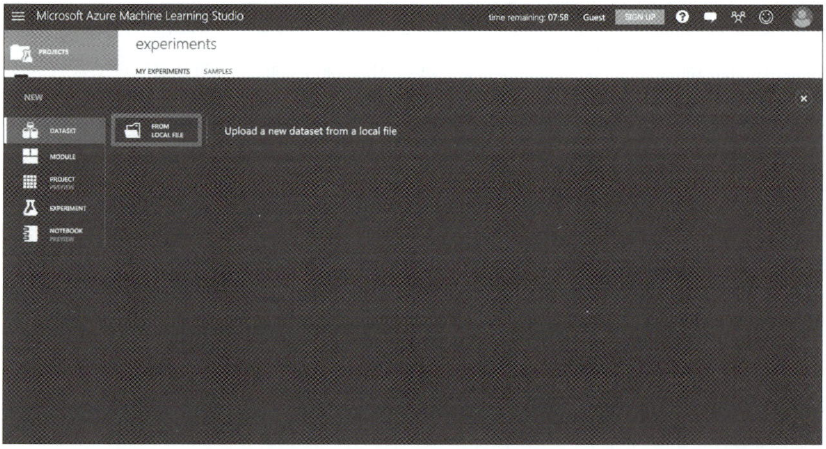

그림 5-26 • 외부 데이터 삽입

[그림 5-27]처럼 로컬파일을 선택하고 삽입한다. [표 5-2] 목록에 있는 파일 확장자에 따라 파일 타입이 자동으로 선택된다. 확장자는 아래의 목록을 자동으로 인식하여 받아온다.

Generic CSV File with a header (.csv)
Generic CSV File With no header (.nh.csv)
Generic TSV File with a header (.tsv)
Generic TSV File with a header (.nh.tsv)
Plain Text (.text)
SvmLight File (.svmlight)
Attribute Relation File Format (.arff)
Zip File (.zip)
R Object or Workspace (.RData)

표 5-2 • 외부 데이터 삽입할 때 인식되는 파일 확장자

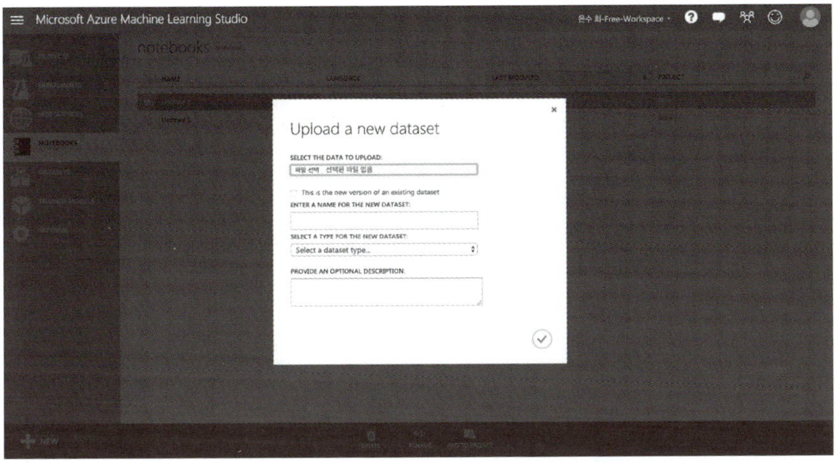

그림 5-27 • 외부 데이터 삽입 팝업창

삽입한 데이터는 [그림 5-28]의 DATASETS 메뉴에서 확인할 수 있다.

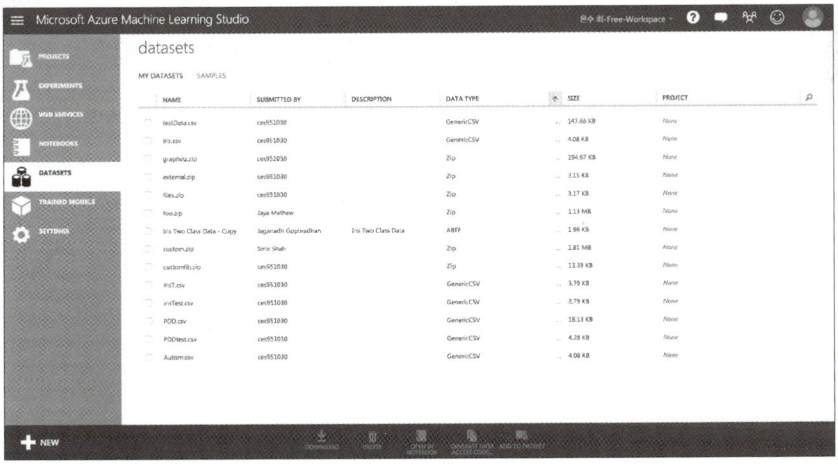

그림 5-28 • DATASETS 메뉴

외부 데이터의 삽입이 완료되었다면 [그림 5-29]처럼 탐색 팔레트 창에서 확인할 수 있다. 물론 Experiment 상에서 자유롭게 사용 가능하다.

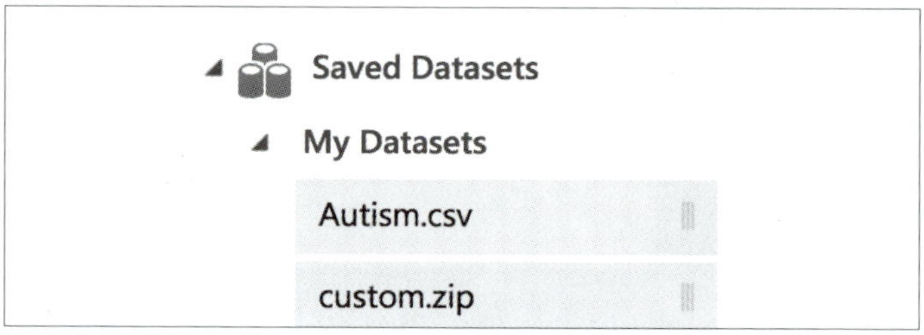

그림 5-29 • 탐색 팔레트 창의 외부 데이터

또한 [그림 5-30]처럼 Samples 메뉴를 통해 Azure Machine Learning Studio에서 제공하는 샘플 데이터를 확인할 수 있다.

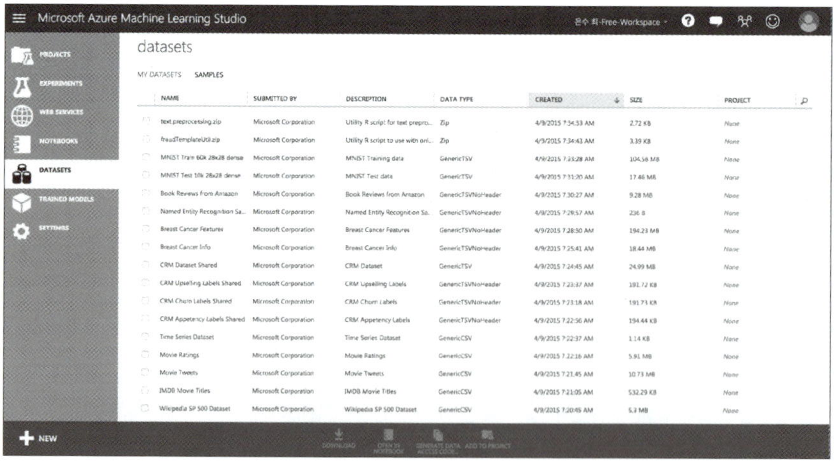

그림 5-30 • Azure Machine Learning Studio에서 제공되는 샘플 데이터

5.3.2 데이터 세트 시각화하기

[그림 5-31]처럼 캔버스에서 Dataset을 배치하고 오른쪽 클릭하여 Visualize 클릭한다.

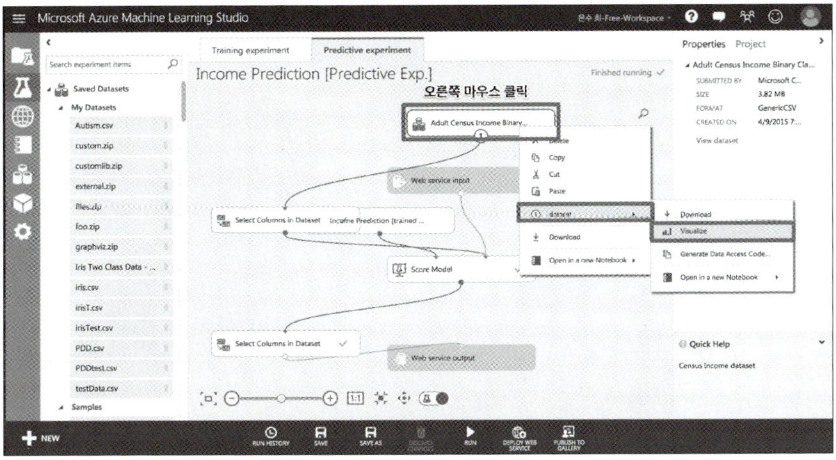

그림 5-31 • Dataset 시각화 방법

[그림 5-32]처럼 Dataset의 모든 행과 열의 수를 확인할 수 있고, 원하는 모형으로 분포도를 확인할 수 있다.

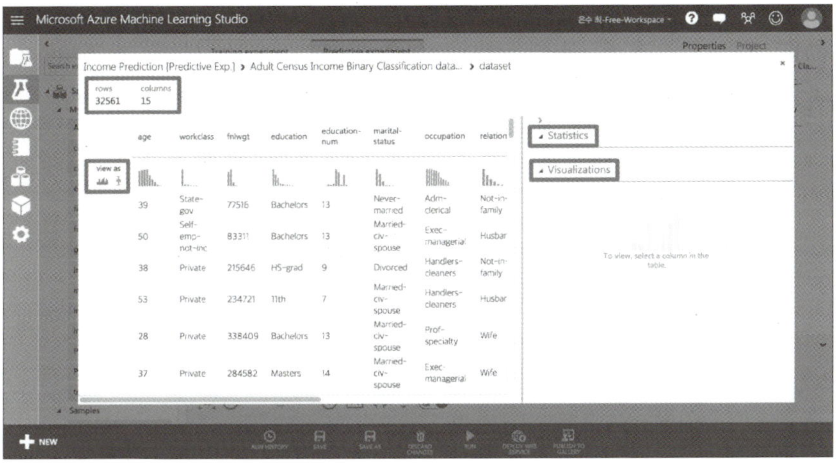

그림 5-32 • Dataset 시각화 결과

또한, [그림 5-33]처럼 선택한 속성값의 통계치와 분포도를 확인할 수 있다.

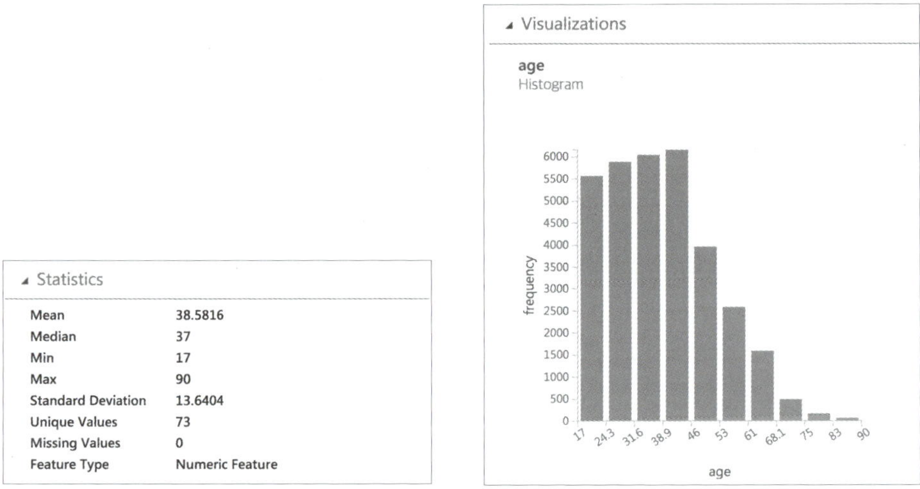

그림 5-33 • 데이터 시각화를 통한 통계값 확인

5.3.3 데이터 전처리

실험데이터를 삽입하고 시각화를 통해 확인을 했다면, 누락된 값이나 필요 없는 값을 삭제해야 한다. 실험을 설계하기 전에 데이터 세트를 전처리하는 것은 매우 중요하다. 따라서 머신러닝 알고리즘을 적용하기 전에 누락된 값들의 처리가 필요하다. 전처리를 위해 일부러 [그림 5-34]처럼 Species 속성이 누락된 Row를 추가하였다. Species 값이 누락될 경우 속한 행을 모두 삭제해보도록 하겠다.

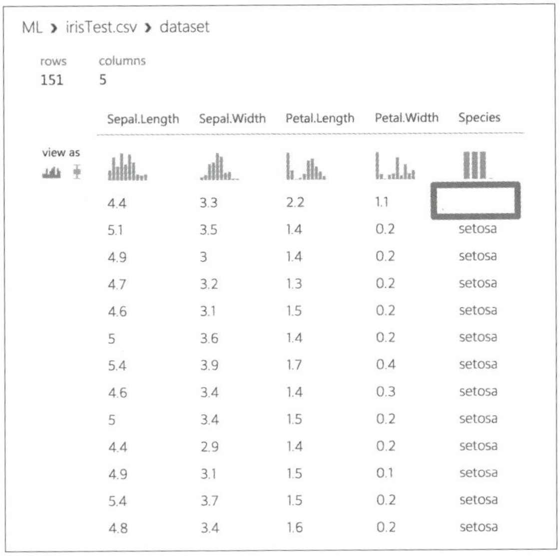

ML › irisTest.csv › dataset

rows 151 columns 5

Sepal.Length	Sepal.Width	Petal.Length	Petal.Width	Species
4.4	3.3	2.2	1.1	
5.1	3.5	1.4	0.2	setosa
4.9	3	1.4	0.2	setosa
4.7	3.2	1.3	0.2	setosa
4.6	3.1	1.5	0.2	setosa
5	3.6	1.4	0.2	setosa
5.4	3.9	1.7	0.4	setosa
4.6	3.4	1.4	0.3	setosa
5	3.4	1.5	0.2	setosa
4.4	2.9	1.4	0.2	setosa
4.9	3.1	1.5	0.1	setosa
5.4	3.7	1.5	0.2	setosa
4.8	3.4	1.6	0.2	setosa

그림 5-34 • 누락된 값

탐색 팔레트에서 Select Columns in Dataset 블록을 가져와 Launch Colum Selector를 통해 [그림 5-35]처럼 모든 칼럼을 포함시킨다.

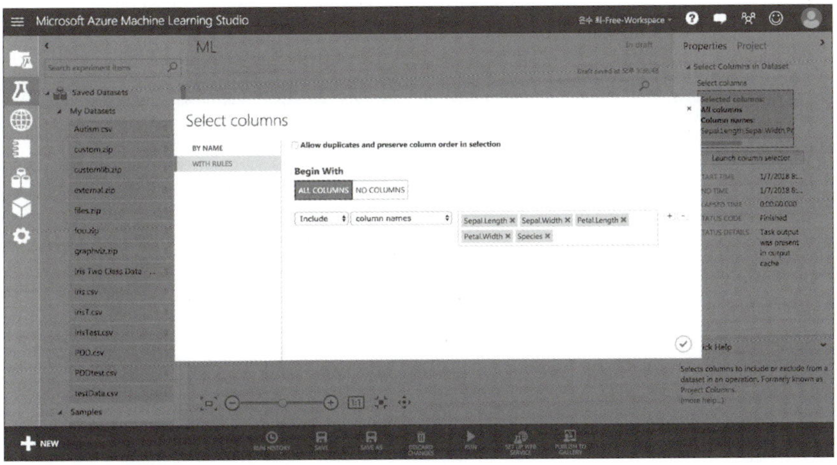

그림 5-35 • 누락된 데이터를 검사하기 위한 Select Columns in Dataset

[그림 5-36]처럼 탐색 팔레트에서 Clean Missing Data 블록을 가져와 배치하고 Cleaning mode를 Remove entire row로 설정한다. 물론 방식은 평균값, 중간값, 대치값 등 많은 종류가 많다. 상황에 맞게 사용하면 좋겠다.

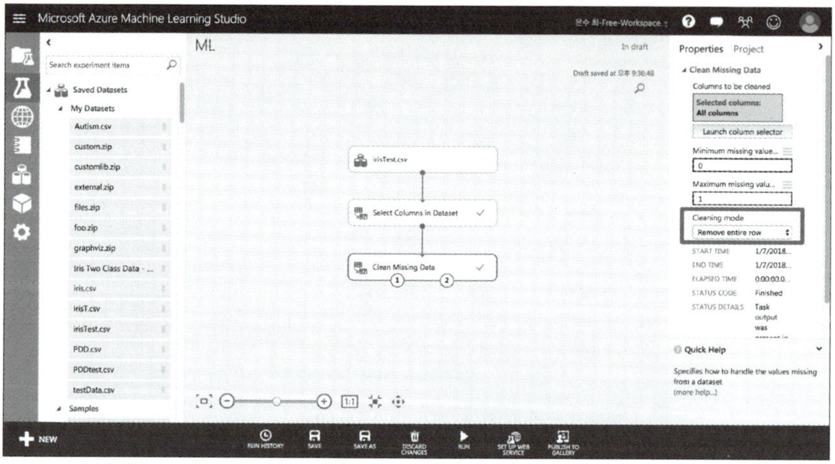

그림 5-36 • Clean Missing Data를 활용한 누락된 데이터 처리

Run 버튼을 누르고 실행이 완료된 뒤 [그림 5-37]처럼 Clean Missing Data 블록을 오른쪽 클릭 후 Cleaned Dataset 항목의 Visualize를 통해 전처리된 데이터를 확인할 수 있다.

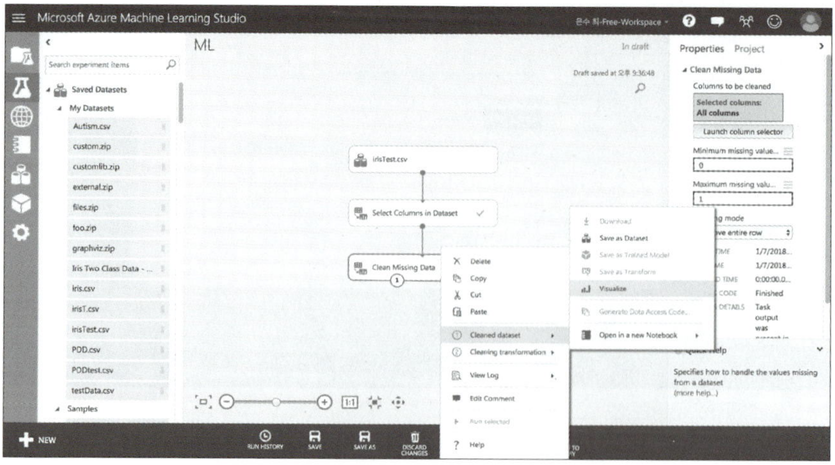

그림 5-37 • 전처리된 데이터 확인

[그림 5-38]처럼 확실히 Species 속성의 값이 누락되었을 경우 그 행이 삭제된 것을 확인할 수 있다.

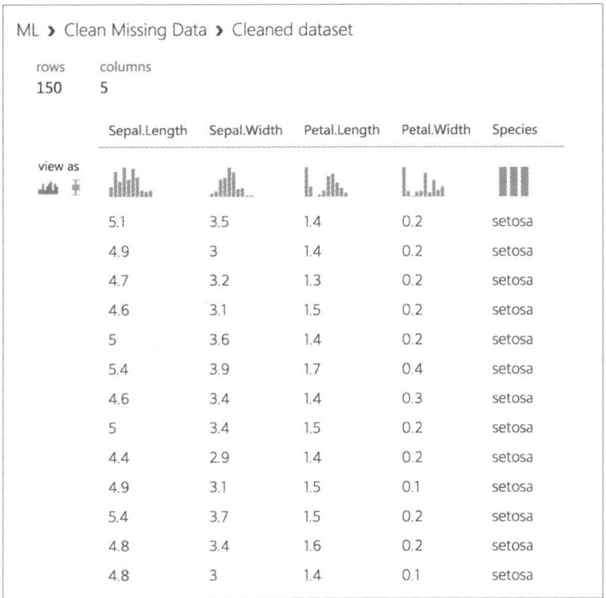
ML › Clean Missing Data › Cleaned dataset

rows 150 columns 5

Sepal.Length	Sepal.Width	Petal.Length	Petal.Width	Species
5.1	3.5	1.4	0.2	setosa
4.9	3	1.4	0.2	setosa
4.7	3.2	1.3	0.2	setosa
4.6	3.1	1.5	0.2	setosa
5	3.6	1.4	0.2	setosa
5.4	3.9	1.7	0.4	setosa
4.6	3.4	1.4	0.3	setosa
5	3.4	1.5	0.2	setosa
4.4	2.9	1.4	0.2	setosa
4.9	3.1	1.5	0.1	setosa
5.4	3.7	1.5	0.2	setosa
4.8	3.4	1.6	0.2	setosa
4.8	3	1.4	0.1	setosa

그림 5-38 • 전처리된 데이터

5.3.4 피처의 정의

데이터의 누락된 값을 처리했다면 알고리즘을 적용하기 위해 Select Columns in Dataset 블록을 사용하여 데이터 세트의 속성값을 선택한다. 물론 Select Columns in Dataset를 사용하여 데이터 전처리에도 사용하였으나 여기선 알고리즘을 적용을 위한 속성값 선택에 사용된다.

탐색 팔레트에서 Select Columns in Dataset 블록을 가져와 Launch Colum Selector를 통해 [그림 5-39]처럼 알고리즘을 적용할 Petal.Length, Petal.Width, Species 속성값을 포함시킨다. 물론 알고리즘을 적용할 속성값을 찾는 것은 데이터 과학자의 몫이다.

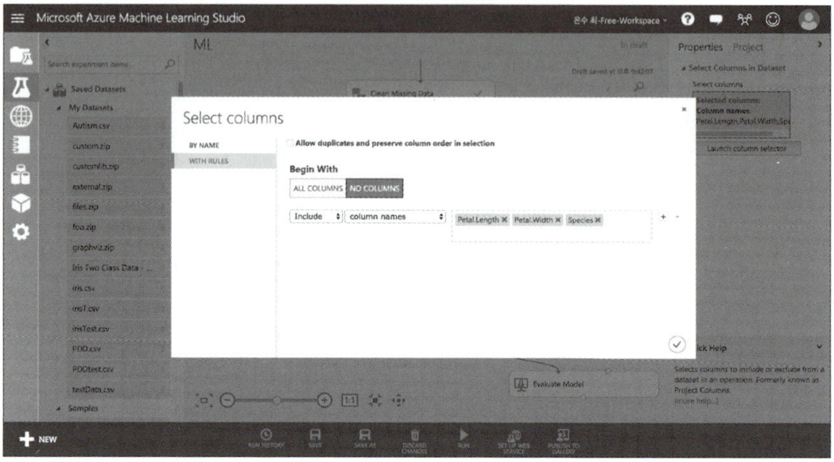

그림 5-39 • 알고리즘을 적용할 칼럼 선택

5.3.5 머신러닝 알고리즘의 결정과 사용

머신러닝 알고리즘에 적용할 속성값을 선택했다면 이제 전체 데이터 세트의 학습데이터와 테스트데이터를 분할한 뒤, 적절한 머신러닝 알고리즘을 선정하여 적용해야 한다.

[그림 5-40]처럼 탐색 팔레트에서 Split 블록을 가져와 70%는 학습데이터로 사용하게 한다.

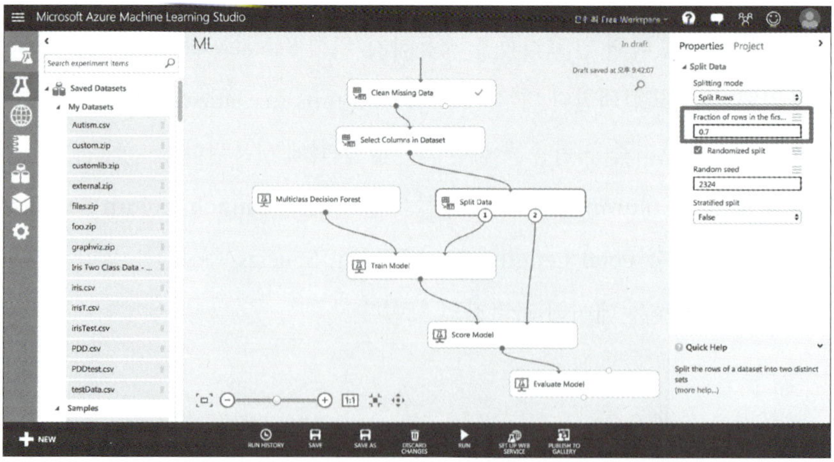

그림 5-40 • 데이터 분할

탐색 팔레트에서 Multiclass Decision Forest를 캔버스에 가져와 배치하고 속성 창을 보도록 하자. 적용할 알고리즘으로는 Multiclass Decision Forest로 다중클래스 분류에 속하는 알고리즘이다. 속성 창을 통해 알고리즘의 파라미터를 손쉽게 수정할 수 있다. [그림 5-41]처럼 우선 기본값으로 설정된 값은 건들지 않고 진행한다.

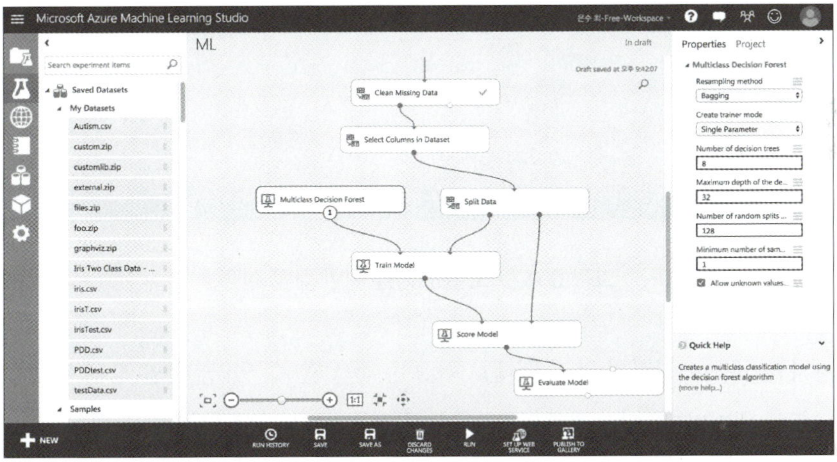

그림 5-41 • Multiclass Decision Forest 알고리즘 속성 창

[그림 5-42]처럼 탐색 팔레트에서 Train Model 블록을 배치하고 Launch Column Selector를 통해 원하는 결과값인 Species를 선택하고 다음과 같이 연결하고 Run 버튼을 눌러 훈련시켜 보자. 훈련이 완료되었다면 Train Model 블록을 오른쪽 클릭한 뒤 Trained model 항목의 Visualize 버튼을 눌러 결과를 보자.

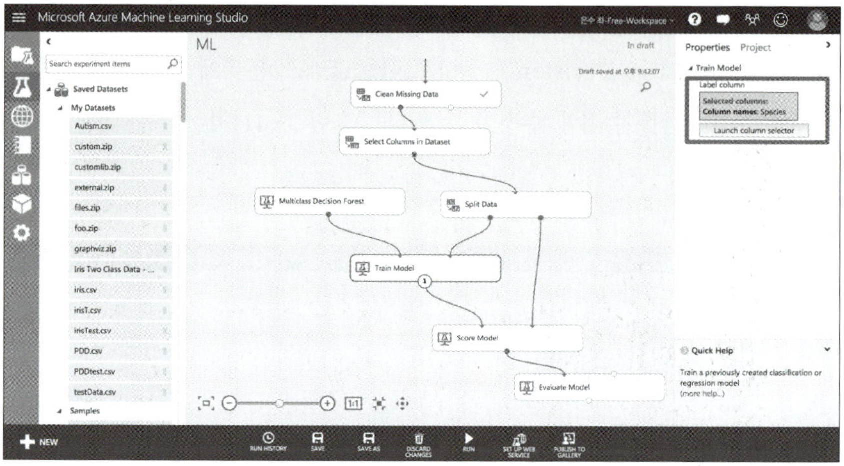

그림 5-42 • 모델 학습을 위한 칼럼 설정

[그림 5-43]처럼 적용한 결과가 트리 형태로 나오는 것을 볼 수 있다. 참일 경우 왼쪽 노드로, 거짓일 경우 오른쪽 노드로 내려간다. 알고리즘의 기본 설정값대로 8가지의 트리가 나오는 것을 볼 수 있다. 8개의 학습된 트리를 통해 어떤 방식으로 학습했는지 확인할 수 있다. 학습된 트리는 깊이가 4에서 10까지 다양하게 학습되었다.

아래 그림 (a)~(h)를 보고 예측 모델이 어떤 과정을 거쳐 학습했는지 확인해보자.

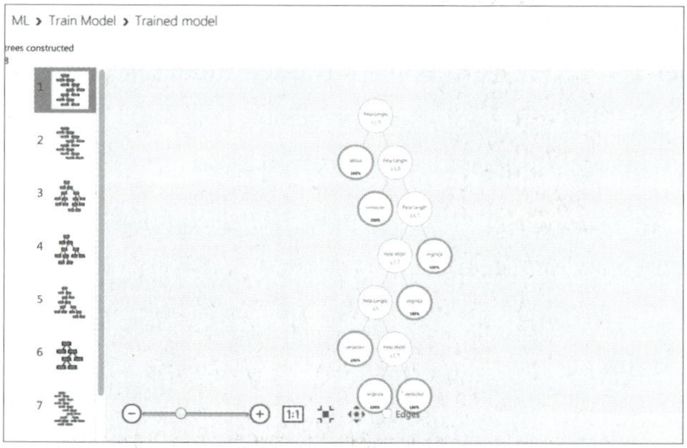

(a) 학습된 트리 1

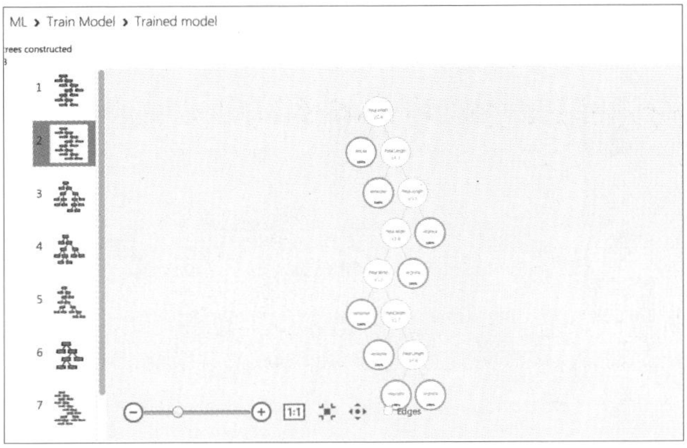

(b) 학습된 트리 2

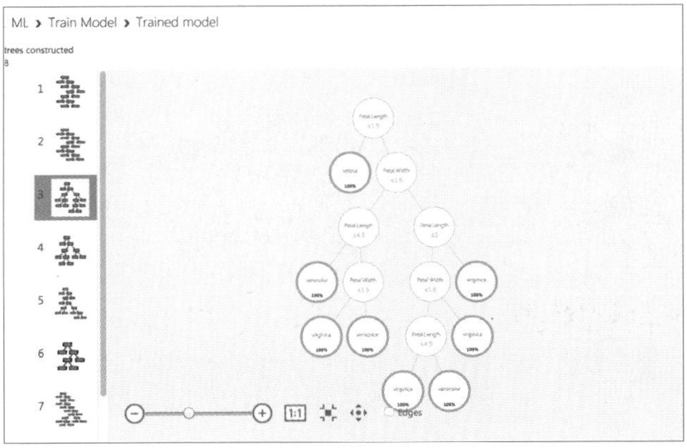

(c) 학습된 트리 3

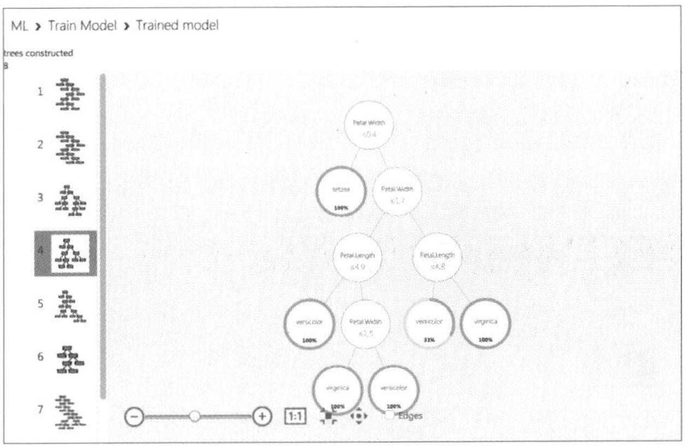

(d) 학습된 트리 4

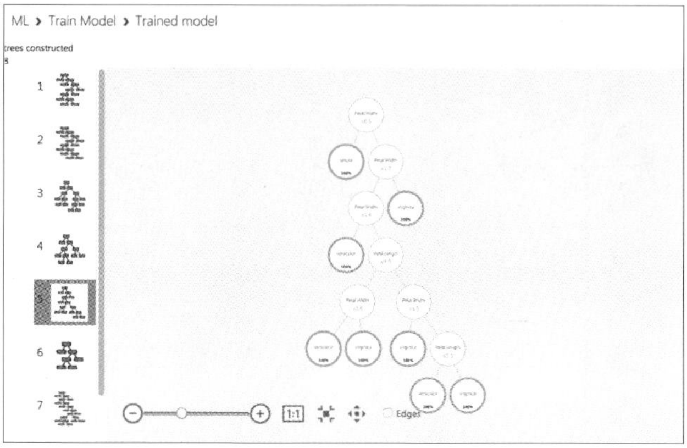

(e) 학습된 트리 5

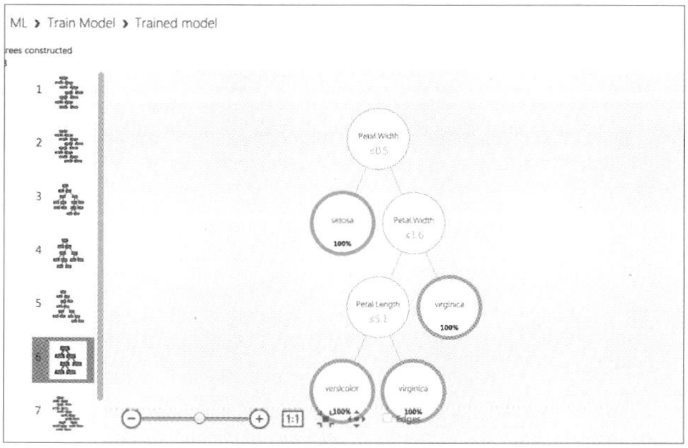

(f) 학습된 트리 6

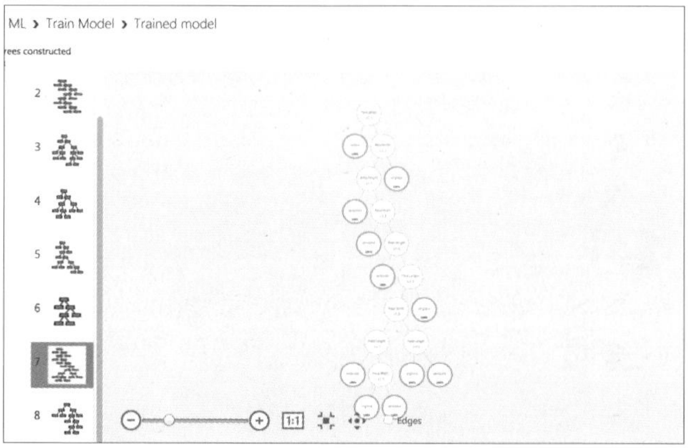

(g) 학습된 트리 7

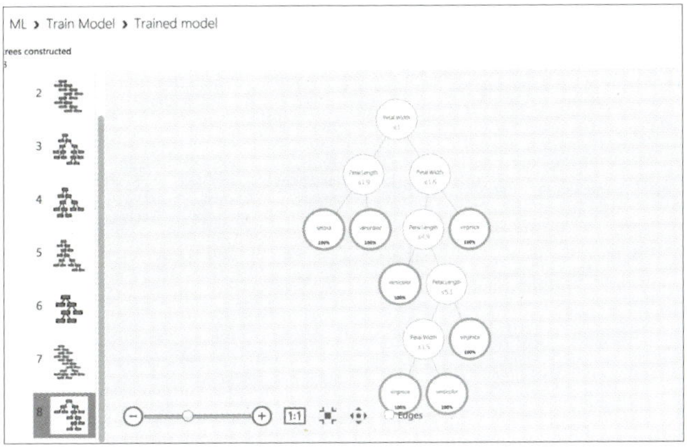

(h) 학습된 트리 8

그림 5-43 • 학습된 결과

5.3.6 새로운 데이터로 예측 실행

모델을 학습시켰으니 나머지 30%의 테스트데이터로 예측을 실행해서 학습한 적이 없는 데이터로 얼마나 예측을 잘하는지 확인할 수 있다.

[그림 5-44]처럼 탐색 팔레트에서 Score Model을 검색하여 배치하여 Train Model 블록과 Split 블럭을 연결하고 Run 버튼을 눌러 훈련시켜보자. Visualize를 통해 예측된 붓꽃의 종류와 테스트데이터에 저장되어 있던 붓꽃의 종류를 보자.

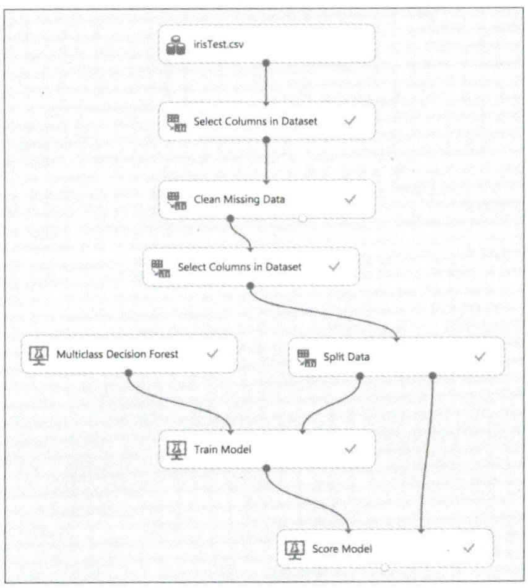

그림 5-44 • 예측 모델을 위한 배치

[그림 5-45]처럼 30%의 테스트데이터 45개가 예측 모델에 적용되어 나온 값을 볼 수 있다.

rows 45 columns 7

Petal.Length	Petal.Width	Species	Scored Probabilities for Class "setosa"	Scored Probabilities for Class "versicolor"	Scored Probabilities for Class "virginica"	Scored Labels
4.9	1.5	versicolor	0	0.875	0.125	versicolor
1.5	0.1	setosa	1	0	0	setosa
4.2	1.3	versicolor	0	1	0	versicolor
1.5	0.2	setosa	1	0	0	setosa
5.6	2.2	virginica	0	0	1	virginica
1.5	0.1	setosa	1	0	0	setosa
1.6	0.2	setosa	1	0	0	setosa
4.5	1.5	versicolor	0	1	0	versicolor
5.4	2.1	virginica	0	0	1	virginica
3.3	1	versicolor	0	1	0	versicolor
4.5	1.5	versicolor	0	1	0	versicolor

그림 5-45 • 예측된 값

마지막으로 결과의 평가를 보기 위해 [그림 5-46]처럼 Evaluate Model 블록을 캔버스에 추가하여 Train Model 블록과 연결하고 Run 버튼을 눌러 훈련시켜보자. Visualize를 통해 평가 모델을 통해 나온 통계값을 확인하자.

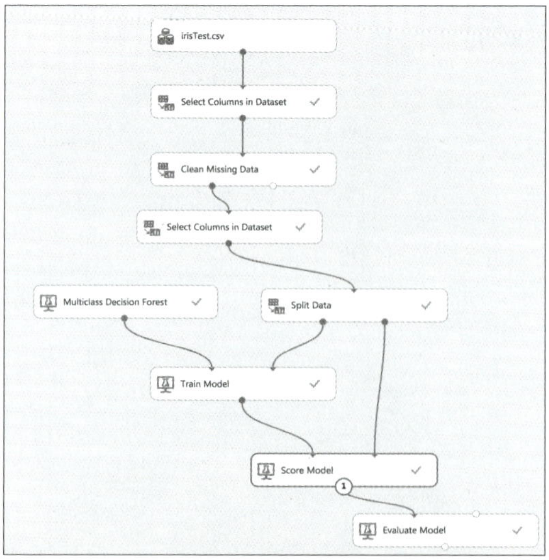

그림 5-46 • 예측 모델 평가를 위한 배치

[그림 5-47]처럼 예측 모델 평가 결과로 정확도, 평균 정밀도, 평균 재현율을 확인할 수 있다.

Metrics

Metric	Value
Overall accuracy	0.977778
Average accuracy	0.985185
Micro-averaged precision	0.977778
Macro-averaged precision	0.979167
Micro-averaged recall	0.977778
Macro-averaged recall	0.977778

그림 5-47 • 예측 모델 평가 결과

[그림 5-48]처럼 실제 데이터와 예측한 데이터를 비교하여 시각화된 것을 확인할 수 있다.

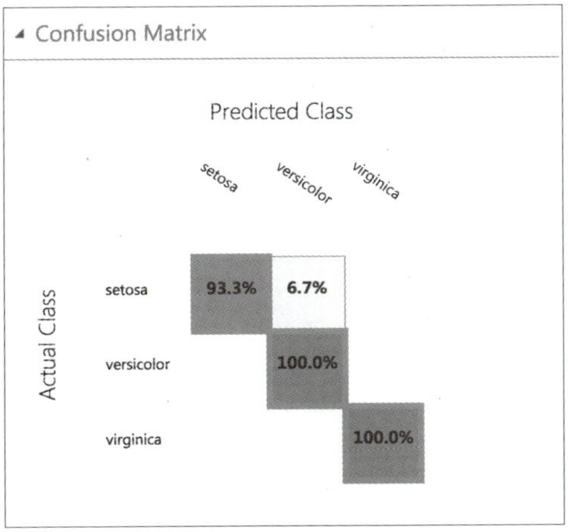

그림 5-48 • 예측 결과 시각화

6. Microsoft Azure Machine Learning Studio 웹 서비스 배포

6.1 Microsoft Azure Machine Learning Studio 웹 서비스 배포 튜토리얼

[그림 6-1]은 예측 모델 튜토리얼을 마치고 원격으로 예측 모델을 사용할 수 있도록 웹 서비스를 구축하자고 제안하는 장면이다. Show Me 버튼을 눌러 웹 서비스를 만드는 튜토리얼을 진행해보자.

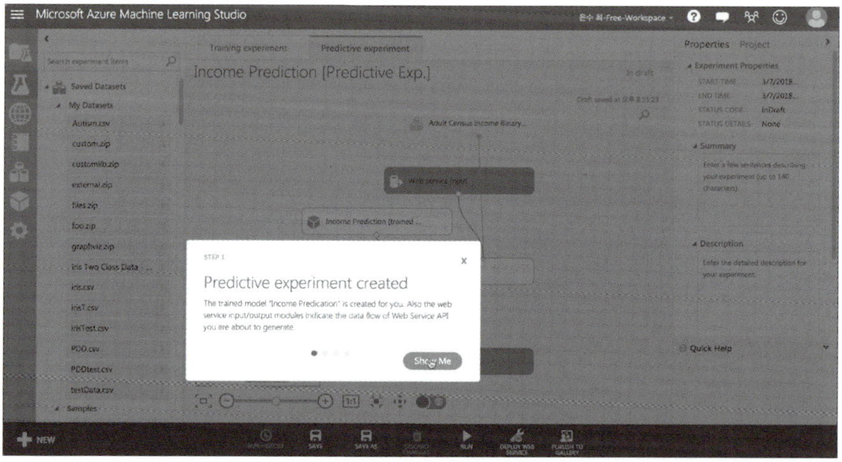

그림 6-1 • 웹 서비스를 구축하자

[그림 6-2]는 웹 서비스 구축을 위해 Predictive WebService [Recommended]를 클릭하는 장면이다. 별다른 설정 없이 간편하게 클릭만 하면 자동으로 구축이 된다.

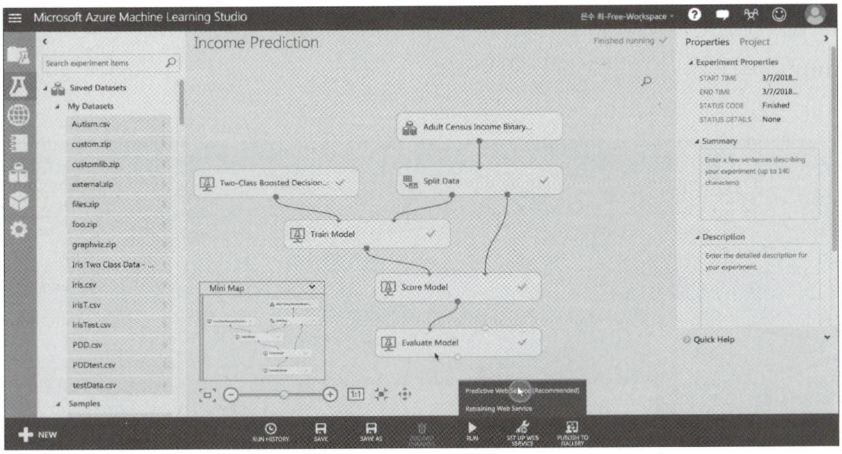

그림 6-2 • 버튼 한번으로 구축되는 웹 서비스

[그림 6-3]을 통해 블록들이 자동으로 배치되면서 웹 서비스 input과 output 블록이 생성되는 것을 볼 수 있다.

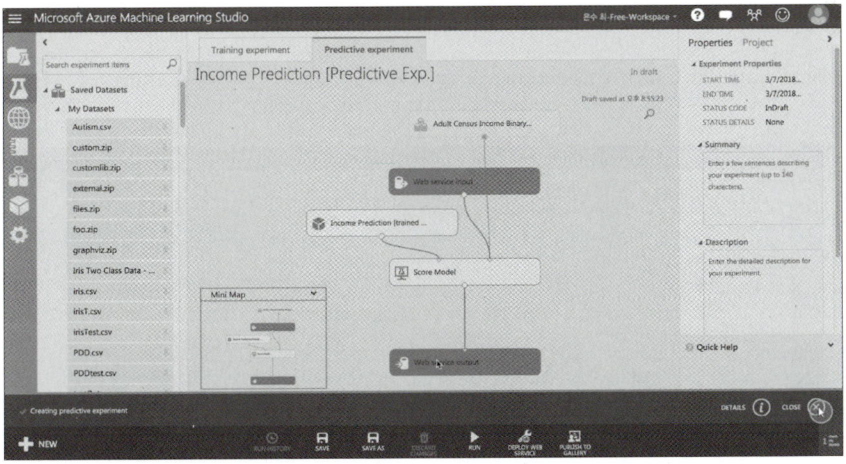

그림 6-3 • 웹 서비스 구축 후 캔버스

[그림 6-4]는 2진 데이터인 Income 속성값을 예측하기 위해서 입력값을 Income 속성을 제외한 다른 Label Column을 정의하자고 제안하는 장면이다.

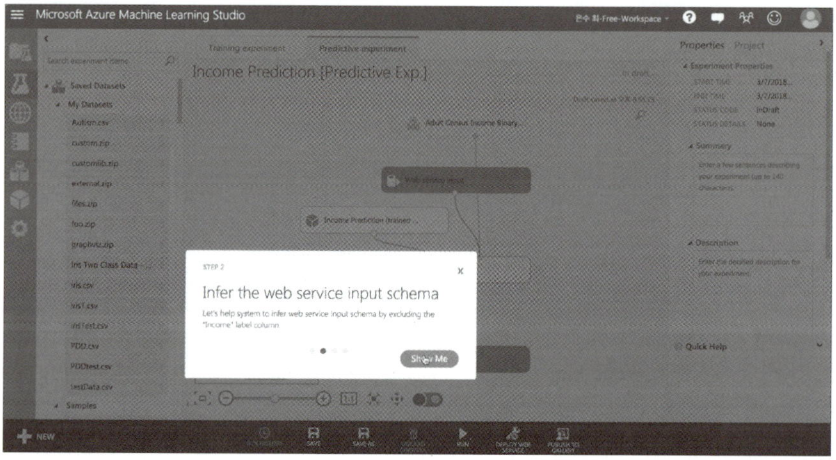

그림 6-4 • Label Column 설정 제안

[그림 6-5]처럼 탐색 캔버스에서 Select Columns in Dataset 블록을 배치하고 데이터 세트와 Score Model과 연결하고 Launch Column Selector를 클릭해 예측을 위한 다른 Label을 선택하자.

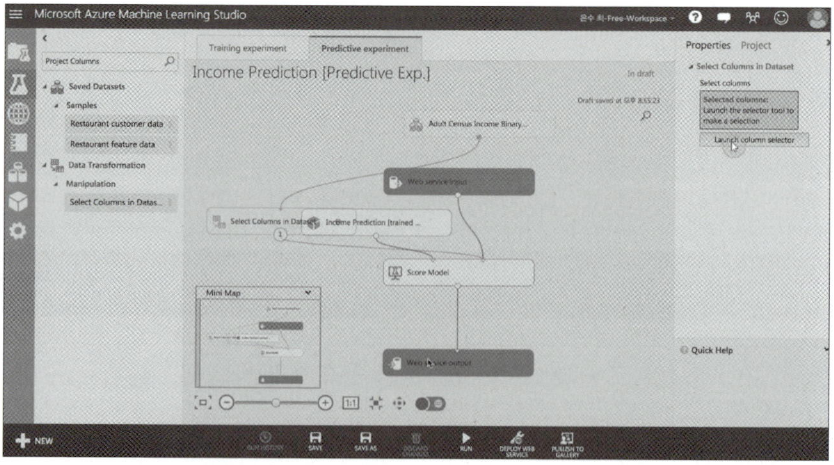

그림 6-5 • 예측을 위한 Select Columns in Dataset 배치

[그림 6-6]은 웹 서비스를 통해 예측을 하려면 어떤 속성을 넣어야 할지 결정하는 장면이다. 속성값은 모든 칼럼을 가지면서 Income 칼럼을 제외[Exclude]하는 것으로 선택하고 체크한다.

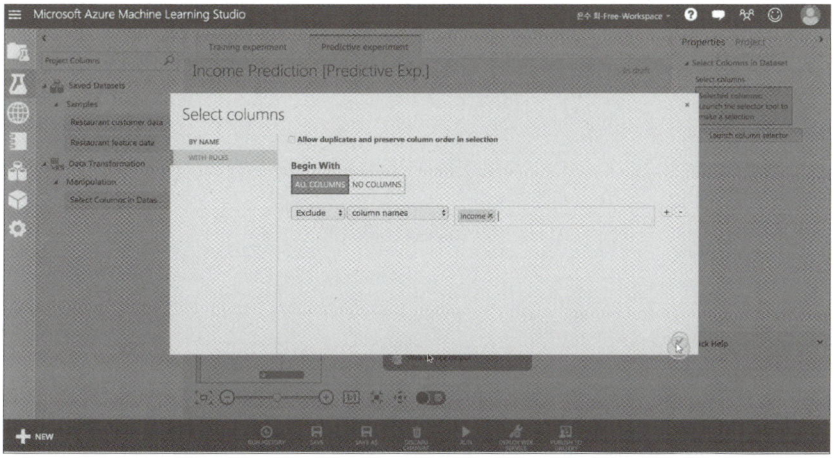

그림 6-6 • 예측의 결과값으로 나올 칼럼 선택

[그림 6-7]은 웹 서비스로 예측값을 출력하기 위해 출력값을 Scored Labels와 Scored Probabilities가 나오도록 정의하자고 제안하는 장면이다.

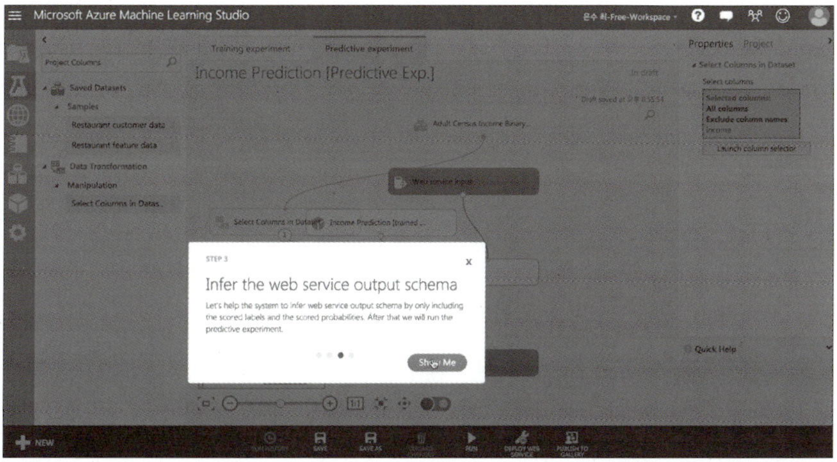

그림 6-7 • 예측값을 출력하기 위한 설정 제안

[그림 6–8]처럼 탐색 캔버스에서 Select Columns in Dataset 블록을 배치한 뒤 Score Model과 웹 서비스 output을 연결한다. 그 후 Launch Column Selector를 클릭해 결과 출력을 위한 Scored Labels와 Scored Probabilities를 선택하자.

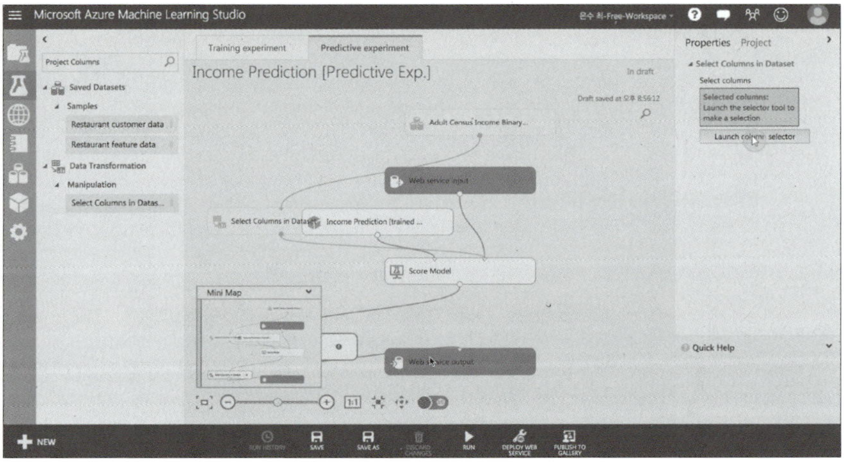

그림 6–8 • 예측값 출력을 위한 배치

[그림 6–9]처럼 모든 칼럼을 가지지 않고 Scored Labels와 Scored Probabilities 칼럼을 포함Include하는 것으로 선택하고 체크하자. 체크하고 하단 메뉴의 Run을 눌러 웹 서비스 모델을 훈련시키자.

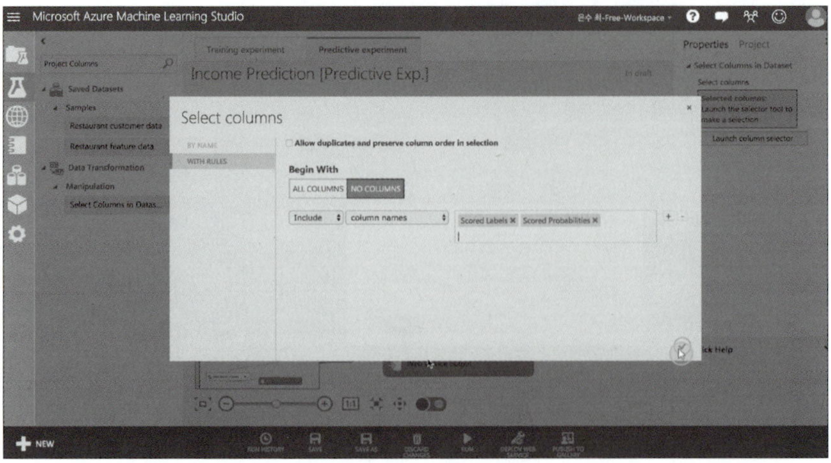

그림 6–9 • 예측값과 예측 확률 칼럼 선택

[그림 6-10]처럼 훈련이 완료되었다면 완성된 웹 서비스를 사용해보자.

하단 메뉴의 Deploy 웹 서비스를 눌러보자.

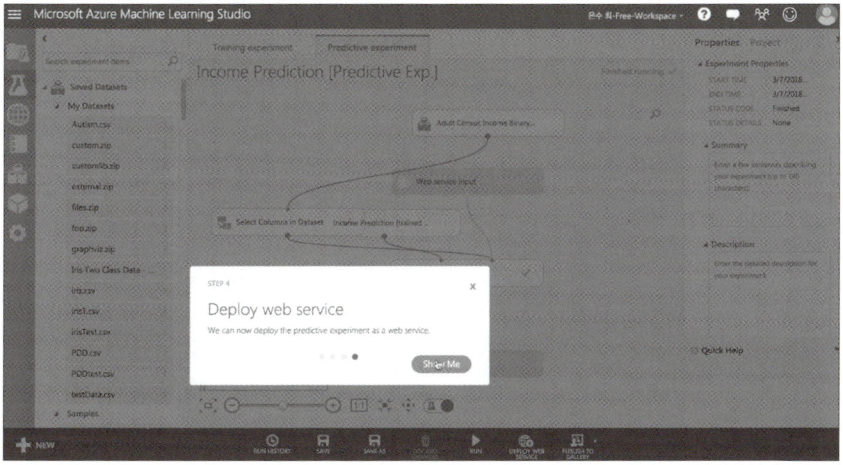

그림 6-10 • 웹 서비스 배포 제안

완성된 모델의 예측을 위해 [그림 6-11]의 Test 버튼을 눌러보자.

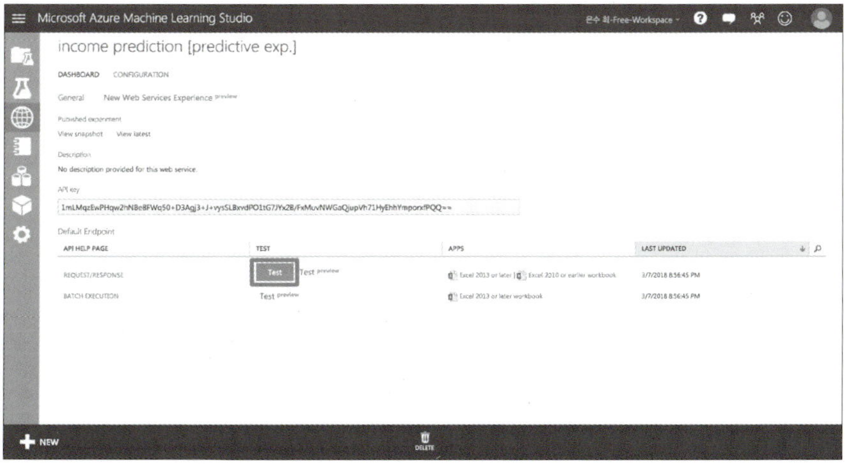

그림 6-11 • 예측 모델 직접 사용해보기

[그림 6-12]의 팝업창에 예측을 위한 신규 데이터를 입력한 뒤 체크해보자.

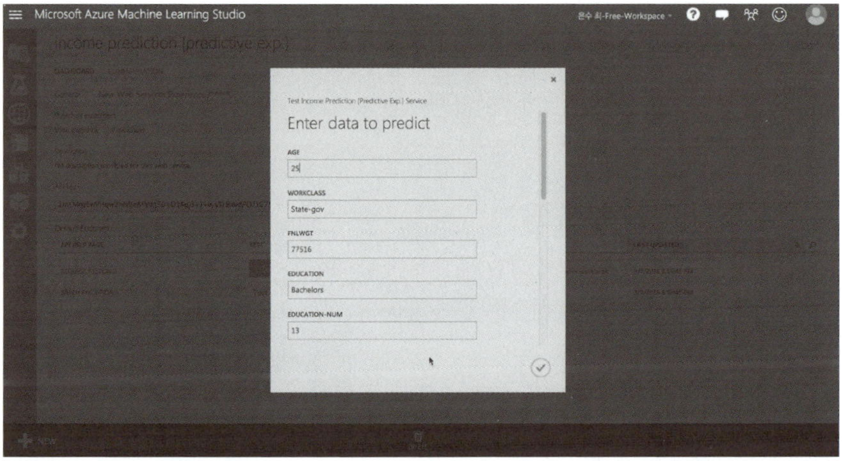

그림 6-12 • 예측 모델을 위한 데이터 삽입 팝업창

[그림 6-13]처럼 하단에 입력데이터에 따른 예측 결과가 나오는 것을 확인할 수 있다.

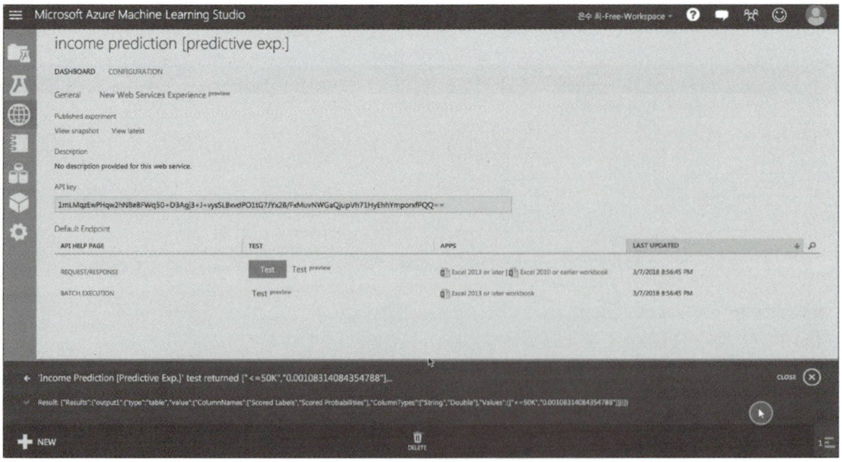

그림 6-13 • 예측 결과

축하합니다! 웹 서비스 배포 튜토리얼을 완료하셨습니다. 이제 개발한 모델을 외부에서 사용할 수 있게 되었습니다.

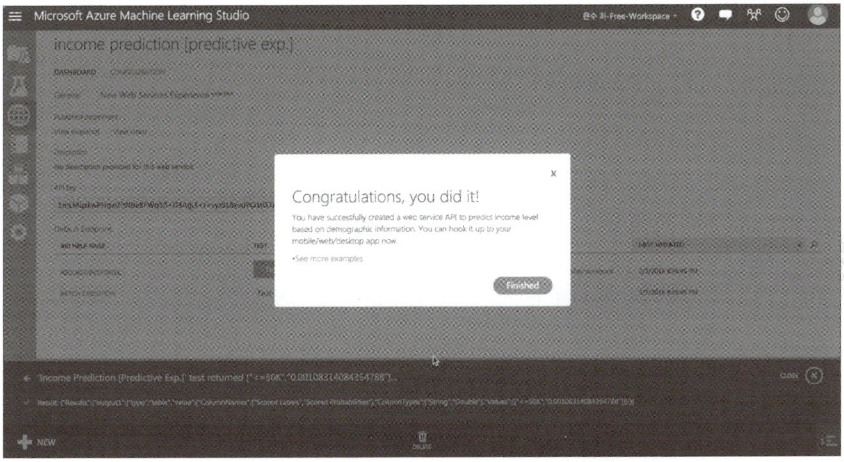

그림 6-14 • 예측 모델 웹 서비스 구축 완료

6.2 R, Python 언어로 웹 서비스로 모델 사용하기

힘든 과정을 거치고 모델이 완성되었다면, R과 Python 언어를 활용하여 외부에서 접속하여 사용해보자. 웹 서비스로 모델 사용하는 과정은 튜토리얼로 만들어진 모델로 설명을 진행하도록 하겠다. 튜토리얼을 통해 웹 서비스 게시까지 완료했다면, [그림 6-15]처럼 웹 서비스 카테고리에 생긴 것을 확인할 수 있다. Income Prediction [Predictive exp.]를 한번 클릭해보자.

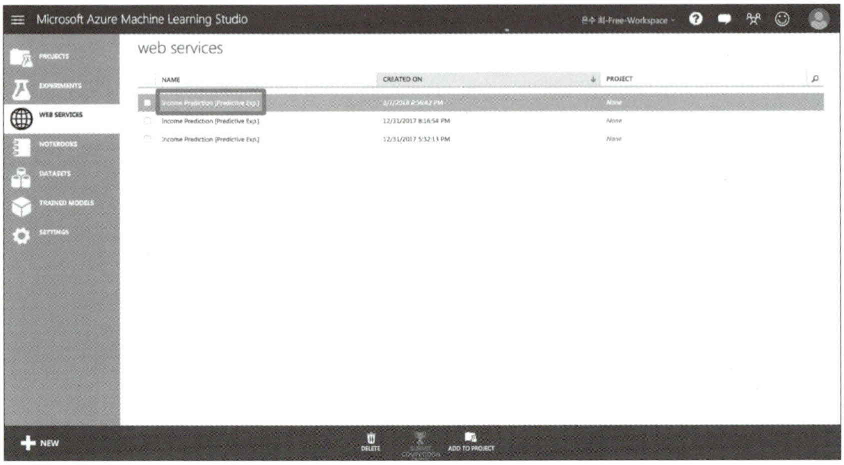

그림 6–15 • 튜토리얼 후 완성된 웹 서비스

R, Python 연동에 앞서 [그림 6–16]의 Test 버튼을 눌러보자.

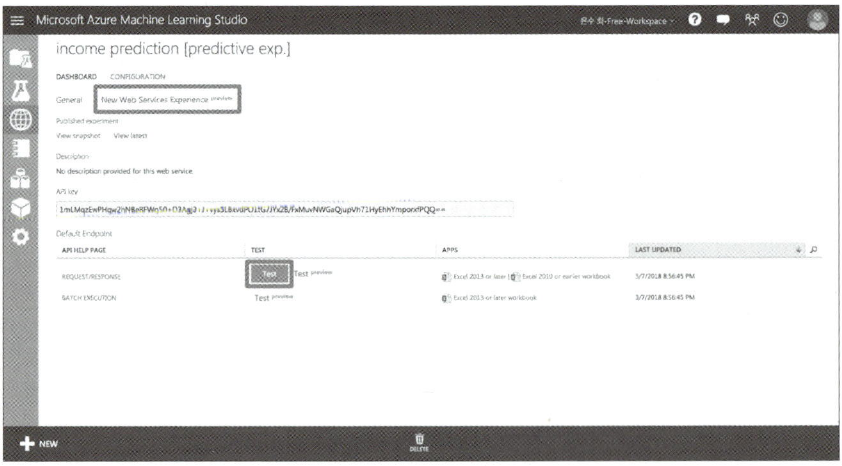

그림 6–16 • 웹 서비스 관리 창

[그림 6-17]처럼 예측을 위해 데이터를 넣는 팝업창이 뜬다. 아래 제시된 값으로 한번 넣어보도록 하자. 데이터를 넣을 때 기존 모델의 데이터 값의 타입을 아는 것이 중요하다.

```
'age' = "39",
'workclass' = "State-gov",
'fnlwgt' = "77516",
'education' = "Bachelors",
'education-num' = "13",
'marital-status' = "Never-married",
'occupation' = "Adm-clerical",
'relationship' = "Not-in-family",
'race' = "White",
'sex' = "Male",
'capital-gain' = "1274",
'capital-loss' = "0",
'hours-per-week' = "40",
'native-country' = "United-States"
```

위의 데이터를 입력 후 체크 버튼을 눌러보자.

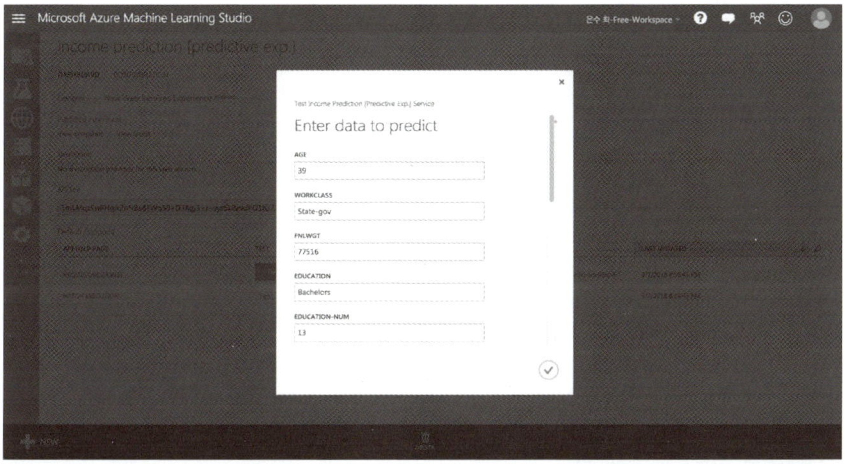

그림 6-17 • 예측을 위한 팝업창

[그림 6-18]을 보아 예측을 원활하게 수행하는 것을 볼 수 있다.

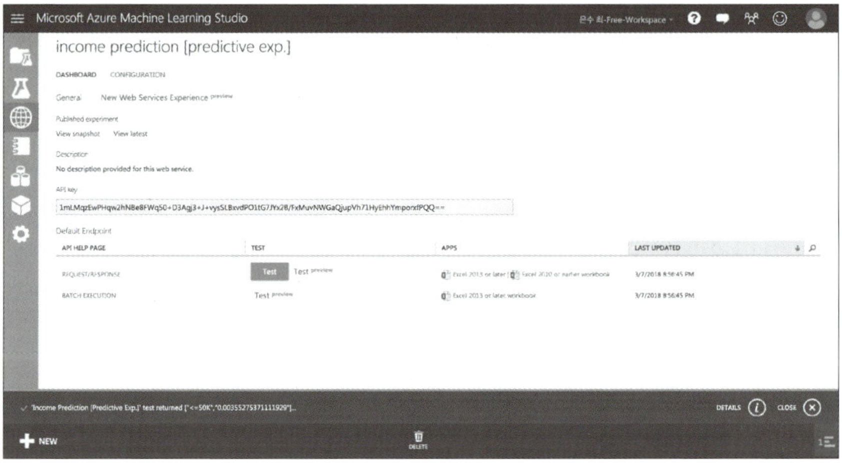

그림 6-18 • 예측이 원활하게 수행

R, Python과 연동을 위해 [그림 6-19]의 New 웹 서비스 Experience를 클릭한다.

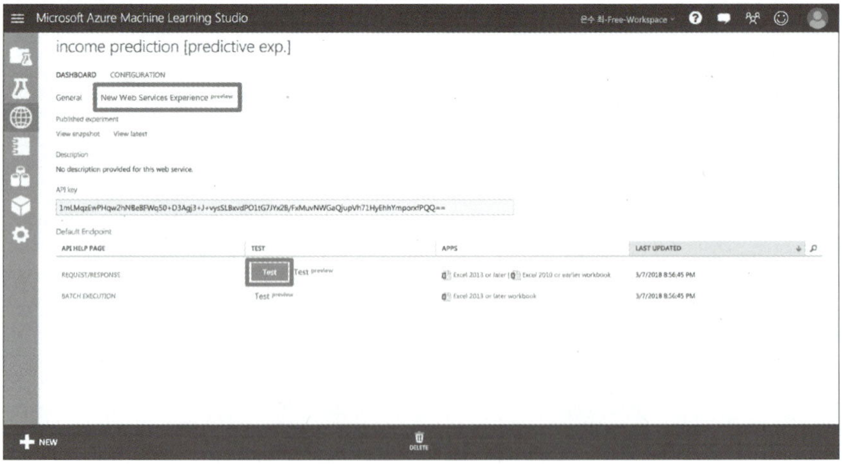

그림 6-19 • 웹 서비스 관리 창

로딩창이 뜨고, [그림 6-20]처럼 카테고리가 나올 것이다. Use endpoint를 클릭한다.

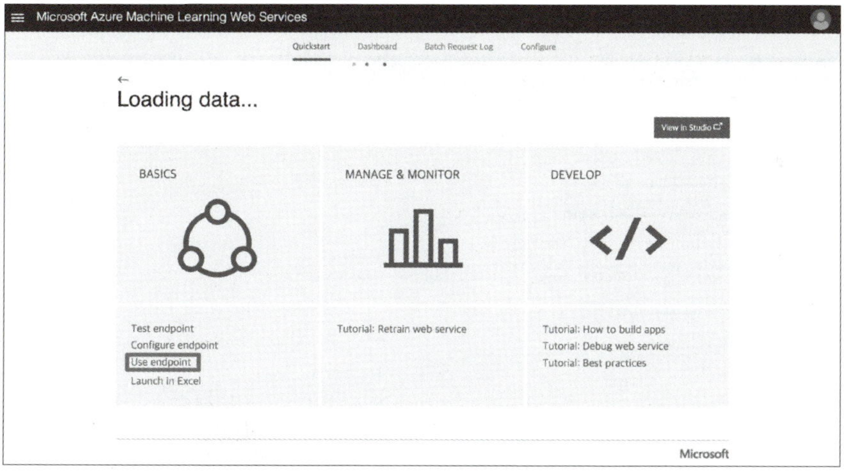

그림 6-20 • 웹 서비스 관리 창

[그림 6-21]처럼 API 갖가지의 값을 제공하는 Basic consumption info가 나오게 되는데 여기서 제공되는 Key들은 매우 중요하므로 미리 저장해두거나 염두에 두는 것이 좋다.

그림 6-21 • Basic consumption info

스크롤을 더 내리다 보면, [그림 6-22]처럼 Microsoft에서 제공하는 Sample Code가 있다. C#, Python, Python3+, R 언어를 지원한다. 본서는 Python 3+, R을 통해 연동해보겠다.

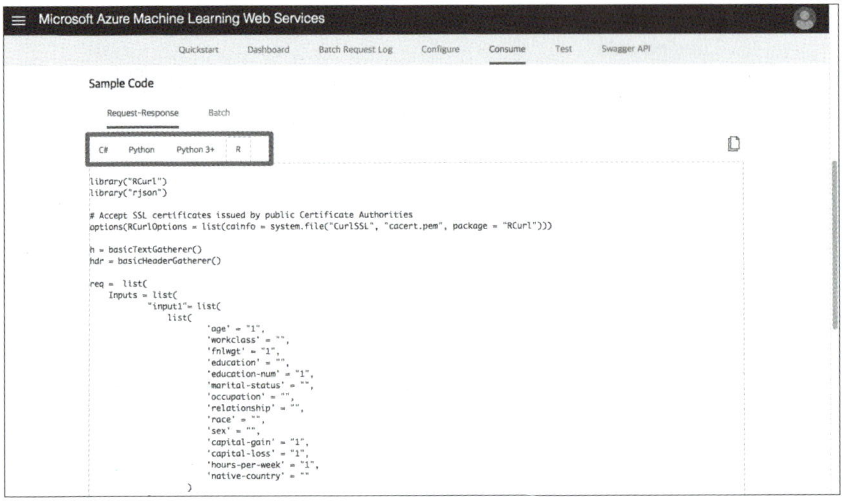

그림 6-22 • Sample Code

R, Python3+ 연동하기에 앞서 [그림 6-23]처럼 웹 서비스 가동 버튼을 누른다.

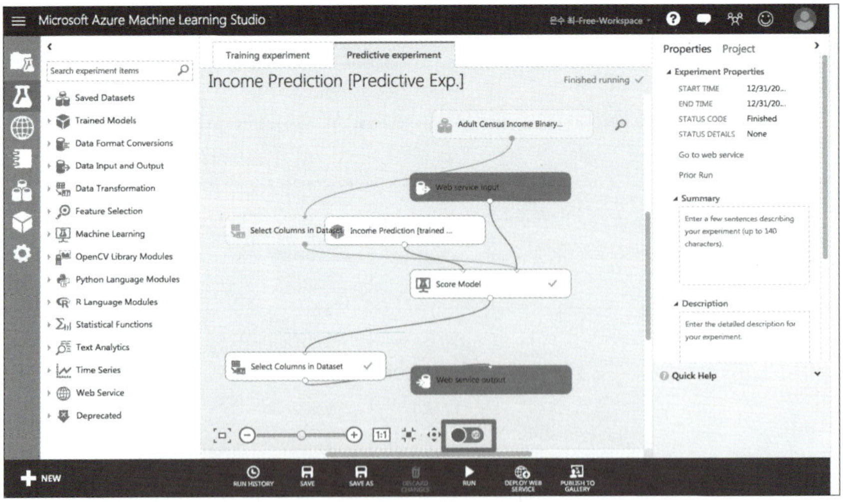

그림 6-23 • 웹 서비스 연동하기 위한 가동 버튼

6.2.1 R 언어 웹 서비스 연동하기

R 언어 공식 사이트는 https://www.r-project.org/로 다운로드할 수 있다. 사용하는 라이브러리는 bitops, RCurl, rjson으로 R에서 라이브러리 관리자에서 검색 후 다운로드 가능하다. R 언어로 웹 서비스를 사용하려면 Primary Key, Request-Respond 값이 필요하다.

```
library("bitops")
library("RCurl")
library("rjson")
options(RCurlOptions = list(cainfo = system.file("CurlSSL", "cacert.pem", package =
"RCurl")))
h = basicTextGatherer()
hdr = basicHeaderGatherer()
req =  list(
Inputs = list(
"input1"= list(
list(
'age' = "39",
'workclass' = "State-gov",
'fnlwgt' = "77516",
'education' = "Bachelors",
'education-num' = "13",
'marital-status' = "Never-married",
'occupation' = "Adm-clerical",
'relationship' = "Not-in-family",
'race' = "White",
'sex' = "Male",
'capital-gain' = "1274",
'capital-loss' = "0",
'hours-per-week' = "40",
'native-country' = "United-States"
))),
GlobalParameters = setNames(fromJSON('{}'), character(0))
)body = enc2utf8(toJSON(req))
api_key = "Primary Key 삽입"
authz_hdr = paste('Bearer', api_key, sep=' ')
h$reset()
curlPerform(url = "Request-Respond 삽입",
httpheader=c('Content-Type' = "application/json", 'Authorization' = authz_hdr),
postfields=body,
writefunction = h$update,
headerfunction = hdr$update,
verbose = TRUE
)headers = hdr$value()
httpStatus = headers["status"]
if (httpStatus >= 400)
{    print(paste("The request failed with status code:", httpStatus, sep=" "))
     print(headers)
}print("Result:")
result = h$value()
print(fromJSON(result))
```

위의 코드를 작성하고 실행하면, [그림 6-24]처럼 Azure Machine Learning Studio에서 만든 모델로 인하여 예측값이 나오는 것을 확인할 수 있다. 이를 활용하여 좀 더 유연하게 프로그램을 만들 수 있다.

```
$Results$output1[[1]]$`Scored Labels`
[1] "<=50K"

$Results$output1[[1]]$`Scored Probabilities`
[1] "0.00355275371111929"
```

그림 6-24 • R 언어 연동 결과

[그림 6-25]와 같이 외부에서 요청해서 값이 반환되는 경우 대쉬보드에서 웹 서비스의 현황을 볼 수 있다.

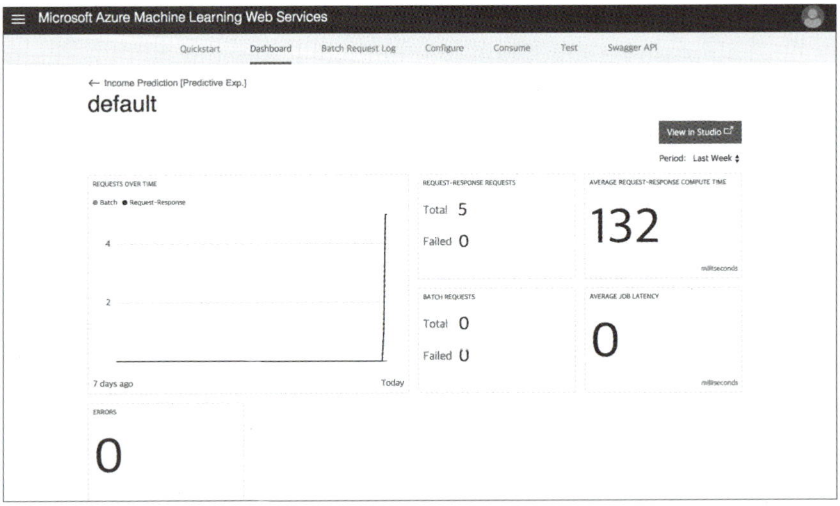

그림 6-25 • Azure Machine Learning Studio 대쉬보드

6.2.2 Python 3+ 언어 웹 서비스 연동하기

Python 언어 공식 사이트는 https://www.python.org/로 3+ 이상의 버전을 다운로드할 수 있다. 사용하는 라이브러리는 urlib.request, json으로 별다른 라이브러리 다운로드 없이 사용할 수 있다. Python 언어로 웹 서비스를 사용하려면 R 언어로 웹 서비스를 활용하는 것과 같이 Primary Key, Request-Respond 값이 필요하다.

```
import urllib.request
import json
data = {
        "Inputs": {
                "input1":
                [
                    {
                            'age': "39",
                            'workclass': "State-gov",
                            'fnlwgt': "77516",
                            'education': "Bachelors",
                            'education-num': "13",
                            'marital-status': "Never-married",
                            'occupation': "Adm-clerical",
                            'relationship': "Not-in-family",
                            'race': "White",
                            'sex': "Male",
                            'capital-gain': "1274",
                            'capital-loss': "0",
                            'hours-per-week': "40",
                            'native-country': "United-States",
                    }
                ],
        },
    "GlobalParameters":  {
    }
}body = str.encode(json.dumps(data))
url = 'Request-Respond 삽입'
api_key = 'Primary Key 삽입'
headers = {'Content-Type':'application/json', 'Authorization':('Bearer '+ api_key)}
req = urllib.request.Request(url, body, headers)
try:
    response = urllib.request.urlopen(req)
    result = response.read()
    print(result)
except urllib.error.HTTPError as error:
    print("The request failed with status code: " + str(error.code))
    print(error.info())
    print(json.loads(error.read().decode("utf8", 'ignore')))
```

위의 코드를 작성하고 실행하면, [그림 6-26]처럼 Azure Machine Learning Studio에서 만든 모델로 인하여 Python 콘솔에서 예측값이 나오는 것을 확인할 수 있다. Azure Machine Learning Studio를 활용하여 좀 더 유연하게 프로그램을 만들 수 있다.

```
choeui-MacBook-Pro:~ ChoiEunSoo$ sudo python3 /Users/ChoiEunSoo/Desktop/azuretest.py
Password:
b'{"Results":{"output1":[{"Scored Labels":"<=50K","Scored Probabilities":"0.00355275371111929"}]}}'
```

그림 6-26 • Python 언어 적용 결과

7. Microsoft Azure Machine Learning Studio R, Python 연동

7.1 R 스크립트 연동하기

Azure Machine Learning Studio를 사용하면서 주어진 알고리즘 블록 말고 좀 더 유연하게 사용하고 싶거나, 다른 알고리즘을 적용하고 싶을 경우에 R 스크립트 블록을 만들어 사용하는 것이 가능하다.

7.1.1 R을 사용하여 데이터 확인하기

[그림 7-1]처럼 탐색 팔레트에서 샘플 데이터인 Adult Census Income Binary Classification dataset을 검색해서 배치하고, Execute R Script를 가져온다.

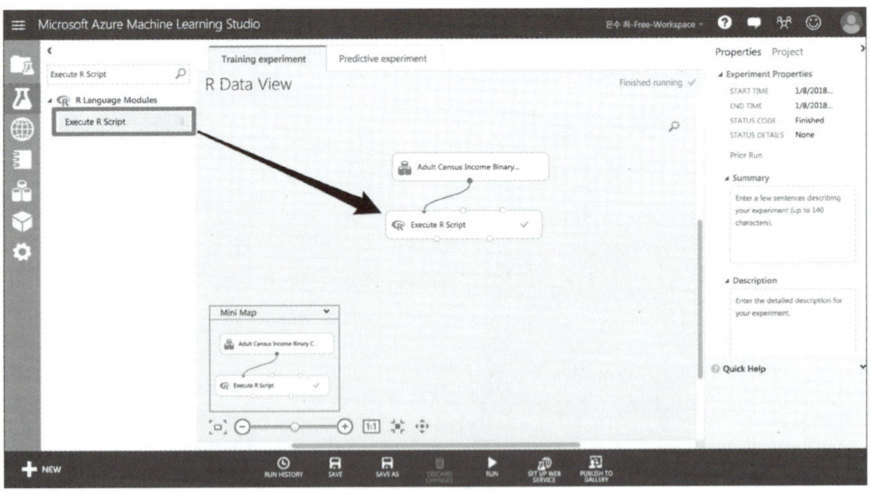

그림 7-1 • R 스크립트를 사용하기 위한 배치

[그림 7-2]처럼 데이터 세트와 Execute R Script 블록을 이어주고 오른쪽 위 소스 수정 버튼을 눌러준다.

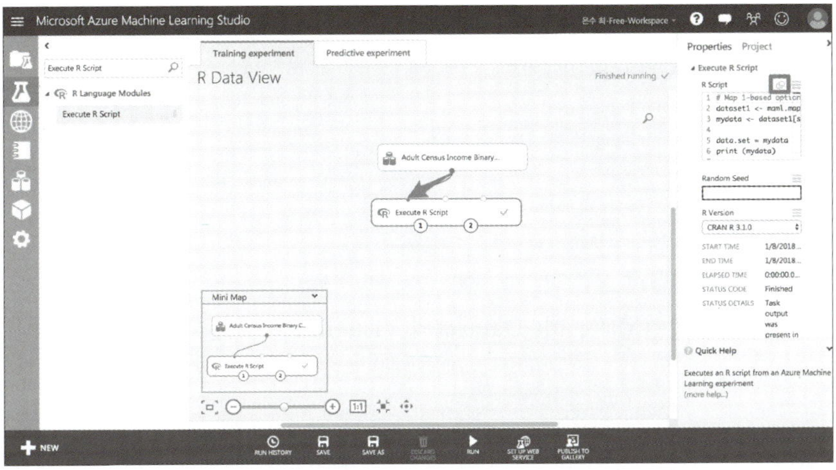

그림 7-2 • R 언어 스크립트 수정

R Script는 mapInputPort가 2개가 있다. [그림 7-3]처럼 우선 데이터 확인만을 위해서 데이터 세트 하나만 연결하였으므로 dataset1에 첫 번째 포트에 연결된 데이터를 담아둔다.

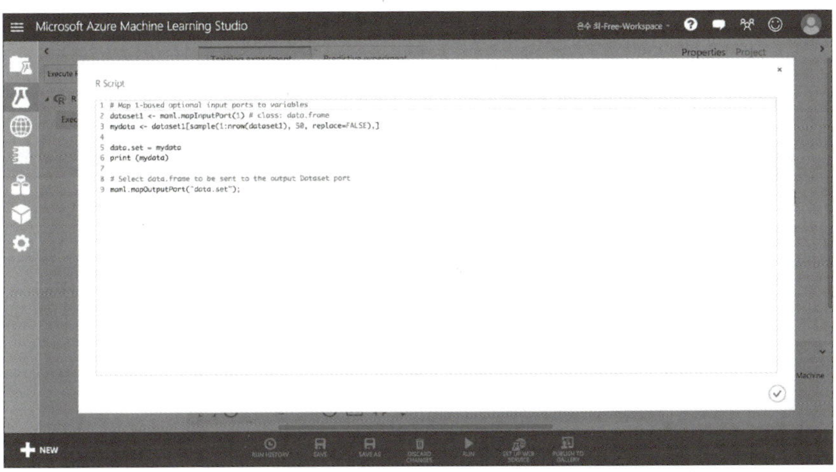

그림 7-3 • R 언어 스크립트 작성

그 후 mydata에 dataset1의 값 50개만 가져와 담는다. 그 후 print 함수를 통해 전체 샘플 데이터를 확인할 수 있다.

```
dataset1 <- maml.mapInputPort(1)
mydata <- dataset1[sample(1:nrow(dataset1), 50, replace=FALSE),]

data.set = mydata
print (mydata)

maml.mapOutputPort("data.set");
```

Run 버튼을 통해 학습시키고 Result Dataset의 Visualize를 통해 추출된 값을 시각화하여 볼 수 있다.

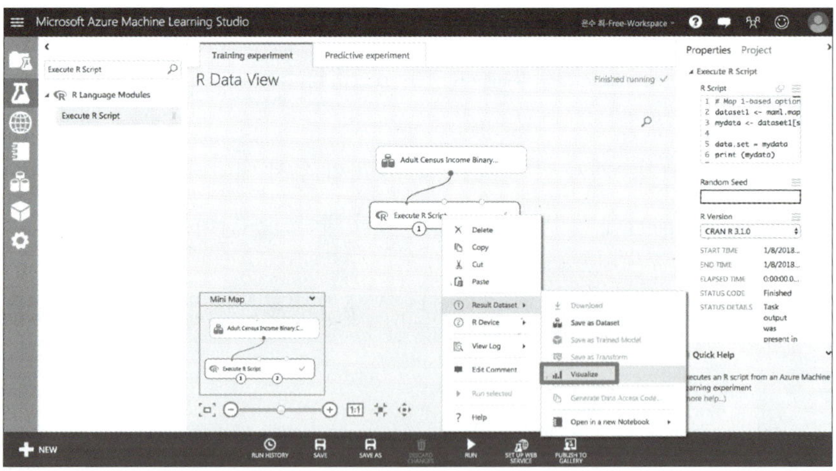

그림 7-4 • R 언어로 데이터 시각화

[그림 7-5]를 보아 시각화를 통해 dataset1의 값 50개가 제대로 들어온 것을 확인할 수 있다.

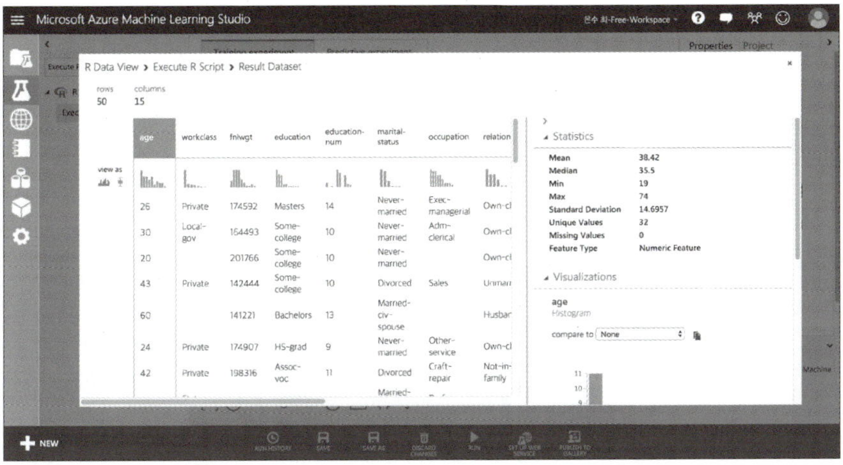

그림 7-5 • R 언어를 사용하여 데이터 출력 확인

[그림 7-6]을 통해 R Device의 Visualize를 통해 R 언어로 인하여 추출된 데이터 세트를 확인할 수 있다.

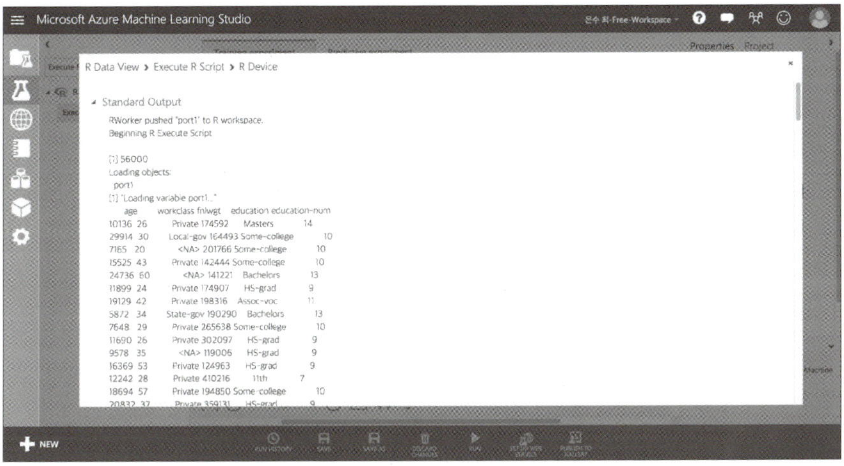

그림 7-6 • R 언어를 사용하여 데이터 출력 확인

7.1.2 R을 사용하여 의사결정트리 적용하기

본격적으로 R 언어를 사용하여 의사결정트리를 적용하기 전에 예제 데이터로 사용할 붓꽃(iris) 데이터 세트에 대해 알아보자. 붓꽃 데이터는 통계학자인 피셔[Fisher]가 제공한 데이터로, [그림 7-7]과 같이 붓꽃의 3가지 종[Setosa, Versicolor, Virginica]에 대해 꽃받침[Sepal], 꽃잎[Petal]의 길이를 정리한 데이터이다. 붓꽃 데이터는 이해하기 쉬우며 크기가 작아 머신러닝에 많이 사용되는 데이터이다.

Iris Versicolor　　Iris Setosa　　Iris Virginica

그림 7-7 • 붓꽃 데이터 세트

칼럼 명	의미	데이터 타입
Species	붓꽃의 종, Setosa, Versicolor, Virginica 세 가지 중 하나이다.	문자
Sepal.Width	꽃받침의 너비	숫자
Sepal.Length	꽃받침의 길이	숫자
Petal.Width	꽃잎의 너비	숫자
Petal.Length	꽃잎의 길이	숫자

표 7-1 • 붓꽃 데이터 상세 설명

붓꽃 데이터에 저장된 데이터는 다음과 같다. 붓꽃 데이터의 설명과 사용된 논문 등의 정보를 보려면 https://archive.ics.uci.edu/ml/datasets/iris를 통해 확인해보도록 하자.

모델을 만들기 앞서 붓꽃 데이터를 삽입한다. Azure Machine Learning Studio 샘플 데이터로도 붓꽃 데이터는 제공된다.

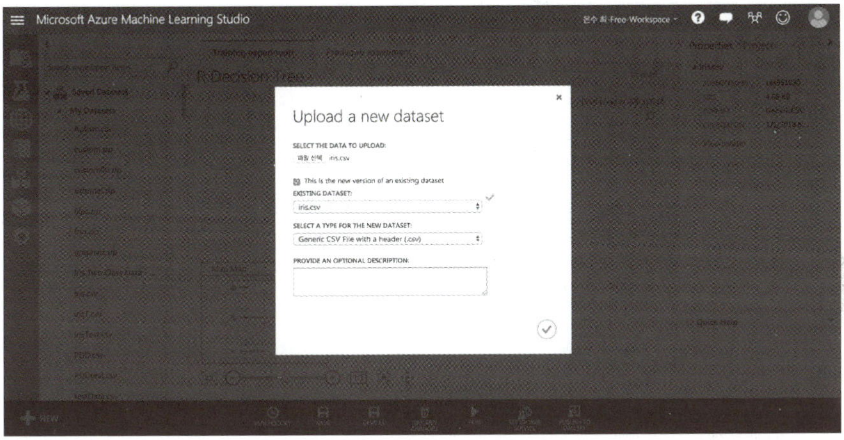

그림 7-8 • 외부 데이터 삽입

삽입이 완료되었다면, [그림 7-9]처럼 검색 팔레트에서 삽입한 데이터를 검색하여 캔버스에 배치한다.

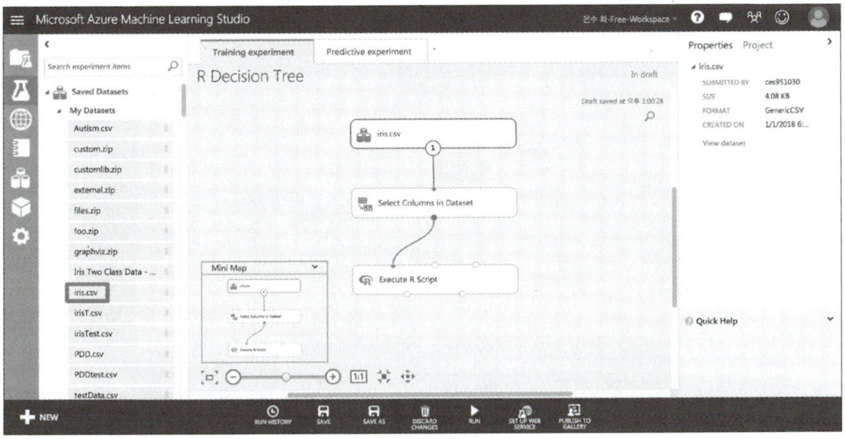

그림 7-9 • 삽입된 데이터 배치

알고리즘을 적용할 칼럼을 정하기 위해 Select Columns in Dataset을 가져와 [그림 7-10]처럼 배치한 후 Launch Column Selector를 클릭한다.

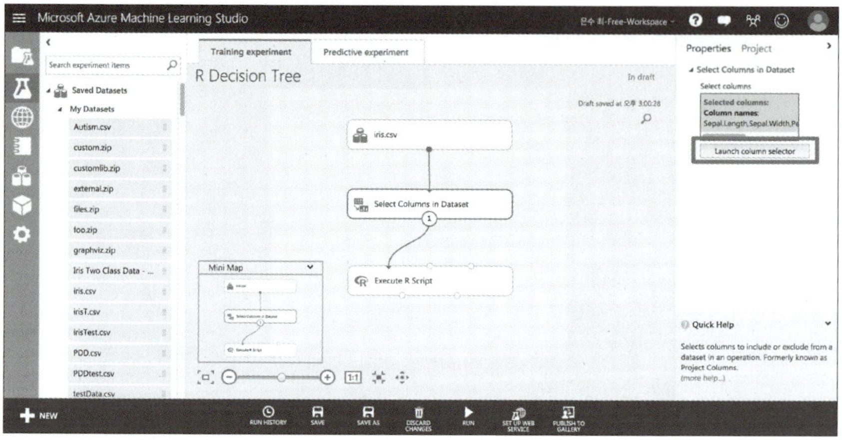

그림 7-10 • 알고리즘을 적용하기 위한 Select Columns in Dataset 배치

[그림 7-11]처럼 알고리즘을 적용하기 위해 모든 칼럼을 선택한다.

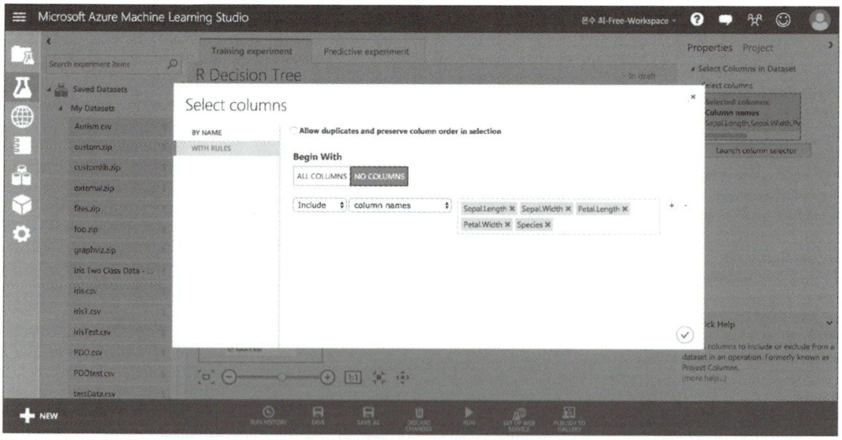

그림 7-11 • 알고리즘을 적용하기 위한 Select Columns

[그림 7-12]처럼 Execute R Script를 가져와 배치하고, 오른쪽 위의 R Script 속성 창의 작은 네모를 클릭하면 R 스크립트를 수정할 수 있는 창이 나온다. Random Seed는 각자 넣고 싶은 숫자를 넣는다.

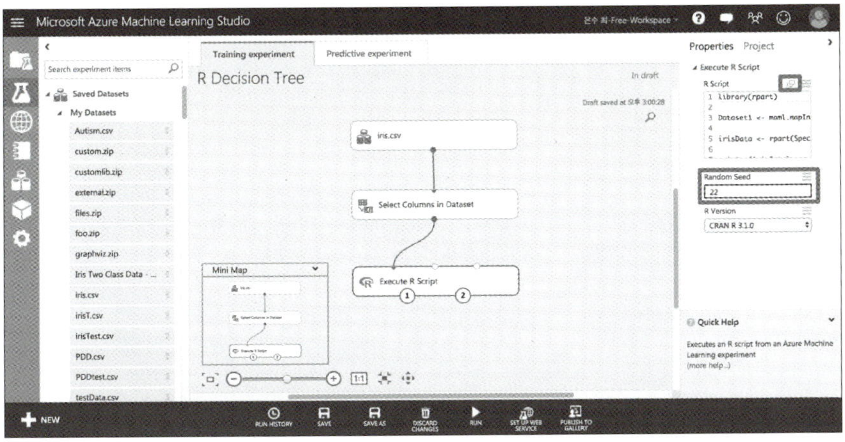

그림 7-12 • R 언어 스크립트 수정

[그림 7-13]처럼 R Script 창에 들어와 아래의 코드를 입력한다.

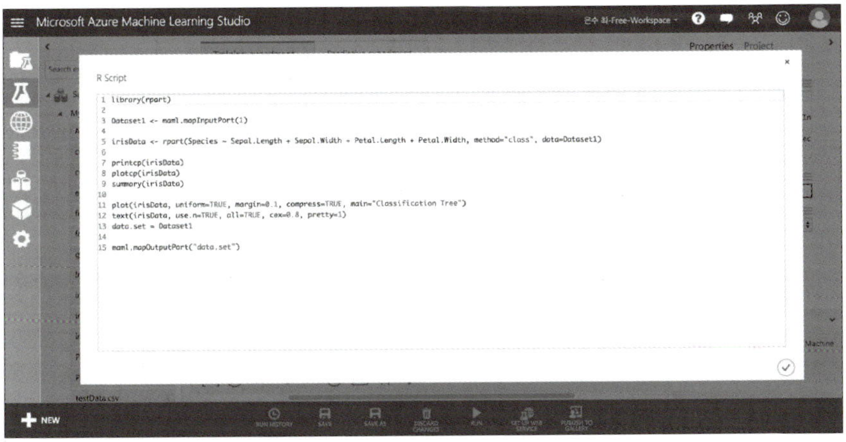

그림 7-13 • R 언어 스크립트 작성

```
library(rpart)

Dataset1 <- maml.mapInputPort(1)

irisData <- rpart(Species~Sepal.Length + Sepal.Width + Petal.Length + Petal.Width,
method="class", data=Dataset1)

printcp(irisData)
plotcp(irisData)
summary(irisData)

plot(irisData, uniform=TRUE, margin=0.1, compress=TRUE, main="Classification Tree")
text(irisData, use.n=TRUE, all=TRUE, cex=0.8, pretty=1)
data.set = Dataset1

maml.mapOutputPort("data.set")
```

[그림 7-14]의 시각화 기능을 통해 R 스크립트로 적용된 결과가 잘 나왔는지 확인해보자.

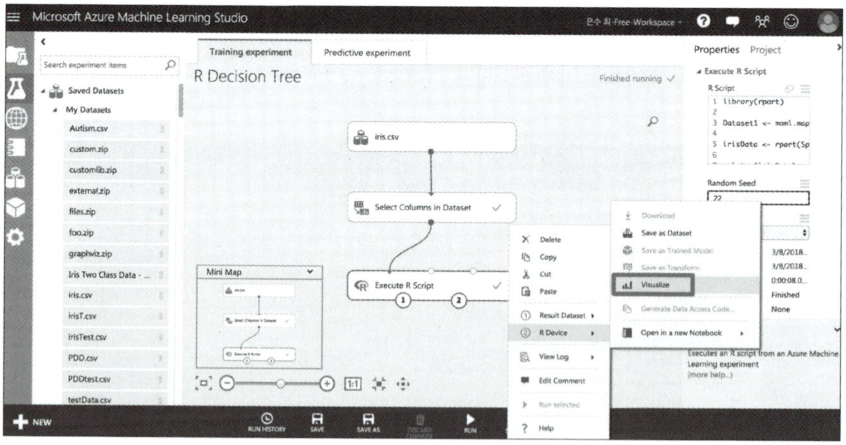

그림 7-14 • R 언어로 데이터 시각화

[그림 7-15]처럼 결과가 나오는 것을 볼 수 있다. 그럼 과연 Azure Machine Learning Studio가 아닌 기본 Python 툴을 사용해서 나온 결과도 같을까?

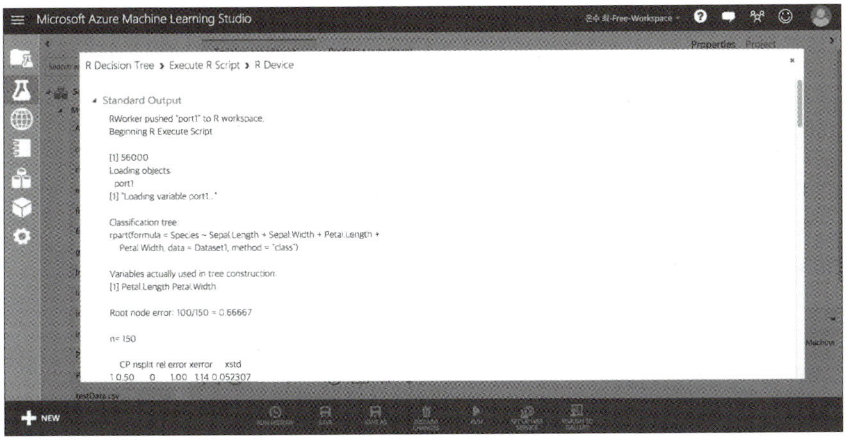

그림 7-15 • 적용 결과

[그림 7-16]을 보아 R에도 같이 적용한 결과, 결과가 같게 나오는 것을 확인할 수 있다.

```
> printcp(irisData)

Classification tree:
rpart(formula = Species ~ Sepal.Length + Sepal.Width + Petal.Length +
    Petal.Width, data = data, method = "class")

Variables actually used in tree construction:
[1] Petal.Length Petal.Width

Root node error: 100/150 = 0.66667

n= 150

    CP nsplit rel error xerror     xstd
1 0.50      0      1.00   1.16 0.051277
2 0.44      1      0.50   0.69 0.061041
3 0.01      2      0.06   0.10 0.030551
```

그림 7-16 • R 콘솔에서 적용한 결과

[그림 7-17]은 붓꽃 데이터에 적용된 의사결정트리를 시각화한 결과이다. 붓꽃의 3가지 종을 기준에 따라 분류한 것을 볼 수 있다.

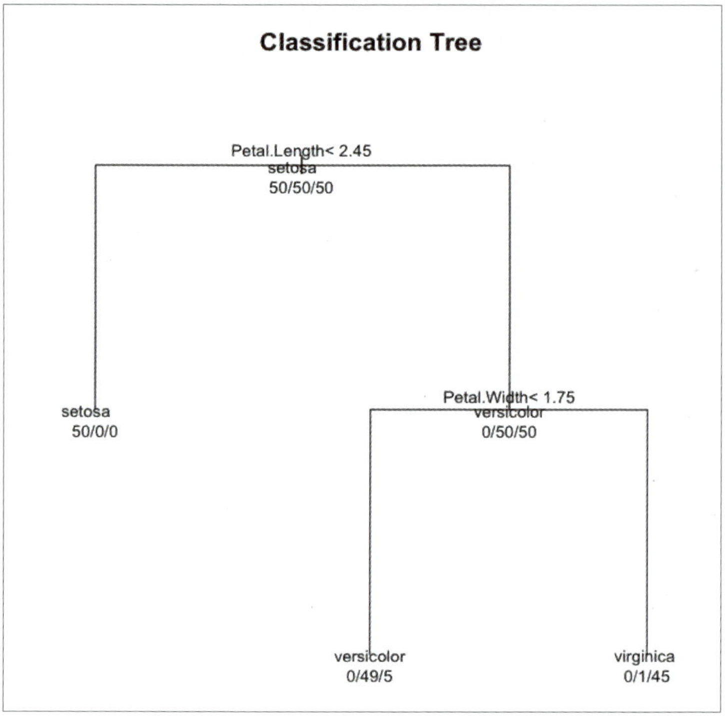

그림 7-17 • 의사결정트리 적용 결과

7.2 Python 스크립트 연동하기

Azure Machine Learning Studio를 사용하면서 주어진 알고리즘 블록 말고 좀 더 유연하게 사용하거 싶거나, 다른 알고리즘을 적용하고 싶을 경우에 Python 스크립트 블록을 만들어 사용하는 것이 가능하다.

7.2.1 Python을 사용하여 데이터 확인하기

R 언어 적용할 때와 같이 iris 데이터와 Select Columns in Dataset을 배치하고 연결한다. Python 언어 연동을 위해 [그림 7-18]처럼 모든 칼럼을 포함시키게 적용한다. 그 후 [그림 7-19]처럼 탐색 팔레트에서 Execute Python Script를 가져와 배치한다.

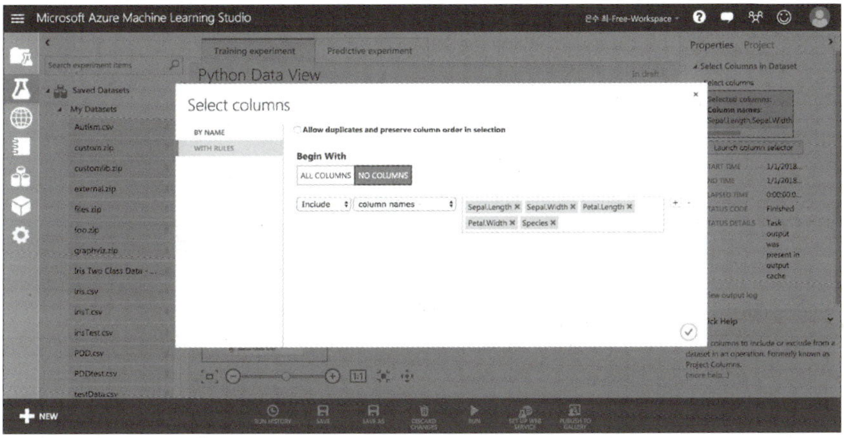

그림 7-18 • Python 연동을 위한 Select Columns

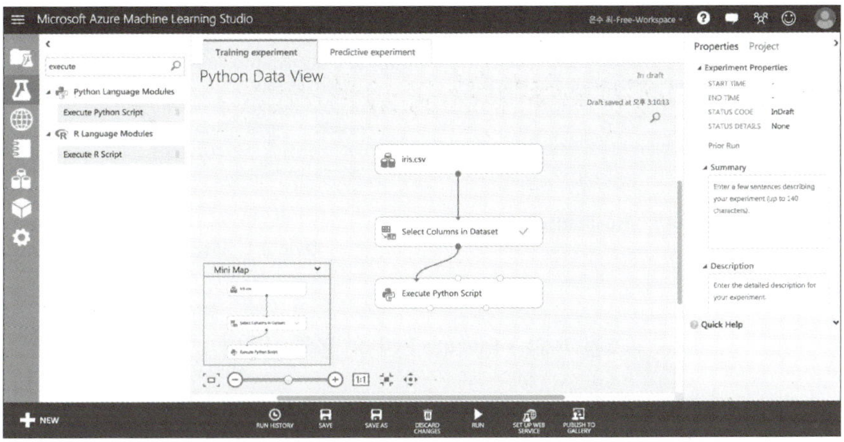

그림 7-19 • Python 연동을 위한 배치

Python Script 수정을 위해 [그림 7-20]의 Python Script 창 오른쪽의 박스를 클릭하자.

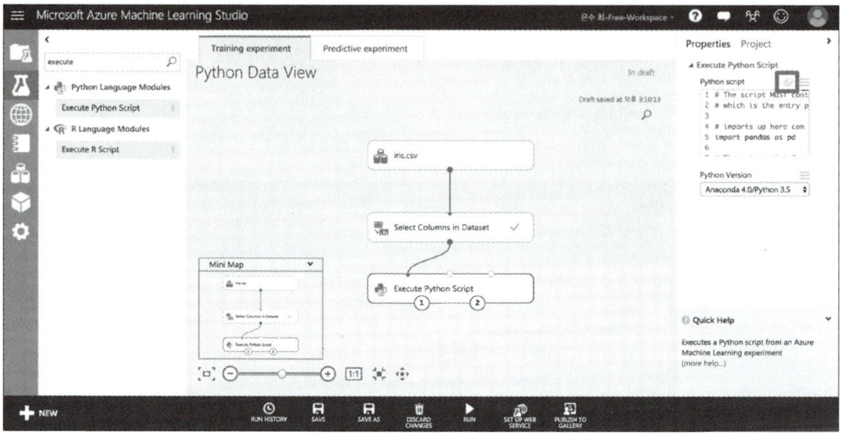

그림 7-20 • Python 스크립트 수정

[그림 7-21]의 Execute Python 블록 사용법을 참조하여 어떻게 작동이 되는지 이해하도록 하자. [그림 7-22]의 스크립트 수정 창에 코드를 작성하도록 하자. [그림 7-22]의 코드는 다음에 작성되어 있다.

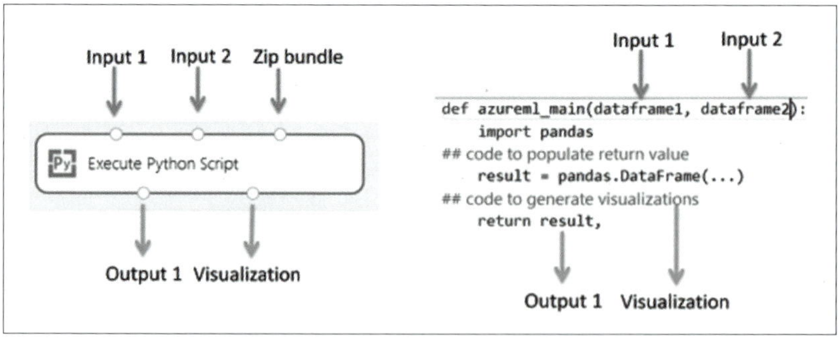

그림 7-21 • Execute Python 블록 사용법

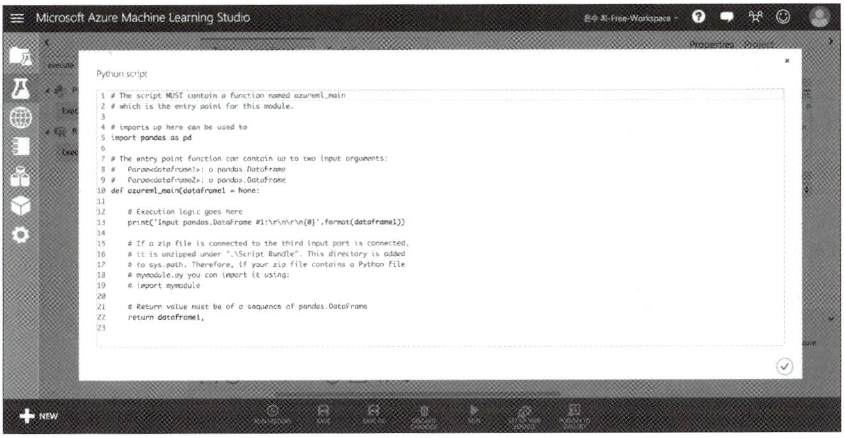

그림 7-22 • Python 스크립트 수정 창

```
import pandas as pd
def azureml_main(dataframe1 = None):
    print('Input pandas.DataFrame #1:\r\n\r\n{0}'.format(dataframe1))
    return dataframe1,
```

스크립트 작성이 완료되었으면 하단 메뉴의 Run 버튼을 눌러 학습을 완료시킨다.

완료가 되었다면 [그림 7-23]처럼 Execute Python Script 블록을 오른쪽 클릭하여 Python Device 항목의 Visualize를 클릭해 결과를 살펴보자.

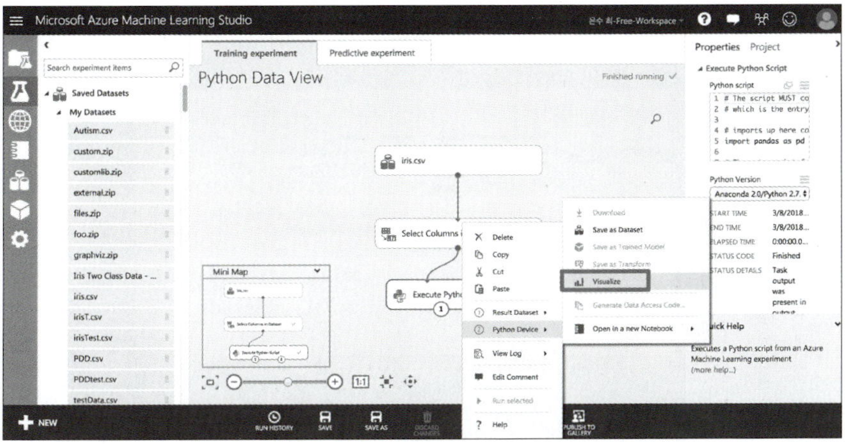

그림 7-23 • 데이터 출력 적용 결과 보기

[그림 7-24]의 결과를 보니 데이터가 제대로 출력된 것을 알 수 있다.

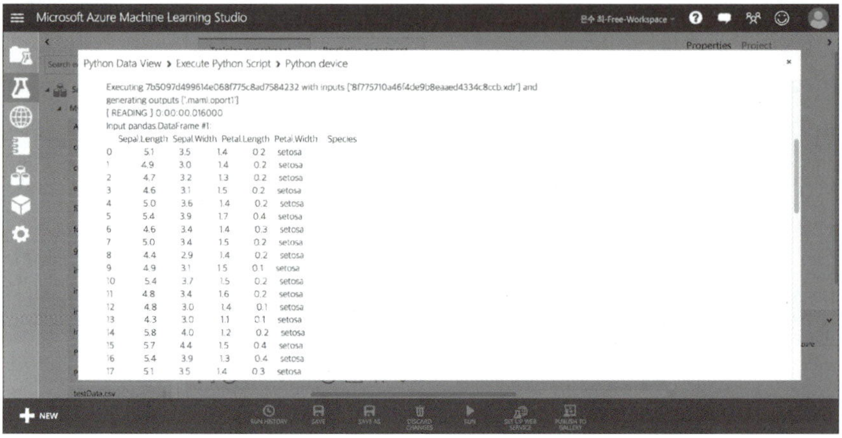

그림 7-24 • 데이터 출력 적용 결과

7.2.2 Python을 사용하여 K-Means 군집화 적용하기

앞서 진행한 바와 같이 샘플 데이터를 [그림 7-25]와 같이 Select Columns in Dataset 블록을 활용해 Execute Python Script 블록으로 보낼 칼럼값을 정한다. [그림 7-26]처럼 배치가 되었다면 배치는 완료되었다.

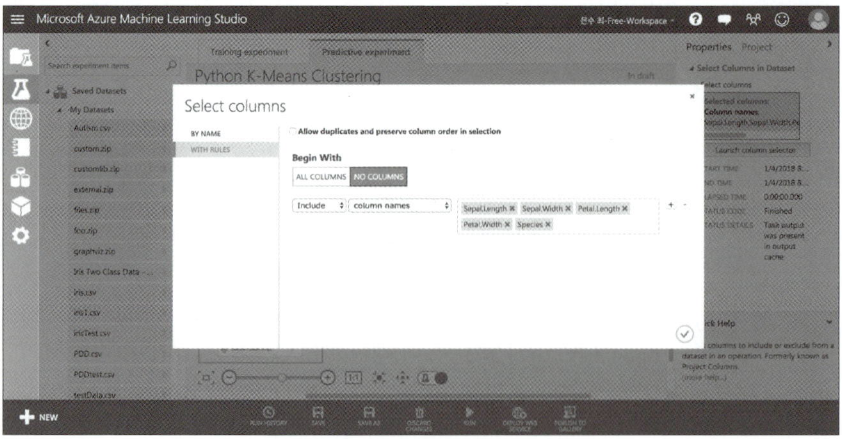

그림 7-25 • Python 연동을 위한 Select Columns

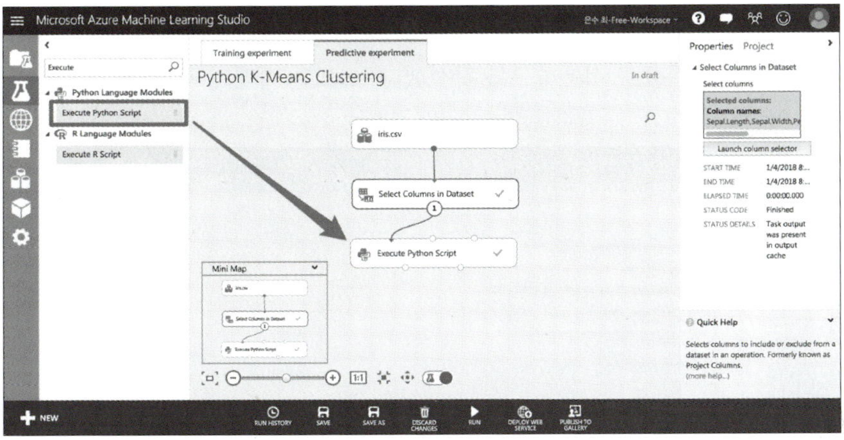

그림 7-26 • Python 연동을 위한 배치

Python Script를 수정하기 위해 [그림 7-27]의 오른쪽 위 박스를 클릭한다.

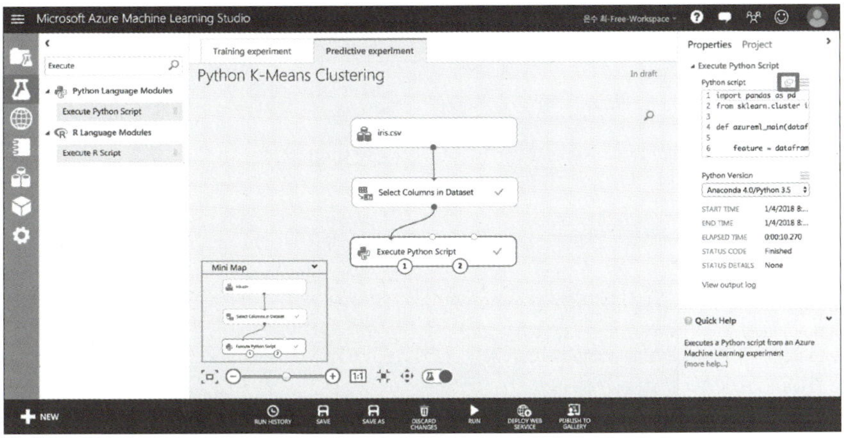

그림 7-27 • Python 스크립트 수정

K-Means 군집 알고리즘을 적용하기 위해 [그림 7-28]과 같이 'Sepal.Length', 'Sepal.Width' 값을 피처로 잡고, 군집은 3개를 목표로 적용하도록 작성했다. 코드는 아래에 작성되어 있다.

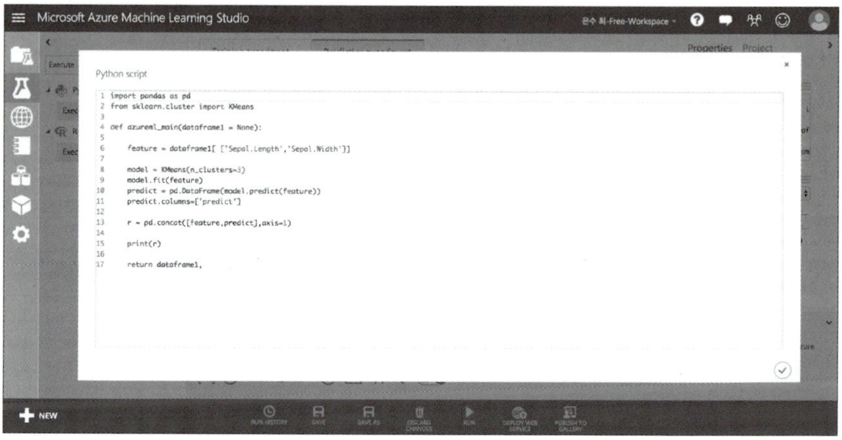

그림 7-28 • Python 스크립트 수정 창

```
import pandas as pd
from sklearn.cluster import KMeans

def azureml_main(dataframe1 = None):

    feature = dataframe1[ ['Sepal.Length','Sepal.Width']]

    model = KMeans(n_clusters=3)
    model.fit(feature)
    predict = pd.DataFrame(model.predict(feature))
    predict.columns=['predict']

    r = pd.concat([feature,predict],axis=1)

    print(r)

    return dataframe1,
```

스크립트 작성이 완료되었으면 하단 메뉴의 Run을 눌러 학습시킨 후 [그림 7-29]의 Visualize를 통해 결과를 보자.

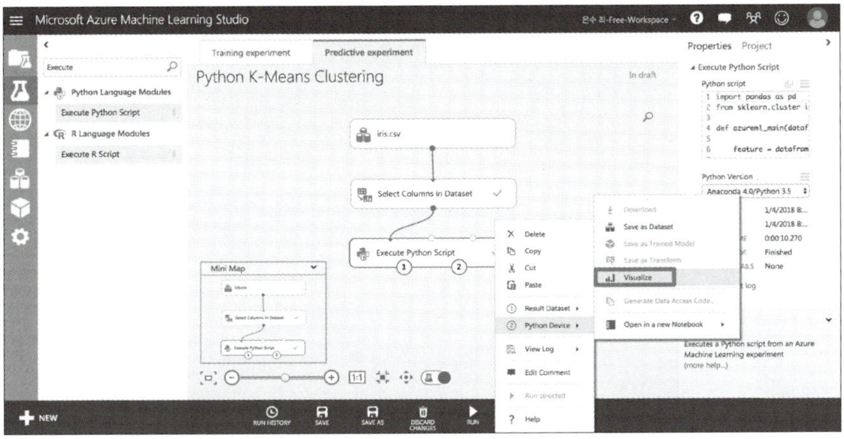

그림 7-29 • K-Means Clustering 결과 보기

[그림 7-30]과 같이 'Sepal.Length', 'Sepal.Width' 값에 따라 'Predict' 값이 나오는 것을 볼 수 있다. 여기서 Predict 값은 군집 그룹이다.

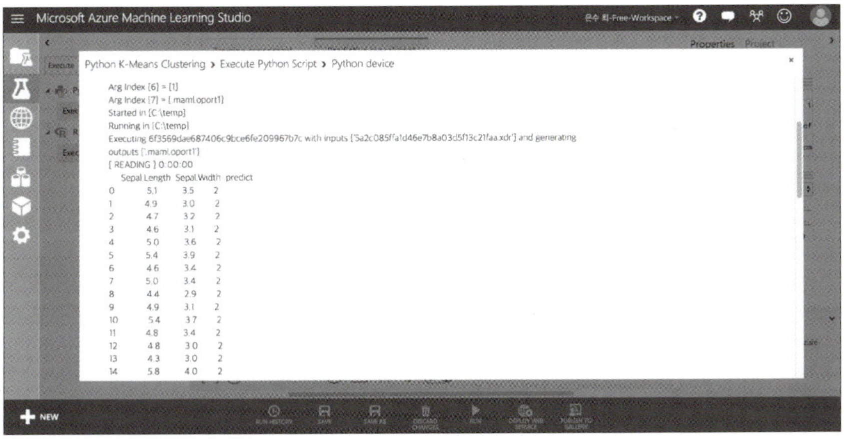

그림 7-30 • K-Means Clustering 결과

[그림 7-31]과 같이 역시 Python에 적용한 결과값과 Azure Machine Learning Studio에서 적용한 결과값이 같은 것을 볼 수 있다.

```
     Sepal length  Sepal width  predict
0             5.1          3.5        2
1             4.9          3.0        2
2             4.7          3.2        2
3             4.6          3.1        2
4             5.0          3.6        2
5             5.4          3.9        2
6             4.6          3.4        2
7             5.0          3.4        2
8             4.4          2.9        2
9             4.9          3.1        2
10            5.4          3.7        2
11            4.8          3.4        2
12            4.8          3.0        2
13            4.3          3.0        2
14            5.8          4.0        2
15            5.7          4.4        2
16            5.4          3.9        2
17            5.1          3.5        2
18            5.7          3.8        2
19            5.1          3.8        2
20            5.4          3.4        2
21            5.1          3.7        2
22            4.6          3.6        2
23            5.1          3.3        2
24            4.8          3.4        2
25            5.0          3.0        2
26            5.0          3.4        2
27            5.2          3.5        2
28            5.2          3.4        2
29            4.7          3.2        2
..            ...          ...      ...
120           6.9          3.2        1
121           5.6          2.8        0
122           7.7          2.8        1
123           6.3          2.7        0
124           6.7          3.3        1
125           7.2          3.2        1
126           6.2          2.8        0
```

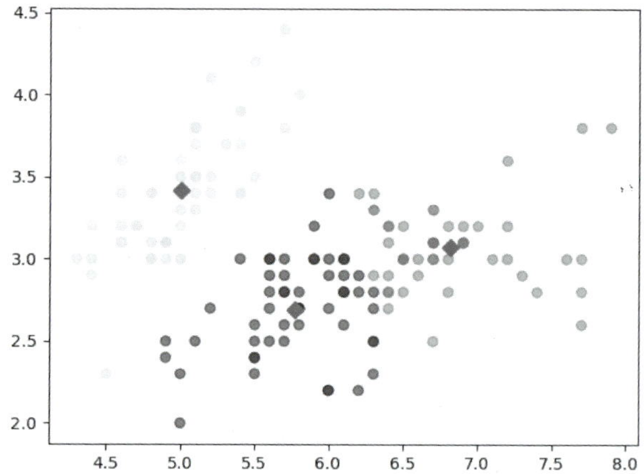

그림 7-31 • Python 콘솔로 적용한 K-Means Clustering 결과

8. 예제

8.1 자동차 가격 회귀분석으로 예측하기

이제 실제 데이터를 사용하여 예측 모델을 만들어보자. 이번 장은 UCI에서 제공하는 자동차 데이터 세트를 선형회귀[Linear Regression] 알고리즘을 적용하여 자동차 가격을 예측한다. 자동차 데이터 세트를 University of California, Irvine(UCI) Machine Learning Repository에서 데이터 세트 정보를 보자. 자동차 데이터 세트에 관한 정보는 아래 링크를 통해 확인할 수 있다. 예측 모델에 학습시킬 데이터 세트는 Azure Machine Learning Studio 탐색 팔레트에서 검색하여 찾을 수 있다.

https://archive.ics.uci.edu/ml/datasets/Automobile

데이터 세트의 행의 개수는 205개이며, 속성은 총 26개다. 데이터의 값의 분포는 [표 8-1]에 명시된 값으로 구성되어 있다.

속성명	데이터의 분포
symboling	−3, −2, −1, 0, 1, 2, 3.
normalized–losses	65~256
make	alfa–romero, audi, bmw, chevrolet, dodge, honda, isuzu, jaguar, mazda, mercedes–benz, mercury, mitsubishi, nissan, peugot, plymouth, porsche, renault, saab, subaru, toyota, volkswagen, volvo
fuel–type	diesel, gas.
aspiration	std, turbo.
num–of–doors	four, two.
body–style	hardtop, wagon, sedan, hatchback, convertible
drive–wheels	4wd, fwd, rwd.
engine–location	front, rear.
wheel–base	86.6~120.9.
length	141.1~208.1
width	60.3~72.3.
height	47.8~59.8.
curb–weight	1488~4066.

속성명	데이터의 분포
engine–type	dohc, dohcv, l, ohc, ohcf, ohcv, rotor.
num–of–cylinders	eight, five, four, six, three, twelve, two.
engine–size	61~326.
fuel–system	1bbl, 2bbl, 4bbl, idi, mfi, mpfi, spdi, spfi
bore	2.54~3.94.
stroke	2.07~4.17.
compression–ratio	7~23.
horsepower	48~288.
peak–rpm	4150~6600.
city–mpg	13~49.
highway–mpg	16~54.
price	5118~45400.

표 8–1 • 데이터 세트 설명

프로젝트에 앞서 [그림 8–1]처럼 탐색 팔레트에서 사용할 Automobile price data를 가져온다.

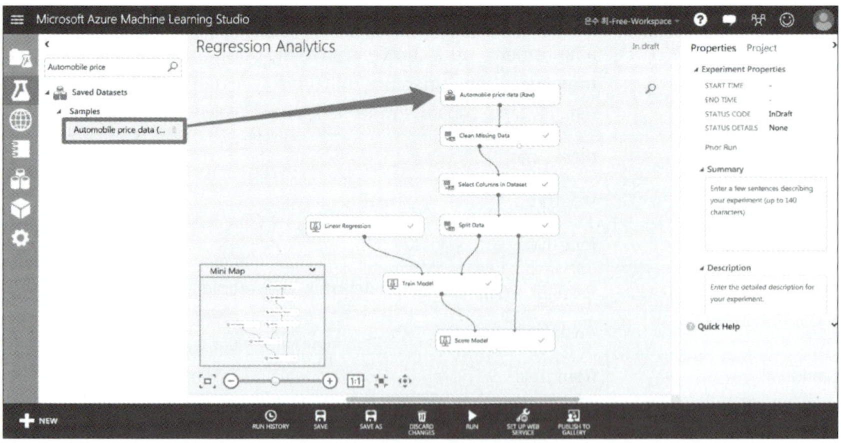

그림 8–1 • 샘플 데이터 가져오기

하지만 [그림 8-2]처럼 누락된 데이터를 발견할 수 있다. 이럴 경우 누락된 데이터는 꼭 처리해야 정확한 학습결과를 볼 수 있다.

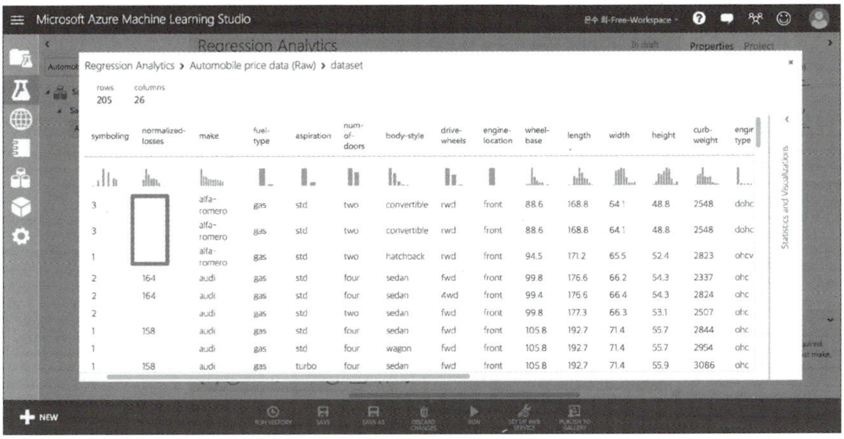

그림 8-2 • 누락된 데이터 확인

[그림 8-3]처럼 누락된 데이터를 채우기 위해 Clean Missing Data 블록을 탐색 팔레트에서 가져와 배치한다.

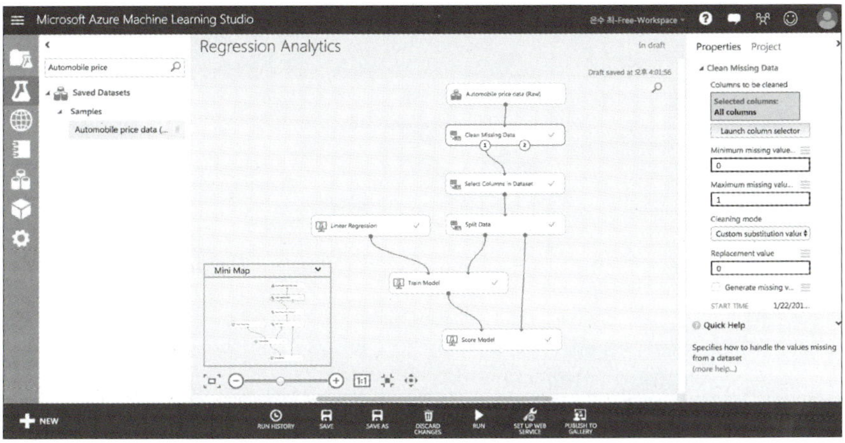

그림 8-3 • 누락된 데이터를 처리하기 위한 Clean Missing Data 기능

[그림 8-4]처럼 학습을 시키기 전에 데이터 세트의 어떤 값을 기준으로 학습할 것인지 정해줘야 한다.

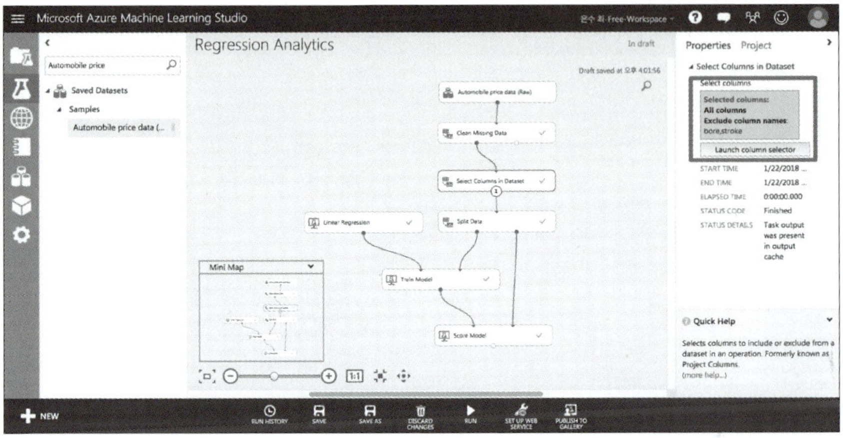

그림 8-4 • 모델 학습의 기준을 잡기 위한 Select Columns in Dataset 기능

본 프로젝트는 [그림 8-5]처럼 예측에 필요 없는 값을 bore, stroke를 제외Exclude한 값으로 학습을 시킬 것이다.

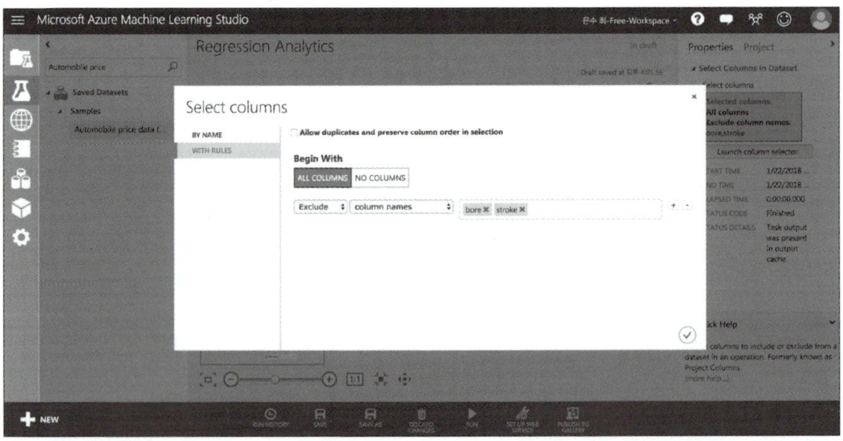

그림 8-5 • 학습을 위한 기준 값 정해주기

데이터의 과적합을 피하기 위해 [그림 8-6]처럼 데이터 세트를 분할해준다. 분할 비율은 0.7, 랜덤 시드는 123으로 정해준다.

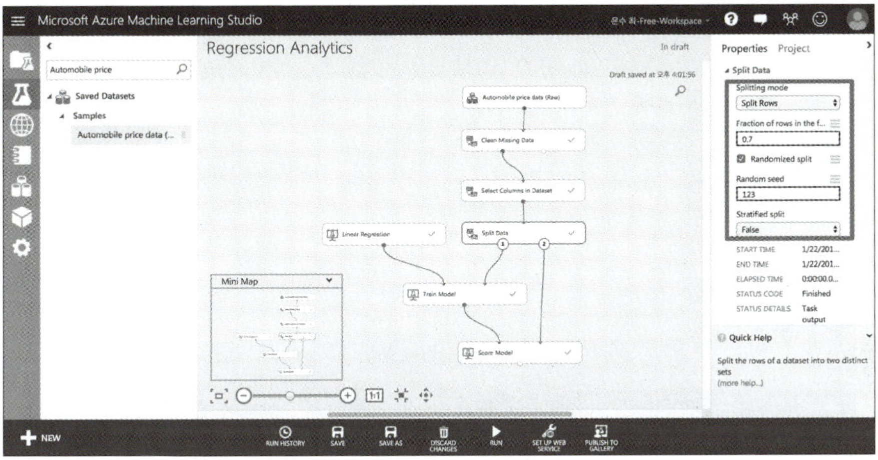

그림 8-6 • 과적합을 피하기 위한 Split Data 기능

[그림 8-7]처럼 선형회귀Linear Regression, Train Model을 배치하고 연결해준다.

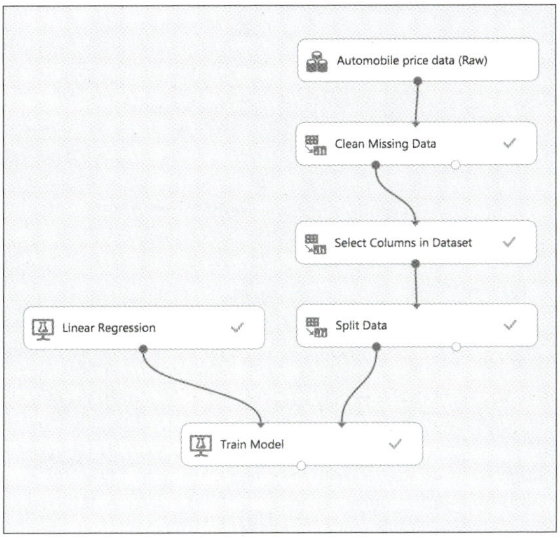

그림 8-7 • 모델 학습을 위한 배치

[그림 8-8]처럼 학습시켜 예측할 칼럼을 선택한다. 이 프로젝트는 자동차의 칼럼을 통해서 값을 예측하는 것이 목표이기 때문에, price 값을 선택하고 체크한다.

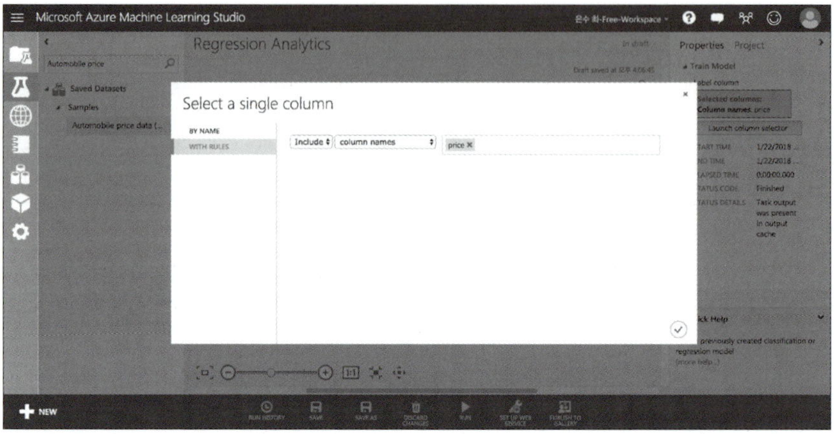

그림 8-8 • 학습 후 예측할 값 선택

[그림 8-9]처럼 Score Model을 배치해주고 Run 버튼을 눌러 학습시킨다.

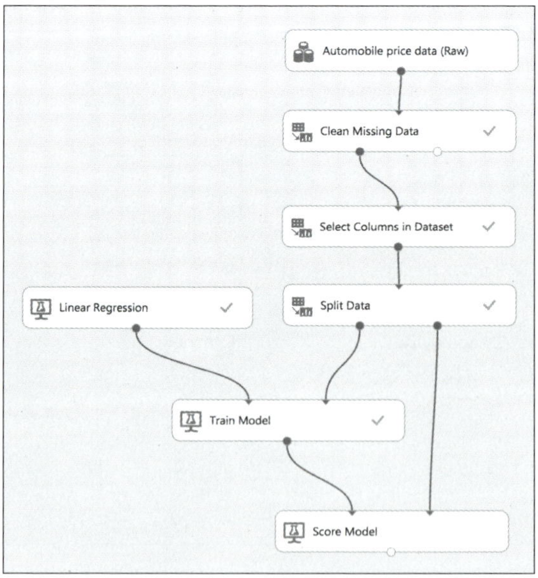

그림 8-9 • 예측값을 보기 위한 Score Model 배치

학습이 끝나고 Score Model을 우클릭하여 시각화된 예측값을 확인해보자. [그림 8-10]처럼 Scored Labels에 예측된 값을 확인할 수 있다.

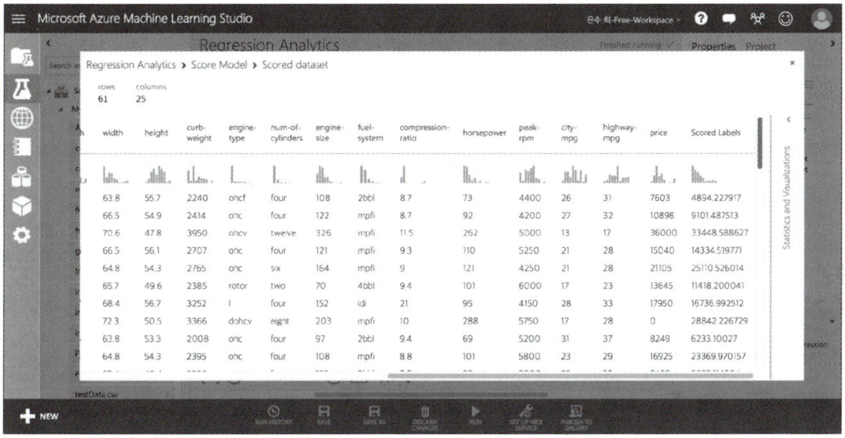

그림 8-10 • 예측 결과

8.2 뉴스 기사 카테고리 분류하기

이번 장에서는 2004년 Reuters News의 데이터 세트를 사용하여 카테고리를 분류해보자. 또한, Multi-class Decision Forest와 Two-class Decision Forest를 기반으로 One-vs-All Classifier를 적용한 것을 비교해 보고자 한다. 알고리즘의 파라미터는 기본값으로 적용했다.

본 예제는 Microsoft의 AI Gallery에서 발췌하여 가져왔다. 자세한 내용과 프로젝트 가져오기는 다음의 링크에 접속하자.

https://gallery.cortanaintelligence.com/Experiment/Multiclass-Classification-News-categorization-2

훈련데이터 세트는 약 23,000개이고, 테스트데이터 세트는 약 781,000개이다. 기존 데이터 세트는 103개의 카테고리가 있는데, 아래 4개의 분류에 속한다.

- Corporate-Industrial(CCAT)
- Government and Social(GCAT)
- Economics and Economic Indicators(ECAT)
- Securities and Commodities Trading and Market(MCAT)

위의 4가지 값은 라벨값으로 사용된다.

이번 프로젝트는 샘플 데이터를 따로 제공하지 않고 Azure 플랫폼의 기능 SAS를 통해 [그림 8-11]처럼 데이터를 가져오므로 위에 작성한 링크를 통해 프로젝트를 가져오도록 한다.

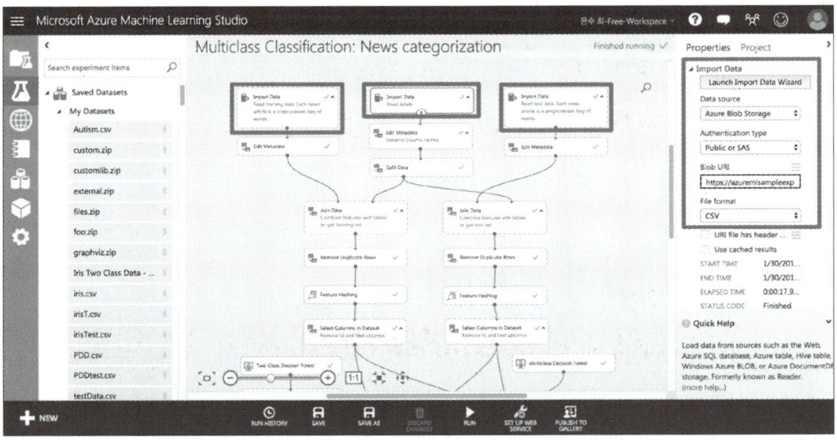

그림 8-11 • Azure 플랫폼의 기능 SAS를 통한 샘플 데이터 가져오기

SAS로 가져온 샘플 데이터는 데이터의 칼럼명의 정의가 안되어 있기 때문에 [그림 8-12]처럼 Edit Metadata 기능을 사용하여 Col1, Col2 각각 id, article로 변경시킨다.

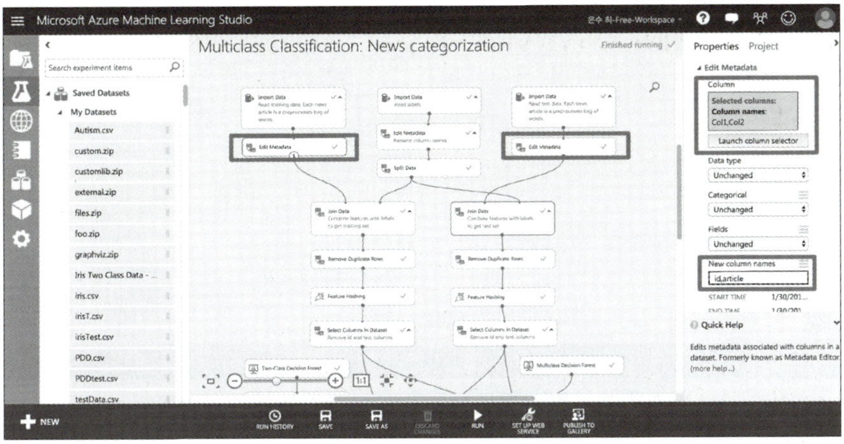

그림 8-12 • 데이터 칼럼명 입력

마찬가지로 [그림 8-13]처럼 가운데에 있는 데이터도 category, id로 변경시킨다.

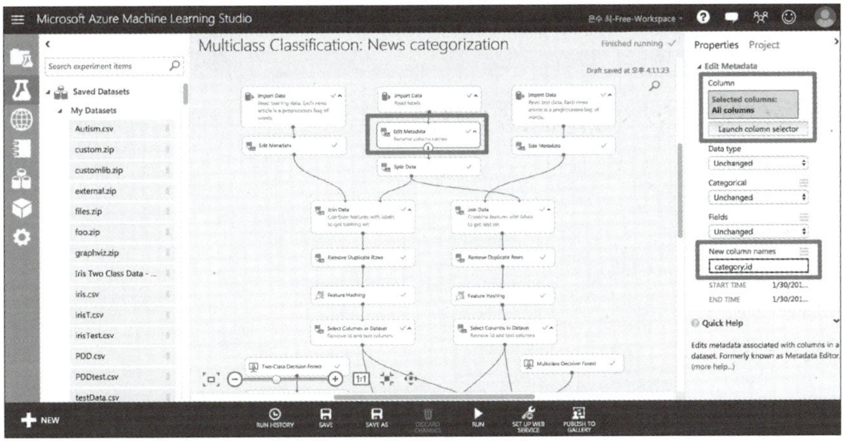

그림 8-13 • 데이터 칼럼명 입력

[그림 8-14]처럼 Split Data 모듈을 사용한다. Splitting Mode는 Regular Expression으로 설정한다.

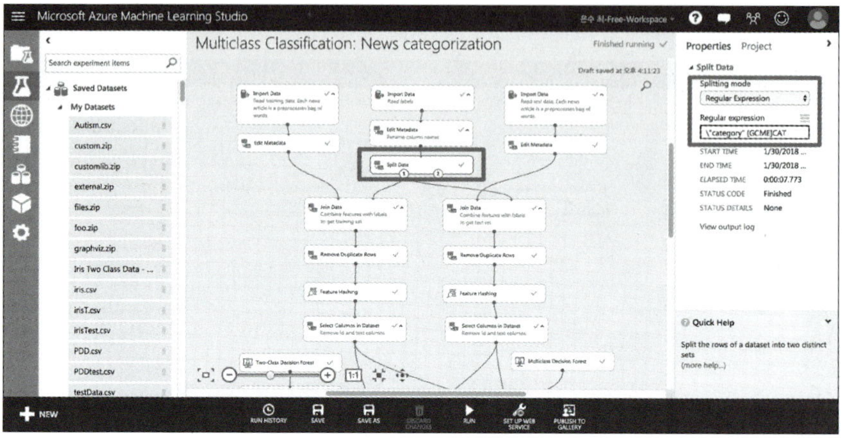

그림 8-14 • 데이터 분할

Multiclass Decision Forest와 One-vs-All Classifier를 적용한 것을 비교하기 위해선 3개의 데이터를 2개로 조인해줄 필요가 있다. [그림 8-15]처럼 Join Data 기능을 사용하여 id 칼럼값을 기준으로 데이터를 합친다.

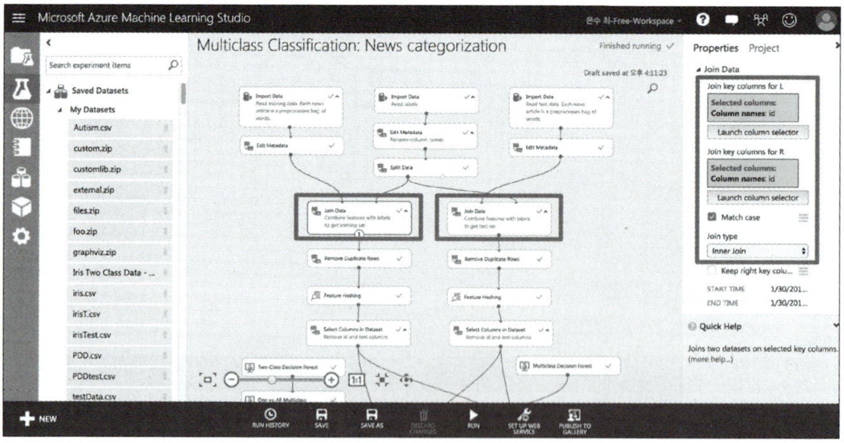

그림 8-15 • 데이터 조인

합친 데이터 세트의 중복을 피하기 위해 [그림 8-16]처럼 Remove Duplicate Rows 기능을 사용하여 중복된 id 칼럼값을 제거한다.

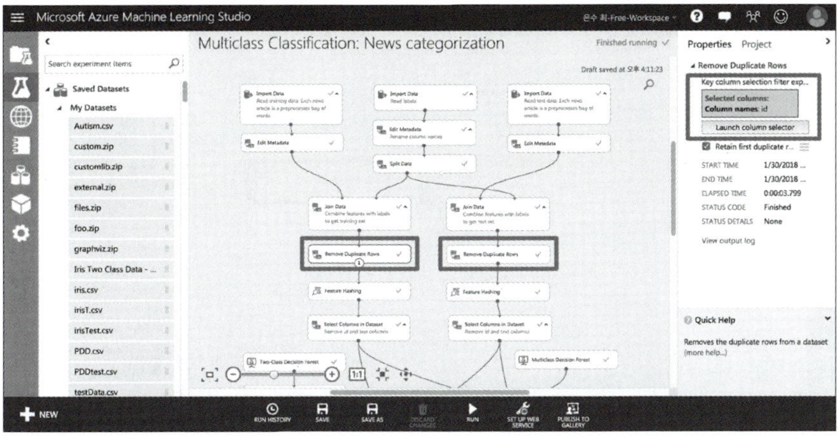

그림 8-16 • 중복된 값 제거

[그림 8-17]처럼 Feature Hashing 기능을 사용하여 article의 일반 텍스트 값을 정수로 변환한다.

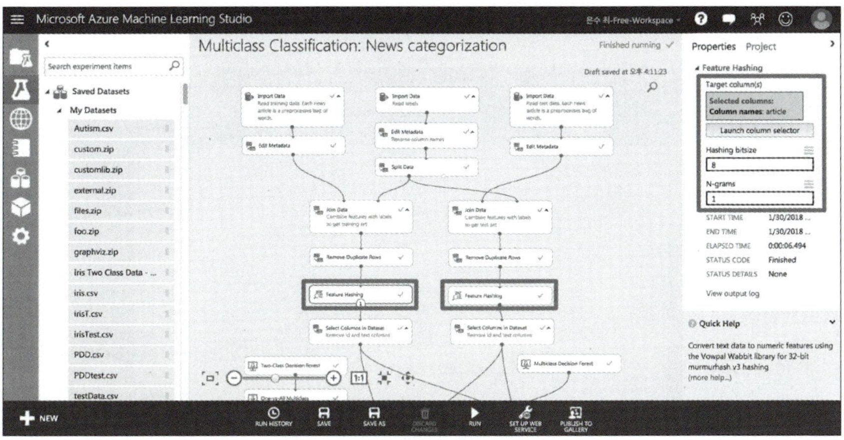

그림 8-17 • Feature Hashing

모델을 학습하기 위해 [그림 8-18]처럼 id와 article 칼럼을 제외한 값을 Select Columns in Dataset 기능을 사용하여 선택한다.

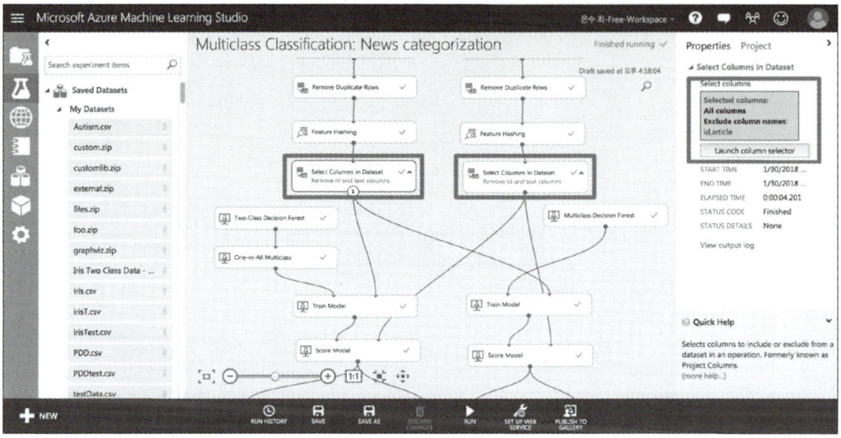

그림 8-18 • 모델을 학습시키기 위한 칼럼 선택

Launch Column Selector를 눌러 제외한 값을 넣도록 한다. [그림 8-19]를 통해 Feature Hashing으로 인해 생긴 값을 확인할 수 있다.

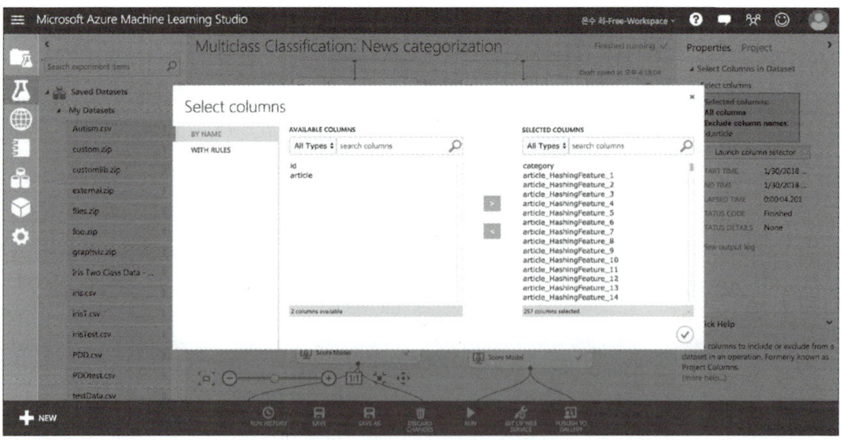

그림 8-19 • Feature Hashing으로 인한 값

모델을 학습시키기 위해서는 [그림 8-20]처럼 Train Model과 적용할 알고리즘을 배치한다. 왼쪽에는 Two-Class Decision Forest와 One-vs-All Classifier, 오른쪽에는 Multiclass Decision Forest를 연결하여 배치한다. 그 후 Launch Column Selector를 선택하여 모델의 결과로 나올 값을 선택한다.

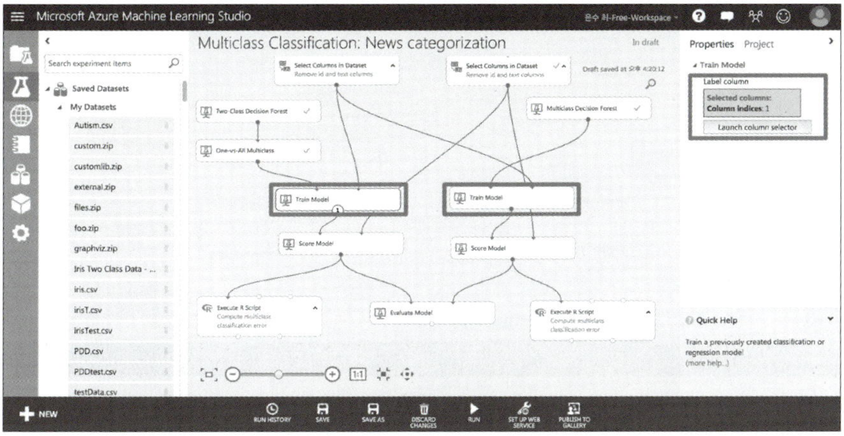

그림 8-20 • 모델 학습시키기

Launch Column Selector를 선택하고 결과값으로 category가 나와야 하므로 category를 선택하고 체크 버튼을 눌러 완료하자.

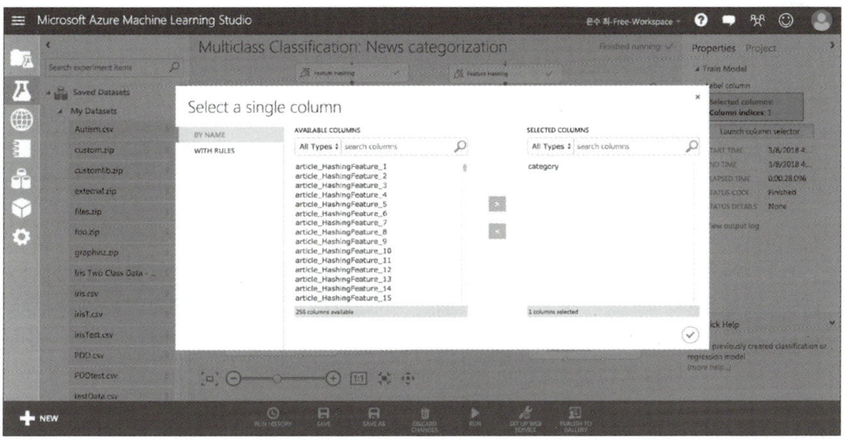

그림 8-21 • 학습 결과 라벨 선택

[그림 8-22]와 같이 예측값을 확인할 수 있는 Score Model을 배치하고 Execute R Script 기능을 배치한다. 오른쪽 위의 스크립트 수정 버튼을 눌러보자.

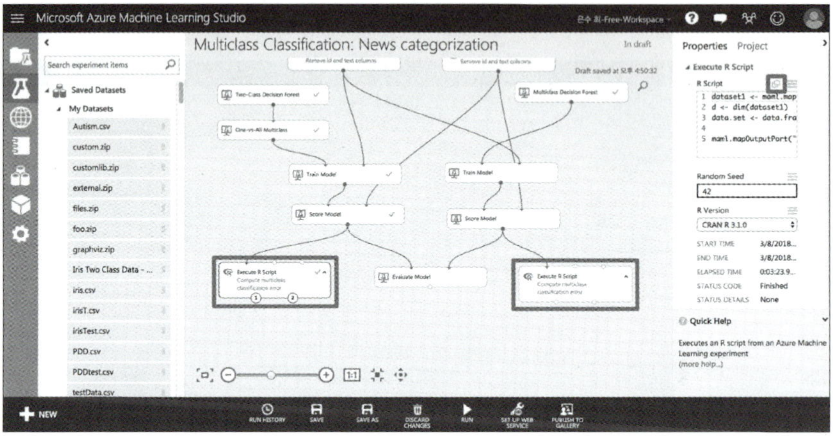

그림 8-22 • R 스크립트 배치

[그림 8-23]처럼 정확도를 확인할 수 있는 R 언어 스크립트를 작성한다. 코드는 아래에 있다.

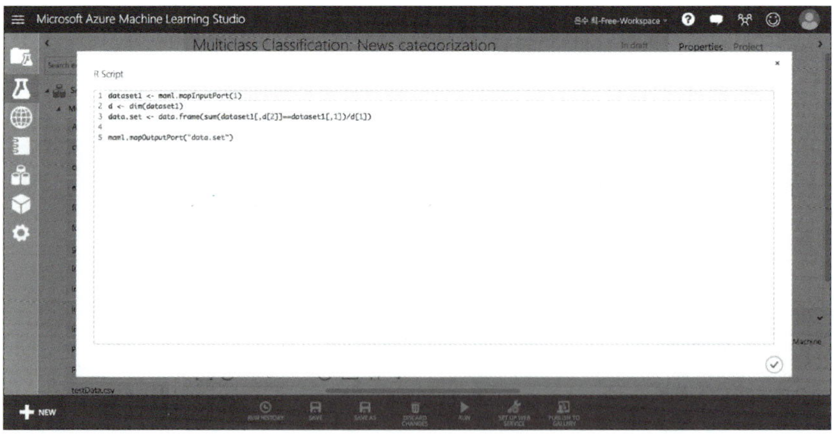

그림 8-23 • R 스크립트 작성

```
dataset1 <- maml.mapInputPort(1)
d = dim(dataset1)
data.set <- data.frame(sum(dataset1[,d[2]]==dataset1[,1])/d[1])
maml.mapOutputPort("data.set")
```

[그림 8-24]처럼 Result Dataset의 Visualize를 통해 R 언어를 적용한 결과를 확인할 수 있다.

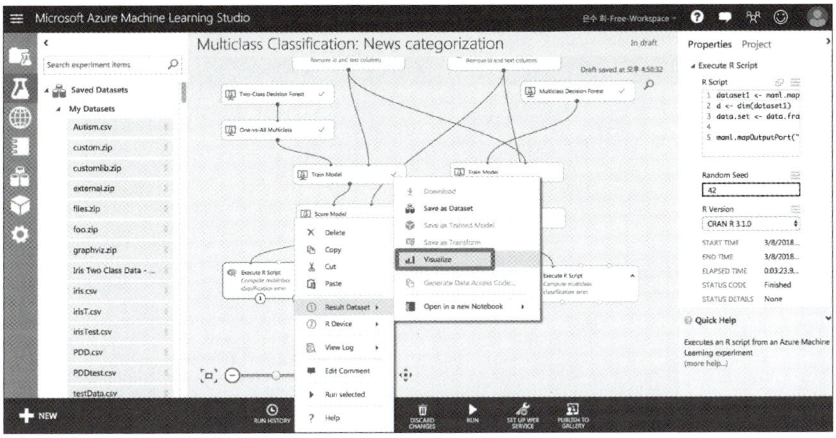

그림 8-24 • R 스크립트 결과 보기

[그림 8-25]처럼 결과가 정확도가 나오는 것을 확인할 수 있다.

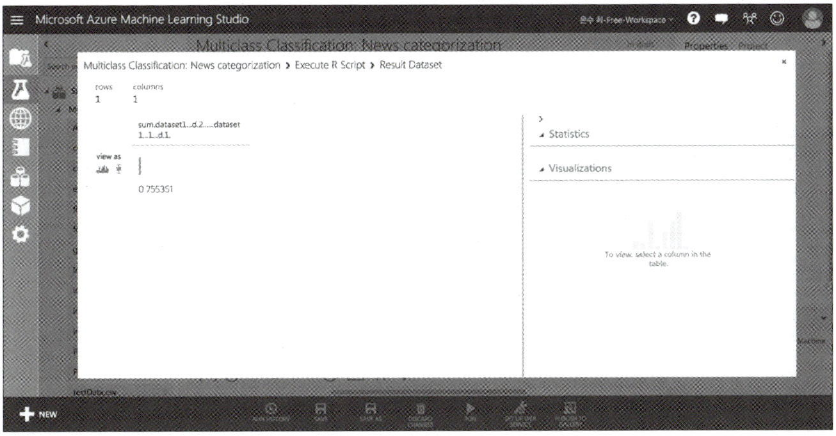

그림 8-25 • R 스크립트 결과

[그림 8-26]처럼 Score Model과 Evaluate Model을 배치 후 연결하고, Run 버튼을 눌러 학습을 완료한 뒤 Evaluation results의 Visualize를 통해 결과를 보자.

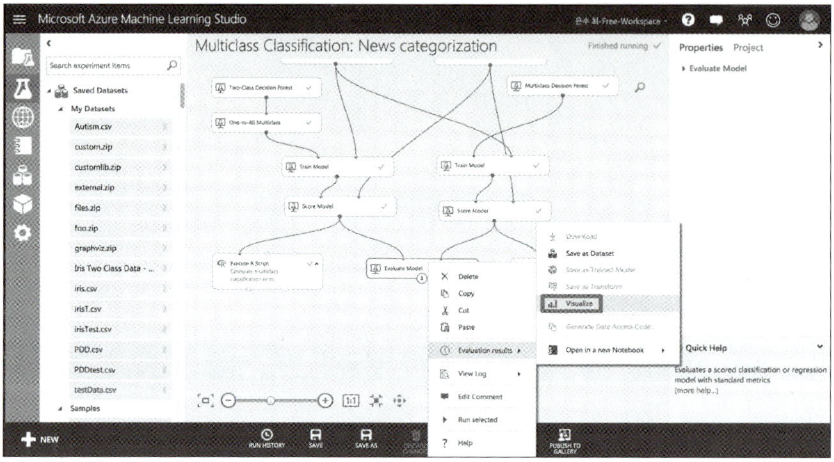

그림 8-26 • 평가결과 보기

[그림 8-27]을 통해 One-vs-All Classifier의 정확도는 0.75, Multiclass Decision Forest의 정확도는 0.71로 One-vs-All Classifier의 성능이 월등히 좋은 것을 확인할 수 있다.

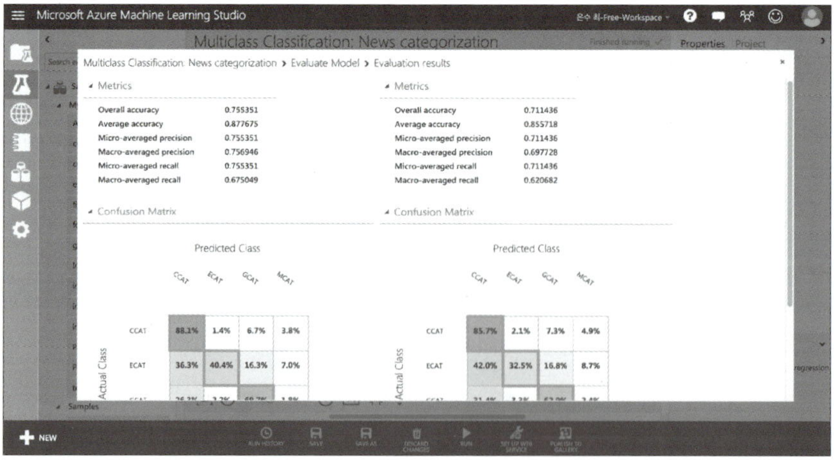

그림 8-27 • 각 알고리즘별 정확도 결과

[그림 8-28]을 통해 One-vs-All Classifier와 Multiclass Decision Forest의 시각화된 예측 결과를 직관적으로 볼 수 있다. 그림을 통해 CCAT는 예측을 잘하는 것을 볼 수 있으나 ECAT의 경우에는 예측하기 힘든 것을 볼 수 있다.

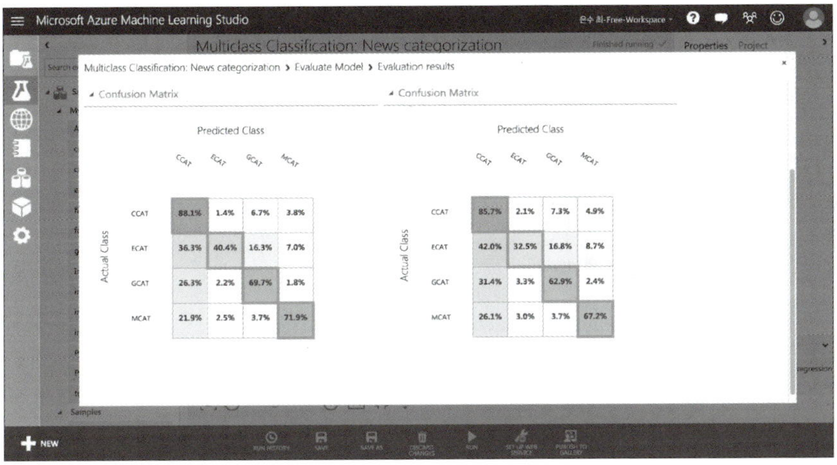

그림 8-28 • 각 알고리즘별 예측 결과 시각화

8.3 이상탐지를 통한 신용 위험군 탐색하기

이번 장은 UCI에서 제공하는 Statlog 데이터 세트를 이상탐지 알고리즘인 PCA-Based Anomaly Detection과 One-Class Support Vector Machine을 적용하고 비교해보도록 한다. Stalog 데이터 세트의 정보는 University of California, Irvine(UCI) Machine Learning Repository에서 확인할 수 있다. 아래 주소를 통해 접속하여 확인해보자.

http://archive.ics.uci.edu/ml/datasets/Statlog+%28German+Credit+Data%29

데이터 세트의 행의 개수는 1,000개이며, 속성은 라벨을 포함하여 21개이다. 데이터 값의 분포는 표 8-2에 명시된 값으로 구성되어 있다.

속성명	데이터의 분포
Col1	Status of existing checking account A11 : ... 〈 0 DM A12 : 0 〈= ... 〈 200 DM A13 : ... 〉= 200 DM / salary assignments for at least 1 year A14 : no checking account
Col2	Duration in month (numerical)
Col3	Credit history A30 : no credits taken/ all credits paid back duly A31 : all credits at this bank paid back duly A32 : existing credits paid back duly till now A33 : delay in paying off in the past A34 : critical account/ other credits existing (not at this bank)
Col4	Purpose A40 : car (new) A41 : car (used) A42 : furniture/equipment A43 : radio/television A44 : domestic appliances A45 : repairs A46 : education A47 : (vacation – does not exist?) A48 : retraining A49 : business A410 : others
Col5	Credit amount (numerical)
Col6	Savings account/bonds A61 : ... 〈 100 DM A62 : 100 〈= ... 〈 500 DM A63 : 500 〈= ... 〈 1000 DM A64 : .. 〉= 1000 DM A65 : unknown/ no savings account
Col7	Present employment since A71 : unemployed A72 : ... 〈 1 year A73 : 1 〈= ... 〈 4 years A74 : 4 〈= ... 〈 7 years A75 : .. 〉= 7 years
Col8	Installment rate in percentage of disposable income (numerical)
Col9	Personal status and sex A91 : male : divorced/separated A92 : female : divorced/separated/married A93 : male : single A94 : male : married/widowed A95 : female : single

속성명	데이터의 분포
Col10	Other debtors / guarantors A101 : none A102 : co–applicant A103 : guarantor
Col11	Present residence since (numerical)
Col12	Property A121 : real estate A122 : if not A121 : building society savings agreement/ life insurance A123 : if not A121/A122 : car or other, not in attribute 6 A124 : unknown / no property
Col13	Age in years (numerical)
Col14	Other installment plans A141 : bank A142 : stores A143 : none
Col15	Housing A151 : rent A152 : own A153 : for free
Col16	Number of existing credits at this bank (numerical)
Col17	Job A171 : unemployed/ unskilled – non–resident A172 : unskilled – resident A173 : skilled employee / official A174 : management/ self–employed/ highly qualified employee/ officer
Col18	Number of people being liable to provide maintenance for (numerical)
Col19	Telephone A191 : none A192 : yes, registered under the customers name
Col20	foreign worker A201 : yes A202 : no
Col21	Label 1 : Normal 2 : Risky

표 8–2 • 데이터 세트 설명

본 예제는 Microsoft의 AI Gallery에서 발췌하여 가져왔다. 자세한 내용과 프로젝트 가져오기는 다음의 링크에 접속하자.

https://gallery.cortanaintelligence.com/Experiment/Anomaly-Detection-Credit-Risk-5

[그림 8-29]처럼 라벨로 사용할 Col21을 편하게 사용하기 위해 Label로 이름을 바꿔준다.

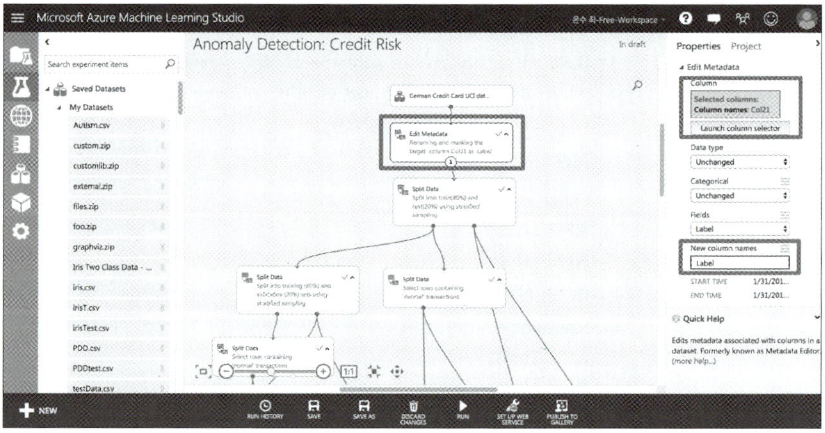

그림 8-29 • 칼럼명 변경

[그림 8-30]처럼 모델 학습을 위해 전체 데이터 세트의 75%는 훈련데이터, 25%는 테스트데이터로 분할한다.

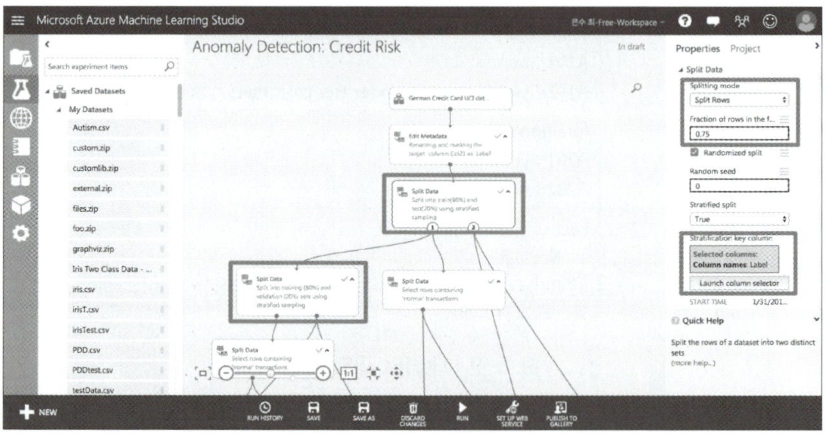

그림 8-30 • 데이터 분할

이상탐지는 단일 클래스(Normal로 가정)가 포함된 데이터를 학습한다. [그림 8-31]처럼 정규식 필터를 사용하여 Risky 라벨이 포함된 행을 제거한다.

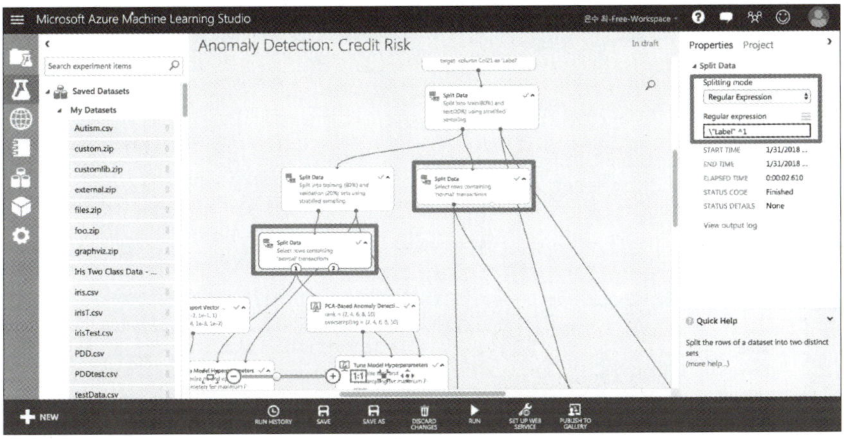

그림 8-31 • 필요 없는 행 제거

탐색 팔레트에서 One-Class Support Vector Machine 블록을 가져와 Trainer mode를 'Parameter Range'로 설정하고, [그림 8-32]처럼 파라미터 값을 설정한다.

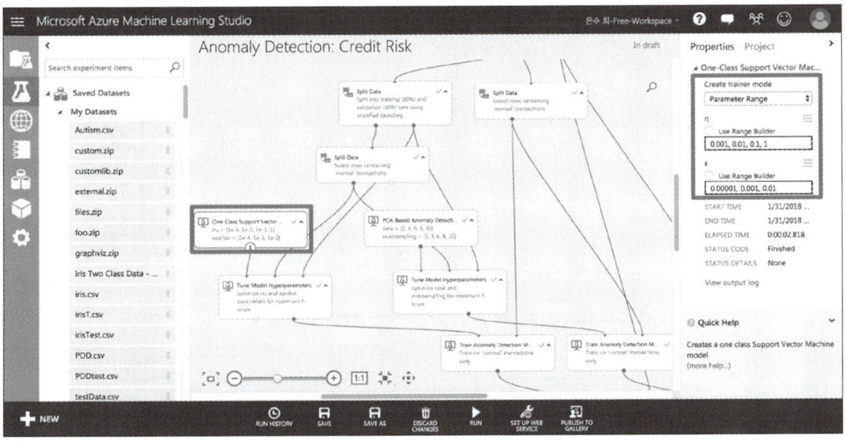

그림 8-32 • One-Class Support Vector Machine 파라미터 설정

탐색 팔레트에서 PCA-Based Anomaly Detection 블록을 가져와 Trainer mode를 'Parameter Range'로 설정하고, [그림 8-33]처럼 파라미터 값을 설정한다.

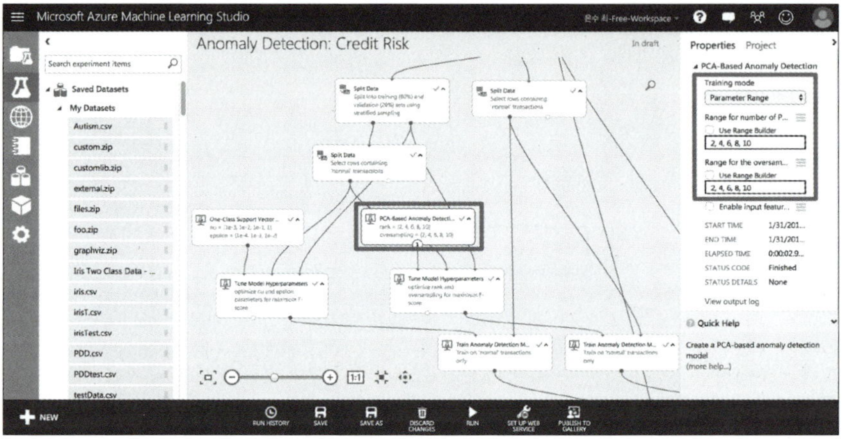

그림 8-33 • PCA-Based Anomaly Detection 파라미터 설정

탐색 팔레트에서 Tune Model Hyperparameters 블록을 가져와 Specify Parameter Sweeping 값을 Entrie grid로 설정하고 [그림 8-34]처럼 설정한다.

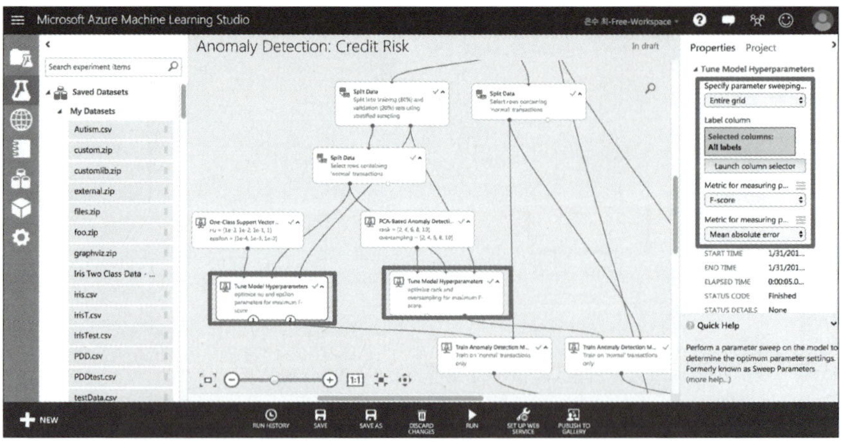

그림 8-34 • Tune Model Hyperparameters 파라미터 설정

탐색 팔레트에서 Training Model 블록을 가져와 [그림 8-35]처럼 연결한다.

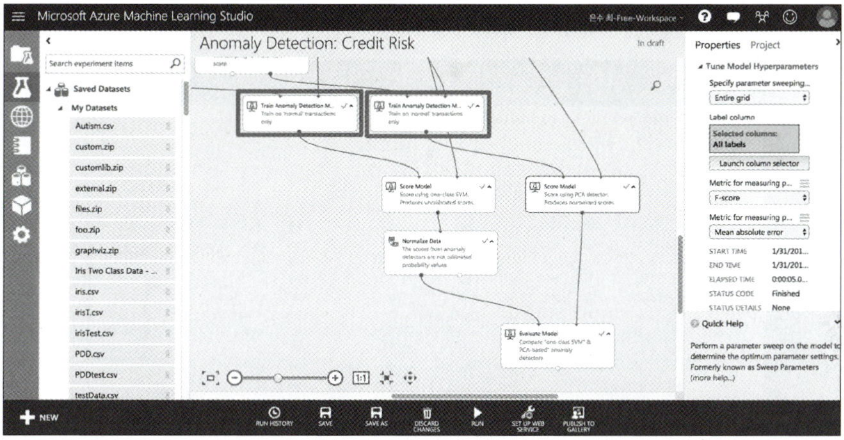

그림 8-35 • Training Model 배치

탐색 팔레트에서 Score Model 블록을 가져와 [그림 8-36]처럼 연결하고 Append score columns to output를 체크한다.

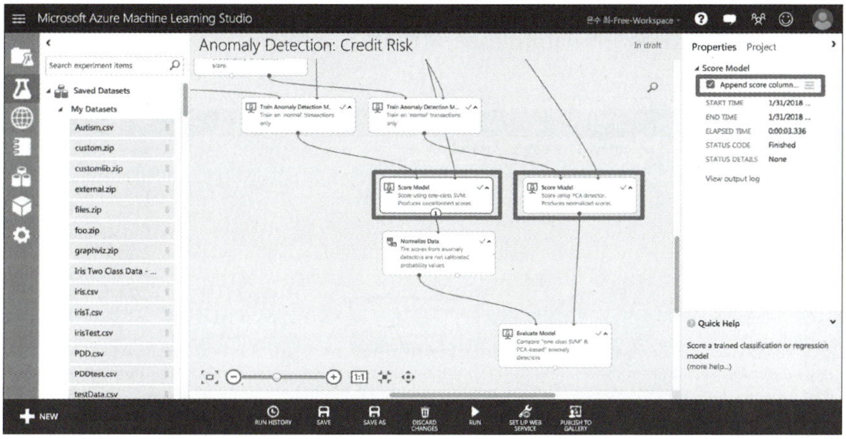

그림 8-36 • Score Model 배치

[그림 8-37]처럼 예측된 값의 확률이 음수로 나온다. 확률은 음수값으로 나오지 않기 때문에 보정을 해줘야 한다.

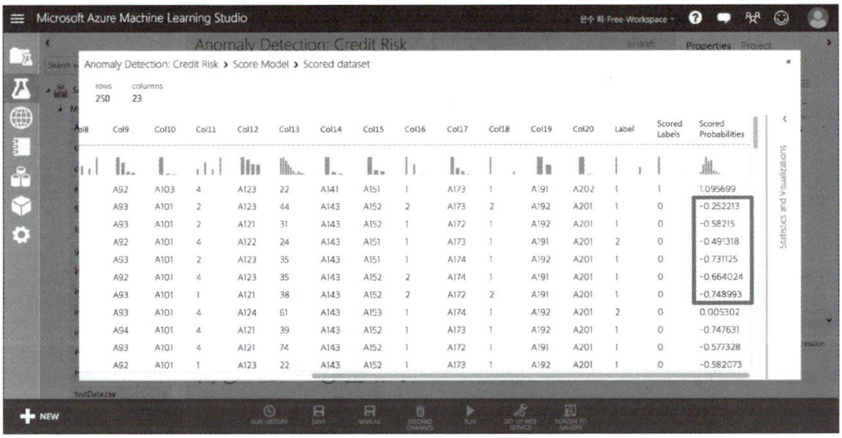

그림 8-37 • SVM 모델의 Score Model 시각화

따라서 음수값으로 나온 확률값을 Normalize Data 기능을 통해 값을 보정해야 한다. 탐색 팔레트에서 Normalize Data 블록을 가져와 [그림 8-38]처럼 연결한다. 그 후 Transformation method를 Logistic으로 변경하고, 칼럼을 Scored Probabilities로 선택한다.

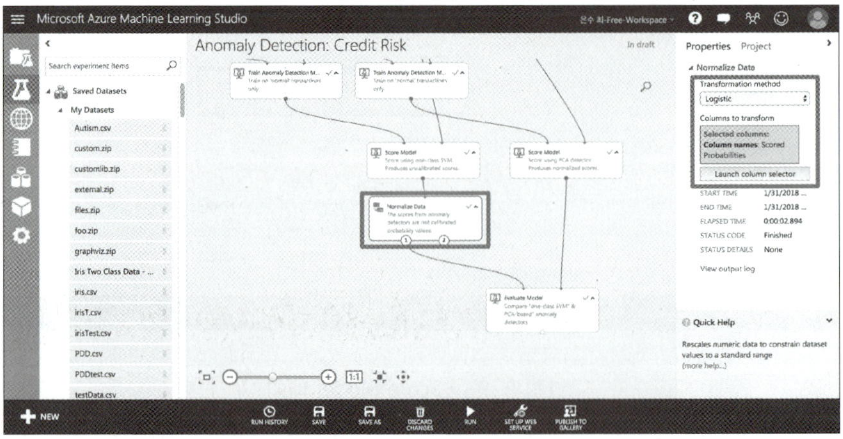

그림 8-38 • 데이터 정규화

[그림 8-39]를 보아 음수인 확률값이 양수로 보정된 것을 볼 수 있다.

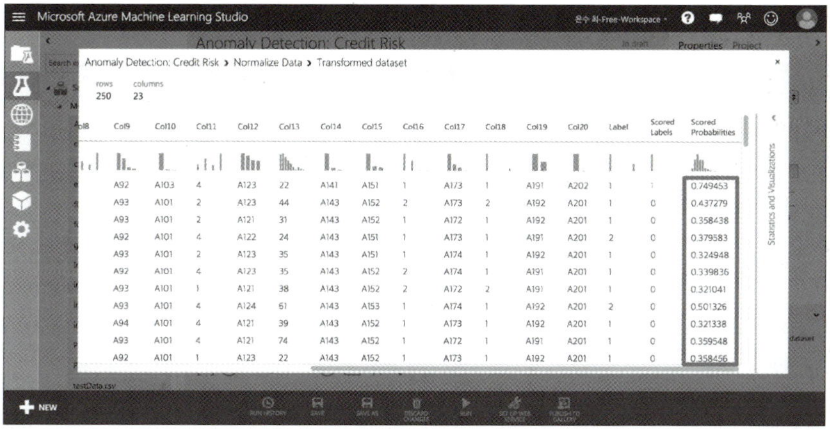

그림 8-39 • 정규화된 값

[그림 8-40]을 통해 이상탐지 모델 배치도를 볼 수 있다. Run 버튼을 눌러 학습하고 결과를 보자.

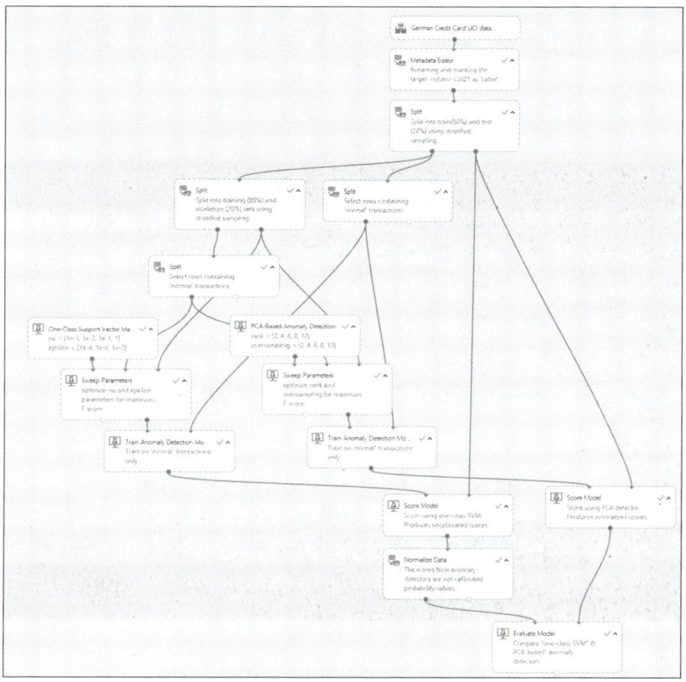

그림 8-40 • 모델 배치도

[그림 8-41]은 학습된 모델의 ROC[Receiver Operating Curve] 곡선이다. ROC 곡선은 거짓 양성[False Positives]에 대한 참 양성[True Positives]의 비율을 나타내는 그래프이다. 이를 통해 학습된 모델의 성능을 평가할 수 있다.

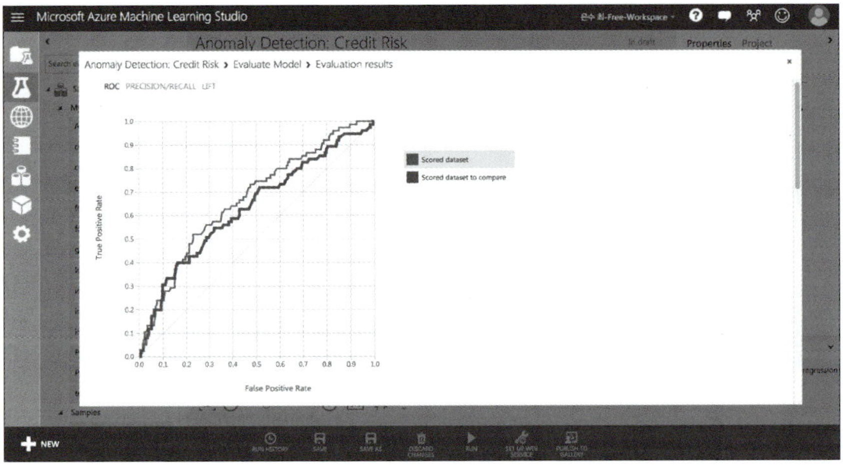

그림 8-41 • 학습된 모델의 ROC 곡선

[그림 8-42]는 학습된 모델의 평가 결과이다. 평가 결과의 세분화된 설명은 5장의 [표 5-1]을 통해 알 수 있다.

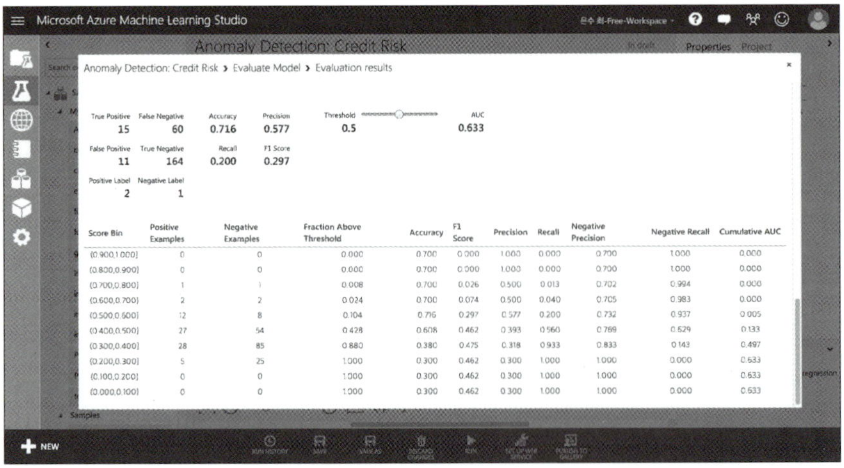

그림 8-42 • 학습된 모델의 평가 결과

8.4 강남역 출근시간 승하차 인원 회귀분석으로 예측하기

이번 장은 공공데이터 포털에서 제공하는 1~4호선(서울메트로) 승하차 인원 통계 데이터를 활용하여 강남역 출근시간(07~08시) 승하차 인원을 선형회귀로 예측해보도록 한다. 1~4호선(서울메트로) 승하차 인원 통계 데이터는 아래 주소를 통해 접속하여 확인해보자.

https://www.data.go.kr/dataset/15003169/fileData.do

승하차 데이터는 2016년 1월 1일~2016년 10월 31일 강남역 승하차 데이터로 데이터 세트의 행의 개수는 610개이며, 속성은 제공된 데이터 세트마다 다르다. 데이터 세트의 구성은 아래의 [표 8-3]과 같다. 적용 전 중요한 속성의 구성만 보도록 하자.

속성명	속성 설명
날짜	승차, 하차의 날짜
역명	승차, 하차의 역명
호선	승차, 하차한 역의 호선(1~4호선)
승차구분	승차, 하차의 유형을 알 수 있음
할인	(2016년 1~5월) 일반, 초등생, 우대 등의 탑승자의 분포를 알 수 있음
시간	승차, 하차한 시간(1시간 단위)

표 8-3 • 승하차 데이터 세트

승하차 데이터를 Azure Machine Learning Studio에 적용하기에 앞서, 전처리의 필요성이 있다. 공공데이터 포털에서 제공한 데이터 세트가기 때문에, 한글을 영문으로 변경할 필요성이 있으며, 한글을 영문으로 바꾸는 과정에서 불필요한 속성은 엑셀에서 제한다.

전처리된 데이터는 아래의 주소에서 받을 수 있다. 이번 장의 목적은 출근시간대(07~08시)에 얼마나 많은 사람이 승하차하는지 알고 싶기 때문에, 승하차의 유형과 요일 그리고 1시간 단위의 승하차 인원이 필요하다. 그 결과 추려진 데이터 세트의 구성은 아래의 [표 8-4]와 같다.

전처리된 1~4호선(서울메트로) 승하차 인원 통계 데이터는 아래 주소를 통해 접속하여 다운로드해 보자.

https://drive.google.com/file/d/1fm6UOyZ9rnmVqJLfo9JEJLS0Bt1QG4W9/view?usp=sharing

속성명	속성 설명
Type	승차, 하차의 유형(승차: on, 하차: off)
DoW(Day of Week)	요일(Mon~Sun)
시간	시간(05~02)

표 8-4 • 전처리된 데이터 세트

예측 모델 제작에 앞서, 전처리 완료된 데이터를 가져와 [그림 8-43]처럼 배치한다.

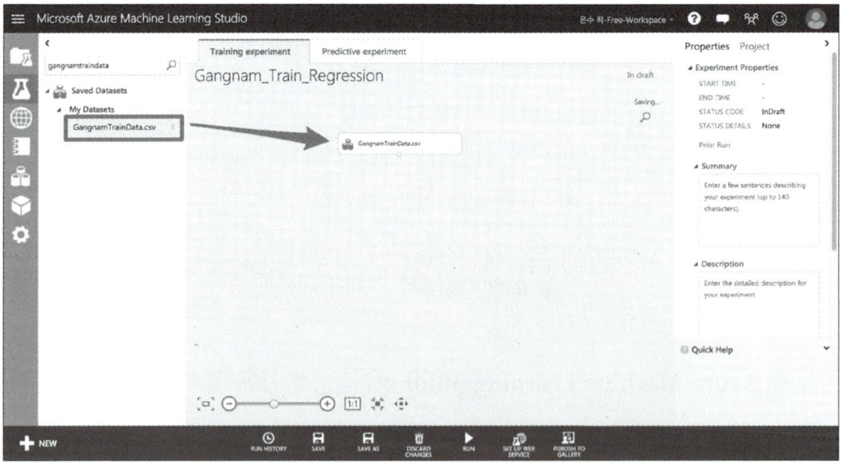

그림 8-43 • 예측 모델에 필요한 데이터 세트 가져오기

[그림 8-44]처럼 배치된 데이터 세트 블록을 우클릭하여 시각화한 후 데이터에 문제가 있는지, 필요한 데이터는 제대로 들어왔는지 확인한다.

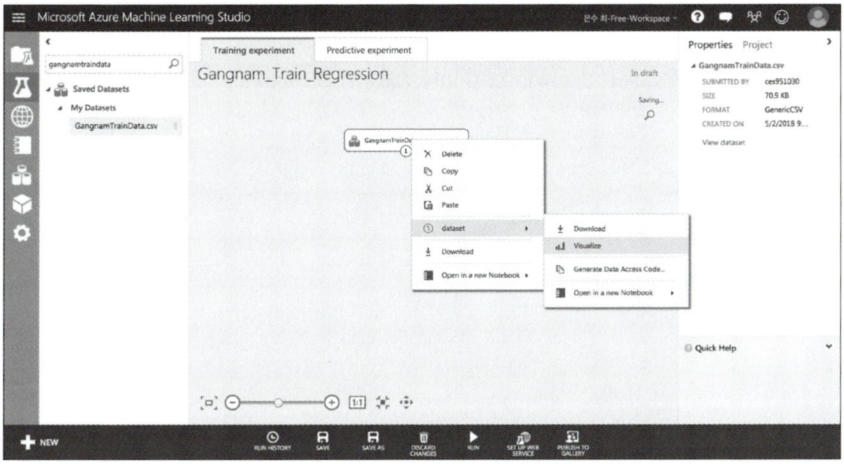

그림 8-44 • 가져온 데이터 세트 확인

[그림 8-45]를 통해 데이터 세트를 시각화하여 본 결과, 제대로 데이터가 들어온 것을 확인할 수 있었으며, Date 속성은 예측 모델 제작에 필요 없을 것 같다.

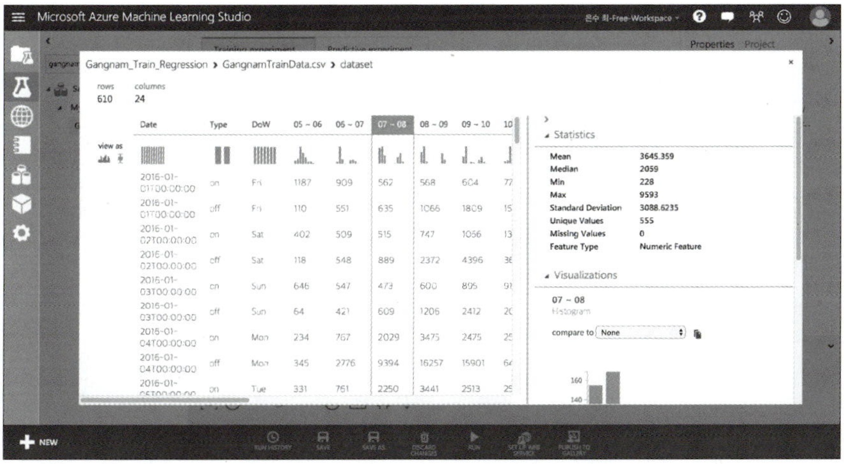

그림 8-45 • 가져온 데이터 세트 분포 확인

예측 모델을 학습하기 전에 학습을 위한 속성이 무엇인지 명시해줘야 한다. [그림 8-46]처럼 Select Columns in Dataset 블록을 가져와 배치와 연결한 후 오른쪽의 Launch Column Selector를 클릭하여 어떤 속성을 통해 예측 모델을 학습시킬지 정한다.

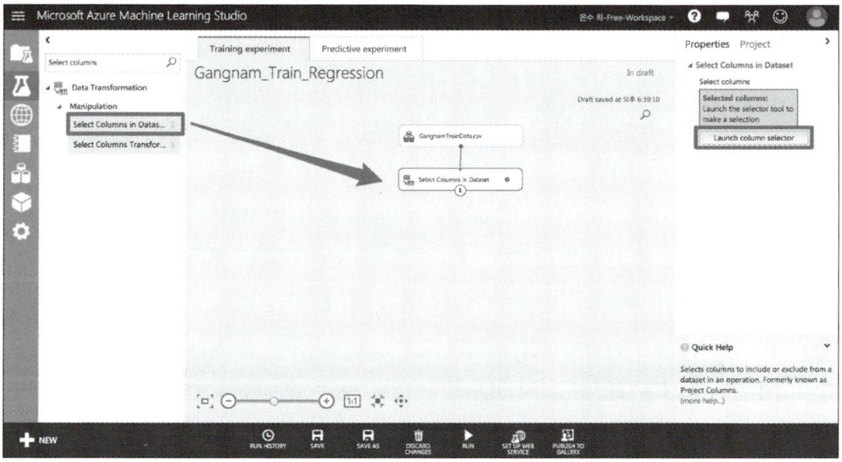

그림 8-46 • 예측 모델 학습을 위한 속성 선택

Date 속성을 제외한 속성들에 대해 학습하여 예측할 예정이므로, [그림 8-47]처럼 Exclude 기능을 통해 Date를 제외한 속성을 선택한다.

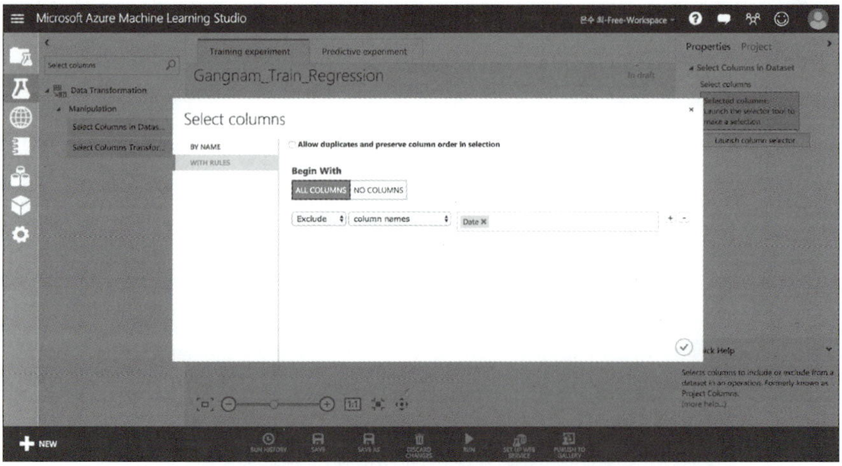

그림 8-47 • 예측 모델 학습을 위한 필요 없는 속성 제외

어떠한 속성에 대해 예측 모델을 학습한다는 것을 명시하였으면, [그림 8-48]처럼, Split Data 블록을 배치하고 학습을 위한 데이터는 70%, 예측을 위한 데이터는 30%로 분리한다.

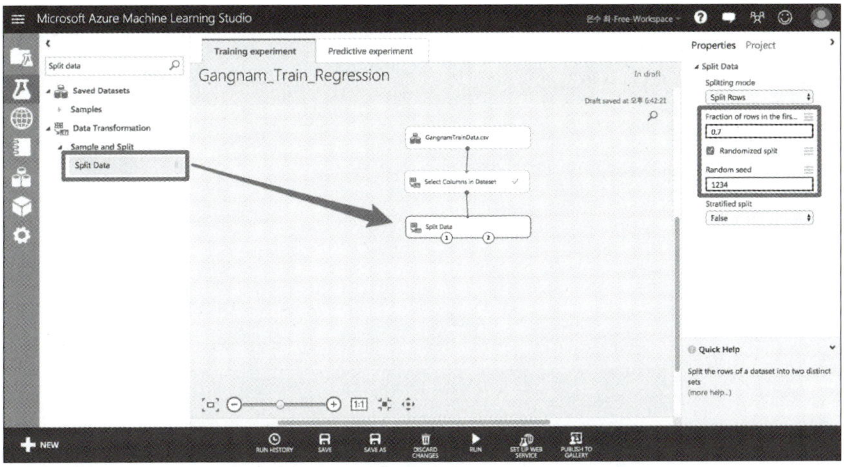

그림 8-48 • 과적합과 예측을 위한 데이터 분할

학습을 위해 데이터를 분할하였다면, [그림 8-49]처럼 예측 모델 학습을 위한 Train Model 블럭과 예측 모델에 적용할 알고리즘인 Linear Regression을 배치한다. 배치가 완료되었다면 Train Model의 Launch Column Selector를 통해 어떤 속성에 대해 학습해야 할지 설정해줘야 한다.

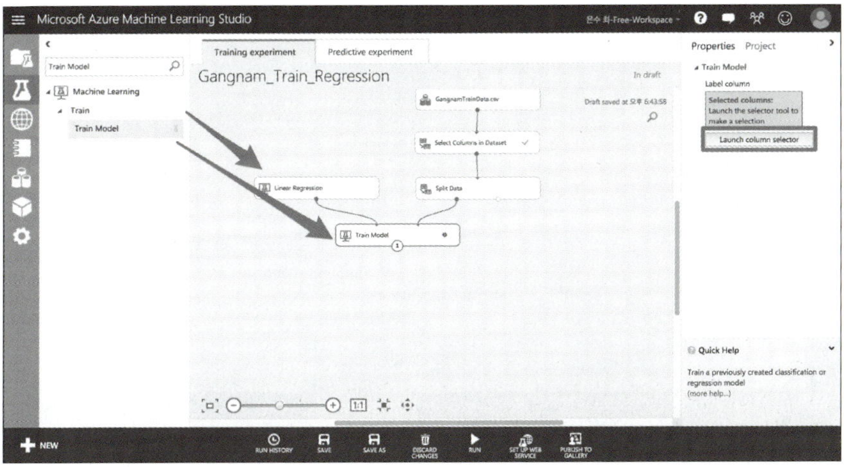

그림 8-49 • 예측 모델을 위한 선형회귀 알고리즘과 학습 모델 배치

이번 장에서 바라는 값은 출퇴근 시간의 인원이다. 따라서 07~08시의 인원을 예측하는 것이 목적이므로 [그림 8-50]처럼 07~08 속성을 선택한다.

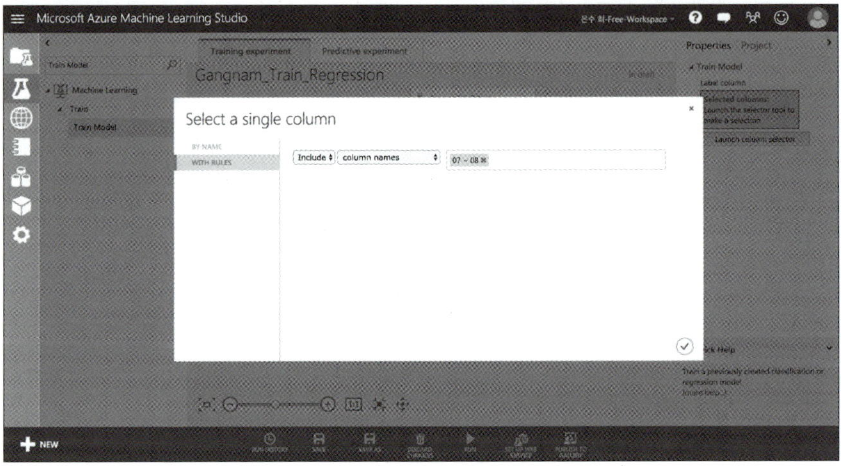

그림 8-50 • 예측할 속성 선택

하단의 Run 버튼을 눌러 모델의 학습이 완료되었다면, [그림 8-51]처럼 시각화를 통해 학습된 모델을 확인해보자.

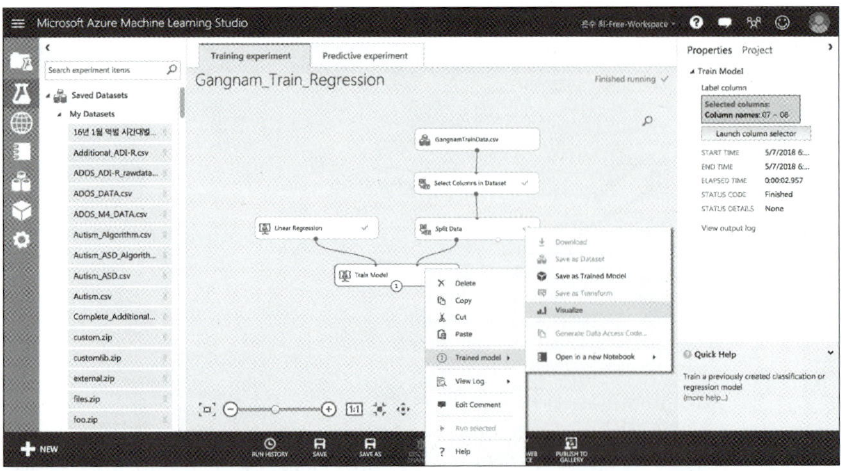

그림 8-51 • 학습된 예측 모델 확인

[그림 8-52]처럼 적용한 알고리즘의 파라미터 값을 확인할 수 있고, 피처별로 학습한 가중치를 확인할 수 있다.

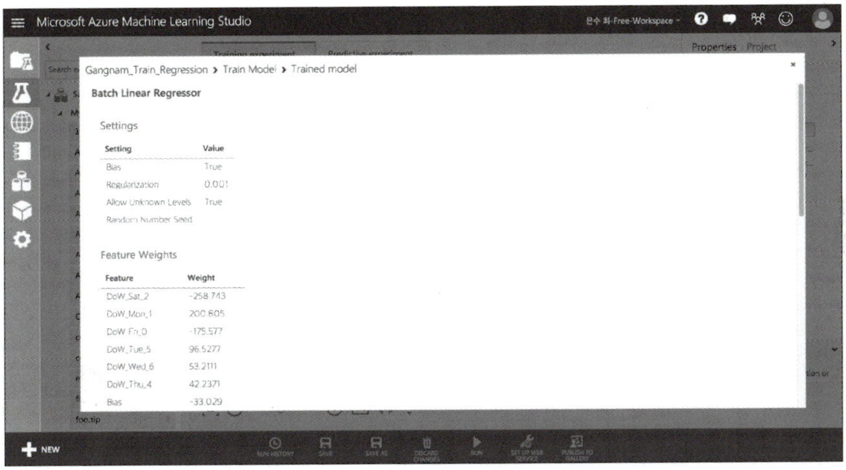

그림 8-52 • 학습된 예측 모델의 피처별 가중치 확인

예측 모델이 완성되었으니 직접 예측을 하기 위해 Score Model을 배치하고, [그림 8-53]처럼 분할된 30%의 데이터와 Train Model을 연결하여 배치한다.

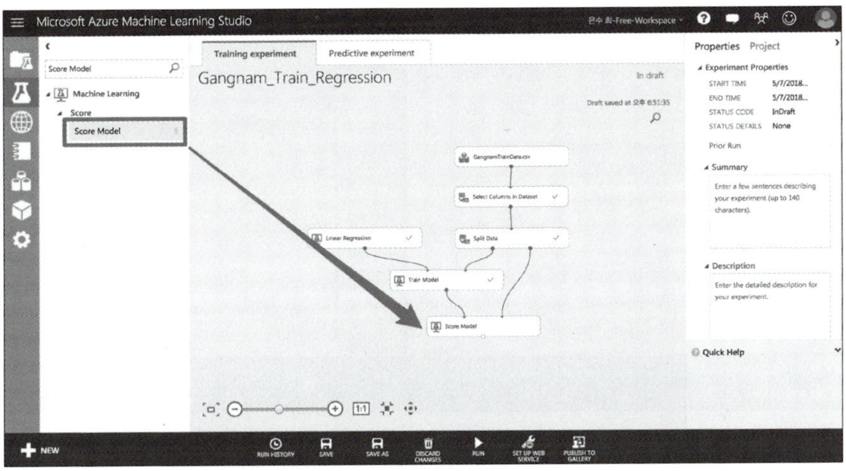

그림 8-53 • 학습된 모델의 예측을 위한 배치

하단의 Run 버튼을 눌러 예측이 완료되었다면, [그림 8-54]처럼 시각화를 통해 예측된 결과를 확인해보자.

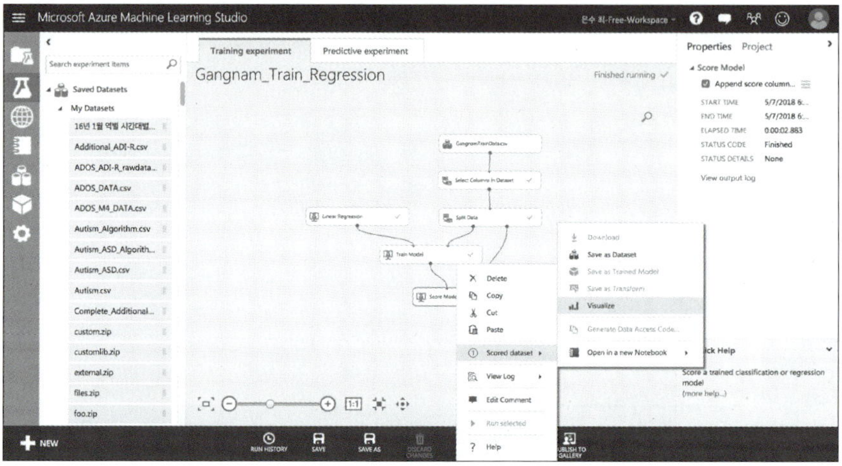

그림 8-54 • 예측된 결과 확인

[그림 8-55]처럼 예측된 07~08시의 인원을 확인할 수 있다.

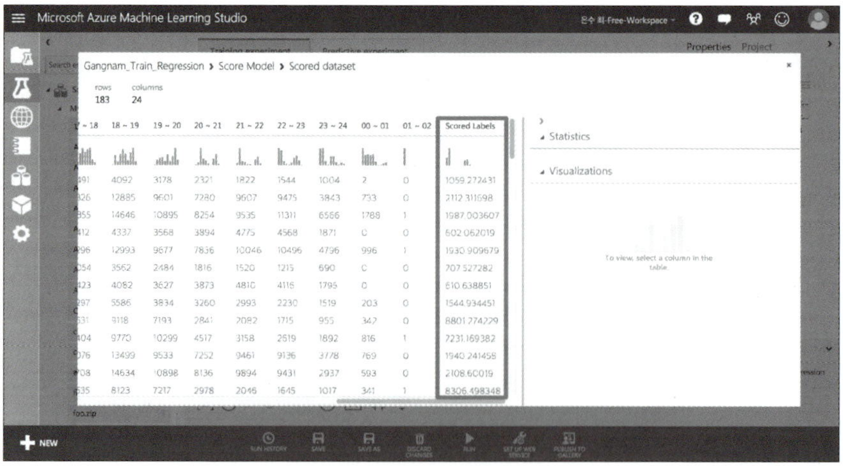

그림 8-55 • 예측된 값 확인

예측이 완료되었으니, 그 값에 대한 통계 검증값을 얻기 위해 [그림 8-56]처럼 Evaluate Model을 배치하고 하단의 Run 버튼을 눌러 실행해보자.

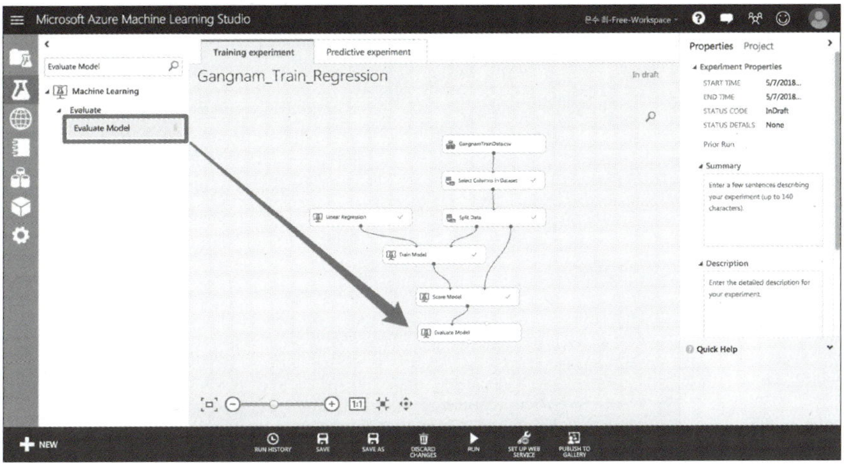

그림 8-56 • 예측된 결과의 검증을 위한 배치

실행이 완료되었다면, [그림 8-57]처럼 Evaluate Model 블록을 우클릭하여 확인해본다.

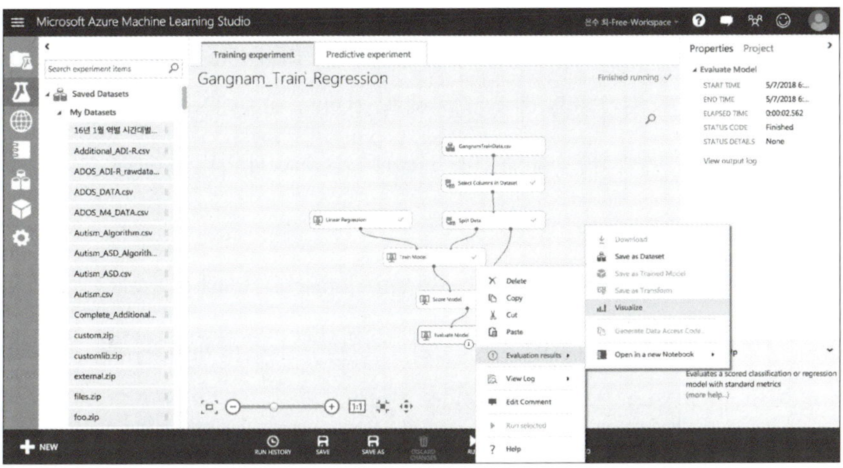

그림 8-57 • 검증 결과 확인

[그림 8-58]은 예측 모델의 성능을 평가한 결과이다. 평균절대오차, 평균제곱근오차 등의 예측한 값에 대한 검증치를 확인할 수 있다.

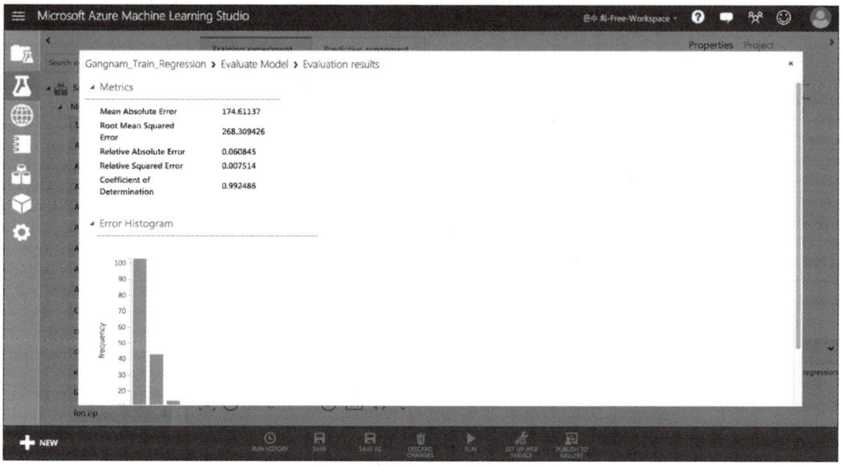

그림 8-58 • 검증 결과

8.5 심장병 예측

이번 장은 UCI에서 제공하는 Heart Disease 데이터 세트를 Two-Class Support Vector Machine과 Muliclass Decision Jungle로 심장병을 예측하고 예측 결과를 비교하는 동시에 Two-Class Decision Jungle을 사용하여 심장병을 예측하는 예제이다. Heart Disease 데이터는 아래 주소를 통해 접속하여 확인할 수 있다.

https://archive.ics.uci.edu/ml/datasets/Heart+Disease

데이터 세트의 행의 개수는 303개이며, 속성은 라벨을 포함하여 14개이다. 데이터 세트의 속성명과 속성에 대한 설명은 아래 [표 8-5]를 통해 확인할 수 있다.

속성명	속성 설명
age	나이
sex	성별(남성 = 1, 여성 = 0)
chestpaintype	병 타입(전형적 협심증 = 1, 비전형적 협심증 = 2, 협심증이 아닌 타입 = 3, 무증상 = 4)
resting_blood_pressure	안정 혈압
serum_cholestrol	혈청 콜레스테롤(mg / dl)
fasting_blood_sugar	공복혈당(공복혈당 〉 120 mg/dl)(1 = true; 0 = false)
resting_ecg	안정 심전도 결과 (보통 = 0, ST-T 파형 비정상 = 1, 에스테스의 기준으로 좌심실 비대의 가능성 또는 명확성을 보이는 것 = 2)
max_heart_rate	최대 심박률
exercise_induced_angina	운동 유발 협심증(1 = yes; 0 = no)
st_depression_induced_by_exercise	운동으로 인한 ST 분절 하강치
slope_of_peak_exercise	운동 중 제일 힘들 때 ST 분절의 기울기 (상승중 = 1, 평평함 = 2, 하강중 = 3)
number_of_major_vessel	형광 투시로 채색된 주요 혈관의 수(0~3)
thal	탈륨 심장 스캔 결과(normal = 3, fixed defect = 6, reversible defect = 7)
heart_disease_diag	심장병 진단 결과(아님 = 0, 맞음 = 1~4)

표 8-5 • Heart Disease 데이터 세트

본 예제는 AI Gallery에서 발췌하여 진행했다. 자세한 내용과 프로젝트 가져오기는 다음의 링크에 접속한다.

https://gallery.azure.ai/Experiment/Heart-Disease-Prediction-2

[그림 8-59]처럼 UCI 데이터 세트를 URL을 통해 가져온다.

http://archive.ics.uci.edu/ml/machine-learning-databases/heart-disease/processed.cleveland.data

주소를 통해 데이터를 CSV 포맷으로 변환하여 가져올 수 있다.

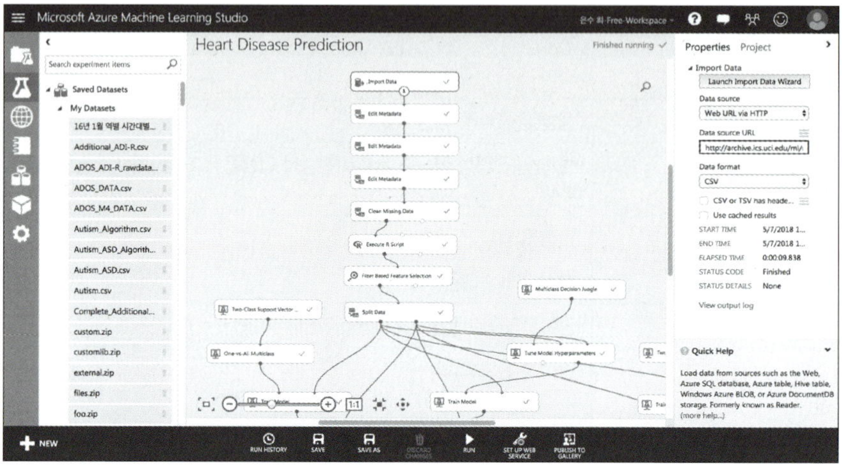

그림 8-59 • URL을 통해 데이터 가져오기

URL을 통해 데이터를 가져왔지만, 속성명에 대한 정의가 내려지지 않은 상태이다. Edit Metadata 블록을 통해 순차적으로 정의할 속성명에 대해 작성한다. 작성한 속성명 순서대로 입력된다. [그림 8-60]을 보면, 칼럼에 대해서 순차적으로 속성명이 작성되어 있다.

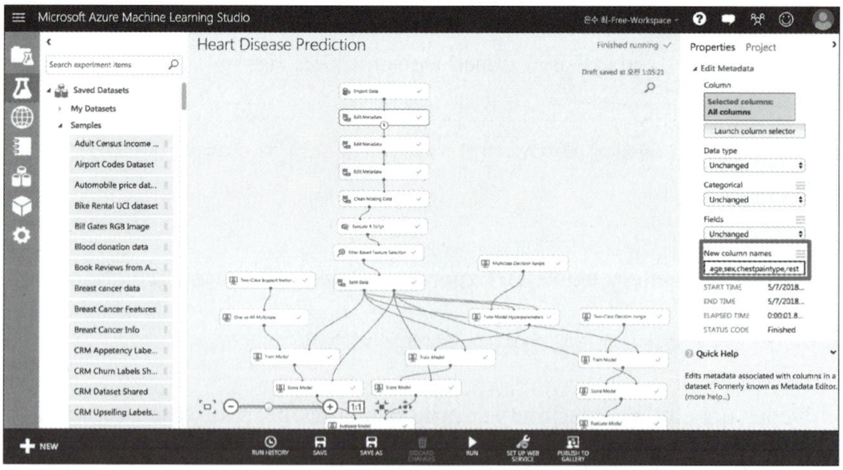

그림 8-60 • 가져온 데이터 속성명 설정

[그림 8-61]은 인공지능 적용하기에 앞서 지정된 속성을 정수로 변환하는 장면이다.

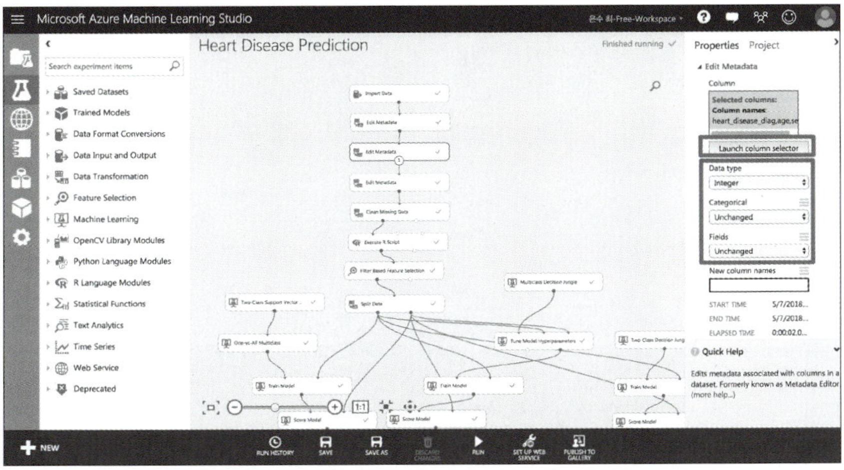

그림 8-61 • 속성의 타입형 변환

[그림 8-62]는 인공지능 적용을 위해 변환할 속성인 heart_disease_diag, age, sex를 설정해주는 장면이다.

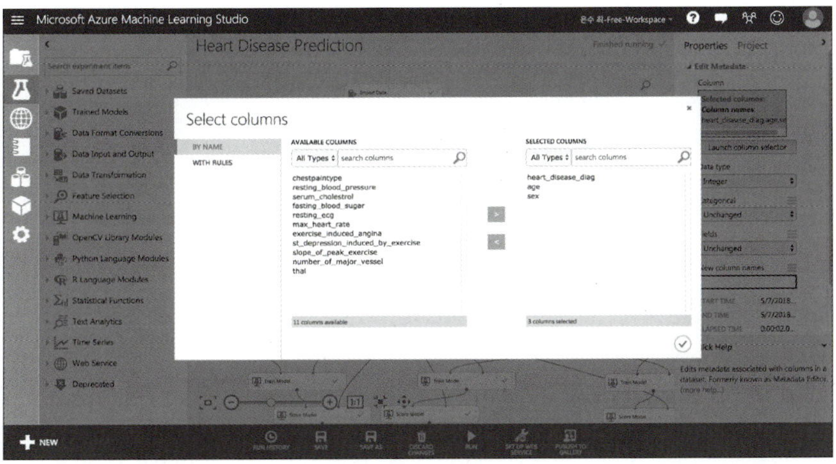

그림 8-62 • 변환할 속성 선택

[그림 8-63]은 인공지능 적용하기에 앞서 지정된 속성을 범주형으로 변환하는 장면이다.

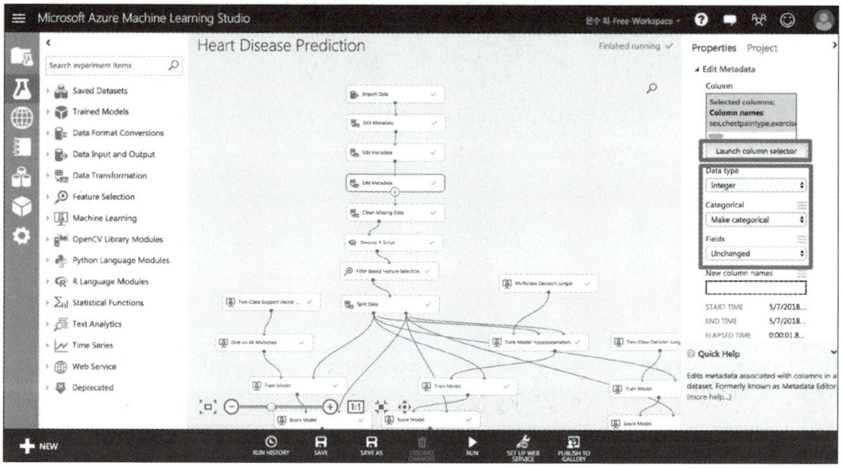

그림 8-63 • 속성의 타입형 변환

[그림 8-64]는 인공지능 적용을 위해 범주형으로 변환할 속성인 sex, chestpaintype, exercise_induces_angina, number_of_major_vessel, thal, slope_of_peak_exercise, fasting_blood_suger, resting_ecg를 설정해주는 장면이다.

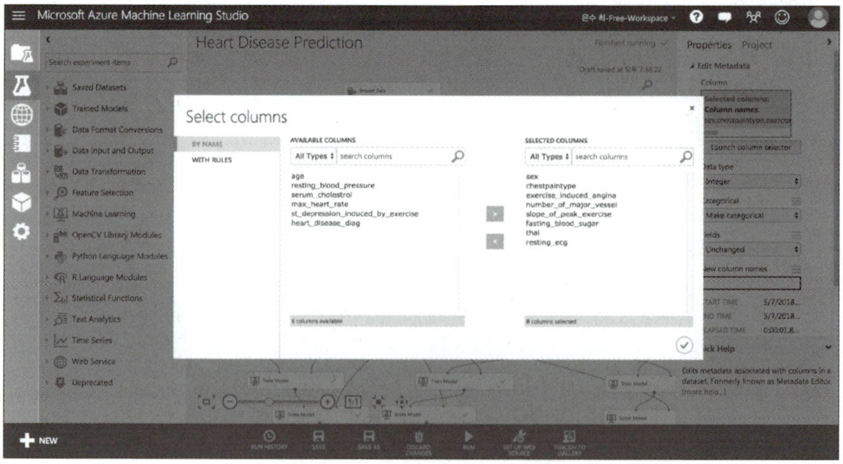

그림 8-64 • 변환할 속성 선택

가져온 데이터에 대한 전처리가 완료되고, 최종적으로 누락된 데이터가 없는지 Clean Missing Data 블록을 통해 모든 속성을 탐색한다. [그림 8-65]는 누락된 데이터를 -1로 채운다.

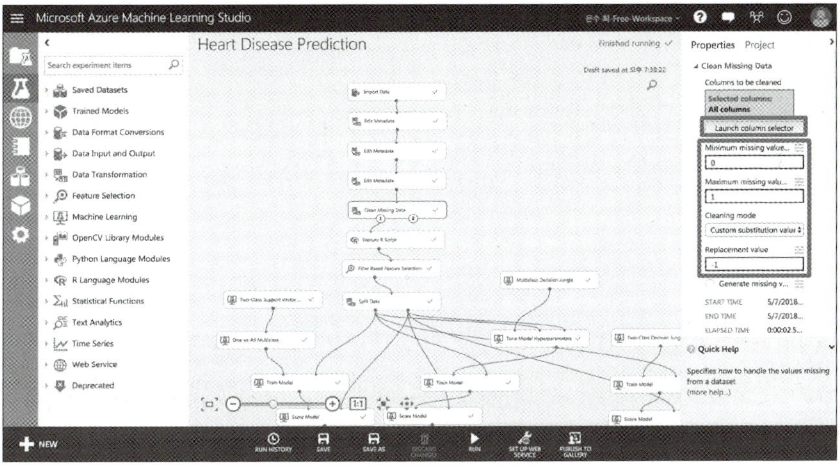

그림 8-65 • 누락된 데이터 전처리

[그림 8-66]을 통해 모든 속성에 관해 누락된 데이터에 대해 전처리하는 것을 알 수 있다.

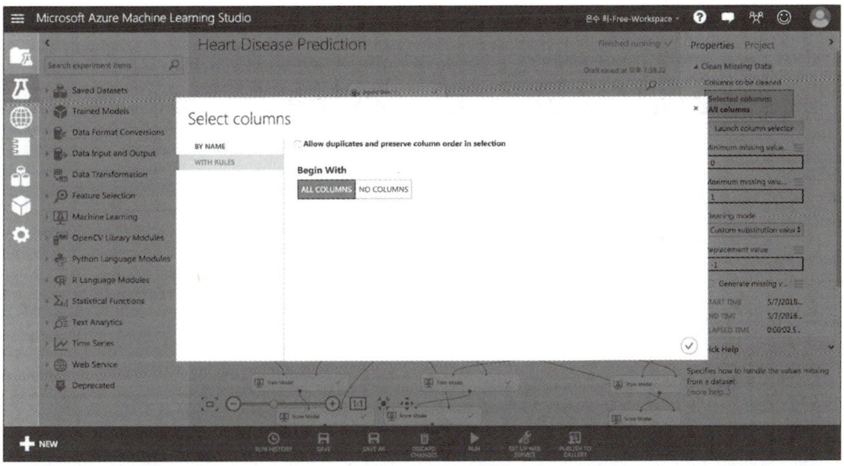

그림 8-66 • 누락된 데이터 전처리 범위

누락된 데이터 전처리가 완료되면, 예측 모델을 만들기 위한 라벨인 heart_disease_diag 값에 대해 [그림 8-67]처럼 R 스크립트로 처리를 해주었다.

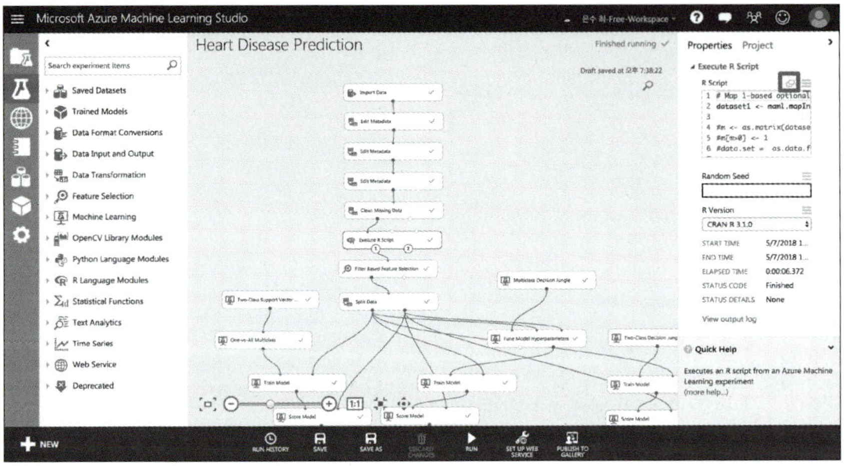

그림 8-67 • 라벨 전처리

[그림 8-68]은 heart_disease_diag의 값이 0보다 크면 1로 대치한다는 내용의 R 스크립트이다. 2진 알고리즘에 적용하기 위해 심장병 진단 결과를 0(아니요), 1(예)로 변경하였다.

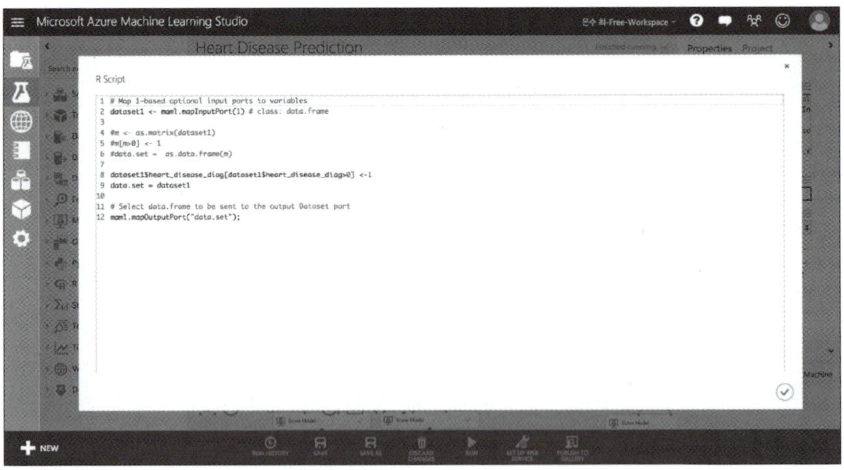

그림 8-68 • 라벨 전처리 R 코드

[그림 8-69]는 인공지능 학습에 적용할 속성의 수가 많아 8개의 피처로 줄여주는 장면이다.

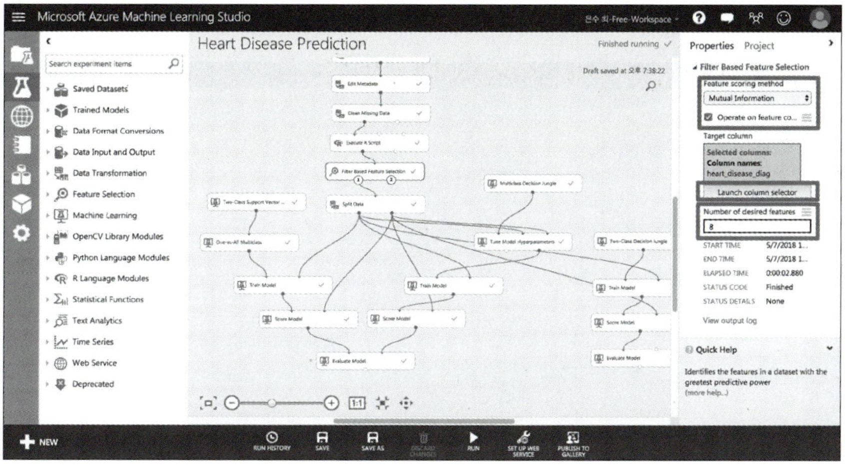

그림 8-69 • 피처 수 감소

[그림 8-70]은 라벨인 heart_disease_diag에 대해 영향력이 큰 피처 8개로 줄이기 위한 설정화면이다.

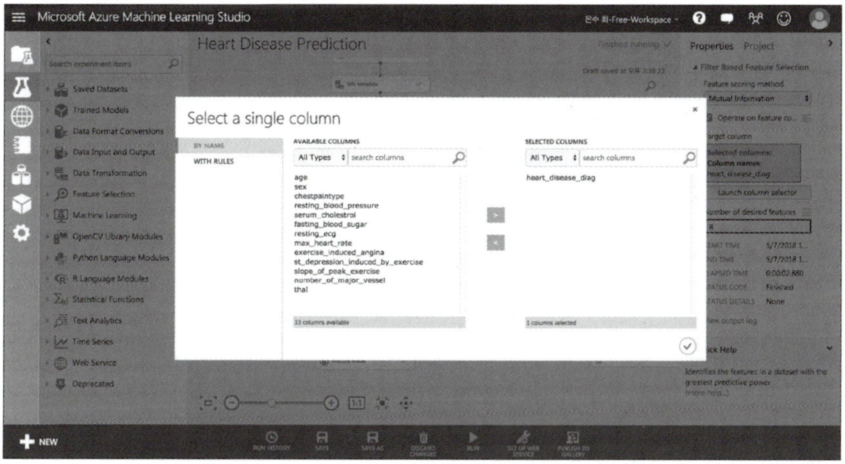

그림 8-70 • heart_disease_diag에 영향력이 큰 피처 검색 설정

[그림 8-71]은 데이터에 대한 전처리가 완료되었고, 예측 모델 훈련 및 예측을 위한 데이터 분할을 한 장면이다. 훈련을 위한 데이터는 70%로, 예측을 위한 데이터는 30%로 분할하였다.

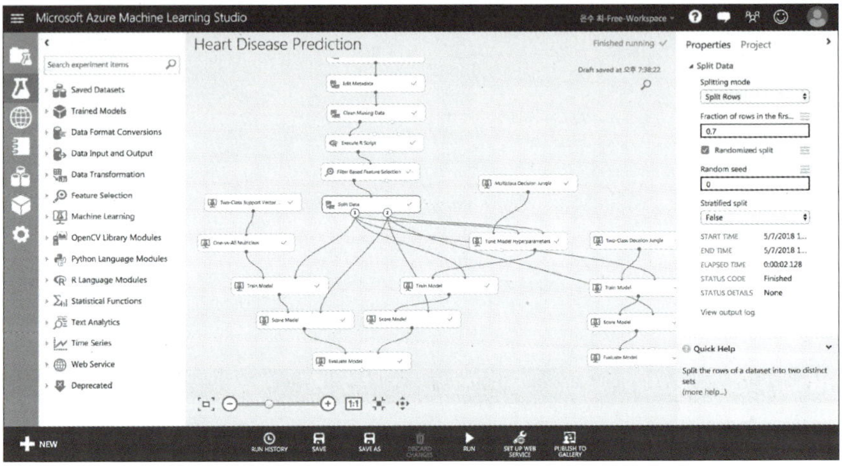

그림 8-71 • 예측 모델 훈련 및 예측을 위한 데이터 분할

[그림 8-72]는 Two-Class Support Vector Machine 알고리즘을 적용한 예측 모델을 위한 배치이다.

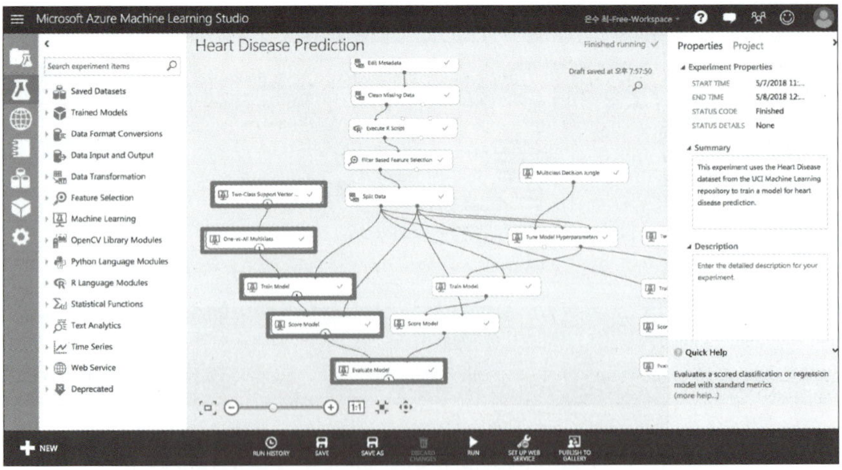

그림 8-72 • Two-Class Support Vector Machine 예측 모델

[그림 8-73]은 Two-Class Support Vector Machine 알고리즘을 적용한 모델의 예측값을 어떤 속성으로 결정할지에 대한 그림이다.

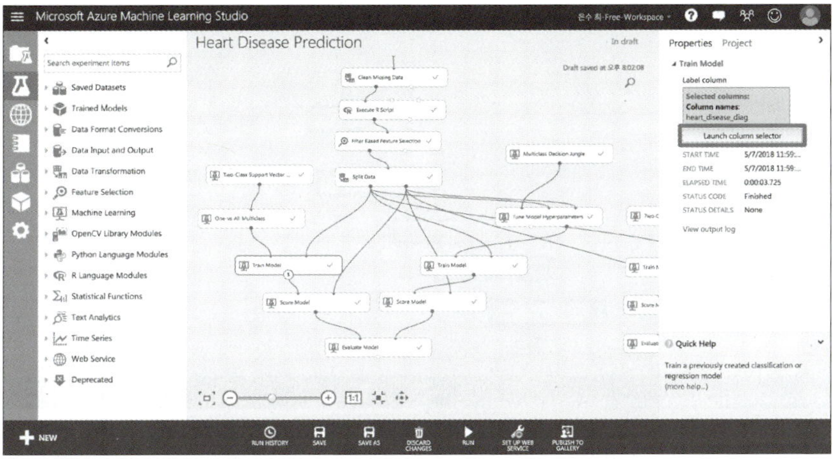

그림 8-73 • Two-Class Support Vector Machine 예측 모델 훈련라벨 설정

[그림 8-74]는 Launch Column Selector를 통해 heart_disease_diag 값을 예측 모델의 결과값으로 설정하는 그림이다.

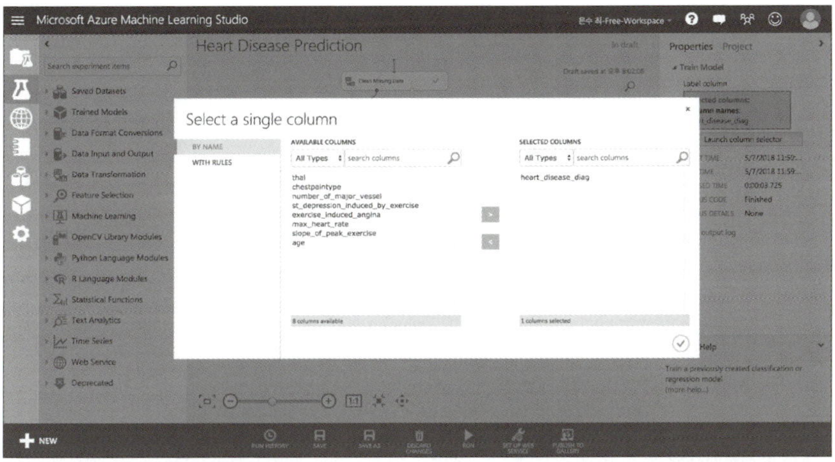

그림 8-74 • Two-Class Support Vector Machine 예측 모델 훈련라벨 설정

[그림 8-75]는 Multiclass Decision Jungle 알고리즘을 적용한 예측 모델을 위한 배치이다.

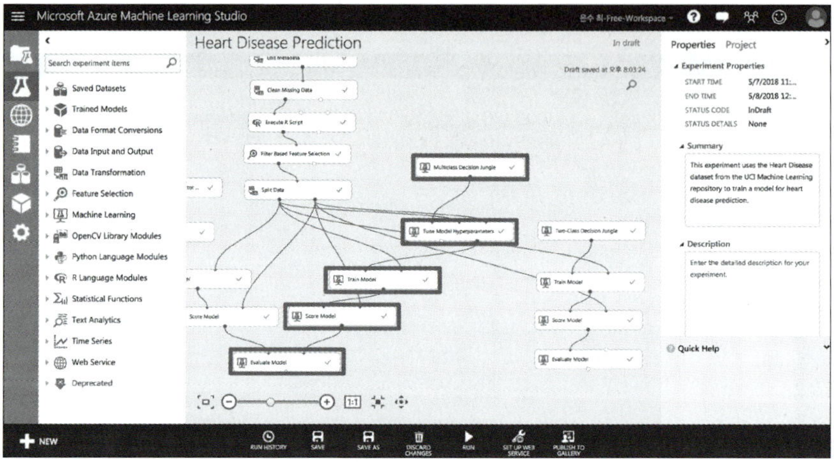

그림 8-75 • Multiclass Decision Jungle 예측 모델

[그림 8-76]은 모델 조정 하이퍼 매개변수 모듈을 활용하여 주어진 알고리즘 및 데이터 집합에 대한 최상의 매개변수인 heart_disease_diag를 경험적으로 선택하는 장면이다. 정확도를 타겟으로 잡아 적용하였다.

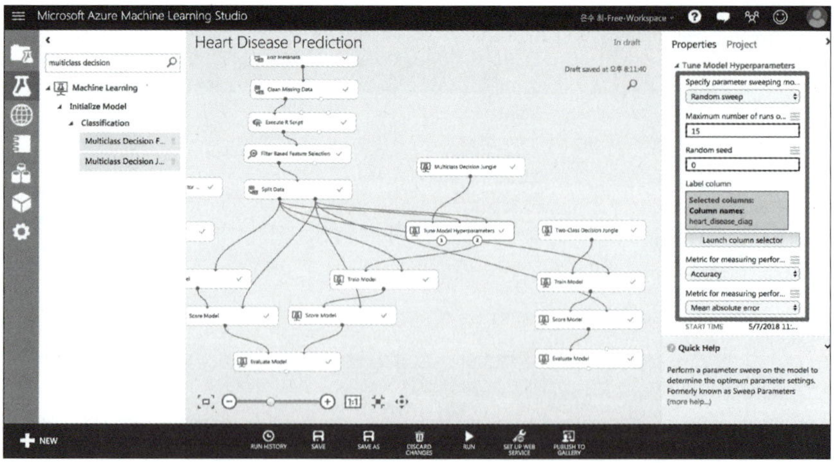

그림 8-76 • Tune Model Hyperparameters 적용

[그림 8-77]은 Multiclass Decision Jungle 알고리즘을 적용한 모델의 예측값을 어떤 속성으로 결정할지에 대한 그림이다. Two-Class Support Vector Machine 예측 모델과 같이 heart_disease_diag로 설정하였다.

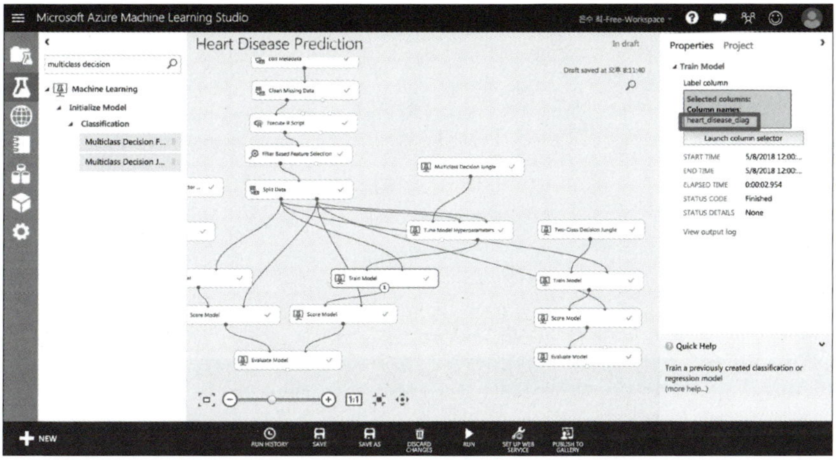

그림 8-77 • Multiclass Decision Jungle 예측 모델 훈련라벨 설정

[그림 8-78]은 Two-Class Decision Jungle 알고리즘을 적용한 예측 모델을 위한 배치이다.

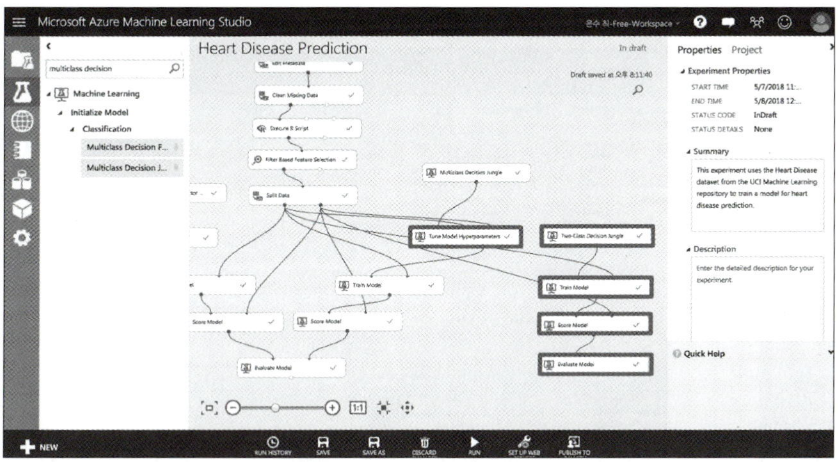

그림 8-78 • Two-Class Decision Jungle 예측 모델

[그림 8-79]는 Two-Class Decision Jungle 검증 알고리즘을 적용한 모델의 예측값을 어떤 속성으로 결정할지에 대한 그림이다. Multiclass Decision Jungle 예측 모델과 같이 heart_disease_diag로 설정하였다.

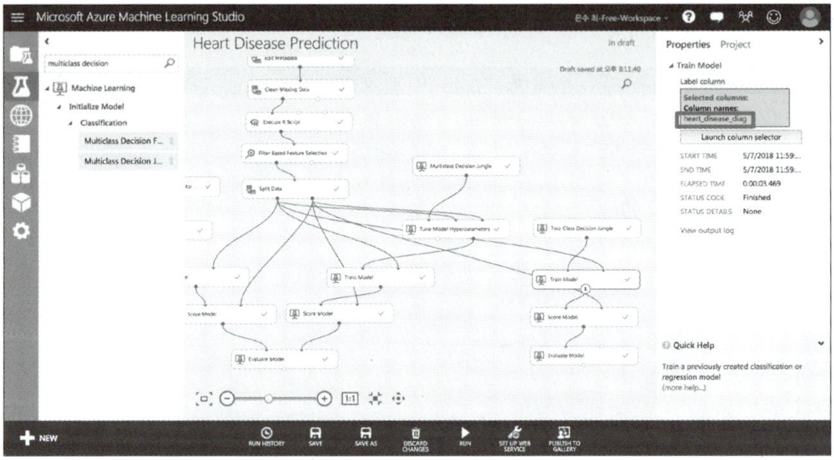

그림 8-79 • Two-Class Decision Jungle 검증 예측 모델 훈련라벨 설정

[그림 8-80]은 Two-Class Support Vector Machine과 Multiclass Decision Jungle의 예측 결과와 정확도, 정밀도, 재현율을 비교한 사진이다. 비교결과 Multiclass Decision Jungle의 경우 정확도, 정밀도, 재현율이 더 높은 것을 확인할 수 있다.

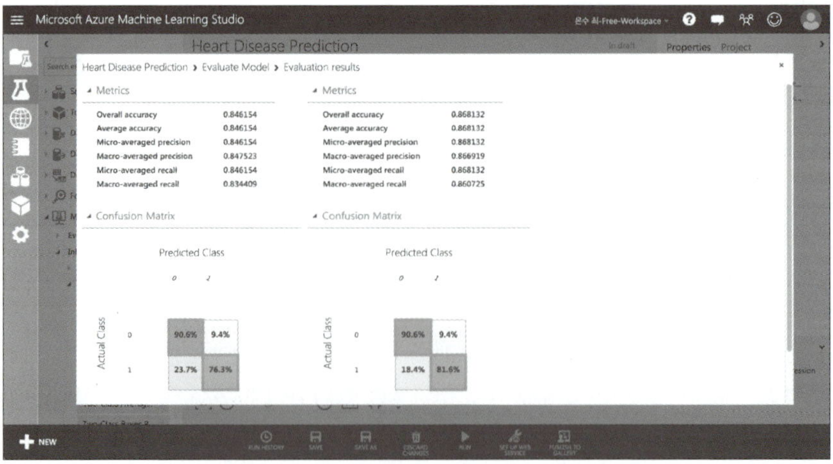

그림 8-80 • Two-Class Support Machine, Multiclass Decision Jungle 예측 결과 및 검증

[그림 8-81]은 Two-Class Decision Jungle의 ROC 모델이다. ROC 모델의 넓이를 보아 꽤나 잘 만들어진 모델인 것을 확인할 수 있다.

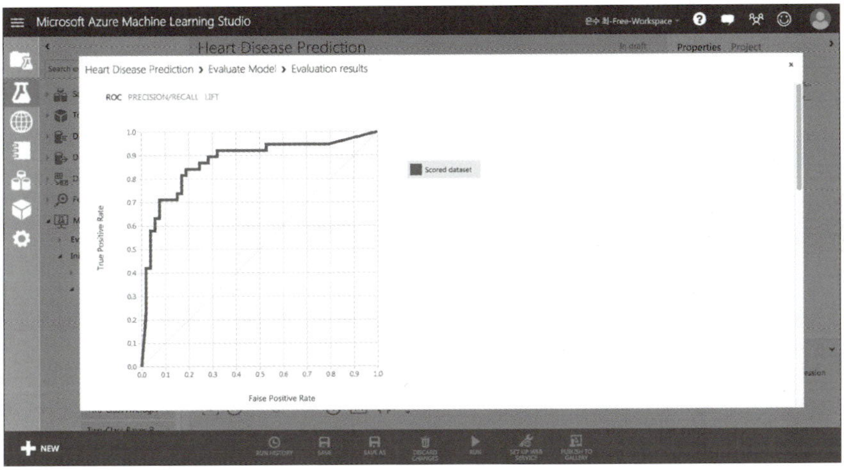

그림 8-81 • Two-Class Decision Jungle 검증

[그림 8-82]처럼 Two-Class Decision Jungle의 정확도, 정밀도, 재현율 등을 확인할 수 있다.

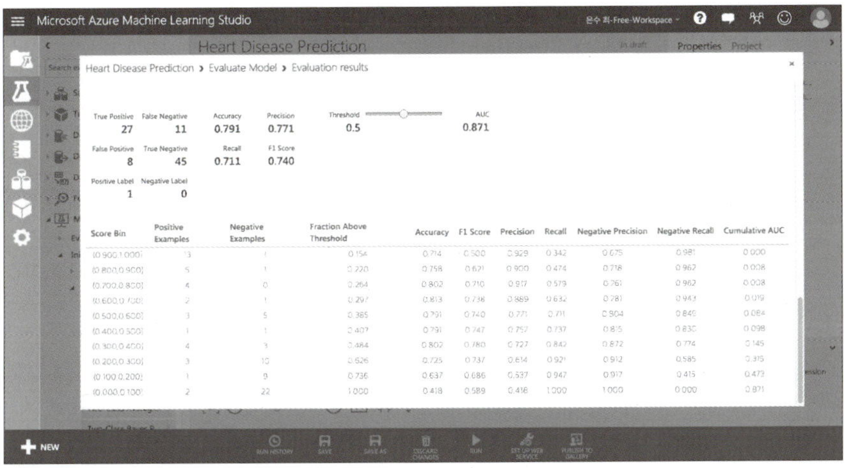

그림 8-82 • Two-Class Decision Jungle 검증

3부 Microsoft R

9. Microsoft R

9.1 Microsoft R의 특징

Microsoft R Server는 최근 Python 지원을 반영하여 "Machine Learning Server"로 변경되었다. "Machine Learning Server"는 R 및 Python 오픈 소스 언어를 사용하여 애널리틱스 기능을 확장하도록 다양한 환경과 기능들을 지원한다.

① **간편하게 애널리틱스 모델 구축**: 어떤 언어로 작성된 앱에도 애널리틱스 기능을 빠르게 통합할 수 있고, 웹 서비스 및 선호하는 개발 환경에서 여러 데이터 플랫폼을 쉽게 수용할 수 있도록 지원한다.

② **특정 플랫폼에서 R 및 Python 모델을 개발하고 실행**: Microsoft SQL Server 및 Teradata에서 인-데이터베이스 애널리틱스In-DB Analytics를 실행하고 Windows, Linux, Hadoop, Apache Spark 등에서 예측 분석을 수행함으로써 확장성이 높은 오픈 소스의 가치를 극대화하도록 지원한다.

③ **데이터베이스에서 바로 인사이트Insights 확보**: 데이터가 있는 데이터베이스를 애널리틱스Analytics 기반의 확장 가능한 R과 Python를 통해 분석하고 Microsoft SQL Server 데이터베이스에서 직접 가져오기 때문에 데이터 이동에 따른 위험, 시간, 비용이 절감된다.

④ **Microsoft Azure와 통합하여 확장성 있는 클라우드 서비스 구축**: R 데이터 애널리틱스에 더 높은 성능과 유연성을 갖추도록 Azure 구독 서비스의 일부로 Machine Learning Server를 배포할 수 있게 지원한다.

본 도서는 Microsoft Machine Learning Server의 프로그래밍 언어 중 R 언어를 중점적으로 서술하도록 한다. Microsoft R은 고성능 컴퓨팅HPC 및 고성능 분석HPA 및 R 도구를 제공한다. HPC 기능을 사용하면 core와 node 간의 거의 모든 R 기능의 실행을 분산하고 결과를 사용자에게 전달할 수 있다. HPA는 도전과제를 해결하기 위해 '빅 데이터'를 추가했다. 이 가이드는 이러한 HPA의 '빅 데이터' 기능에 중점을 둔다[1].

Microsoft R에서는 분석도구로 크게 'MicrosoftML'과 'RevoScaleR' 패키지를 제공한다. 'MicrosoftML' 패키지에는 기존 데이터로 학습, 변환, 스코어링, 텍스트 분석, 이미지 분석, 특징추출 등 고도

1 분산 환경의 HPC 및 HPA 기능에 대한 자세한 내용은 「RevoScaleR Distributed Computing Guide」를 참조가능하다.

의 머신러닝 기능을 지원하고 'RevoScaleR' 패키지는 확장 가능한 데이터 관리 및 분석 도구를 제공한다. 이 도구들은 메모리 내 데이터 세트와 함께 작동하며 디스크에 저장된 대형 데이터 세트에도 동일한 방식으로 적용된다[2].

'RevoScaleR' 패키지는 다음과 같은 기능이 포함된다.

① 외부 데이터 세트(SAS, SPSS, ODBC, Teradata 및 구분된 고정 형식 텍스트)에 대한 액세스

② 고성능 데이터 파일로 데이터를 효율적으로 저장하고 검색

③ 데이터 정리, 탐색 및 조작

④ 빠르고 기본적인 통계 분석

RevoScaleR에는 대용량 데이터 세트에 대한 자체 분석을 작성하기 위한 확장 가능한 프레임 워크가 포함되어 있다.

RevoScaleR을 사용하면 Open R에서 메모리에 저장할 수 있는 데이터 세트를 훨씬 넘어서는 데이터 세트를 분석할 수 있다. 이는 RevoScaleR이 한 번에 하나의 데이터(즉, 데이터 집합의 행 또는 변수의 하위 집합)를 처리하고 결과를 업데이트하고 사용 가능한 모든 데이터를 계속 처리할 수 있도록 하는 외부 메모리 알고리즘을 사용하기 때문에 가능한 것이다.

9.1.1 외부 데이터 세트에 대한 액세스

데이터는 다양한 형식으로 저장할 수 있다. 일반적으로 RevoScaleR 분석의 첫 번째 단계는 데이터의 액세스를 가능하게 만드는 것이다. RevoScaleR의 데이터 가져오기 기능을 사용하면 SAS 파일, SPSS 파일, 고정 형식 또는 구분된 텍스트 파일, ODBC 연결 또는 Teradata 데이터베이스에서 데이터에 액세스하고 데이터를 메모리의 데이터 프레임으로 가져오거나 빠른 액세스를 위해 저장할 수 있다.

9.1.2 효율적인 데이터 저장 및 검색

RevoScaleR의 핵심 구성 요소는 데이터 파일형식(.xdf)이며 데이터 읽기 및 쓰기에 매우 유용하다. 데이터 파일을 가져오거나 R 데이터 상자에서 .xdf 파일을 만들고 행이나 변수를 기존 .xdf 파일에 추가하

2 데이터 처리 및 분석모델링에 대하여 Open R에 대한 비교를 위해 'ReovoScleR' 패키지를 중심으로 설명하고 「14장. MS R 주요 모형 활용」에서 'MicrosoftML' 패키지를 비교 설명한다.

여 만들 수 있다. 데이터 파일형식인 경우 RevoScaleR에서 제공하는 분석 기능을 사용하여 직접 사용하거나 하위 샘플을 신속하게 추출하여 다른 R 기능과 함께 사용하기 위해 메모리 내 데이터 프레임으로 읽을 수 있다.

9.1.3 데이터 정리, 탐사 및 운영

새 데이터 세트로 작업할 때 첫 번째 단계는 청소 및 탐색이다. RevoScaleR을 사용하면 데이터 세트(예: 이름, 데이터 유형, 값 태그)의 데이터 세트(예: 행 및 변수 수) 및 변수에 대한 정보를 신속하게 얻을 수 있다. RevoScaleR의 요약 통계 및 큐브 기능을 사용하여 데이터에 대한 요약 정보를 검토하고 히스토그램 또는 변수 간의 관계를 신속하게 그릴 수 있다.

RevoScaleR은 R이 데이터 변환 및 조작에 사용하는 모든 기능을 제공한다. RevoScaleR의 데이터 단계 기능에서 R 표현식을 지정하여 특정변수를 변환하고 단일 데이터 프레임 또는 .xdf 파일에서 읽은 각 데이터 블록에 자동으로 적용할 수 있다. R 언어의 모든 유연성을 통해 새 변수를 만들고 코드화하고 누락된 값을 설정할 수 있다.

9.1.4 통계 분석

기술 통계 및 크로스 탭뿐만 아니라 RevoScaleR은 선형 및 이진 로지스틱회귀모델, 일반화선형모델, k-means 모델, 의사결정나무 및 포레스트에 적합한 함수를 제공한다. 이러한 기능은 .xdf 파일이나 다른 데이터 소스에 직접 액세스하거나 메모리의 데이터 프레임을 조작한다. 이러한 기능은 매우 효율적이며 모든 데이터를 한 번에 메모리에 저장하지 않아도 되므로 큰 계산 능력 없이도 큰 데이터 세트를 분석할 수 있다.

특히 이전에 필요했던 가정을 풀 수 있다. 예를 들어, 모델에서 함수의 선형함수식 또는 다항함수식을 가정하는 대신 인수는 여러 가지 범주로 분류되어 완전히 유연한 함수식을 제공한다.

9.1.5 대용량 데이터 세트에 대한 자체 분석

RevoScaleR의 주요 분석 기능은 업데이트 또는 외부 메모리 알고리즘을 사용하여 대량의 데이터를 분석하고 결과를 업데이트한 후 다음 데이터 chunk로 이동하여 프로세스를 반복한다. 모든 데이터가 처리되면(때로는 여러 번) 최종 결과를 계산하고 분석을 완료할 수 있다. 데이터 집합을 처리하고 결과를 업데이트하는 고유한 함수를 작성하고 RevoScaleR 기능을 사용하여 데이터 파일 블록에 블록 단위로 액세스할 수 있다.

9.2 특징별 예제

9.2.1 외부 데이터 세트에 대한 액세스

데이터를 저장하는 가장 일반적인 방법은 텍스트 파일에 있다. 예를 들어 미국 출발 항공기 출발 및 도착 정보의 하위 샘플이 들어있는 쉼표로 구분된 텍스트 데이터 파일은 RevoScaleR 샘플 데이터 디렉토리에서 사용할 수 있다[3]. 아래의 샘플 코드는 rxImport 함수를 사용하여 가져온다. 데이터 파일에는 총 600,000개의 행이 있다. 인수 rowsPerRead를 지정함으로써, 각각 200,000 행의 3블록으로 데이터를 읽고 쓴다.

‖ **MS R**

```
inFile <- file.path(rxGetOption("sampleDataDir"), "AirlineDemoSmall.csv")
airData <- rxImport(inData=inFile, outFile = "airExample.xdf",
stringsAsFactors = TRUE, missingValueString = "M", rowsPerRead = 200000)
```

outFile 인수가 생략된 경우 반환되는 airData 객체는 데이터가 포함된 데이터 프레임이다. 가져온 데이터는 .xdf 파일에 저장되므로 rxImport는 .xdf 데이터 소스 객체를 반환한다. 이 개체는 .xdf 데이터 파일을 나타내지만 많은 메모리를 차지하지 않는다. 다른 많은 RevoScaleR 객체에서 데이터 프레임과 상호교환하여 사용할 수 있다.

데이터 세트와 변수에 대한 기본 정보를 얻으려면 rxGetInfo를 사용한다.

```
rxGetInfo(airData, getVarInfo = TRUE)
```

결과는 다음과 같다.

3 이 데이터 파일을 사용하는 추가 예제는 시작 안내서(RevoScaleR_Getting_Started.pdf)에서 사용할 수 있다.

```
File name: C:\YourOutputPath\airExample.xdf
Number of observations: 6e+05
Number of variables: 3
Number of blocks: 3
Compression type: zlib
Variable information:
Var 1: ArrDelay, Type: integer, Low/High: (-86, 1490)
Var 2: CRSDepTime, Type: numeric, Storage: float32, Low/High: (0.0167, 23.9833)
Var 3: DayOfWeek
7 factor levels: Monday Tuesday Wednesday Thursday Friday Saturday Sunday
```

9.2.2 데이터 정제, 탐색, 조작

데이터를 간단히 살펴보자. rxHistogram 함수를 사용하여 요일별 도착 지연 분포를 표시할 수 있다. 히스토그램에 대한 정보를 계산하기 위해 rxCube 함수(이 설명서의 뒷부분에서 설명)를 사용한다.

```
rxHistogram(~ArrDelay|DayOfWeek, data = airData)
```

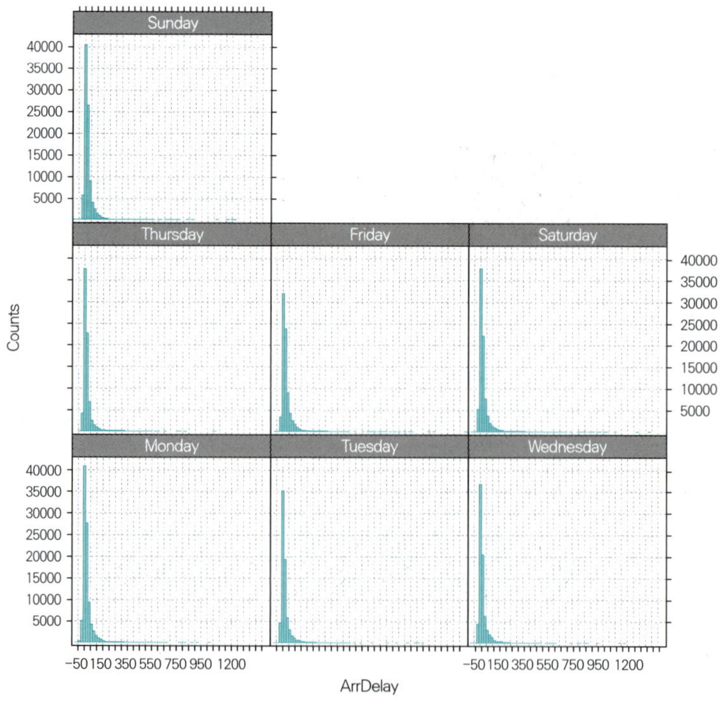

그림 9-1 • rxHistogram 함수 시각화 결과

변수에 대한 설명 통계도 계산할 수 있다.

```
rxSummary(~ ArrDelay, data = airData )
```

```
Call:
rxSummary(formula = ~ArrDelay, data = airData)

Summary Statistics Results for: ~ArrDelay
Data: airData (RxXdfData Data Source)
File name: airExample.xdf
Number of valid observations: 6e+05

Name Mean StdDev Min Max ValidObs MissingObs ArrDelay
11.31794 40.68854 -86 1490 582628 17372
```

첫 출력은 두 가지 중요한 사항을 알려준다. 도착 지연에는 2시간 이상 지연된 항공편이 포함된 주중 매일 긴 '꼬리'가 있으며 누락된 값(17,372개)이 있다. 예상 도착지연 값은 아마도 도착하지 않은 항공편, 즉 취소된 항공편을 나타낸다.

RevoScaleR의 데이터 단계 기능을 사용하여 2시간 이상 지연되었거나 취소된 항공편을 나타내는 VeryLate라는 새 변수를 만들 수 있다. 원본 데이터를 텍스트 파일에 안전하게 저장했기 때문에 이 변수를 rxDataStep의 transforms 인수를 사용하여 기존 airline.xdf 파일에 추가하기만 하면 된다.

transforms 인수는 일반적으로 대입문의 형태로 하나 이상의 R 표현식 목록을 사용한다. 이 경우 다음 식을 사용한다.

```
list (VeryLate = (ArrDelay> 120 | is.na (ArrDelay))
```

전체 RevoScaleR 데이터 단계는 다음 단계로 구성된다.

① 한 번에 한 블록(200,000행)의 데이터를 읽는다.

② 변환을 처리하여 VeryLate를 작성하기 위해 각 블록에 대해 ArrDelay 데이터를 R 인터프리터에 전달할 수 있다.

③ 한 번에 한 블록씩 데이터 세트에 데이터를 쓴다. 인수 overwrite = TRUE를 사용하면 데이터 파일을 덮어쓸 수 있다.

```
airData <- rxDataStep(inData = airData, outFile = "airExample.xdf", transforms=list(VeryLate
= (ArrDelay > 120 | is.na(ArrDelay))), overwrite = TRUE)
```

9.2.3 통계 분석

데이터 프레임이나 .xdf 파일을 사용하여 통계 분석을 수행할 수 있다. 예를 들어, rxLogit을 사용하여 요일에 따라 항공편이 '매우 늦었는지' 여부에 대한 로지스틱회귀를 통해 추정할 수 있다.

```
logitResults <- rxLogit(VeryLate~DayOfWeek, data = airData )
summary(logitResults)
```

```
Call:
rxLogit(formula = VeryLate~DayOfWeek, data = airData)
Logistic Regression Results for: VeryLate~DayOfWeek File name:
C:\YourOutputPath\airExample.xdf
Dependent variable(s): VeryLate
Total independent variables: 8 (Including number dropped: 1)
Number of valid observations: 6e+05
Number of missing observations: 0
-2*LogLikelihood: 251244.7201 (Residual deviance on 599993 degrees of freedom)

Coefficients:
                     Estimate Std. Error z value Pr(>|z|)
(Intercept)          -3.29095    0.01745    -188.64     2.22e-16     ***
DayOfWeek=Monday     0.40086     0.02256    17.77       2.22e-16     ***
DayOfWeek=Tuesday    0.84018     0.02192    38.33       2.22e-16     ***
DayOfWeek=Wednesday  0.36982     0.02378    15.55       2.22e-16     ***
DayOfWeek=Thursday   0.29396     0.02400    12.25       2.22e-16     ***
DayOfWeek=Friday     0.54427     0.02274    23.93       2.22e-16     ***
DayOfWeek=Saturday   0.48319     0.02282    21.18       2.22e-16     ***
DayOfWeek=Sunday     Dropped     Dropped    Dropped     Dropped
---
Signif. codes:  0 '***' 0.001 '**' 0.01     '*' 0.05 '.' 0.1         ' ' 1

Condition number of final variance-covariance matrix: 16.7804
Number of iterations: 3
```

이 샘플을 통해 얻은 결과는 화요일에 비행이 가장 늦거나 취소될 가능성이 높았고, 금요일에 출발하는 항공편이 그 다음으로 높게 나타났다. 이 모델에서는 일요일이 대조 그룹이므로 다른 요일의 계수 추정은 일요일에 상대적인 값이다. 표시된 절편Intercept은 절편을 생략했을 경우 일요일에 얻을 수 있는 계수와 같다.

```
logitResults2 <- rxLogit(VeryLate~DayOfWeek - 1, data = airData )
summary(logitResults2)
```

```
Call:
rxLogit(formula = VeryLate~DayOfWeek - 1, data = airData)

Logistic Regression Results for: VeryLate~DayOfWeek - 1
File name:
C:\YourOutputPath\airExample.xdf
Dependent variable(s): VeryLate
Total independent variables: 7
Number of valid observations: 6e+05
Number of missing observations: 0
-2*LogLikelihood: 251244.7201 (Residual deviance on 599993 degrees of freedom)

Coefficients:
                        Estimate Std. Error z value Pr(>|z|)
DayOfWeek=Monday        -2.89008     0.01431     -202.0    2.22e-16    ***
DayOfWeek=Tuesday       -2.45077     0.01327     -184.7    2.22e-16    ***
DayOfWeek=Wednesday     -2.92113     0.01617     -180.7    2.22e-16    ***
DayOfWeek=Thursday      -2.99699     0.01648     -181.9    2.22e-16    ***
DayOfWeek=Friday        -2.74668     0.01459     -188.3    2.22e-16    ***
DayOfWeek=Saturday      -2.80776     0.01471     -190.9    2.22e-16    ***
DayOfWeek=Sunday        -3.29095     0.01745     -188.6    2.22e-16    ***
---
Signif. codes:  0 '***' 0.001 '**' 0.01 '*' 0.05 '.' 0.1              ' ' 1

Condition number of final variance-covariance matrix: 1
Number of iterations: 7
```

9.2.4 대용량 데이터 세트에 대한 자체 분석

RevoScaleR은 한 번에 하나의 chunk로 데이터를 제공하고 자체적인 사용자 정의 분석을 수행할 수 있다. 분석에는 네 가지 기본 단계가 있다.

① 결과 초기화

② 프로세스 데이터, 한 번에 chunk

③ 각 chunk를 처리한 후 결과를 업데이트

④ 결과의 최종 처리

예를 들어 아침, 오후 및 저녁에 출발하는 항공편의 평균 도착 지연을 계산하려고 한다고 가정한다. 데이터의 각 Chunk에 대해, 3개의 시간 간격 각각에 대한 도달 지연의 합계와 각 간격에 대한 계수를 계산해야 한다. 6개의 값을 포함하는 'transformObjects' 목록에 이러한 결과를 누적한다. 모든 데이터를 처리한 끝에 결국 축적된 총계를 누적된 계수로 나누어 평균을 계산한다.

대부분의 작업은 데이터를 처리하고 읽어들인 데이터의 각 Chunk에 대한 결과를 업데이트하는 변환 함수 내에서 발생한다. .rxGet 및 .rxSet 함수를 사용하여 데이터의 한 패스에서 다음 패스로 정보를 저장한다. 새로 변환된 변수를 생성하지 않고 데이터를 처리하기 때문에 다음 함수에서 NULL을 반환한다.

```
ProcessAndUpdateData <- function( data )
{
  # Process Data
  notMissing <- !is.na(data$ArrDelay)
  morning <- data$CRSDepTime >= 6 & data$CRSDepTime < 12 & notMissing
  afternoon <- data$CRSDepTime >= 12 & data$CRSDepTime < 17 & notMissing
  evening <- data$CRSDepTime >= 17 & data$CRSDepTime < 23 & notMissing
  mornArr <- sum(data$ArrDelay[morning], na.rm = TRUE)
  mornCounts <- sum(morning, na.rm = TRUE)
  afterArr <- sum(data$ArrDelay[afternoon], na.rm = TRUE)
  afterCounts <- sum(afternoon, na.rm = TRUE)
  evenArr <- sum(data$ArrDelay[evening], na.rm = TRUE)
  evenCounts <- sum(evening, na.rm = TRUE)
  # Update Results
  .rxSet("toMornArr", mornArr + .rxGet("toMornArr"))
  .rxSet("toMornCounts", mornCounts + .rxGet("toMornCounts"))
  .rxSet("toAfterArr", afterArr + .rxGet("toAfterArr"))
  .rxSet("toAfterCounts", afterCounts + .rxGet("toAfterCounts"))
  .rxSet("toEvenArr", evenArr + .rxGet("toEvenArr"))
  .rxSet("toEvenCounts", evenCounts + .rxGet("toEvenCounts"))
  return( NULL )
}
```

변환 객체값은 rxDataStep으로 전달된 목록에서 초기화된다. returnTransformObjects 인수를 사용하여 변환된 데이터 세트가 아닌 반환된 transformObjects의 업데이트된 값이 필요함을 나타낸다.

```
totalRes <- rxDataStep( inData = airData , returnTransformObjects = TRUE, transformObjects =
list(toMornArr = 0, toAfterArr = 0, toEvenArr = 0, toMornCounts = 0, toAfterCounts = 0,
toEvenCounts = 0),
transformFunc = ProcessAndUpdateData, transformVars = c("ArrDelay", "CRSDepTime"))
```

rxDataStep 함수는 자동으로 데이터를 chunk한다. 최종 결과를 처리하기만 하면 된다.

```
FinalizeResults <- function(totalRes)
{
return(data.frame(
AveMorningDelay = totalRes$toMornArr / totalRes$toMornCounts,
AveAfternoonDelay = totalRes$toAfterArr / totalRes$toAfterCounts,
AveEveningDelay = totalRes$toEvenArr / totalRes$toEvenCounts))
}

FinalizeResults(totalRes)
```

계산된 결과는 다음과 같다.

```
   AveMorningDelay   AveAfternoonDelay   AveEveningDelay
1       6.146039          13.66912          16.71271
```

이 경우 rxSummary의 rowSelection 인수를 사용하여 결과를 확인할 수 있다.

```
rxSummary(~ArrDelay, data = "airExample.xdf",

rowSelection = CRSDepTime >= 6 & CRSDepTime < 12 & !is.na(ArrDelay))

Call:
rxSummary(formula = ~ArrDelay, data = "airExample.xdf",
rowSelection = CRSDepTime >= 6 & CRSDepTime < 12 & !is.na(ArrDelay))

Summary Statistics Results for: ~ArrDelay
File name:
C:\YourOutputPath\airExample.xdf
Number of valid observations: 234403

Name Mean StdDev Min Max ValidObs MissingObs ArrDelay 6.146039 35.4734 -85 1490 234403 0
```

9.3 Microsoft R의 주요 함수

9.3.1 Input / Output

함수명	세부 설명
rxImport	데이터 원본(예: 텍스트, SAS, SPSS 데이터 파일, ODBC 또는 Teradata 연결 또는 데이터 프레임)에서 .xdf 파일 또는 데이터 프레임을 만든다.
rxDataStep	입력 데이터 소스에 대한 변수 생성 및 변환을 허용하여 출력 데이터 소스를 생성한다. rxGetInfo: 데이터 소스에서 요약 정보를 검색한다.
rxGetInfo	데이터 소스에서 요약 정보를 검색한다. 데이터 조작 / 데이터 단계 설명 통계 및 크로스 탭
rxSetInfo	.xdf 파일의 파일 설명 또는 데이터 프레임의 설명 속성을 설정한다. rxGetVarInfo: 데이터 소스에서 변수 정보를 검색한다.
rxGetVarInfo	데이터 소스에서 변수 정보를 검색한다.
rxSetVarInfo	.xdf 파일 또는 데이터 프레임의 변수 정보를 수정한다. rxGetVarNames: 데이터 소스에서 변수 이름을 검색한다.
rxGetVarNames	데이터 소스에서 변수 이름을 검색한다.
rxCreateColInfo	데이터 소스에서 'colInfo' 목록을 생성한다.
rxCompressXdf	기존 .xdf 파일 또는 .xdf 파일의 디렉터리를 압축한다.
RxXdfData	.xdf 데이터 원본 개체를 만든다.
RxTextData	텍스트 데이터 원본 개체를 만든다.
RxSasData	SAS 데이터 원본 개체를 만든다.
RxSpssData	SPSS 데이터 원본 개체를 만든다.
RxOdbcData:	ODBC 데이터 원본 개체를 만든다.
RxTeradata	Teradata 데이터 소스 개체를 만든다.
RxSqlServerData	SQL Server 데이터 원본 개체를 만든다
rxOpen	읽을 데이터 소스를 연다.
rxReadNext:	데이터 소스에서 데이터를 읽는다.
rxWriteNext:	데이터를 데이터 소스에 쓴다(실험: 텍스트 및 .xdf에만 해당).
rxClose	데이터 소스를 닫는다.
rxSetFileSystem	가져올 데이터의 파일 시스템 유형을 지정하여라.
rxGetFileSystem	현재 파일 시스템 유형을 검색한다.
RxHdfsFileSystem	HDFS 파일 시스템 객체를 만든다.
RxNativeFileSystem	네이티브 파일 시스템 개체를 만든다.

9.3.2 Data Manipulations/Data Step

함수명	세부 설명
rxDataStep	데이터 변환 및 하위 집합
rxGetFuzzyDist	문자 벡터에 퍼지 거리를 가져온다.
rxGetFuzzyKeys	문자 벡터에 퍼지 키 가져오기
rxFactors	Factor 형태의 변수를 다시 코딩하거나 .xdf 파일 또는 데이터 프레임의 Factor 타입이 아닌 변수를 Factor로 변환한다.
rxSort	.xdf 파일 또는 데이터 프레임 변수의 다중 키 정렬
rxMerge	.xdf 파일 또는 데이터 프레임 변수의 다중 키 정렬
rxSplit	.xdf 파일 또는 데이터 프레임을 여러 .xdf 파일 또는 데이터 프레임으로 분할한다.

9.3.3 Descriptive Statistics and Cross Tabs

함수명	세부 설명
rxSummary	그룹별 계산을 포함한 데이터의 기본 요약 통계
rxQuantile	데이터의 정렬 없이 .xdf 파일과 데이터 프레임에 대한 근사치를 계산한다.
rxCrossTabs	수식 기반 교차표 작성. 통계적 모델링 유틸리티 함수
rxCube	효과적인 표현을 위해 설계된 대체 수식 기반 교차표
rxMarginals	교차표의 한계 요약
as.xtabs	교차표의 결과를 xtabs 객체로 변환한다.
rxChiSquaredTest	xtabs 객체에 대해 Chi-squared Test를 수행한다.
rxFisherTest	xtabs 개체에 대해 Fisher의 정확한 테스트를 수행한다.
rxKendallCor	xtabs 객체를 사용하여 Kendall의 Tau Rank 상관 계수를 계산한다.
rxPairwiseCrossTab	xtabs 객체의 행과 열을 쌍으로 조합하여 함수를 적용한다.
rxRiskRatio	x 2개의 xtabs 객체에서 상대 위험을 계산한다.
rxOddsRatio	2x2 xtabs 객체에서 교차비를 계산한다.

9.3.4 Statistical Modeling

함수명	세부 설명
rxLinMod	선형모델을 데이터에 맞춘다.
rxCovCor	변수 집합에 대한 공분산, 상관 관계 또는 제곱 / 교차 곱 행렬의 합을 계산한다.
rxCov	변수 집합에 대한 공분산 행렬을 계산한다.
rxCor	변수 집합에 대한 상관 행렬 계산
rxSSCP	변수 집합에 대한 제곱 / 교차 곱 행렬의 합을 계산한다.
rxLogit	로지스틱회귀모형을 데이터에 맞춘다.
rxRoc	이진 분류 시스템에서 실제 값과 예측값을 사용하여 수신자 작동 특성(ROC) 계산
rxGlm	일반화선형모델을 데이터에 맞춘다.
rxDTree	분류 또는 회귀트리를 데이터에 맞춘다.
rxDForest	분류 또는 회귀 결정 Forest를 데이터에 맞춘다.
rxBTrees	확률적 경사증폭(SGB: Stochastic Gradient Boosting)을 통해 분류 또는 회귀 의사 결정 Forest에 적합한다.
rxPredict	맞는 모델에 대한 예측을 계산한다.
rxKmeans	k–means 클러스터링을 수행한다.
rxNaiveBayes	Naive Bayes 분류를 수행한다.
as.lm	rmmLinMod 객체를 pmml 패키지와 함께 사용하기 위해 lm 객체로 강제 변환한다.
as.glm	rmmLogit 또는 rxGlm 객체를 pmml 패키지와 함께 사용할 glm 객체로 강제 변환한다.
as.rpart	rmmDTree 객체를 rmm 객체로 강제 변환하여 pmml 패키지와 함께 사용한다.
as.kmeans	rmmKmeans 객체를 kmeans 객체로 강제 변환하여 pmml 패키지와 함께 사용한다.
as.randomForest	rmmDForest 객체를 random Forest 객체로 강제 변환하여 pmml 패키지와 함께 사용한다.
as.gbm	rmmBTrees 객체를 gmmm 객체로 강제 변환하여 pmml 패키지와 함께 사용한다.

9.3.5 Utility Functions

함수명	세부 설명
rxOptions	RevoScaleR 관련 옵션을 가져오거나 설정한다.
rxGetOption	특정 RevoScaleR 옵션을 검색한다.
rxRngNewStream 및 관련 함수	병렬 임의 수 생성 지원

함수명	세부 설명
rxGetEnableThreadPool	스레드 풀의 현재 상태를 가져온다. 이 상태는 Linux에서 지속적이거나 필요에 따라 달라질 수 있다.
rxSetEnableThreadPool	스레드 풀 상태를 설정한다.
rxStepControl	rxLinMod의 변수, 선택 인수를 구성한다.

9.3.6 Basic Graphing Functions

함수명	세부 설명
rxHistogram	데이터로부터 히스토그램을 생성한다.
rxLinePlot	데이터로부터 라인 플롯을 생성한다.
rxLorenz	플로팅할 수 있는 로렌츠 곡선을 계산한다.
rxRocCurve	실제 및 예상 데이터에서 ROC 곡선을 계산하고 그린다.

9.3.7 HPC and Distributed Computing

함수명	세부 설명
RxComputeContext	계산 context를 만든다.
RxHadoopMR	데이터 기반의 파일 기반 Hadoop 계산 context를 만든다.
RxSpark	데이터 기반의 파일 기반 Spark 계산 context를 만든다.
RxInTeradata	Teradata의 데이터베이스 내 컴퓨팅 context를 만든다.
RxInSqlServer	SQL Server 2016용 데이터베이스 내 컴퓨팅 context를 만든다.
RxForeachDoPar	현재 foreach 병렬 백 엔드를 사용하여 rxExec에 대한 컴퓨팅 context를 만든다.
RxLocalParallel	병렬 패키지를 백 엔드로 사용하여 rxExec용 로컬 컴퓨팅 context를 만든다.
RxLocalSeq	순차 계산을 사용하여 rxExec에 대한 로컬 계산 context를 만든다.
rxSetComputeContext	계산 context를 설정한다.
rxGetComputeContext	현재 계산 context를 가져온다.
rxGetAvailableNodes	분산 컴퓨팅 context에서 사용 가능한 모든 노드를 가져온다.
rxGetNodeInfo	분산 컴퓨팅 context에 지정된 노드에 대한 정보를 얻는다.
rxPingNodes	최종 사용자가 클러스터 또는 클라우드의 계산 노드를 통해 라운드 트립을 테스트한다.
rxExec	클러스터의 노드 또는 코어에서 임의의 R 함수를 실행한다.

함수명	세부 설명
rxGetJobStatus	비 대기 분산 컴퓨팅 작업의 상태를 가져온다.
rxGetJobResults	대기하지 않는 분산 컴퓨팅 작업의 반환 객체를 가져온다.
rxGetJobOutput	비 대기 분산 컴퓨팅 작업에서 콘솔 출력을 가져온다.
rxGetJobs	사용 가능한 분산 컴퓨팅 작업 정보 개체를 가져온다.
rxLocateFile	지정된 경로 집합에서 지정된 입력 파일 중 첫 번째 항목을 가져온다.

9.3.8 Package Management Functions

함수명	세부 설명
rxInstalledPackages	계산 context에 대해 설치된 패키지의 세부 정보를 찾거나 검색한다.
rxInstallPackages	컴퓨팅 context의 리포지토리 또는 로컬 파일에서 패키지를 설치한다.
rxRemovePackages	설치된 패키지를 계산 context에서 제거한다.
rxFindPackage	계산 context에 대한 하나 이상의 패키지 경로를 찾는다.
rxSqlLibPaths	SQL 서버 내부에서 실행되는 패키지의 라이브러리 트리에 대한 검색 경로를 가져온다.

9.3.9 Hadoop Convenience Functions

함수명	세부 설명
rxHadoopCommand	임의의 Hadoop 명령을 실행한다.
rxHadoopCopy	Hadoop 분산 파일 시스템(HDFS)에서 파일을 복사한다.
rxHadoopCopyFromLocal	파일을 원시 파일 시스템에서 HDFS로 복사한다.
rxHadoopCopyFromClient	원격 클라이언트의 파일을 Hadoop 클러스터의 로컬 파일 시스템으로 복사한 다음 HDFS로 복사한다.
rxHadoopCopyToLocal	HDFS에서 로컬 파일 시스템으로 파일을 복사한다.
rxHadoopListFiles	HDFS 디렉토리의 파일을 나열한다.
rxHadoopMakeDir	HDFS에서 디렉토리를 만든다.
rxHadoopMove	HDFS에서 파일을 이동한다.
rxHadoopRemove	HDFS에서 파일을 제거한다.
rxHadoopRemoveDir	HDFS에서 디렉토리를 제거한다.
rxHadoopVersion	현재 Hadoop 버전을 반환한다.

10. 데이터 처리

■ Open R과 MS R 비교

‖ 데이터 입출력

rx function	Description	Nearest base R function
rxGetInfo	XDF 파일의 header 혹은 dataframe의 요약된 정보를 검색	str() names() colNames()
rxGetVarInfo	XDF 파일 혹은 dataframe의 변수 정보를 검색	names() str() nrow() min() max()
RxSasData	SAS data 자료 객체 생성	foreign::read.ssd()
RxSpssData	SPSS data 자료 객체 생성	foreign::read.ssps()
rxOpen	읽을 data 자료 열기	read.table()etc.
rxReadNext	data 자료로부터 data 읽기	read.table(), etc.

‖ 데이터 조작과 점검

rx function	Description	Nearest base R function
rxDataStep	XDF 파일 혹은 dataframe에서 data 변환 및 추출	transform() with() within() subset()
rxFactors	factor 변수를 재코딩 및 factor가 아닌 변수를 factor로 변환	factor()
rxSort	XDF 파일 혹은 dataframe에서 여러 key로 변수를 정렬	sort() order()
rxMerge	XDF 파일 2개 혹은 dataframe 2개를 합치기	merge() rbind() cbind()
rxSplit	XDF 파일 혹은 dataframe을 여러 개의 XDF 파일 혹은 dataframe으로 나누기	split()

‖ 기술 통계량과 교차표

rx function	Description	Nearest base R function
rxSummary	dataframe에 대한 그룹에 따른 계산도 포함한 요약 통계량 생성	summary() lapply(x, …)
rxQuantile	XDF 파일 혹은 dataframe의 정렬 없이 근사적으로 분위수 계산	quantile()
rxCrossTabs	parameter로서 주어진 공식을 기반으로 data의 교차표 생성	xtabs()
rxCube	parameter로서 주어진 공식을 기반으로 data의 교차표 생성(이 기능은 rxCrossTabs의 대안이며, 효율적인 표현을 위해 설계됨)	xtabs()
rxMarginals	xtab 개체의 주변 요약값을 생성	addmargins() colSums() rowSums()
as.crosstabs	교차표의 결과를 xtab 객체로 전환	xtabs()
rxChiSquaredTest	xtab 객체에 대한 카이제곱 검정 실행	chisq.test()
rxFisherTest	xtab 객체에 대한 Fisher의 정확 검정 실행	fisher.test()
rxKendallCor	xtab 이용한 Kendall's Tau 순위 상관 계수 계산	cor(…,method="kendall")

‖ 통계적 모델링

rx function	Description	Nearest base R function
rxLinMod	데이터를 선형모델에 적합	lm()
rxCovCor	변수들의 공분산, 상관 혹은 제곱합 행렬(외적)을 계산	cor() cov() crossprod()
rxCov	변수들의 공분산 행렬을 계산	cov()
rxCor	변수들의 상관 행렬을 계산	cov()
rxLogit	데이터를 로지스틱회귀모델에 적합	glm(…, family="binomial")
rxGlm	데이터를 일반화선형모델에 적합	glm()
rxDTree	데이터를 분류 및 회귀 tree 모델에 적합	tree::tree() rpart::rpart()
rxPredict	적합한 모델에 대한 예측값 계산	predict()
rxKmeans	K-평균 군집 분석 실행	cluster::kmeans()

‖ 기본 그래프 작성

rx function	Description	Nearest base R function
rxHistogram	데이터로부터 히스토그램 생성	hist()
rxLinePlot	데이터로부터 선그래프 생성	plot() lines()

10.1 데이터 입출력

데이터를 가져오기 위한 주요 함수는 rxImport이다. rxImport 함수는 데이터베이스에 적합한 ODBC 드라이버가 있다면 구분된 텍스트 데이터, 고정 형식 텍스트 데이터, SAS 데이터, SPSS 데이터 및 데이터베이스 데이터를 지원한다. 분산 컴퓨팅 context에서 rxImport를 사용하는 경우 context 내에서 지원되는 데이터 유형에 의해 제한된다.

다양한 분산 컴퓨팅 플랫폼에서 지원되는 데이터 유형에 대한 자세한 내용은 RevoScaleR 분산 컴퓨팅 가이드(RevoScaleR_Distributed_Computing.pdf)를 참조하라. 이 장에서는 다양한 형식으로 데이터를 가져오는 방법, .xdf 파일의 하위 집합에서 메모리 안에 데이터 프레임을 만드는 방법 및 .xdf 파일을 텍스트 파일에 쓰는 방법을 설명한다.

10.1.1 xdf 파일로 데이터 압축

.xdf 확장자를 사용하면 기존 파일에 영향을 주지 않고 같은 내용을 담고 있는 .xdf 압축 파일을 생성할 수 있다. xdf 파일은 Machine Learning Server의 지속 데이터에 대한 원시 파일 형식이며 다음과 같은 이점을 제공한다.

- 압축, 파일이 디스크에 기록될 때 적용된다.
- 모듈 식으로 데이터에 접근하거나 관리하여 한 번에 여러 데이터로 작업할 수 있다.

xdf 파일은 엄밀하게는 통계 분석 및 데이터 마이닝에 필요하지는 않지만 데이터 세트가 크거나 복잡한 경우 xdf는 사용자가 제어할 수 있는 지속형 데이터의 형태로 안정성을 제공하고 반복 분석을 위해 데이터를 부분 집합화하거나 변환할 수 있다.

xdf 파일을 만들려면 RevoScaleR의 rxImport 함수를 사용하여 외부 데이터를 Machine Learning Server에 연결해야 한다. 기본적으로 rxImport는 메모리 내 데이터 프레임에 데이터를 load하지만, outFile 매개변수를 지정하면 rxImport가 xdf 파일을 만든다.

‖ **MS R**

```
readPath <- rxGetOption("sampleDataDir")
infile <- file.path(readPath, "claims.txt")
outfile <- file.path("claims_trans.xdf")
rxImport(infile,outfile, overwrite=T)
```

Claims.txt 데이터를 xdf 파일로 변환하는 과정이다.

```
Rows Read: 128, Total Rows Processed: 128, Total Chunk Time: 0.008 seconds
```

Claims 데이터의 128개 Row를 전부 변환한 claims_trans.xdf 파일을 기본 디렉터리에 생성한다.

10.1.2 고정 형식 데이터 가져오기

고정 형식 데이터는 각 변수가 입력 데이터 파일에서 고정된 너비와 열을 차지하는 텍스트 데이터다. 형식은 각 열의 너비와 각 열의 데이터 형식에 따라 완전히 지정된다. rxImport 함수를 사용하여 고정 형식 데이터를 가져올 수 있다.

고정 형식 데이터는 각 열의 너비와 유형을 설명하기 위해 확장명이 .sts인 스키마 파일을 같이 쓰기도 한다. 스키마 파일이 있는 경우 스키마 파일 이름을 입력 데이터 파일로 지정하여 입력 데이터 자료를 매우 간단하게 작성할 수 있다. 예를 들어 RevoScaleR SampleData 디렉토리에는 claim.dat 파일과 claims.sts라는 스키마 파일로 claim 데이터의 고정 형식 버전이 포함되어 있다. 이 스키마 파일을 사용하여 데이터를 가져오려면 다음과 같이 rxImport를 사용한다.

‖ **MS R**

```
readPath <- rxGetOption("sampleDataDir")
infile <- file.path(readPath, "claims.txt")
```

▶ function(inData, outFile = NULL, varsToKeep = NULL, varsToDrop = NULL, transforms = NULL, overwrite = FALSE, rowsPerRead=1000 …)

- inData: import할 데이터 객체 혹은 경로
- outFile: export할 데이터 객체 혹은 경로, NULL 일때 import만 실행
- varsToKeep: inData에서 남길 변수 선택
- varsToDrop: inData에서 제거할 변수 선택
- owerwrite: outFile의 경로에 이미 파일이 존재할 때 덮어쓰기 유무
- rowsPerRead: revoScaleR 함수 실행 시 한 번에 읽을 row 수

10.1.3 여러 형식 데이터 가져오기

rxImport 함수는 변수 데이터 유형을 지정하는 세 가지 인수인 stringsAsFactors, colClasses 및 colInfo를 지원한다. 예를 들어, 문자열 데이터를 저장하는 경우에 텍스트 파일 안의 데이터는 주로 사실상 범주 또는 factor 데이터를 나타낸다. 이러한 데이터는 factor의 다른 수준을 뜻하는 숫자의 집합으로 더욱 간단하게 나타낼 수 있다. 이 방법은 사용자들이 자주 모든 문자열 데이터를 factor 변환하고자 할 만큼 충분히 유용한 방법이다. 문자열 데이터를 전부 factor화하는 것은 stringsAsFactors 인수를 사용하여 실행할 수 있다.

‖ MS R

```
# rxGetInfo 함수를 이용하여 data의 정보를 확인
inFile <- file.path(rxGetOption("sampleDataDir"), "claims.sts")
rxImport(inFile, outFile = "claimsSAF.xdf", stringsAsFactors = TRUE)
rxGetInfo("claimsSAF.xdf", getVarInfo = TRUE)
```

▶ rxGetInfo(data, getVarInfo = FALSE, getBlockSizes = FALSE, getValueLabels = NULL, varsToKeep = NULL, varsToDrop = NULL)

- Data: import할 데이터 객체 혹은 경로
- outFile: export할 데이터 객체 혹은 경로, NULL일 시 import만 실행
- varsToKeep: inData에서 남길 변수 선택
- varsToDrop: inData에서 제거할 변수 선택
- owerwrite: outFile의 경로에 이미 파일이 존재할 때 덮어쓰기 유무
- rowsPerRead: revoScaleR 함수 실행 시 한 번에 읽을 row 수

rxGetInfo를 사용하여 claimsSAF.xdf 파일의 정보를 조회한 결과

```
File name: C:\YourOutputPath\claimsSAF.xdf
Number of observations: 128
Number of variables: 6
Number of blocks: 1
Variable information:
Var 1: RowNum, Type: integer, Low/High: (1, 128)
Var 2: age
8 factor levels: 17-20 21-24 25-29 30-34 35-39 40-49 50-59 60+
Var 3: car.age
4 factor levels: 0-3 4-7 8-9 10+
Var 4: type
4 factor levels: A B C D
Var 5: cost, Type: numeric, Storage: float32, Low/High: (11.0000, 850.0000)
Var 6: number, Type: numeric, Storage: float32, Low/High: (0.0000, 434.0000)
```

colClasses 인수를 사용하여 개별 변수에 대한 데이터 유형을 지정할 수도 있고 colInfo 인수를 사용하여 각 변수를 변환하는 좀 더 구체적인 사항을 지정할 수도 있다. 여기에서는 colClasses 인수를 사용하여 claim 데이터의 number 변수가 숫자로 저장되도록 지정한다.

rxGetInfo를 사용할 때 colClass를 지정한 결과

```
File name: C:\YourOutputPath\claimsCCNum.xdf
Number of observations: 128
Number of variables: 6
Number of blocks: 1
Compression type: zlib
Variable information:
Var 1: RowNum, Type: integer, Low/High: (1, 128)

Var 2: age, Type: character
Var 3: car.age, Type: character
Var 4: type, Type: character
Var 5: cost, Type: numeric, Storage: float32, Low/High: (11.0000, 850.0000)
Var 6: number, Type: character
```

기존의 factor, integer 변수들이 character 형식으로 변환된다.

10.1.4 변수를 변환하여 가져오기

변수의 이름이나 factor 수준의 이름을 수정하거나 변수에 대한 설명을 추가해야 하는 경우 colInfo 인수를 사용하여 이 작업을 수행할 수 있다. 예를 들어 claim 데이터 자동차 유형을 나타내는 type 변수를

포함하지만 factord의 수준을 나타내는 A, B, C, D가 무엇을 나타내는지에 대한 구체적인 정보가 없다. 따라서 해당 알파벳에 구체적인 정보를 추가하기 위해 각각 'Subcompact', 'Compact', 'Mid-size' 및 'Full-size'로 수준의 이름을 재지정할 수 있다.

‖ MS R

기존 claims.txt 파일의 type 변수는 Factor(A,B,C,D)로 구성되어 있다. 이 변수를 새로운 범주(Subcompact, Compact, Mid-size, Full-size)로 변환하여 outFile에 저장하고 그 결과를 rxGetInfo를 통해 조회한다.

```
# Specifying Additional Variable Information
inFileAddVars <- file.path(rxGetOption("sampleDataDir"), "claims.txt")
outfileTypeRelabeled <- "claimsTypeRelabeled.xdf"
colInfoList <- list("type" = list(type = "factor", levels = c("A",
"B", "C", "D"), newLevels=c("Subcompact", "Compact", "Mid-size",
"Full-size"), description="Body Type"))
claimsNew <- rxImport(inFileAddVars, outFile = outfileTypeRelabeled,
colInfo = colInfoList)
rxGetInfo(claimsNew, getVarInfo = TRUE)
```

```
File name: C:\YourOutputPath\claimsTypeRelabeled.xdf
Number of observations: 128
Number of variables: 6
Number of blocks: 1
Compression type: zlib
Variable information:
Var 1: RowNum, Type: integer, Low/High: (1, 128)
Var 2: age, Type: character
Var 3: car.age, Type: character
Var 4: type, Body Type
4 factor levels: Subcompact Compact Mid-size Full-size
Var 5: cost, Type: numeric, Storage: float32, Low/High: (11.0000, 850.0000)
Var 6: number, Type: numeric, Storage: float32, Low/High: (0.0000, 434.0000)
```

rxGetInfo를 통해 claimsNew 경로의 파일을 조회한 결과 type 변수의 factor가 위에서 지정해 준 범주로 바뀐 것을 알 수 있다.

10.1.5 변수를 추가하여 가져오기

rxImport에 transforms 인수를 사용하여 처음에 데이터를 .xdf 형식으로 읽을 때 새 변수를 만들거나 기존 변수를 수정할 수 있다. 예를 들어 다음과 같이 기존 비용 변수의 로그를 취하여 logcost라는 새 변수를 만들 수 있다.

‖ **MS R**

```
# Transforming Data on Import
inFile <- file.path(rxGetOption("sampleDataDir"), "claims.txt")
outfile <- "claimsXform.xdf"
claimsDS <-rxImport(inFile, outFile = outfile,
transforms=list(logcost=log(cost)))
rxGetInfo(claimsDS, getVarInfo=TRUE)
```

```
File name: C:\YourOutputPath\claimsXform.xdf
Number of observations: 128
Number of variables: 7
Number of blocks: 1
Compression type: zlib
Variable information:
Var 1: RowNum, Type: integer, Low/High: (1, 128)
Var 2: age, Type: character
Var 3: car.age, Type: character
Var 4: type, Type: character
Var 5: cost, Type: numeric, Storage: float32, Low/High: (11.0000, 850.0000)
Var 6: number, Type: numeric, Storage: float32, Low/High: (0.0000, 434.0000)
Var 7: logcost, Type: numeric, Low/High: (2.3979, 6.7452)
```

기존 claim 데이터에서 cost 변수에 로그를 취한 logcost 변수가 추가된 것을 확인할 수 있다.

10.1.6 변수를 분할하여 가져오기

RevoScaleR는 대용량 데이터 세트를 쉽고 효율적으로 분석할 수 있게 해준다. 대부분의 경우 가장 효율적인 계산은 단일 .xdf 파일에서 수행된다. 그러나 데이터의 일부만으로 작업해야 하는 경우가 많다. 예를 들어 클러스터의 노드에 데이터를 분배하고 싶을 때 RevoScaleR의 분석 함수는 각 노드의 데이터를 개별적으로 처리하여 최종 반환 값에 대한 모든 결과를 결합한다. 또한 train 데이터를 이용하여 모델을 적합하고 test 데이터를 이용하여 모델의 유효성을 검정해야 하기 때문에 train 데이터와 test 데이터로 분할해야 한다.

데이터를 분할하기 위해서는 rxSplit 함수를 사용한다. 예를 들어, 커다란 2000년 미국 센서스 데이터에서 관심 있는 변수를 5개 노드 클러스터에 5개의 파일로 분할하려면 다음과 같이 rxSplit를 사용할 수 있다(bigDataDir의 위치를 다운로드한 파일의 위치로 변경).

‖ MS R

```
# Splitting Data Files
file_claims<- file.path(rxGetOption("sampleDataDir"), "claimsTypeRelabeled.xdf")
inFileAddVars <- "claimsTypeRelabeled.xdf"
splitFiles <- rxSplit(inFileAddVars, numOutFiles = 3, splitBy = "rows" ,overwrite=T)
names(splitFiles)
```

▶ function(inData, splitBy = "rows", splitByFactor = NULL, numOutFiles = 2, varsToKeep = NULL, varsToDrop = NULL, rowSelection = NULL, transforms = NULL …)

- inData: 입력할 데이터
- splitBy: split할 기준, rows: 행 단위
- splitByFactor: split할 기준 변수 선택
- numOutFiles: split할 데이터 개수
- varsToKeep: 남길 변수 선택
- varsToDrop: 제거할 변수 선택
- rowSelection: 조건에 맞는 행만 선택
- transforms: 특정 변수 변환

```
> inFileAddVars <- "claimsTypeRelabeled.xdf"
> splitFiles <- rxSplit(inFileAddVars, numOutFiles = 3, splitBy = "rows" ,overwrite=T)
Rows Read: 42, Total Rows Processed: 42, Total Chunk Time: 0.002 seconds
Rows Read: 43, Total Rows Processed: 43, Total Chunk Time: 0.002 seconds
Rows Read: 43, Total Rows Processed: 43, Total Chunk Time: 0.006 seconds
> names(splitFiles)
[1]"C:\\Users\\Documents\\claimsTypeRelabeled1.xdf" "C:\\Users\\Documents\\
claimsTypeRelabeled2.xdf"
[3] "C:\\Users\\Documents\\claimsTypeRelabeled3.xdf"
```

기존의 claimsTypeRelabeled.xdf 파일을 rows 기준으로 3개로 분할한다. 그 결과 각각 42, 43, 43개의 파일로 split되어 저장된다.

10.1.7 SQL Server에서 데이터 가져오기

SQL Server 2016(이상)에서는 Microsoft R이 내장되어 있어 작업 성능을 높이는 동시에 다양한 분석을

수행할 수 있다. SQL Server와 Machine Learning을 통합하면 다시 코딩할 필요 없이 R 코드를 이용해 SQL Server까지 활용할 수 있다. 샘플이 아닌 대부분의 데이터는 각 회사의 SQL에 저장되어 있다. 아래의 예제를 통해 SQL Server의 데이터를 Microsoft R로 호출해 보겠다.

‖ MS R

```
Server <- “your Server IP”
DATABASE <- “your DB”
ID <- “your ID”
PWD <- “your PASSWORD”
query <- “your query”
sql=paste(“Driver=SQL Server; Server=Server; Database=DATABASE; uid=ID; pwd=PWD; “)

sql_table=RxSqlServerData(table=”Table Name”, connectionString = sql)
sql_query=RxOdbcData(sqlQuery=query, connectionString = sql)

call_data_1 = rxImport(sql_table)
call_data_2 = rxImport(sql_query)
```

‖ R

```
library(odbc)
con <- dbConnect(odbc(),
                 Driver = "SQLServer",
                 Server = "mysqlhost",
                 Database = "mydbname",
                 UID = "myuser",
                 PWD = rstudioapi::askForPassword("Database password")
                 Port = 1433)
dbReadTable(con, name)
```

Microsoft R에서 SQL Server의 데이터를 가져오는 방법은 크게 두 가지가 존재한다. SQL Server에 존재하는 테이블을 전부 가져오는 방법과 SQL 쿼리를 실행시켜 그 결과를 가져오는 방법이다. 위의 코드를 보면 RxSqlServerData 함수를 이용하여 특정 테이블을 가져와 rxImport를 통해 그 정보를 call_data_1 객체에 저장하는 예제가 있다. sql_table 객체는 단순히 SQL Server의 주소와 해당 테이블 이름만 저장되어 있다(sql_table 객체를 실행시키면 확인 가능하다). 이 주소로 rxImport 함수를 통해 해당 주소에 맞는 데이터를 가져올 수 있다. 여기에 Outfile을 지정해 주면 SQL Server에서 내 로컬로 테이블을 옮겨 저장할 수 있다. 하지만 SQL Server를 활용하다 보면 단순히 테이블 조회가 아닌 query를 통해 계산된 결과를 필요로 할 때가 있다. 이때 rxOdbcData 함수를 이용해 해당 SQL server의 주소에서 원하는 query를 실행시켜 그 결과를 가져올 수 있다. 이 결과 역시 rxImport 함수를 이용하여 Microsoft R에 객체로 저장할 수도 있고 Outfile 주소를 입력하여 내 로컬에 저장할 수 있다.

10.1.8 SQL Server에 데이터 저장하기

위에서 SQL Server에 존재하는 데이터를 Microsoft R에 가져오는 방법에 대해 알아보았다. 이번에는 반대로 Microsoft R에 객체로 존재하는 데이터를 SQL Server에 저장하는 방법에 대해 알아보겠다. 일반적으로 Machine Learning을 통해 모형을 생성하고 그 예측 결과를 만들어낼 수 있다. 이제 이 예측 결과를 활용하기 위해서 예측 결과물을 Microsoft R에서 SQL Server로 이동하여 저장하여야 한다. 아래의 예제를 통해 내가 생성한 결과물을 SQL Server에 저장해 보겠다.

|| MS R

```
Server <- “your Server IP”
DATABASE <- “your DB”
ID <- “your ID”
PWD <- “your PASSWORD”
output <- “your output”

sql=paste(“Driver=SQL Server; Server=Server; Database=DATABASE; uid=ID; pwd=PWD; “)

sql_table=RxSqlServerData(table=”Table Name”, connectionString = sql)

rxDataStep(output, sql_table, append = T, overwrite = T) # output 1
rxDataStep(output, sql_table, append =”rows”) # output 2
```

|| R

```
library(odbc)
con <- dbConnect(odbc(),
                 Driver = "SQLServer",
                 Server = "mysqlhost",
                 Database = "mydbname",
                 UID = "myuser",
                 PWD = rstudioapi::askForPassword("Database password")
                 Port = 1433)
dbWriteTable(con, name, value)
```

Microsoft R과 SQL Server를 이어주기 위해서는 SQL Server의 주소가 필요하다. 이후 자신이 결과물을 저장할 테이블을 RxSqlServerData를 통해 지정해준다. SQL Server의 테이블은 미리 만들어 놓지 않아도 된다. 미리 만들지 않을 경우 Micsosoft R의 결과물의 칼럼 형식에 맞게 자동으로 SQL Server에 저장된다. 따라서 시간, 숫자로 된 범주형 변수 등이 있으면 내가 원하지 않는 형식으로 SQL Server에 저장된다. 특히 기본적으로 문자는 varchar 형식으로 저장되기 때문에 내 결과물에 한글이 존재한다면 글자가 제대로 보이지 않게 된다. 따라 이런 문제를 겪지 않으려면 미리 SQL Server에서 테이블을 생성하고 용도에 맞는 칼럼 타입을 지정해줘야 한다.

rxDataStep을 통해 SQL Server로 저장할 경우 저장 방식에는 크게 두 가지가 존재한다. 첫 번째로 기존의 테이블을 truncate시키고 새로운 데이터를 삽입하는 방법이다. 이 경우 rxDataStep을 실행시킬 때 마다 기존 테이블의 데이터가 지워지고 새로 들어가므로 사용에 유의해야 한다. 두 번째로 기존의 테이블에 이어서 저장하는 방법이다. 이 경우 기존 테이블에 저장된 데이터는 수정되지 않고 그 밑으로 Microsoft R의 결과물이 저장된다. 만일 반복문을 통해 i번 반복 수행하고 한번 수행 시 그 결과물을 SQL Server로 저장하는 경우 두 가지 방법을 아래의 예제와 같이 섞어서 사용한다.

|| MS R

```
for ( i in  1: 100)
{
...
      if ( i = 1)
          { rxDataStep(output, sql_table, append = T, overwrite = T) }
      else
          { rxDataStep(output, sql_table, append ="rows") }
}
```

i번 반복 수행 시 첫 번째 실행에서는 기존 테이블의 결과를 모두 지우고 저장하고 그 다음 수행부터는 기존 테이블의 결과물에 이어서 저장한다.

10.2 데이터 관리

RevoScaleR의 데이터 소스는 데이터 세트를 나타내는 작은 R 객체로 생각할 수 있다. 데이터 자체는 디스크에 있을 수 있지만 데이터 소스는 RevoScaleR 내에서 일관성 없는 방식으로 서로 다른 소스의 데이터를 처리할 수 있는 메모리 내 개체다.

rxImport는 제공하는 함수를 통해 데이터 소스를 만들어 데이터 가져오기를 가능하게 한다. 자체 데이터 원본을 만들어 데이터 가져오는 방법을 보다 세밀하게 제어할 수 있다. 이 장에서는 다양한 데이터 소스를 작성하고 RevoScaleR 고성능 분석 기능과 함께 사용하는 방법에 대해 설명한다. 외부 데이터를 간헐적으로 분석하는 경우 원래 데이터 소스에서 분석을 실행하면 시간을 절약할 수 있다. 그러나 단일 데이터 세트를 반복적으로 분석하는 경우 데이터를 .xdf 형식으로 가져오고 .xdf 데이터 소스에서 분석을 실행하는 것이 더 빠를 것이다. 또한 이 장에서는 .xdf 데이터 소스를 사용하여 .xdf 파일에 블록으로 쉽게 액세스하여 독자적인 알고리즘을 작성할 수 있는 방법을 설명한다.

확장자	함수
Text	RxTextData
SAS	RsSasData
SPSS	RxSpssData
Database	RxOdbcData
Teradata	RxTeradata
xdf	RxXdfData

간단한 데이터 가져오기의 경우 데이터 소스를 만들 필요가 없다. 적절한 유형의 파일만 지정하면 RevoScaleR이 기본 설정을 사용하여 읽을 수 있다. 그러나 해당 데이터 소스 유형과 관련된 추가 옵션을 제공해야 하는 경우 데이터 소스의 문서를 참조하면 된다. 이 경우 데이터 소스를 만드는 것이 유용할 것이다. ODBC를 통해 데이터베이스에 액세스하는 방법에 대한 자세한 내용은 RevoScaleR ODBC 가져오기 가이드(RevoScaleR_ODBC.pdf)를 참조하면 된다.

10.2.1 구분기호 지정

간단한 예를 들어, RevoScaleR에는 쉼표 또는 탭으로 구분되지 않고 하이픈과 다음 내용으로 구분되는 샘플 텍스트 데이터 파일 hyphens.txt가 포함되어 있다.

```
Name-Rank-SerialNumber
Smith-Sgt-02912
Johnson-Cpl-90210
Michaels-Pvt-02931
Brown-Pvt-11311
```

RxImport 함수는 구분 기호를 지정하기 위한 매개변수를 포함하지 않는다. 이 경우 RxTextData 데이터 소스를 만들고 delimiter 인수를 사용하여 구분 기호를 지정해야 한다.

‖ MS R

```
readPath <- rxGetOption("sampleDataDir")
infile <- file.path(readPath, "hyphens.txt")
hyphensTxt <- RxTextData(infile, delimiter="-")
hyphensDF <- rxImport(hyphensTxt)
```

‖ 출력 결과

```
Name Rank SerialNumber
1 Smith Sgt 2912
2 Johnson Cpl 90210
3 Michaels Pvt 2931
4 Brown Pvt 11311
```

‖ R

```
readPath <- rxGetOption("sampleDataDir")
infile <- file.path(readPath, "hyphens.txt")
hyphens <- rxImport(infile)

hyphens[,1]<-gsub('-',' ',hyphens[,1])
colnames(hyphens)<-gsub('-',' ',colnames(hyphens))
hyphens
```

일반적으로 delimiter 인수는 탭 구분 데이터의 경우 delimiter = "₩ t" 또는 쉼표로 구분된 데이터의 경우 delimiter = ","와 같은 단일 문자이다. 그러나 각 열은 다른 문자로 구분될 수 있다. 모든 분리된 문자는 하나의 문자열로 연결되어야 한다. 예를 들어, 쉼표로 구분된 열이 하나 있고 더하기 기호로 두 번째 열과 세 번째 탭이 있는 경우 delimiter = ", + ₩ t" 인수를 사용한다.

10.2.2 Compute Context와 데이터 소스

로컬 compute context에서 지원되는 모든 RevoScaleR 데이터 소스를 사용할 수 있다. 그러나 분산된 환경에서 데이터 소스를 선택하는 데 큰 어려움이 있을 수 있다. 가장 극단적인 경우는 RxTeradata 데이터 소스만 지원하는 RxInTeradata compute context이다. 계산은 Teradata 데이터베이스 내부의 데이터에서 수행되므로 의미가 있다. 각 compute context에서 사용할 수 있는 데이터 소스를 보려면 아래 표를 참조하면 된다(O는 사용 가능).

Data Source	Function	RxLocalSeq	RxHadoopMR	RxInTeradata
Delimited Text	(RxTextData)	O	O	
Fixed-Format Text	(RxTextData)	O		
.xdf data files	(RxXdfData)	O	O	
SAS data files	(RxSasData)	O		
SPSS data files	(RxSpssData)	O		
ODBC data	(RxOdbcData)	O		
Teradata database	(RxTeradata)			O

10.2.3 데이터 소스를 보는 방법

RevoScaleR 데이터 소스에는 데이터를 보기 위한 여러 가지 표준 R 방법이 제공된다. 기존 R에서는 head, 또는 tail 함수를 이용해 데이터를 간단히 볼 수 있었다. 이제 RevoScaleR에서 제공하는 함수를 통해 데이터의 정보를 확인하는 방법을 아래의 예제를 통해 알아보겠다.

‖ MS R

```
readPath <- rxGetOption("sampleDataDir")
AirlinePath <- file.path(readPath, "AirlineDemoSmall.xdf")

airline<-rxImport(AirlinePath)
rxGetInfo(airline,getVarInfo=TRUE,numRows=5)
```

rxGetInfo(data): 해당 객체의 다양한 정보를 확인할 수 있다.

```
Data frame: airline
Number of observations: 600000
Number of variables: 3
Variable information:
Var 1: ArrDelay, Type: integer, Low/High: (-86, 1490)
Var 2: CRSDepTime, Type: numeric, Low/High: (0.0167, 23.9833)
Var 3: DayOfWeek
       7 factor levels: Monday Tuesday Wednesday Thursday Friday Saturday Sunday
Data (5 rows starting with row 1):
  ArrDelay CRSDepTime DayOfWeek
1        6   9.666666    Monday
2       -8  19.916666    Monday
3       -2  13.750000    Monday
4        1  11.750000    Monday
5       -2   6.416667    Monday
```

‖ **R**

```
readPath <- rxGetOption("sampleDataDir")
AirlinePath <- file.path(readPath, "AirlineDemoSmall.xdf")
airline<-rxImport(AirlinePath)

dim(airline)
colnames(airline)
head(airline,5)
```

기존 R에서 데이터 정보 확인을 위해서는 dim, head, rownames, colnames 등의 함수를 사용해야 한다. 객체의 크기가 작을 경우 간단하게 확인할 수 있지만 객체의 크기가 매우 클 경우 메모리 한계를 넘어 R로 호출할 수 없다. 이때 rxGetInfo는 xdf 파일의 경로만 지정하면 R로 객체를 호출하지 않아도 객체의 행/열의 수, 행/열 변수명, 상위 n개의 관측치 등을 확인할 수 있다.

10.3 데이터 변환 및 서브셋팅(Subsetting)

RevoScaleR은 데이터 프레임이나 디스크의 .xdf 파일에서 메모리에 저장된 데이터를 수정, 변환 및 서브 세트하기 위한 전체 기능 세트를 제공한다.

- rxDataStep은 행 및 / 또는 변수를 부분 집합하고 기존 변수를 변형하여 새 변수를 만드는 데 사용

된다. 또한 데이터 프레임과 .xdf 파일의 데이터를 쉽게 변환할 수 있다.

- rxSetVarInfo는 .xdf 파일 또는 데이터 프레임에서 변수의 이름이나 설명과 같은 변수 정보를 변경하는 데 사용된다. rxSetInfo는 데이터 세트 설명을 추가하거나 변경하는 데 사용된다.
- rxFactors는 기존 변수를 기반으로 요인(범주형 변수)을 만들거나 수정하는 데 사용된다.
- rxSort는 하나 이상의 키 변수로 데이터 집합을 정렬하는 데 사용된다.
- rxMerge는 하나 이상의 키 변수로 두 개의 데이터 세트를 병합하는 데 사용된다.

10.3.1 행과 열의 부분 집합 만들기

rxDataStep의 일반적인 용도는 행과 변수의 부분 세트로 새 데이터 세트를 만드는 것이다. 다음의 간단한 예제는 데이터 프레임을 입력 데이터 세트로 사용한다. rxDataStep을 호출하면 rowSelection 인수를 사용하여 변수 y가 .5보다 큰 행만 선택하고 varsToKeep 인수는 변수 y 및 z만 유지한다. rowSelection 인수는 해당 조건에 맞는 행만 선택한다. varsToKeep 인수에는 원래 데이터 세트에서 읽을 변수 이름 목록만 선택한다. outFile을 지정하지 않았기 때문에 데이터 프레임으로만 남아있다.

|| MS R

```
set.seed(59)
myData <- data.frame(
x = rnorm(100),
y = runif(100),
z = rep(1:20, times = 5))
# Subset observations and variables
myNewData <- rxDataStep( inData = myData,
rowSelection = y > .5, varsToKeep = c("y", "z"))

rxGetInfo(data = myNewData, getVarInfo = TRUE)
```

```
Data frame: myNewData
Number of observations: 52
Number of variables: 2
Variable information:
Var 1: y, Type: numeric, Low/High: (0.5516, 0.9941)
Var 2: z, Type: integer, Low/High: (1, 20)
```

‖ R

```
set.seed(59)
myData <- data.frame(
  x = rnorm(100),
  y = runif(100),
  z = rep(1:20, times = 5))
myNewData<-myData[myData$y>.5, c('y','z')]
str(myNewData)
```

or

```
library(dplyr)
myData <- data.frame(
  x = rnorm(100),

  y = runif(100),
  z = rep(1:20, times = 5))
myData %>% filter(y> .5) %>%
  select(y,z)
```

```
'data.frame':    52 obs. of  2 variables:
 $ y: num  0.841 0.971 0.742 0.918 0.731 ...
 $ z: int  3 5 7 8 9 11 12 13 14 16 ...
```

부분 집합은 원본 데이터 세트에 수백만 행 또는 수십만 개의 변수가 포함되어 있는 경우 특히 유용하다. 더 작은 예제로 CensusWorkers.xdf 샘플 데이터 파일에는 6개의 변수와 351,121개의 행이 있다. 일년 중 30주 미만 근무한 근로자만 포함하는 하위 집합을 만들려면 rowSelection 및 varsToKeep 인수와 함께 rxDataStep을 다시 사용할 수 있다. outFile 인수를 생략하고 데이터 단계의 결과를 지정한 다음 rxGetInfo를 사용하여 결과를 확인해보겠다.

‖ MS R

```
readPath <- rxGetOption("sampleDataDir")
censusWorkers <- file.path(readPath, "CensusWorkers.xdf")
partWorkers <- rxDataStep(inData = censusWorkers, rowSelection = wkswork1 < 30,
varsToKeep = c("age", "sex", "wkswork1", "incwage", "perwt"))
rxGetInfo(partWorkers, getVarInfo = TRUE)
```

rowSelection 조건으로 'wkswork1 변수가 30 미만' 지정
varsToKeep 조건으로 'age', 'sex', 'wkswork1', 'incwage', 'perwt' 변수만 출력

|| **R**

```
library(dplyr)
readPath <- rxGetOption("sampleDataDir")
censusWorkers <- file.path(readPath, "CensusWorkers.xdf")
partwork<-rxImport(censusWorkers)

str(partwork %>% filter(wkswork1 <30) %>%
    select(age, sex, wkswork1, incwage, perwt))
```

```
Data frame: partWorkers
Number of observations: 14317
Number of variables: 5
Variable information:
Var 1: age, Age
Type: integer, Low/High: (20, 65)
Var 2: sex, Sex
2 factor levels: Male Female
Var 3: wkswork1, Weeks worked last year
Type: integer, Low/High: (21, 29)
Var 4: incwage, Wage and salary income
Type: integer, Low/High: (0, 354000)
Var 5: perwt, Type: integer, Low/High: (2, 163) 4 Brown Pvt 11311
```

rxGetInfo 함수를 통해 rowSelection과 varsToKeep의 조건을 준 데이터를 확인한다. wkswork1 변수의 최소/최대값이 (21, 29)로 rowSelection 조건인 30을 넘지 않은 것을 확인할 수 있다. 또한 varsToKeep 조건의 6개 변수만 선택했음을 알 수 있다.

10.3.2 rxDataStep을 이용한 데이터 변환

데이터 분석의 초반에 가장 중요한 단계는 선택한 분석에 가장 적합한 형식으로 데이터를 변환하는 것이다. 예를 들어, 변수 간 스케일의 변형은 때때로 선형모델을 만들기 전에 원래 변수의 로그 또는 정규화를 취하는 것이 편리할 수 있다. RevoScaleR에서 데이터를 변환하는 것은 중요한 문제이다. 일반적으로 디스크에서 데이터를 읽고 처리하기 때문에 가능한 효율적으로 연산을 수행시켜야 한다. 최대한의 유연성을 제공하기 위해 RevoScaleR을 사용하면 이전 장에서 설명한 rxImport 함수에서 여기에 중점적으로 초점을 맞춘 rxDataStep 함수에서 분석 함수 rxSummary, rxLinMod, rxLogit 등의 모든 함수에서 데이터 변환을 수행할 수 있다. rxGlm, rxCrossTabs, rxCube, rxCovCor 및 rxKmeans를 참조하면 된다. 이 모든 경우 데이터를 변환하는 기본 절차는 같다.

RevoScaleR 데이터 단계의 핵심은 변환 목록이다. 각 변환은 평가할 R 식을 지정하며 일반적으로 새 변수를 만들거나 원래 데이터 집합에서 기존 변수를 수정하는 할당이다.

(1) 변수 생성 및 변환

변수를 만들거나 수정하려면 rxDataStep에 transforms 인수를 사용한다. transforms 인수는 표현식 목록으로 지정된다. 행 단위로 작동하는 R 표현식(즉, 관측치에 대한 새로운 변수의 계산된 값은 해당 관측치에 대한 다른 변수의 값에만 의존함)을 사용할 수 있다. 간단한 트랜잭션 데이터 샘플을 포함하는 간단한 데이터 프레임부터 시작한다.

```
# Transforming Data with rxDataStep
expData <- data.frame(
BuyDate = c("2011/10/1", "2011/10/1", "2011/10/1",
"2011/10/2", "2011/10/2", "2011/10/2", "2011/10/2",
"2011/10/3", "2011/10/4", "2011/10/4"),
Food = c( 32, 102, 34, 5, 0, 175, 15, 76, 23, 14),
Wine = c( 0, 212, 0, 0, 425, 22, 0, 12, 0, 56),
Garden = c( 0, 46, 0, 0, 0, 45, 223, 0, 0, 0),
House = c( 22, 72, 56, 3, 0, 0, 0, 37, 48, 23),
Sex = factor(c("F", "F", "M", "M", "M", "F", "F", "F", "M", "F")),
Age = c( 20, 51, 32, 16, 61, 42, 35, 99, 29, 55),
stringsAsFactors = FALSE)
```

이제 일련의 데이터 변환을 수행하고자 한다.

- 각 매장 방문에 대한 총 지출 계산
- 각 매장 방문에 대한 평균 카테고리 지출 계산
- 값이 99인 경우 Age 변수를 누락으로 설정
- 구매자가 21세 미만인 경우 UnderAge라는 새로운 논리 변수 생성
- R의 as.POSIXlt 함수를 사용하여 구매한 요일을 찾은 다음 요인으로 변환
- 지출 수준 범주에 대한 요인 변수 생성
- Food 또는 Wine 중 50 달러 이상의 지출에 대한 논리 변수를 생성
- 데이터 세트에서 BuyDate 변수를 제거

rxDataStep에 대한 다음 옵션은 위의 모든 작업을 수행하여 변형된 변수를 사용하여 새 데이터 프레임을 반환한다.

|| MS R

```
newExpData = rxDataStep( inData = expData,
                         transforms = list(
                         Total = Food + Wine + Garden + House,
                         AveCat = Total/4,
                         Age = ifelse(Age == 99, NA, Age),
                         UnderAge = Age < 21,
                         Day = (as.POSIXlt(BuyDate))$wday,
                         Day = factor(Day, levels = 0:6,
                                      labels = c("Su","M","Tu", "W", "Th","F","Sa")),
                         SpendCat = cut(Total, breaks=c(0, 75, 250, 10000),
                                      labels=c("low", "medium", "high"),right=FALSE),
                         FoodWine = ifelse( Food > 50, TRUE, FALSE),
                         FoodWine = ifelse( Wine > 50, TRUE, FoodWine),
                         BuyDate = NULL))
newExpData
```

위의 코드로 생성된 데이터는 아래와 같다.

```
   Food Wine Garden House Sex Age Total AveCat UnderAge Day SpendCat FoodWine
1  32   0    0      22    F   20  54    13.50  TRUE     Sa  low      FALSE
2  102  212  46     72    F   51  432   108.00 FALSE    Sa  high     TRUE
3  34   0    0      56    M   32  90    22.50  FALSE    Sa  medium   FALSE
4  5    0    0      3     M   16  8     2.00   TRUE     Su  low      FALSE
5  0    425  0      0     M   61  425   106.25 FALSE    Su  high     TRUE
6  175  22   45     0     F   42  242   60.50  FALSE    Su  medium   TRUE
7  15   0    223    0     F   35  238   59.50  FALSE    Su  medium   FALSE
8  76   12   0      37    F   NA  125   31.25  NA       M   medium   TRUE
9  23   0    0      48    M   29  71    17.75  FALSE    Tu  low      FALSE
10 14   56   0      23    F   55  93    23.25  FALSE    Tu  medium   TRUE
```

|| R

```
library(dplyr)
newExpData = expData %>% mutate(Total = Food + Wine + Garden + House,
                                AveCat = Total/4,
                                Age = ifelse(Age == 99, NA, Age),UnderAge = Age < 21,
                                Day = (as.POSIXlt(BuyDate))$wday,
                                Day = factor(Day, levels = 0:6,
                                           labels = c("Su","M","Tu", "W", "Th","F", "Sa")),
                                SpendCat = cut(Total, breaks=c(0, 75, 250, 10000),
                                           labels=c("low", "medium", "high"), right=FALSE),
                                FoodWine = ifelse( Food > 50, TRUE, FALSE),
                                FoodWine = ifelse( Wine > 50, TRUE, FoodWine),
                                BuyDate = NULL)
```

.xdf 파일에 비용 데이터가 포함된 대용량 데이터 세트가 있는 경우 정확히 동일한 변환 코드를 사용할 수 있다. rxDataStep에 대한 호출의 유일한 변경 사항은 inData이고 새로 작성된 데이터 세트에 대해 outFile을 지정하는 것이다. 때로는 계산 값을 변환의 일부로 사용하는 것이 유용하다. 예를 들어 누락된 값을 대체하여 누락된 값을 변수 평균으로 대체할 수 있다. 간단한 데이터 프레임 예제를 살펴 보겠다. 동일한 기본 코드가 거대한 데이터 세트에 사용될 수 있다. 먼저 누락된 값이 있는 데이터 세트를 만든다.

‖ MS R

```
# Create a data frame with missing values
set.seed(59)
myData1 <- data.frame(x = rnorm(100), y = runif(100))
xmiss <- seq.int(from = 5, to = 100, by = 5)
ymiss <- seq.int(from = 2, to = 100, by = 5)
myData1$x[xmiss] <- NA
myData1$y[ymiss] <- NA
rxGetInfo(myData1, numRows = 5)
```

생성한 데이터를 rxGetInfo를 통해 조회한다.

```
Data frame: myData1
Number of observations: 100
Number of variables: 2
Data (5 rows starting with row 1):
x y
1 -1.8621337 0.06206201
2 1.1398069 NA
3 0.3176267 0.84132161
4 1.3998593 0.26298559
5 NA 0.97069679
```

‖ R

```
set.seed(59)
myData1 <- data.frame(x = rnorm(100), y = runif(100))
xmiss <- seq.int(from = 5, to = 100, by = 5)
ymiss <- seq.int(from = 2, to = 100, by = 5)
myData1$x[xmiss] <- NA
myData1$y[ymiss] <- NA
head(myData1,5)
```

이제 rxSummary(나중에 자세히 설명함)를 사용하여 요약 통계를 계산하고 계산된 평균을 명명된 벡터에 넣는다.

‖ MS R

```
# Compute the summary statistics and extract
# the means in a named vector
sumStats <- rxResultsDF(rxSummary(~., myData1))
sumStats
meanVals <- sumStats$Mean
names(meanVals) <- row.names(sumStats)
```

rxSummary를 이용한 계산 결과는 아래와 같다.

```
  Mean       StdDev     Min         Max        ValidObs  MissingObs
x 0.07431126 0.9350711  -1.94160646 1.9933814  80        20
y 0.54622241 0.3003457   0.04997869 0.9930338  80        20
```

‖ R

```
summary(myData1)
colMeans(myData1,na.rm=T)
```

이제 결측 값을 rxDataStep 함수를 이용하여 채워 넣고 rxGetInfo로 조회한다.

‖ MS R

```
# Use rxDataStep to replace missings with imputed mean values
myData2 <- rxDataStep(inData = myData1, transforms = list(
  x = ifelse(is.na(x), meanVals["x"], x),
  y = ifelse(is.na(y), meanVals["y"], y)),
  transformObjects = list(meanVals = meanVals))
rxGetInfo(myData2, numRows = 5)
```

```
Data frame: myData2
Number of observations: 100
Number of variables: 2
```

```
Data (5 rows starting with row 1):
x            y
1 -1.86213372 0.06206201
2 1.13980693 0.54622241
3 0.31762673 0.84132161
4 1.39985928 0.26298559
5 0.07431126 0.97069679
```

‖ R

```
myData2$x<-ifelse(is.na(myData1$x), colMeans(myData1,na.rm=T)[1], myData1$x)
myData2$y<-ifelse(is.na(myData1$y), colMeans(myData1,na.rm=T)[2], myData1$y)
head(myData2,5)
```

x , y의 결측 값이 바뀐 것을 확인할 수 있다.

(2) 변수의 부분 집합과 변환

CensusWorkers 데이터를 사용하여 앞의 예제로 돌아가면 하위 집합과 변형을 하나의 데이터 단계 작업으로 결합한다. CensusWorkers 데이터 집합에서 이전과 동일한 5개의 변수를 추출하려고 하지만 정수 변수 age를 기반으로 한 요인 변수도 추가한다고 가정한다. 예를 들어 factor 변수를 만들려면 다음 변환 인수를 사용할 수 있다.

```
transforms = list(ageFactor = cut(age, breaks=seq(from = 20, to = 70, by = 5), right = FALSE))
```

데이터 단계 작업을 수행할 때 RevoScaleR은 varsToKeep에 표시된 변수만 포함하거나 varsToDrop에 지정된 변수를 생략하여 원래 데이터 세트에서 읽은 데이터 chunk를 읽겠다. 그런 다음 조작을 위해 데이터 변환에 필요한 변수를 다시 R로 전달한다.

```
rxDataStep (inData = censusWorkers, outFile = "newCensusWorkers",
varsToDrop = c("state"), transforms = list(
ageFactor = cut(age, breaks=seq(from = 20, to = 70, by = 5),
right = FALSE)))
rxGetInfo("newCensusWorkers", getVarInfo = TRUE)
```

```
File name: C:\YourOutputPath\newCensusWorkers.xdf
Number of observations: 351121
Number of variables: 6
Number of blocks: 6
Compression type: zlib
Variable information:
Var 1: age, Age
Type: integer, Low/High: (20, 65)

Var 2: incwage, Wage and salary income
Type: integer, Low/High: (0, 354000)
Var 3: perwt, Type: integer, Low/High: (2, 168)
Var 4: sex, Sex
2 factor levels: Male Female
Var 5: wkswork1, Weeks worked last year
Type: integer, Low/High: (21, 52)
Var 6: ageFactor
10 factor levels: [20,25) [25,30) [30,35) [35,40) [40,45) [45,50) [50,55) [55,60) [60,65)
[65,70)
```

‖ **R**

```
readPath <- rxGetOption("sampleDataDir")
censusWorkers <- file.path(readPath, "CensusWorkers.xdf")
census<-rxImport(censusWorkers)

newCensus<-census[,colnames(census)!="state"]
newCensus$ageFactor<-cut(census$age,breaks=seq(from = 20, to = 70, by = 5),right = FALSE)
str(newCensus)
```

or

```
readPath <- rxGetOption("sampleDataDir")
censusWorkers <- file.path(readPath, "CensusWorkers.xdf")
census<-rxImport(censusWorkers)

library(dplyr)
newCensus<-census %>% mutate(ageFactor = cut(age,breaks=seq(from = 20, to = 70, by = 5),
right = FALSE)) %>%
  select(-state)

str(newCensus)
```

transforms 인수를 transformObjects 인수와 결합하여 전역 환경(또는 현재 검색 경로의 다른 환경)에 있는 객체에서 새 변수를 만들 수 있다. 예를 들어, 임금 소득을 종속변수로 사용하여 선형 모형을 추정하고자 하는 경우 교육에 대한 국가 수준의 1 인당 지출을 독립변수 중 하나로 포함하고자 한다고 가정한다.

다음과 같이 상태 – 레벨 데이터를 포함하는 명명된 벡터를 정의할 수 있다.

```
educExp <- c(Connecticut=1795.57, Washington=1170.46, Indiana = 1289.66)
```

그런 다음 rxDataStep을 사용하여 transforms 인수를 사용하여 1인당 교육비를 새로운 변수로 추가하고 educExp를 transformObjects 인수를 명명된 목록으로 전달할 수 있다.

∥ MS R

```
censusWorkers <- file.path(rxGetOption("sampleDataDir"), "CensusWorkers.xdf")
rxDataStep(inData = censusWorkers, outFile = "censusWorkersWithEduc",
transforms = list(
stateEducExpPC = educExp[match(state, names(educExp))] ),
transformObjects= list(educExp=educExp))
rxGetInfo("censusWorkersWithEduc.xdf",getVarInfo=TRUE)
```

기존 데이터에 stateEduExpPC 변수를 추가하여 rxGetInfo로 조회한다.

```
File name: C:\YourOutputPath\censusWorkersWithEduc.xdf
Number of observations: 351121
Number of variables: 7
Number of blocks: 6
Compression type: zlib
Variable information:
Var 1: age, Age
Type: integer, Low/High: (20, 65)
Var 2: incwage, Wage and salary income
Type: integer, Low/High: (0, 354000)
Var 3: perwt, Type: integer, Low/High: (2, 168)
Var 4: sex, Sex
2 factor levels: Male Female
Var 5: wkswork1, Weeks worked last year
Type: integer, Low/High: (21, 52)
Var 6: state
3 factor levels: Connecticut Indiana Washington
Var 7: stateEducExpPC, Type: numeric, Low/High: (1170.4600, 1795.5700)
```

‖ **R**

```
readPath <- rxGetOption("sampleDataDir")
censusWorkers <- file.path(readPath, "CensusWorkers.xdf")
census<-rxImport(censusWorkers)

census$stateEducExpPC<-educExp[match(census$state, names(educExp))]
str(census)
```

or

```
readPath <- rxGetOption("sampleDataDir")
censusWorkers <- file.path(readPath, "CensusWorkers.xdf")
census<-rxImport(censusWorkers)

library(dplyr)
censusEduc<-census %>% mutate(stateEducExpPC = educExp[match(state, names(educExp))])
str(censusEduc)
```

기존 변수 외에 7번째 변수로 stateEduExpPC 변수가 추가된 것을 확인할 수 있다.

(3) rxDataStep을 사용하여 데이터 프레임에서 .xdf 파일 만들기

rxDataStep 함수가 제공하는 모든 기능을 사용하여 나중에 사용할 수 있도록 데이터 프레임에서 .xdf 파일을 만들 수 있다. 예를 들어 간단한 데이터 프레임을 만든다.

```
# Using the Data Step to Create an .xdf File from a Data Frame
set.seed(39)
myData <- data.frame(x1 = rnorm(10000), x2 = runif(10000))
```

rnorm, runif 함수로 각각 10,000개의 관측치 임의로 추출한다. 행 선택과 새 변수 만들기를 사용하여 .xdf 파일을 만든다. rowsPerRead 인수는 새 .xdf 파일 블록을 작성하기 전에 한 번에 처리할 원래 데이터 프레임의 행 수를 지정한다.

‖ **MS R**

```
rxDataStep(inData = myData, outFile = "testFile.xdf",
rowSelection = x2 > .1,
transforms = list( x3 = x1 + x2 ),
rowsPerRead = 5000 )
rxGetInfo("testFile.xdf")
```

X2변수 값이 0.1보다 큰 행에 한해서 x1과 x2의 합인 x3변수를 생성하여 xdf 파일로 변환한다.

```
File name: C:\Users\...\testFile.xdf
Number of observations: 8970
Number of variables: 3
Number of blocks: 2
```

‖ **R**

```
testFile<-myData[myData$x1>.1,]
testFile$x3=testFile$x1+testFile$x2
```

or

```
library(dplyr)
testFile=myData %>% filter(x1>.1) %>%
  mutate(x3=x1+x2)
```

변환한 testFile.xdf는 8,970개의 행과 3개의 열로 구성됨을 확인할 수 있다. rowSelection을 통해 기존 10,000개에서 x2가 0.1 이상인 8,970개를 선택하고 x1과 x2의 합으로 x3 변수를 생성하여 총 3개의 변수를 갖고 있다.

10.3.3 xdf 파일을 텍스트로 변환

.xdf 데이터 파일을 사용하지 않는 다른 사용자와 데이터를 공유해야 하는 경우 rxDataStep 기능을 사용하여 .xdf 파일을 텍스트 형식으로 내보낼 수 있다. 예를 들어, 앞서 만든 claims.xdf 파일을 텍스트 형식으로 다음과 같이 작성할 수 있다.

‖ **MS R**

```
# Converting .xdf Files to Text
claimsCsv <- RxTextData(file="claims.csv")
claimsXdf <- file.path(rxGetOption("sampleDataDir"),"claims.xdf")
rxDataStep(inData=claimsXdf, outFile=claimsCsv)
```

‖ R

```
#example csv file
write.csv(cars,'cars.csv')

x<-read.csv('cars.csv')
write.table(x, file = "foo.txt")
```

기본적으로 만든 텍스트 파일은 쉼표로 구분되지만 RxTextData 함수의 구분 기호 인수를 사용하여 다른 구분 기호를 지정하여 변경할 수 있다.

‖ MS R

```
claimsTxt <- RxTextData(file="claims.txt", delimiter="\t")
rxDataStep(inData=claimsXdf, outFile=claimsTxt)
```

많은 수의 변수가 있는 경우 VarsToKeep 또는 VarsToDrop 인수를 사용하여 하위 샘플만 쓸 것인지 선택할 수 있다. 여기에 숫자 변수를 생략하고 claim 데이터를 작성한다.

‖ MS R

```
rxDataStep(inData=claimsXdf, outFile=claimsTxt, varsToDrop="number", overwrite=TRUE)
```

10.3.4 변수 정보 변환

변수 정보를 변경하려면 rxSetVarInfo 함수를 사용하면 된다. 예를 들어 위에 작성된 데이터 파일을 사용하여 두 변수의 이름을 변경하고 설명을 추가할 수 있다.

‖ MS R

```
# Modifying Variable Information
newVarInfo <- list(
incwage = list(newName = "WageIncome"),
state = list(newName = "State", description = "State of Residence"),
stateEducExpPC = list(description = "State Per Capita Educ Exp"))
fileName <- "censusWorkersWithEduc.xdf"
rxSetVarInfo(varInfo = newVarInfo, data = fileName)
rxGetVarInfo( fileName )
```

```
Var 1: age, Age
Type: integer, Low/High: (20, 65)
Var 2: WageIncome, Wage and salary income
Type: integer, Low/High: (0, 354000)
Var 3: perwt, Type: integer, Low/High: (2, 168)
Var 4: sex, Sex
2 factor levels: Male Female
Var 5: wkswork1, Weeks worked last year
Type: integer, Low/High: (21, 52)
Var 6: State, State of Residence
3 factor levels: Connecticut Indiana Washington
Var 7: stateEducExpPC, State Per Capita Educ Exp
Type: numeric, Low/High: (1170.4600, 1795.5700)
```

‖ R

```
colnames(census)[colnames(census) %in% c("incwage","state")]=
  c("WageIncome","State")
str(census)
```

10.3.5 데이터 정렬

많은 분석 알고리즘 및 시각화 그래프는 데이터를 정렬하는 것을 첫 단계로 시작한다. 방대한 양의 데이터를 정렬하는 것은 메모리 집약적이며 많은 시간이 소요되지만 rxSort 함수는 효율적인 솔루션을 제공한다. rxSort 함수를 사용하면 하나 또는 여러 개의 키로 정렬할 수 있다. 타이핑의 경우 나머지 열은 원래 데이터 세트에서와 동일한 순서로 유지되도록 안정된 정렬 루틴이 사용된다.

간단한 예로, 연령과 임금에 따라 인구 조사 작업자 데이터를 정렬할 수 있다. 기본 증가 정렬을 사용하여 순서대로 정렬한 다음 incwage를 사용하여 정렬 순서대로 정렬한다.

‖ MS R

```
# Sorting Data
censusWorkers <- file.path(rxGetOption("sampleDataDir"), "CensusWorkers.xdf")
outXDF <- "censusWorkersSorted.xdf"
rxSort(inData = censusWorkers, outFile = outXDF, sortByVars=c("age",
"incwage"), decreasing=c(FALSE, TRUE))
rxGetInfo(outXDF, numRows=10)
```

age를 increasing, incwage를 decreasing하여 정렬한 censusWorkersSorted.xdf 파일을 조회한다.

```
File name: C:\YourOutputPath\censusWorkersSorted.xdf
Number of observations: 351121
Number of variables: 6
Number of blocks: 6
Compression type: zlib
Data (10 rows starting with row 1):
age incwage perwt sex wksworkl state
1 20 336000 3 Male 40 Washington
2 20 336000 23 Male 46 Washington
3 20 336000 11 Male 52 Washington
4 20 314000 33 Male 52 Indiana
5 20 168000 13 Male 24 Indiana
6 20 163000 16 Male 26 Washington
7 20 144000 27 Female 24 Indiana
8 20 96000 21 Male 48 Washington
9 20 93000 24 Male 24 Indiana
10 20 90000 6 Male 52 Washington
```

‖ **R**

```
censusWorkers <- file.path(rxGetOption("sampleDataDir"), "CensusWorkers.xdf")
census <- rxImport(censusWorkers)
head(census[order(census$age,-census$incwage),] ,10)
```

or

```
censusWorkers <- file.path(rxGetOption("sampleDataDir"), "CensusWorkers.xdf")
census <- rxImport(censusWorkers)
library(dplyr)
head(arrange(census,age,desc(incwage)),10)
```

(1) 중복 값 제거 후 정렬

많은 경우, 특정 키(예: userID)로 큰 데이터 세트를 정렬하지만 고유한 사용자 ID의 정렬된 목록을 찾고 있다. rxSort의 removeDupKeys 인수를 사용하면 정렬된 목록에서 중복 항목을 제거할 수 있다. 이 인수는 type = "auto" 및 type = "mergeSort"에서만 지원된다. type = "varByVar"의 경우 무시된다. removeDupKeys = TRUE를 사용하면 sortByVars의 고유한 조합을 포함하는 첫 번째 레코드가 유지된다. 후속 일치 레코드는 정렬된 결과에서 생략되지만, 원할 경우 일치하는 레코드의 수는 새로운 dupFreqVar

출력 열에서 유지 보수된다. 예를 들어 다음 인공 데이터 집합은 사용자 이름, 상태 및 거래 금액과 같은 소량의 트랜잭션 데이터를 simulate한다. 변수 users 및 state로 정렬하고 removeDupKeys = TRUE를 지정하면 중복 항목에 대해 표시되는 transAmt는 발생한 첫 번째 트랜잭션의 Chunk이다.

‖ MS R

```
sampleDataDir <- rxGetOption("sampleDataDir")
airDemo <- file.path(sampleDataDir, "AirlineDemoSmall.xdf")
airDedup <- file.path(tempdir(), "rxAirDedup.xdf")
rxSort(inData = airDemo, outFile = airDedup,
       sortByVars = c("DayOfWeek", "CRSDepTime", "ArrDelay"),
       removeDupKeys = TRUE, dupFreqVar = "FreqWt")
rxGetInfo(airDedup,numRows = 10)
```

‖ R

```
sampleDataDir <- rxGetOption("sampleDataDir")
airDemo <- file.path(sampleDataDir, "AirlineDemoSmall.xdf")

airDed<-rxImport(airDemo)
airDed<-unique(airDed)
airDed<-airDed[order(airDed$DayOfWeek,airDed$CRSDepTime,airDed$ArrDelay),]
head(airDed,10)
```

중복을 제거하면 관심 있는 정보를 잃지 않고 데이터 세트의 크기를 줄이는 데 유용한 방법이 될 수 있다. 예를 들어 샘플 AirlineDemoSmall.xdf 파일의 데이터 사용 분석을 고려해보자. 600,000개의 관측값을 가지며 DayOfWeek, CRSDepTime 및 ArrDelay 변수를 포함한다. 관측치 수를 줄이고 중복된 관측 빈도가 포함된 변수를 추가하여 더 작은 데이터 세트를 생성할 수 있다.

(2) rxQuantile 함수 활용

데이터 정렬은 일반적으로 중앙값을 포함하여 정확한 분위수를 찾는 데 필요한 전제 조건이다. 그러나 binned 데이터를 계수한 다음 경험적 cdf의 선형 보간을 계산하여 근사치를 계산할 수 있다. 데이터가 정수이고 정확한 곱셈에 의해 정수로 변환될 수 있고 적분 빈[Bin]이 사용되면 계산은 정확하다. RevoScaleR 함수 rxQuantile은 이 계산을 수행하며 기본적으로 대략 5- 숫자 요약을 반환한다.

‖ MS R

```
readPath <- rxGetOption("sampleDataDir")
AirlinePath <- file.path(readPath, "AirlineDemoSmall.xdf")
rxQuantile("ArrDelay", AirlinePath)
```

‖ R

```
readPath <- rxGetOption("sampleDataDir")
AirlinePath <- file.path(readPath, "AirlineDemoSmall.xdf")

airline<-rxImport(AirlinePath)
quantile(airline$ArrDelay,na.rm=T)
```

rxQuantile로 조회한 분위수 결과이다. R 출력창도 같다.

```
Rows Processed: 600000
0% 25% 50% 75% 100%
-86 -9 0 16 1490
```

10.3.6 데이터 병합

병합을 통해 두 데이터 세트의 정보를 후속 분석에 사용할 수 있는 세 번째 데이터 세트로 결합할 수 있다. 한 가지 예는 계좌 번호 및 청구서 수신 주소와 같은 계좌 정보를 계좌 번호 및 구매 세부 정보와 같은 거래 데이터와 병합하여 송장을 만드는 것이다. 이 경우 두 파일은 공통 정보, 즉 계좌 번호에 병합된다.

RevoScaleR에서는 .xdf 파일 및 / 또는 데이터 프레임을 rxMerge 기능과 병합한다. 이 함수는 여러 가지 유형의 병합을 지원하며 예제로 가장 잘 보여준다. 사용할 수 있는 유형은 다음과 같다.

- Inner
- Outer: left, right, and full
- One-to-One
- Union

다음 절에서는 이러한 유형을 각각 설명한다.

(1) Inner Merge

기본 내부 병합 유형에서는 하나 이상의 병합 키 열이 지정되며 지정된 키 열이 정확히 일치하는 관측 만 병합되어 병합된 데이터 집합에 새로운 관측치를 만든다.

아래와 같은 치과 데이터가 있다고 가정해 보겠다.

```
AccountNo Billee Patient
0538 Rich C 1
0538 Rich C 2
0538 Rich C 3
0763 Tom D 1
1534 Kath P 1
```

위의 데이터를 만드는 코드는 아래와 같다.

```
# Merging Data1
acct <- c(0538, 0538, 0538, 0763, 1534)
billee <- c("Rich C", "Rich C", "Rich C", "Tom D", "Kath P")
patient <- c(1, 2, 3, 1, 1)
Data1 <- data.frame( acct=acct, billee= billee, patient=patient)
```

위의 데이터와 결합할 또 다른 데이터를 생성한다.

```
# Merging Data2
acct <- c(0538, 0538, 0538, 0538, 0763, 0763, 0763)
patient <- c(3, 2, 2, 3, 1, 1, 2)
type <- c("OffVisit", "AdultPro", "OffVisit", "2SurfCom", "OffVisit", "AdultPro",
"OffVisit")
Data2 <- data.frame(acct=acct, patient=patient, type=type)
```

Data1과 Data2는 acct와 patient로 inner merge할 수 있다.

|| MS R

```
rxMerge(inData1 = Data1 , inData2 = Data2 , type = "inner",
matchVars=c("acct", "patient"))
```

‖ **R**

```
merge(Data1, Data2, by=c("acct", "patient"),all = F)
```

or

```
library(dplyr)
inner_join(Data1,Data2,by=c("acct", "patient"))
```

```
Acct  billee patient type
1 538 Rich C  2  AdultPro
2 538 Rich C  2  OffVisit
3 538 Rich C  3  OffVisit
4 538 Rich C  3  2SurfCom
5 763  Tom D  1  OffVisit
6 763  Tom D  1  AdultPro
```

Inner join 결과 acct와 patient을 기준으로 두 데이터가 결합한 것을 확인할 수 있다.

(2) Outer Merge

외부 병합에는 왼쪽, 오른쪽 및 전체의 세 가지 유형이 있다. 왼쪽 외부 병합에서는 첫 번째 파일의 모든 줄이 병합된 파일에 나타나며 키 열과 일치하는 두 번째 파일의 줄과 일치하거나 일치하지 않으면 누락된 값으로 채워진다. 오른쪽 외부 병합은 두 번째 파일의 모든 행이 있는 것을 제외하고는 첫 번째 파일의 일치 행과 일치하거나 누락으로 채워지는 경우를 제외하고는 비슷하다. 완전 외부 병합에는 두 파일의 모든 행이 포함되며, 누락으로 채워지거나 채워진다.

위에서 생성한 치과 의사 데이터를 사용하여 다양한 외부 병합 유형을 설명할 수 있다.

(3) Left Outer Merge

‖ **MS R**

```
rxMerge(inData1 = Data1, inData2 = Data2, type = "left",
matchVars=c("acct", "patient"))
```

‖ **R**

```
merge(Data1, Data2, by=c("acct", "patient"), all.x = T)
```

or

```
library(dplyr)
left_join(Data1,Data2,by=c("acct", "patient"))
```

```
acct billee patient type
1 538  Rich C 1 <NA>
2 538  Rich C 2 AdultPro
3 538  Rich C 2 OffVisit
4 538  Rich C 3 OffVisit
5 538  Rich C 3 2SurfCom
6 763  Tom  D 1 OffVisit
7 763  Tom  D 1 AdultPro
8 1534 Kath P 1 <NA>
```

(4) Right Outer Merge

‖ MS R

```
rxMerge(inData1 = Data1, inData2 = Data2, type = "right",
matchVars=c("acct", "patient"))
```

‖ R

```
merge(Data1, Data2, by=c("acct", "patient"), all.y = T)
```

or

```
library(dplyr)
right_join(Data1,Data2,by=c("acct", "patient"))
```

```
acct billee patient type
1 538 Rich C 2 AdultPro
2 538 Rich C 2 OffVisit
3 538 Rich C 3 OffVisit
4 538 Rich C 3 2SurfCom
5 763 Tom D 1 OffVisit
6 763 Tom D 1 AdultPro
7 763 <NA> 2 OffVisit
```

(5) Full Outer Merge

|| MS R

```
rxMerge(inData1 = Data1, inData2 = Data2, type = "full",
matchVars=c("acct", "patient"))
```

|| R

```
merge(Data1, Data2, by=c("acct", "patient"), all = T)
```

or

```
library(dplyr)
full_join(Data1,Data2,by=c("acct", "patient"))
```

```
acct billee patient type
1 538  Rich C 1 <NA>
2 538  Rich C 2 AdultPro
3 538  Rich C 2 OffVisit
4 538  Rich C 3 OffVisit
5 538  Rich C 3 2SurfCom
6 763  Tom  D 1 OffVisit
7 763  Tom  D 1 AdultPro
8 763  <NA> 2 OffVisit
9 1534 Kath P 1 <NA>
```

(6) One-to-one Merge

One-to-one Merge에서 첫 번째 데이터 세트의 첫 번째 관찰은 두 번째 데이터 세트의 첫 번째 관찰과 짝을 이루어 병합된 데이터 세트의 첫 번째 관찰을 생성하고, 두 번째 관찰은 두 번째 관찰과 짝을 이루어 병합된 데이터 세트에서 두 번째 관찰을 생성하는 식으로 진행된다. 데이터 세트의 행 수는 같아야 한다. 이는 데이터 단계에서 append = "cols"를 사용하는 것과 같다.

아래와 같이 3행 3열의 데이터를 생성한다.

|| MS R

```
myData1 <- data.frame( x1 = 1:3, y1 = c("a", "b", "c"), z1 = c("x", "y", "z"))
myData2 <- data.frame( x2 = 101:103, y2 = c("d", "e", "f"), z2 = c("u", "v", "w"))
```

One-to-one Merge는 두 개의 데이터를 나란히 붙일 수 있다.

‖ **MS R**

```
rxMerge(inData1 = myData1, inData2 = myData2, type = "oneToOne")
```

‖ **R**

```
cbind(myData1,myData2)
```

```
x1 y1 z1 x2 y2 z2
1  1  a  x 101 d u
2  2  b  y 102 e v
3  3  c  z 103 f w
```

(7) Union Merge

Union Merge는 두 파일을 동일한 변수 세트로 연결한 것이다. 이는 데이터 단계에서 append = "rows"를 사용하는 것과 같다.

일대일 병합의 예제를 사용하여 두 번째 데이터 프레임의 변수 이름을 첫 번째 데이터 프레임의 이름과 동일하게 바꾼다.

‖ **MS R**

```
names(myData2) <- c("x1", "y1", "z1")
```

myData1과 myData2의 열 이름이 같아졌기 때문에 Union Merge를 실행할 수 있다.

‖ **MS R**

```
rxMerge(inData1 = myData1, inData2 = myData2, type = "union")
```

‖ **R**

```
rbind(myData1,myData2)
```

```
   x1 y1 z1
1  1  a  x
2  2  b  y

3  3  c  z
4 101 d  u
5 102 e  v
6 103 f  w
```

(8) .xdf 파일을 이용한 rxMerge

rxMerge는 .xdf 파일 및 / 또는 데이터 프레임의 조합으로 사용할 수 있다. 예를 들어, 두 개의 입력 .xdf 파일에 대한 두 경로를 inData1 및 inData2 인수로 지정하고 출력 파일의 경로를 outFile 인수로 지정한다. 간단한 예로 다음과 같이 공용체 병합 유형을 사용하여 클레임 데이터의 두 복사본을 쌓을 수 있다.

‖ MS R

```
claimsXdf <- file.path(rxGetOption("sampleDataDir"), "claims.xdf")
rxMerge(inData1 = claimsXdf, inData2 = claimsXdf, outFile = "claimsTwice.xdf",
type = "union")
```

‖ R

```
claimsXdf <- file.path(rxGetOption("sampleDataDir"), "claims.xdf")
claims<-rxImport(claimsXdf)
claimsTwice<-rbind(claims,claims)
```

원래 소유권 주장 파일의 행 수의 두 배가 포함된 새 .xdf 파일이 만들어진다. .xdf 파일과 데이터 프레임을 새로운 .xdf 파일로 병합할 수도 있다. 예를 들어 교육에 대한 주 지출에 대한 변수를 censusWorkers 샘플 .xdf 파일의 각 관찰에 추가하려고 한다고 가정한다. 먼저 .xdf 파일의 상태 변수를 살펴보자.

‖ MS R

```
censusWorkers <- file.path(rxGetOption("sampleDataDir"), "CensusWorkers.xdf")
rxGetVarInfo(censusWorkers, varsToKeep = "state")
```

```
Var 1: state
3 factor levels: Connecticut Indiana Washington
```

‖ R

```
censusWorkers <- file.path(rxGetOption("sampleDataDir"), "CensusWorkers.xdf")
census<-rxImport(censusWorkers)
str(census$state)
```

동일한 3개 주에 대한 1인당 교육비로 데이터 프레임을 만들 수 있다(R은 기본적으로 요소 수준을 알파벳순으로 정렬하기 때문에 데이터 프레임의 요소 수준은 .xdf 파일의 요소 수준과 같다).

‖ MS R

```
educExp <- data.frame(state=c("Connecticut", "Washington", "Indiana"),
EducExp = c(1795.57,1170.46,1289.66 ))
rxMerge(inData1 = censusWorkers, inData2 = educExp,
       outFile ="censusWorkersEd.xdf", matchVars = "state", overwrite=TRUE)
rxGetVarInfo("censusWorkersEd.xdf")
```

```
Var 1: age, Age
Type: integer, Low/High: (20, 65)
Var 2: incwage, Wage and salary income
Type: integer, Low/High: (0, 354000)
Var 3: perwt, Type: integer, Low/High: (2, 168)
Var 4: sex, Sex
2 factor levels: Male Female
Var 5: wkswork1, Weeks worked last year
Type: integer, Low/High: (21, 52)
Var 6: state
3 factor levels: Connecticut Indiana Washington
Var 7: EducExp, Type: numeric, Low/High: (1170.4600, 1795.5700)
```

‖ R

```
censusWorkers <- file.path(rxGetOption("sampleDataDir"), "CensusWorkers.xdf")
census<-rxImport(censusWorkers)
cenmer<-merge(census,educExp,by = "state")
str(cenmer)
```

11. 자료 분석

11.1 기술 통계

11.1.1 Summary

‖ RevoScaleR을 사용하여 데이터를 요약하는 방법

요약 통계는 익숙하지 않은 데이터 세트의 특성 및 모양을 이해하는 데 도움이 된다. RevoScaleR에서 usetherxGetVarInfo 함수를 사용하여 데이터 세트의 moreaboutvariables를 알 수 있고 통계 측정을 위해 rxSummary를 사용할 수 있다. TheherxSummary 함수는 관측치의 수 및 누락된 값(있을 경우)의 수를 제공한다.

이 내용은 내장된 샘플 데이터 세트를 사용하여 실습을 할 수 있도록 예제별로 학습한다. 여기에는 다음 작업이 포함된다.

- 이름, 설명, 유형, 레이블, 낮은값 / 높은값을 포함한 목록 변수
- 요약 통계량 계산: 평균, 표준 편차, 최소값, 최대값
- factor 변수에 대한 요약 통계량 계산
- 계산에 사용되는 임시 factor 변수 생성
- 행 하위 집합에 대한 통계량 계산
- Executein-flight 데이터 변환
- Lorenz 곡선 계산 및 그리기
- 다양한 데이터 세트에 적용하기 위한 팁

(1) List variable information

rxGetVarInfo 함수는 변수 이름, 설명, 유형 및 높은값 / 낮은값을 포함하여 데이터 프레임 또는 .xdf 파일의 변수에 대한 정보를 반환한다. 다음 예제는 내장된 샘플 Census 데이터 세트를 기반으로 한 함수 사용법을 보여준다.

```
readPath <- rxGetOption("sampleDataDir")
censusWorkers <- file.path(readPath, "CensusWorkers.xdf")
censusWorkerInfo <- rxGetVarInfo(censusWorkers)
names(censusWorkerInfo)
```

names 함수는 객체에서 다음 변수 이름을 반환하기 위해 호출하는 기본 R 함수이다.

```
[1] "age" "incwage" "perwt" "sex" "wkswork1" "state"
```

변수 이름을 확인한 후에는 관련정보를 확인하여 메타 데이터를 검사할 수 있다.

```
names(censusWorkerInfo$age)
[1] "description" "varType" "storage" "low" "high"
```

숫자 변수에는 낮은값 / 높은값이 포함된다. 낮은값 / 높은값은 반드시 숫자 또는 정수 변수의 최소 및 최대값을 나타내는 것은 아니다. 오히려 변수를 factor로 처리할 때에는 RevoScaleR은 낮은값과 높은값의 factor 수준을 설정하는 데 사용된다. 실용적인 면에서 변수에 대한 실제 최소값 또는 최대값보다 factor의 수준을 나타내는 방법이 데이터 시각화에 더 유용하다.

예를 들어, 숫자 데이터를 범주형으로 처리하고 범주의 수준을 그리는 bin에 해당하는 레벨로 히스토그램 또는 육각함 플롯Hexbin Plot을 작성한다고 해보자. 이 계획에서는 주로 가장 높은값의 데이터 값의 지점과 가장 낮은 데이터 값의 지점을 잘라내는 것이 편리하며, 최소값 / 최대값이 이 정보를 제공한다.

이 예제는 age 변수에서 높은값을 얻는 방법을 보여준다.

```
censusWorkerInfo$age$high
[1] 65
```

마찬가지로 낮은값은 다음과 같이 얻어진다.

```
censusWorkerInfo$age$low
[1] 20
```

30~50세 사이의 근로자에 관심이 있다고 해보자. 작업 디렉토리에 데이터 파일의 복사본을 만들고 다음과 같이 높은값 / 낮은값 필드를 설정한 다음 이어지는 분석에서 나이를 factor로 처리할 수 있다.

```
outputDir <- rxGetOption("outDataPath")
tempCensusWorkers <- file.path(outputDir, "tempCensusWorkers.xdf")
file.copy(from = censusWorkers, to = tempCensusWorkers)
censusWorkerInfo$age$low <- 35
censusWorkerInfo$age$high <- 50
rxSetVarInfo(censusWorkerInfo, tempCensusWorkers)
rxSummary(~F(age), data = tempCensusWorkers)
```

결과(35~50세 범위로 제한됨):

```
Call:
rxSummary(formula = ~F(age), data = tempCensusWorkers)

Summary Statistics Results for: ~F(age)

File name:
C:\YourOutDir\tempCensusWorkers.xdf
Number of valid observations: 351121

Category Counts for F_age
Number of categories: 16
Number of valid observations: 158309
Number of missing observations: 192812

F_age Counts
9743
9888
9860
10211
10378
10756
10503
10511
10296
10122
10074
9703
9527
9093
8776
8868
```

낮은값과 높은값을 재설정하려면 이전의 값을 사용하여 이전 단계를 반복하여라.

```
censusWorkerInfo$age$low <- 20
censusWorkerInfo$age$high <- 65
rxSetVarInfo(censusWorkerInfo, "tempCensusWorkers.xdf")
```

(2) Compute Summary Statistics

rxSummary 함수는 R의 모델링 함수에서 사용된 것과 유사한 formula 인수를 사용하여 기술 통계를 제공한다. formula는 요약할 독립변수를 지정한다. 수식의 기본 구조는 하나 혹은 하나 이상의 독립변수 또는 오른쪽 변수가 "+"로 구분된 물결 기호 "~"의 형태이다. 모든 변수를 포함시키려면 물결표에 점 (.)을 "~." 를 대신하여 사용하면 된다. rxSummary 함수는 데이터 객체를 변수에 대한 자료로 사용한다.

예를 들어 CensusWorkers 예제로 돌아가서 다음 스크립트를 실행하여 해당 파일의 데이터 요약을 가져온다.

```
readPath <- rxGetOption("sampleDataDir")
censusWorkers <- file.path(readPath, "CensusWorkers.xdf")
rxSummary(~ age + incwage + perwt + sex + wkswork1, data = censusWorkers)
```

수식의 각 항에 대해 평균, 표준편차, 최소값, 최대값 및 유효 관측치수가 표시된다. rxSummary에 byTerm = FALSE가 포함된 경우 지정된 변수에 대해 결측치가 포함된 관측치(행)는 요약 계산시 생략된다. 범주형 변수에 대한 셀 개수가 포함된다.

‖ 결과

```
Call:
rxSummary(formula = ~age + incwage + perwt + sex + wkswork1,
     data = censusWorkers)

Summary Statistics Results for: ~age + incwage + perwt + sex + wkswork1
Data: censusWorkers (RxXdfData Data Source)
File name: C:/ProgramFiles/Microsoft/MLServer/R_SERVER/library/RevoScaleR/SampleData/
CensusWorkers.xdf
Number of valid observations: 351121

Name     Mean        StdDev       Min    Max     ValidObs   MissingObs
age      40.42814    11.385017    20     65      351121       0
incwage  35333.83894 40444.544084 0      354000  351121       0
perwt    20.34423    9.633100     2      168     351121       0
wkswork1 48.62566    6.953843     21     52      351121       0
```

```
Category Counts for sex
Number of categories: 2
Number of valid observations: 351121
Number of missing observations: 0

sex    Counts
Male   189344
Female 161777
```

(3) Compute Median Values

rxSummary가 각 변수의 중앙값을 계산하지 않는다는 것을 알았을 것이다. 이는 rxSummary가 chunk로 계산할 수 있는 통계량만을 생성하고 중앙값 계산이 chunk에서 가능한 계산이 아니기 때문이다. 중앙값 계산은 큰 데이터 세트에서 비용이 많이 들고 rxSummary에서 제외된 정렬 작업을 전제로 한다. 데이터 세트가 메모리에 맞다고 가정하면 기본 R 중앙값 함수를 사용하여 주어진 변수의 중앙값을 얻을 수 있다.

```
mydataframe <- rxImport(censusWorkers)
mydataframe$age
median(mydataframe$age)
```

‖ 결과

```
[1] 40
```

더 큰 disk-bound 데이터 세트의 경우, 시각화 기술을 사용하여 기본 데이터의 왜도를 알아내야 한다.

(4) Compute summary statistics on factor variables

열 값으로부터 생성된 요일, 월, 나이 또는 소득 수준 등과 같이 변수 내의 레벨이 구체적으로 정해진 숫자 데이터에 대한 요약 통계량를 얻을 수 있다.

이렇게 하기 위해서는 숫자 변수와 factor 변수 간의 상호작용을 지정하여라. 예를 들어, AirlineDemoSmall.xdf 샘플 데이터 세트를 사용하여 다음 명령문을 사용하면 요일별 도착 지연시간[Arrival Delay]의 요약 통계량을 요청할 수 있다.

```
rxSummary(~ ArrDelay:DayOfWeek, data = file.path(readPath, "AirlineDemoSmall.xdf"))
```

결과는 factor 변수에 대한 요약 통계량를 생성하고 각 수준에 대한 출력을 제공한다.

```
Call:
rxSummary(formula = ~sex:F(age, low = 30, high = 39), data = censusWorkers,
    pweights = "perwt", rowSelection = age >= 30 & age < 40)

Summary Statistics Results for: ~sex:F(age, low = 30, high = 39)
Data: censusWorkers (RxXdfData Data Source)
File name: C:/Program Files/Microsoft/ML Server/R_SERVER/library/RevoScaleR/SampleData/
CensusWorkers.xdf
Probability weights: perwt
Number of valid observations: 93896

Category Counts for sex
Number of categories: 20

sex    F_age_30_39_T Counts
Male   30            103242
Female 30             84209
Male   31            100234
Female 31             77947
Male   32             96325
Female 32             75469
Male   33             97734
Female 33             77133
Male   34            103380
Female 34             81812
Male   35            110358
생략
```

‖ 참고

교호작용은 앞서 언급한 '반응이 없는[Responless]' 공식에 대한 한 가지 예외를 제공한다. 한 개 혹은 한 개 이상의 factor 변수와 연속변수의 상호작용을 얻으려면 y~x : z 형식의 수식을 사용할 수 있다. 여기서 y는 연속변수이고 x와 z는 factor 변수이다. 이 수식은 수식을 ~y : x : z로 지정하는 것과 정확히 같은 효과(effect)를 나타내지만 결과적인 측면에서 권장하는 수식이다. 왜냐하면 x 및 z의 모든 수준 조합에서 y에 대한 요약 통계량을 포함하기 때문이다.

(5) Create a temporary factor variable

RevoScaleR이 함수 명령문 F()로 변수를 묶어서 변수를 factor로 처리하게 할 수 있다(factor의 수준을 낮은값에서 높은값까지의 각 정수값으로 함). CensusWorkers.xdf 파일로 돌아가서 다음 예제에서는 factor의 수준을 임시로 연령이 20에서 65까지의 각 나이로 만든다.

```
rxSummary(~ incwage:F(age), data = censusWorkers)
```

결과는 전체 데이터 세트의 임금 소득에 대한 요약 통계뿐만 아니라 각 연령별 임금 소득에 대한 요약 통계를 제공한다.

```
Call:
rxSummary(formula = ~incwage:F(age), data = censusWorkers)

Summary Statistics Results for: ~incwage:F(age)

Data: censusWorkers (RxXdfData Data Source)
File name: C:/Program Files/Microsoft/ML Server/R_SERVER/library/RevoScaleR/SampleData/CensusWorkers.xdf
Number of valid observations: 351121

 Name            Mean         StdDev      Min    Max                ValidObs MissingObs
 incwage:F(age)  35333.84     40444.54    0      354000 351121      0
 Statistics by category   (46 categories):
 Category                 F_age Means            StdDev      Min     Max      ValidObs
 incwage for F(age)=20    20    12669.94         12396.99    0       336000   6500
 incwage for F(age)=21    21    14114.23         12107.81    0       336000   6479
 incwage for F(age)=22    22    15982.00         12374.14    0       336000   6676
 incwage for F(age)=23    23    18503.92         15093.53    0       336000   6884
 incwage for F(age)=24    24    20672.06         14315.67    0       354000   6931
 incwage for F(age)=25    25    23856.25         17319.42    0       336000   7273
 incwage for F(age)=26    26    25938.17         20707.39    0       354000   7116
 incwage for F(age)=27    27    26902.97         20608.09    0       354000   7584
 incwage for F(age)=28    28    28531.59         24185.48    0       354000   8184
 incwage for F(age)=29    29    30153.10         25715.94    0       354000   8889
 incwage for F(age)=30    30    30691.10         26955.27    0       354000   9055
```

두 가지 factor 사이의 상호작용을 포함하면 요약 통계량은 factor의 모든 수준 조합에 대한 셀 도수를 제공한다. census 데이터에는 확률 가중치가 있으므로 pweights 인수를 사용하여 가중치를 계산할 수 있다.

```
rxSummary(~ sex:state, pweights = "perwt", data = censusWorkers)
```

‖ 결과

```
Call:
rxSummary(formula = ~sex:state, data = censusWorkers, pweights = "perwt")

Summary Statistics Results for: ~sex: state
Data: censusWorkers (RxXdfData Data Source)

File name: C:/Program Files/Microsoft/ML Server/R_SERVER/library/RevoScaleR/SampleData/
CensusWorkers.xdf

Probability weights: perwt
Number of valid observations: 351121
Category Counts for sex
Number of categories: 6

sex          state          Counts
Male         Connecticut    843736
Female       Connecticut    755843
Male         Indiana        1517966
Female       Indiana        1289412
Male         Washington     1504840
Female       Washington     1231489
```

(6) Compute summary statistics on a row subset

다음 예는 분석을 특정 행(이 경우 30~39세까지)으로 제한하는 방법을 보여준다. F() 함수의 low 및 high 인수를 사용하여 on-the-fly factor 수준의 생성을 같은 범위로 제한할 수 있다.

```
rxSummary(~ sex:F(age, low = 30, high = 39), data = censusWorkers,

pweights="perwt", rowSelection = age >= 30 & age < 40)
```

‖ 결과

```
Call:
rxSummary(formula = ~sex:F(age, low = 30, high = 39), data = censusWorkers, pweights = "perwt", rowSelection
= age >= 30 & age < 40)

Summary Statistics Results for: ~sex:F(age, low = 30, high = 39)
Data: censusWorkers (RxXdfData Data Source)
```

```
File name: C:/Program Files/Microsoft/ML Server/R_SERVER/library/RevoScaleR/SampleData/CensusWorkers.xdf

Probability weights: perwt
Number of valid observations: 93896
Category Counts for sex
Number of categories: 20

 sex              F_age_30_39_T Counts
 Male             30               103242
 Female           30               84209
 Male             31               100234
 Female           31               77947
 Male             32               96325
 Female           32               75469
 Male             33               97734
 Female           33               77133
 Male             34               103380
 Female           34               81812
 Male             35               110358
 Female           35               89681
 Male             36               113444
 Female           36               91394
 Male             37               110828
 Female           37               91563
 Male             38               113838
 Female           38               95988
 Male             39               115552
 Female           39               97209
```

‖ 참고

함수의 네 번째 인수 exclude는 기본값이 TRUE이다. 이것은 출력변수 이름에 나타나는 T에 반영된다.

(7) Write summary statistics to XDF

그룹별 통계는 추가 분석 또는 플로팅을 위해 종종 계산된다. 특히 많은 수의 그룹이 있는 경우 이러한 결과를 .xdf 파일에 저장하는 것이 편리할 수 있다. 이 예에서는 세 개의 주 데이터가 있는 CensusWorkers.xdf 파일을 사용하여 남녀 모두의 각 나이에 대한 임금 소득 및 1년당 근무 주의 평균 및 표준 편차를 계산한다.

```
# Writing By-Group Summary Statistics to an .xdf File
readPath <- rxGetOption("sampleDataDir")

censusWorkers <- file.path(readPath, "CensusWorkers.xdf")
rxSummary(~ incwage:F(age):sex + wkswork1:F(age):sex, data = censusWorkers, byGroupOutFile =
"ByAge.xdf",
summaryStats = c("Mean", "StdDev", "SumOfWeights"),
pweights = "perwt", overwrite = TRUE)
```

‖ 결과

```
Call:
rxSummary(formula = ~incwage:F(age):sex + wkswork1:F(age):sex,
data = censusWorkers, byGroupOutFile = "ByAge.xdf", summaryStats = c("Mean", "StdDev", "SumOfWeights"),
pweights = "perwt", overwrite = TRUE)

Summary Statistics Results for: ~incwage:F(age):sex + wkswork1:F(age):sex
Data: censusWorkers (RxXdfData Data Source)

File name: C:/Program Files/Microsoft/ML Server/R_SERVER/library/RevoScaleR/SampleData/
CensusWorkers.xdf
Probability weights: perwt
Number of valid observations: 351121

 Name                   Mean          StdDev         SumOfWeights
 incwage:F_age:sex      35788.4675    40605.12565    7143286
 wkswork1:F_age:sex     48.6373       6.94423        7143286

By-group statistics for incwage:F(age):sex contained in C:\YourDir\ByAge.xdf
By-group statistics for wkswork1:F(age):sex contained in C:\YourDir\ByAge.xdf
```

첫 번째 변수가 그룹을 결정하는 두 가지 factor 변수인 F_age 및 sex임을 확인하기 위해 데이터 세트의 처음 다섯 행을 빠르게 살펴볼 수 있다. 나머지 변수는 계산된 그룹별 통계량이다.

```
rxGetInfo("ByAge.xdf", numRows = 5)
```

‖ 결과

```
File name: C:\YourDir\ByAge.xdf
Number of observations: 92
Number of variables: 8
Number of blocks: 1
```

```
Compression type: zlib
Data (5 rows starting with row 1):

F_age  sex incwage_Mean incwage_StdDev incwage_SumOfWeights wkswork1_Mean
1     20 Male     14437.68       14118.49               71089       44.29758
2     21 Male     15981.48       13191.73               71150       45.27770
3     22 Male     18258.04       13919.44               75979       46.07166
4     23 Male     20739.91       16511.88               79663       46.75025
5     24 Male     22737.17       15345.41               81412       47.51487

wkswork1_StdDev wkswork1_SumOfWeights
1        9.755092                 71089
2        9.110743                 71150
3        8.903617                 75979
4        8.451298                 79663
5        7.942226                 81412
```

.xdf 파일에서 직접 플롯하여 결과를 시각화 할 수 있다.

```
rxLinePlot(incwage_Mean~F_age, groups = sex, data = "ByAge.xdf")
```

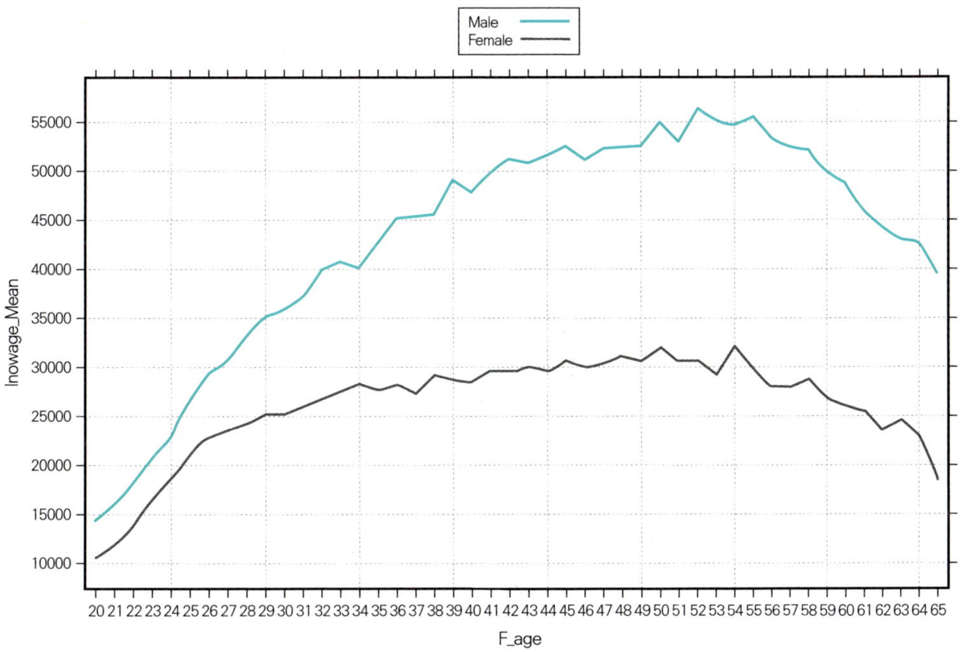

그림 11-1 • 시각화된 xdf 파일

(8) Transform data in-flight

요약 값을 계산하기 전에 transforms 인수를 사용하여 데이터 세트를 수정할 수 있다. 이러한 방식으로 사용될 때 원본 데이터는 수정되지 않으며 수정된 데이터의 영구 사본이 디스크에 기록되지 않는다. 그러나 반환된 데이터 요약 값에는 수정된 데이터가 반영된다.

원래 변수의 간단한 함수를 지정하여 수식 자체의 데이터를 변형할 수도 있다. 예를 들어 다음과 같이 변수의 자연 로그를 기반으로 요약값을 얻을 수 있다.

```
# Transform data in rxSummary
rxSummary(~ log(incwage), data = censusWorkers)
```

‖ **결과**

```
Call:
rxSummary(formula = ~log(incwage), data = censusWorkers)

Summary Statistics Results for: ~log(incwage)
Data: censusWorkers (RxXdfData Data Source)
File name: C:/Program Files/Microsoft/ML Server/R_SERVER/library/RevoScaleR/SampleData/
CensusWorkers.xdf

Number of valid observations: 351121
Name           Mean      StdDev     Min       Max       ValidObs   MissingObs
log(incwage)   10.19694  0.8387598  1.386294  12.77705  331625     19496
```

(9) Compute and plot Lorenz curves

로렌즈 곡선[Lorenz Curve]은 원래 소득 불평등을 설명하기 위해 개발되었다. 예를 들어, 총 소득 중 가장 적은 10 %를 차지하는 비율을 보여줄 수 있다. RevoScaleR의 rxLorenz 함수는 근사 사분위수를 사용하여 데이터를 전체를 포함하는 사분위수로 누적 분포를 신속하게 계산할 수 있는 '빅 데이터' 버전을 제공한다.

rxLorenz 함수에는 orderVarName이 필요하다. orderVarName은 사분위수를 계산하는데 사용되는 변수의 이름이다. 별도의 valueVarName을 지정할 수도 있다. 이것은 사분위수에 의해 평균값을 계산하는 데 사용되는 변수의 이름이다. 기본적으로 두 변수 모두 동일한 변수가 사용된다. Census Workers 데이터 세트를 계속 사용하여 소득 분포에 대한 로렌즈 곡선을 계산할 수 있다.

```
lorenzOut <- rxLorenz(orderVarName = "incwage", data = censusWorkers, pweights = "perwt")

head(lorenzOut)

cumVals percents
1 0.0000000      0.000000
2 0.3642878      9.126934
3 0.4005827      9.363072
4 0.5368416     10.181295
5 0.5666976     10.353428
6 0.6241598     10.667766
```

반환된 객체에는 누적값과 백분율이 포함된다. rxLorenz에 대해 플롯 방법을 사용하여 소득 분배를 시각적으로 표현하고 완벽한 평등을 나타내는 수평선과 비교할 수 있다.

```
plot(lorenzOut)
```

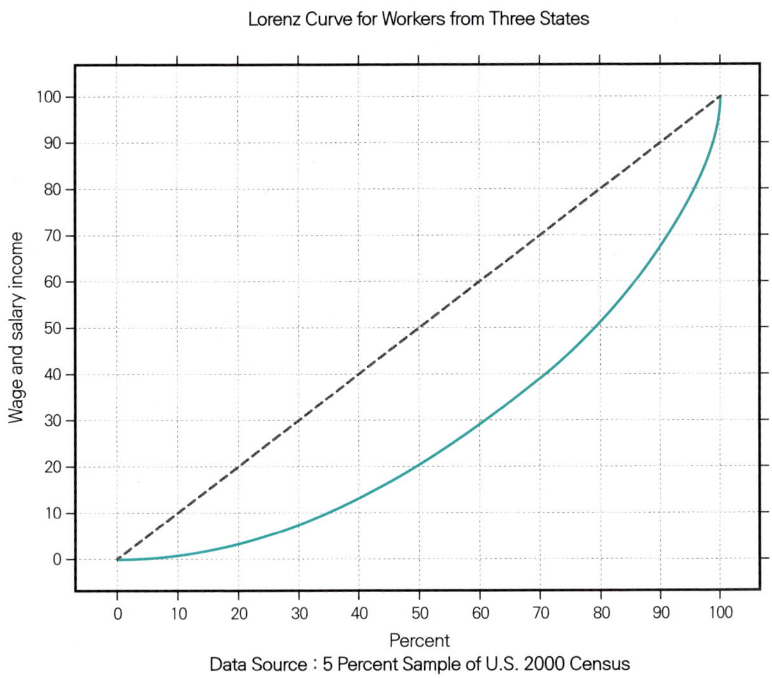

그림 11-2 • rxLorenz 함수 시각화 결과

지니 계수Gini Coeffiecient는 종종 로렌조 곡선의 요약 통계량으로 사용된다. 평행선과 로렌즈 곡선 사이의 면적과 평행선 아래의 총 면적의 비율로 계산된다(사다리꼴 통합 사용). 지니 계수의 범위는 0에서 1까지이며, 0은 완벽한 평등을 나타낸다. rxLorenz의 출력을 사용하여 계산할 수 있다.

```
giniCoef <- rxGini(lorenzOut)
giniCoef

[1] 0.4491421
```

(10) Tips for wide data sets

각 변수의 분포와 변수 간의 관계를 보다 잘 이해하게 되면 모델링 단계에서의 의사 결정을 향상시킬 수 있다. 수천 개의 변수가 아니라 수천 개의 변수가 포함된 광범위한 데이터 세트의 경우 특히 그렇다. 광범위한 데이터 세트의 경우 데이터 탐색의 주된 목표는 이상치나 영향력 있는 데이터 값의 지점을 찾아 중복 변수 또는 상관 관계 변수를 식별하고 적절하다고 판단되는 변수를 변환하거나 결합하는 것이다.

유용한 정보를 제공하는 rxGetVarInfo 및 rxSummary 함수는 이러한 노력에 도움이 될 수 있지만 데이터에 많은 변수가 포함되어 있는 경우 이 두 함수를 다르게 사용해야 할 수도 있다.

첫 번째 단계로 메타 데이터 및 요약 통계량를 제공하는 함수를 실행할 수 있도록 .xdf로 데이터를 가져온다. rxGetVarInfo는 데이터 객체에 대한 메타 데이터를 반환한다. XDF 데이터 소스에 데이터를 로드한 후 rxGetVarInfo 함수를 사용하여 데이터 유형 정보에 쉽게 액세스할 수 있다.

광범위한 데이터에는 많은 변수가 있기 때문에 인쇄물을 읽기 어려울 수 있다. 또는 변수 정보를 비공식 데이터 사전으로 사용할 수 있는 객체에 저장하여라. 샘플 데이터 디렉토리의 클레임 데이터를 사용하여 이를 보여준다.

```
readPath <- rxGetOption("sampleDataDir")
censusWorkers <- file.path(readPath, "CensusWorkers.xdf")
censusDataDictionary <-rxGetVarInfo(censusWorkers)
```

그러면 다음과 같이 개별 변수에 대한 정보를 얻을 수 있다.

```
censusDataDictionary$age
Age
Type: integer, Low/High: (20, 65)
```

rxSummary 함수는 개별 변수의 분포를 보고 이상치를 식별하는 데 좋은 방법이다. 광범위한 데이터를 사용하면 이 함수의 결과를 객체에 저장하게 된다. 이 개체에는 숫자 변수 "sDataFrame"의 결과가 포함된 데이터 프레임과 각 범주형 변수 "categorical"에 대한 갯수가 포함된 데이터 프레임 목록이 포함된다.

```
readPath <- rxGetOption("sampleDataDir")
censusWorkers <- file.path(readPath, "CensusWorkers.xdf")
censusSummary <-rxSummary(~ age+incwage+perwt+sex+wkswork1, data = censusWorkers)
names(censusSummary)

[1]       "nobs.valid"    "nobs.missing"      "sDataFrame"       "categorical"
[5]       "params"        "formula"           "call"             "categorical.type"
```

rxSummary 많은 변수의 결과를 콘솔[Console]에 인쇄하면 유용하지 않다. 결과를 개체에 저장하면 프로그래밍 방식으로 요약 결과에 액세스할 수 있을 뿐 아니라, 숫자 및 범주형 변수에 대한 결과를 개별적으로 볼 수 있다. 다음과 같이 sDataFrame에 액세스하여 구조를 표시한다.

```
censusSummary$sDataFrame
    Name        Mean         StdDev         Min    Max      ValidObs  MissingObs
1   age         40.42814     11.385017      20     65       351121    0
2   incwage     35333.83894  40444.544084   0      354000   351121    0
3   perwt       20.34423     9.633100       2      168      351121    0
4   sex         NA           NA             NA     NA       351121    0
5   wkswork1    48.62566     6.953843       21     52       351121    0
```

범주형 변수를 보려면 범주형 구성 요소에 액세스한다.

```
censusSummary$categorical

[[1]]
sex Counts

1   Male 189344
2 Female 161777
```

광범위한 데이터에 대한 또 다른 중요한 데이터 탐색 방법은 동일한 정보를 측정한 변수와 상관 관계가 있는 변수를 찾기 위해 변수 간의 관계를 조사하는 것이다. 동일한 정보를 측정한 변수들 중에 아마도 하나는 그룹을 대표하는 값일 것이다. 데이터 탐색 중에는 도메인 지식을 사용하여 변수를 관련 집합으로 그룹화하거나 필드 또는 업계에 따라 중요한 변수의 우선 순위를 지정해야 한다. 데이터 세트를 관련 세트로 축소하면 각 세트 내의 중복성 및 관련성을 보다 자세히 볼 수 있다.

변수들 사이의 상관 관계를 찾을 때 rxCrosstabs 함수가 유용하다. 크로스 탭에서 rxCrosstabs 및 rx-LinePlot을 사용하여 두 변수 간의 관계를 그래프로 표시하는 방법을 볼 수 있다. 그래프를 사용하면 두 변수 간의 관계를 빠르게 볼 수 있다. 그래프를 사용하는 방법은 여러 변수를 고려해야 할 때 유용하다. 자세한 내용은「거대한 데이터 세트 시각화: 미국 인구 조사」의 예를 참조하여라.

11.1.2 rxSummary: Object Summaries

(1) Description

RevoScaleR에서 객체의 일변량 요약 값을 생성한다.

(2) Usage

```
rxSummary(formula, data, byGroupOutFile = NULL,
summaryStats = c("Mean", "StdDev", "Min", "Max", "ValidObs", "MissingObs"), byTerm = TRUE,
pweights = NULL, fweights = NULL, rowSelection = NULL, transforms = NULL, transformObjects =
NULL, transformFunc = NULL, transformVars = NULL,
transformPackages = NULL, transformEnvir = NULL,
overwrite = FALSE,
useSparseCube = rxGetOption("useSparseCube"),
removeZeroCounts = useSparseCube,
blocksPerRead = rxGetOption("blocksPerRead"),
rowsPerBlock = 100000,
reportProgress = rxGetOption("reportProgress"), verbose =0, computeContext =
rxGetOption("computeContext"), ...)
```

(3) Arguments

- formula: 수식은 rxFormula에도 설명되어 있다. 수식에는 일반적으로 응답 변수가 포함되지 않는다. 즉, ~terms 형식이어야 한다. ~.를 수식으로 사용하면 모든 문자가 아닌 변수에 대한 요약 통계량이 계산된다. 숫자 변수가 factor 변수와 상호작용하면 factor의 각 범주에 대해 요약 통계량이 계산된다.
- data: 데이터 원본 개체, .xdf 파일을 지정하는 문자열 또는 요약할 데이터 프레임 개체
- byGroupOutFile: NULL, .xdf 파일 이름을 지정하는 문자열 또는 문자열의 벡터 또는 RxXdfData

개체 또는 RxXdfData 개체 목록이다. NULL이 아니고 수식에 factor별 계산이 포함된 경우 그룹별 요약 결과가 하나 이상의 .xdf 파일에 기록된다. 둘 이상의 .xdf 파일이 작성되고 단일 문자열이 지정된 경우 추가 파일 이름에 대한 byGroupOutFile 이름에 기초로 정수가 추가된다. 결과적으로 RxXdfData 개체는 출력 개체의 범주적 구성 요소에 나열되게 한다. byGroupOutFile은 RxHadoopMR과 같은 분산 컴퓨팅 컨텍스트를 사용할 때 지원되지 않는다.

- summaryStats: "Mean", "StdDev", "Min", "Max", "ValidObs", "MissingObs", "Sum" 중 하나 이상을 포함하는 문자 벡터이다.
- byTerm: 논리 변수. TRUE일 경우 결측 값은 요약 통계량을 계산하기 전에 변수별로 또는 상호작용식에 의해 항별로 제거된다. FALSE일 경우, 어떤 용어에서의 결측에 대한 관찰은 계산 전에 제거된다.
- pweights: 관측치의 확률 가중치로 사용할 변수를 지정하는 문자열
- fweights: 관측치의 빈도 가중치로 사용할 변수를 지정하는 문자열
- rowSelection: 데이터 세트의 논리 변수 이름(따옴표) 또는 행 선택을 지정하기 위해 데이터 세트의 변수를 사용하는 논리 표현식. 예를 들어, rowSelection = "old"는 old 변수의 값이 TRUE인 관측만 사용한다. rowSelection = (age〉 20) & (age 〈65) & (log (income)〉 10)는 age 변수의 값이 20에서 65 사이이고 소득 변수의 로그 값이 행 선택은 데이터 변환을 처리한 후에 수행된다(인수 transforms 또는 transformFunc 참조). 모든 식과 마찬가지로 rowSelection은 expression 함수를 사용하여 함수 호출 외부에서 정의할 수 있다.
- transforms: 변수 변환의 첫 번째 라운드를 나타내는 양식 목록(name = expression, ...)의 표현식이다. 모든 표현식과 마찬가지로 transform(또는 rowSelection)은 expression 함수를 사용하여 함수 호출 외부에서 정의할 수 있다.
- transformObjects: transforms, transformsFunc 및 rowSelection에 의해 참조될 수 있는 객체를 포함하는 명명된 목록이다.
- transformFunc: 변수 변환 함수. 자세한 내용은 rxTransform을 참조하여라.
- transformVars: 변환 함수에 필요한 입력 데이터 세트 변수의 문자 벡터. 자세한 내용은 rxTransform을 참조하여라.
- transformPackages: Variables 및 transformFunc 인수를 통해 RevoScaleR 함수에 명시적으로 정

의된 변수 변환 함수 또는 암시적으로 정의된 변수 변환 함수에서 사용할 수 있도록 추가 R 패키지를 정의하는 문자 벡터[rxGetOption("transformPackages")에 지정된 패키지 외부] formula 또는 rowSelection 인수를 통해 transformPackages 인수는 NULL일 수도 있다.

- transformEnvir: 내부적으로 개발되고 가변 데이터 변환에 사용되는 모든 환경에 대한 상위 역할을 하는 사용자 정의 환경. transformEnvir = NULL일 경우, 부모 baseenv ()가 있는 새로운 "해시" 환경이 대신 사용된다.
- overwrite: 논리 값. 참이면 기존의 ByGroupOutFile을 덮어쓴다. overwrite는 무시되고 byGroupOutFile은 NULL이다.
- useSparseCube: 논리 값. 참이면 sparse cube가 사용된다.
- removeZeroCounts: 논리 플래그. 참인 경우, 관측치가 없는 행은 범주형 데이터의 수에 대한 출력에서 제거된다. 기본적으로 useSparseCube와 동일한 값을 갖는다. 큰 요약 계산의 경우 이 값을 TRUE로 설정해야 한다. 그렇지 않으면 내부 C ++ 계산이 성공하더라도 R에 메모리가 부족할 수 있다.
- blocksPerRead: 데이터 소스에서 읽은 데이터의 각 chunk에 대해 읽을 블록 수이다.
- rowsPerBlock: byGroupOutFile의 각 블록에 기록할 최대 행 수(NULL이 아닌 경우)이다.
- reportPregress: 정수 값과 옵션
- 0: 진행률이 보고되지 않는다.
- 1: 처리된 행의 수가 인쇄되고 갱신된다.
- 2: 처리된 행과 타이밍이 보고된다.
- 3: 처리된 행 및 모든 타이밍이 보고된다.
- verbose: 정수 값. 0이면 추가 출력이 인쇄되지 않는다. 1이면 추가 요약 정보가 인쇄된다.
- computeContext: 유효한 RxComputeContext RxSpark 및 RxHadoopMR compute context는 compute context로 지정된 노드 사이에서 계산을 분산한다. 다른 compute context 경우 계산은 가능한 경우 로컬 컴퓨터에 분산된다.
- …: 추가 인수는 Revolution Compute Engine에 직접 전달된다.

(4) Details

특수 함수 F ()는 수식에서 변수를 요인으로 강제 해석할 수 있다.

수식에 하나의 종속변수 또는 응답 변수가 포함되어 있으면 해당 변수와 독립변수의 첫 번째 항 간의 상호작용에 대한 요약 통계가 계산된다. 예를 들어 수식 y~xfac을 사용하면 수식~y를 사용하는 것과 동일한 결과를 얻을 수 있다. xfac, 여기서 y는 연속 변수이고 xfac는 인수이다. y에 대한 요약 통계는 x의 각 요소 수준에 대해 계산된다. 이렇게 하면 rxCube 또는 rxLinMod와 같이 rxSummary에서 동일한 수식을 쉽게 사용할 수 있다.

(5) Value

다음의 요소를 포함한 rxSummary 객체:

- nobs.valid: 유효한 관측 수
- nobs.missing: 누락된 관측 수
- sDataFrame: 연속 변수에 대한 요약을 포함하는 데이터 프레임
- categorical: 범주형 변수에 대한 요약 목록
- categorical.type: 범주별 요약 유형. "개수" 또는 "큐브"(크로스 탭 개수) 또는 "없음"(범주별 요약이 없는 경우)일 수 있다.
- fomula: 요약을 얻기 위해 사용된 공식

(6) Example

```
# Create a local data frame

DF <- data.frame(sex = c("Male", "Male", "Female", "Male"), age = c(20, 20, 12, 10), score =
1.1:4.1)

get summary of sex variable rxSummary(~ sex, DF)
obtain within sex-category statistics of the score variable rxSummary(score~sex, DF)
use transforms to create a factor variable and compute
summary statistics by each factor level rxSummary(~score:ageGroup, data=DF, transforms =
list(ageGroup = cut(age, seq(0, 30, 10))))
the following will give the same results rxSummary(score~ageGroup, data=DF, transforms =
list(ageGroup = cut(age, seq(0, 30, 10)))) the same formula can be used in rxCube

rxCube(score~ageGroup, data=DF, transforms=list(ageGroup = cut(age, seq(0,30,10))))
```

```
Write summary statistics by group to an .xdf file.  Here the groups are defined as year of
age by sex by state (3 states in CensusWorkers file),so summary statistics for 46 x 2 x 3
groups are computed. The first term will just compute the Counts for each group, while the
second two will compute by-group Means and ValidObs for incwage and wkswork1

censusWorkers <- file.path(rxGetOption("sampleDataDir"), "CensusWorkers.xdf")
sumOutFile <-    tempfile(pattern = ".rxTempSumOut", fileext = ".xdf")
sumOut <- rxSummary(~F(age):sex:state + incwage:F(age):sex:state +
wkswork1:F(age):sex:state, data = censusWorkers, blocksPerRead = 3,

byGroupOutFile = sumOutFile, rowsPerBlock = 10, summaryStats = c("Mean", "ValidObs"))

rxGetVarInfo(sumOutFile)
file.remove(sumOutFile)
```

11.1.3 rxFormula

RevoScaleR 분석 함수의 수식 구문이다.

(1) Description

RevoScaleR과 표준 R 함수 사이의 유사점 및 수식의 차이점을 강조 표시한다.

(2) Details

RevoScaleR 분석 함수에서 사용하는 수식 구문은 정규 R 수식 구문과 유사하지만 동일하지는 않다. 가장 중요한 차이점은 다음과 같다.

- rxSummary를 제외하고 점(.) 설명 변수 확장은 지원되지 않는다.
- 인라인 변수 변환을 생성하는 여러 열(예: poly 및 bs는 지원되지 않는다).
- 설명 변수의 원래 순서가 유지된다. 즉, 주 효과가 상호작용 항보다 선행하지 않아야 한다(더 자세한 정보는 terms.formula의 keep.order = TRUE 설정을 참조하여라).

(3) 모형식(공식; formula)

일반적으로 대부분의 RevoScaleR 함수에서 cbind, "~" 연산자 및 하나의 변수를 사용하여 결합된 단일 변수 또는 여러 변수가 될 수 있는 응답으로 구성된다. 일반적으로 "+" 연산자로 구분된 더 많은 예측 변수이다. rxSummary 함수는 일반적으로 응답이 없는 수식을 필요로 한다.

상호작용은 ":" 연산자를 사용하여 나타낸다. 두 개의 범주형 변수의 상호작용으로 인해 두 범주의 전체 조합을 포함하는 범주형 변수가 생성되고 각 범주에 대해 모델에 계수가 추가된다. 두 개의 연속 변수의 상호작용은 두 변수의 곱과 동일하다. 연속 변수와 범주형 변수의 상호작용은 범주형 변수의 각 수준에 대한 연속 변수에 대한 계수를 추가한다. 범주형 변수 사이의 별표 연산자 "*"는 변수의 상호작용 하위 집합을 모두 모델에 추가한다.

RevoScaleR에서 예측 변수는 단일 열 변수여야 한다. RevoScaleR 수식은 범주형 변수를 관리하는 두 가지 수식 함수를 지원한다.

- F(x, low, high, exclude)는 연속 변수 x에서 범주형 변수를 만든다. 하위 범주, 최상위 범주 및 지정된 범위를 벗어난 값을 처리하는 방법을 지정하려면 추가 인수 low, high 및 exclude가 포함될 수 있다. 낮음부터 높음까지의 범위에 있는 각 정수의 경우 RevoScaleR은 레벨을 작성하고 정수 n 이상 n + 1 미만의 값을 n의 레벨에 지정한다. x가 이미 인수인 경우 F(x, low, high, exclude)를 사용하여 사용되는 레벨 범위를 제한할 수 있다. 이 경우 낮은값과 높은값은 요소 수준의 인덱스를 나타내며 1에서 수준 수까지의 정수여야 한다.
- N(x)는 범주형 변수 x로부터 연속적인 변수를 생성한다. 그러나 이 함수의 값은 요소 코드와 동일하며 함수 수준의 숫자 값과는 아무런 관련이 없다. 이를 위해 as.numeric (levels (x)) [x] 구조를 사용하여라.

(4) Example

```
# These two lines are set up for the examples
sampleDataDir <- rxGetOption("sampleDataDir")
censusWorkers <- file.path(sampleDataDir, "CensusWorkers.xdf")
rxSummary(~ F(age) + sex, data = censusWorkers)
rxSummary(~ F(age, low = 30, high = 45, exclude = FALSE), data = censusWorkers)
rxCube(incwage~F(age) : sex, data = censusWorkers)
```

11.2 분포 통계

11.2.1 rxQuantile

.xdf 파일 및 데이터 프레임의 Approximate Quantiles를 나타내는 함수다.

■ rxQuantile 함수 및 다섯 자리 요약

데이터 정렬은 일반적으로 중앙값을 포함하여 정확한 분위수를 찾는데 필요한 전제 조건이다. 그러나 binned data를 계수한 다음 경험적 cdf의 선형 보간을 계산하여 근사치를 계산할 수 있다. 데이터가 정수이고 정확한 곱셈에 의해 정수로 변환될 수 있고 적분 빈Bin이 사용되면 계산은 정확하다. RevoScaleR 함수 rxQuantile은 이 계산을 수행하며 기본적으로 대략 5-number summary를 반환한다.

```
#  The rxQuantile Function and the Five-Number Summary
readPath <- rxGetOption("sampleDataDir")
AirlinePath <- file.path(readPath, "AirlineDemoSmall.xdf")
rxQuantile("ArrDelay", AirlinePath)
```

```
Rows Processed: 600000
0%    25%    50%    75%    100%
-86   -9     0      16     1490
```

(1) Description

근사화된 분위수(정렬 없이)를 빠르게 계산한다.

(2) Usage

```
rxQuantile(varName, data, pweights = NULL, fweights = NULL,
probs = seq(0, 1, 0.25), names = TRUE,
maxIntegerBins = 500000, multiple = NA,
numericBins = FALSE, numNumericBreaks = 1000,
blocksPerRead = rxGetOption("blocksPerRead"),
reportProgress = rxGetOption("reportProgress"), verbose = 0)
```

(3) Arguments

- varName: quantile을 계산할 숫자 변수의 이름을 포함하는 자열
- data: 데이터 프레임. .xdf 파일 이름(경로 포함)을 포함하는 문자열 또는 데이터 집합을 나타내는 RxDataSource 클래스 개체
- pweights: 관측치의 확률 가중치로 사용할 변수를 지정하는 문자열
- fweights: 관측치의 주파수 가중치로 사용할 변수를 지정하는 문자열
- probs: [0,1] 범위의 값을 갖는 확률의 숫자 벡터

- names: 논리적; TRUE의 경우, 결과는 names 속성을 가진다.
- maxIntegerBins: 정수. 정수 데이터에 사용할 정수 저장소의 최대 수이다. 정확한 결과를 얻으려면 데이터 범위보다 커야 한다. 그러나 값이 클수록 메모리 요구 사항과 계산 시간이 늘어날 수 있다.
- multiple: 정수 값을 계산하기 전에 데이터 값을 곱하는 숫자 값
- numericBins: 논리적이다. 참이면 bin에 정수 근사를 사용하지 말아야 한다.
- numNumericBreaks
- 정수. 숫자 쓰레기를 계산할 때 사용할 나누기 횟수이다. numericBins가 FALSE이면 무시된다.
- blockPerRead: .xdf 데이터 소스에서 읽은 데이터 chunk마다 읽을 블록 수이다.
- reportProgress: 옵션이 있는 정수 값

  0: 진행률이 보고되지 않는다.

  1: 처리된 행의 수가 인쇄되고 갱신된다.

  2: 처리된 행과 타이밍이 보고된다.

  3: 처리된 행 및 모든 타이밍이 보고된다.
- verbose: 정수 값. 0이면 추가 출력이 인쇄되지 않는다. 1이면 추가 계산 정보가 인쇄될 수 있다.

(4) Details

rxQuantiles는 binned data 계수하고, 연속 데이터에 대한 경험적 cdf 또는 정수 데이터에 대한 경험적 분포 함수의 역함수를 계산하여 근사치를 계산한다. Binned data 정수이고, 곱셈에 의해 정수로 변환될 수 있는 경우, 적분 빈이 사용될 때 계산이 정확하다. 원하는 경우 다중 기능을 사용하여 저장소의 크기를 제어할 수 있다. 누락된 값은 quantile을 계산하기 전에 제거된다.

(5) Value

- probs의 길이가 리턴된 벡터; names = TRUE이면 names 속성을 갖는다.

(6) Example

```
# Estimate a GLM model and compute quantiles for the predictions
claimsXdf <- file.path(rxGetOption("sampleDataDir"),"claims.xdf")
claimsPred <- tempfile(pattern = "claimsPred", fileext = ".xdf")
```

```
claimsGlm <- rxGlm(cost~age + car.age + type, family = Gamma, dropFirst = TRUE, data =
claimsXdf)

rxPredict(claimsGlm, data = claimsXdf, outData = claimsPred, writeModelVars = TRUE,
overwrite = TRUE)

predBreaks <- rxQuantile(data = claimsPred, varName = "cost_Pred", probs = seq(from = 0, to
= 1, by = .1))

predBreaks

# Compare with the quantile function
claimsPredDF <- rxDataStep(inData = claimsPred)
quantile(claimsPredDF$cost_Pred, probs = seq(0, 1, by = .1), type = 4)

file.remove(claimsPred)
```

11.3 이변량 통계

11.3.1 최대우도추정

|| MS R

```
ds = read.csv("http://www.amherst.edu/~nhorton/sasr2/datasets/help.csv")
a<-rxGlm(female~homeless,family=binomial,data=ds)
exp(a$coefficients[2])
```

|| R

```
ds = read.csv("http://www.amherst.edu/~nhorton/sasr2/datasets/help.csv")
x = ds$homeless
y = ds$female
sum(x==0&y==0)*sum(x==1&y==1)/(sum(x==0&y==1)*sum(x==1&y==0))
```

or

```
tabl = table(x, y) tabl[1,1]*tabl[2,2]/(tabl[1,2]*tabl[2,1])
```

or

```
glm1 = glm(y~x, family=binomial)
exp(glm1$coef[2])
```

or

```
library(epitools)
oddsratio.fisher(x, y)
oddsratio.wald(x, y)
riskratio(x, y)
riskratio.wald(x, y)
```

‖ 참고

epitools 패키지의 epitab () 함수는 많은 역학 통계에 대한 일반 인터페이스를 제공하지만 expand.table ()은 개수 테이블에서 개별 레벨 데이터를 만드는 데 사용할 수 있다(일반선형모델 참조).

11.3.2 상관분석

‖ MS R

```
Admit <- factor(c(rep('Admitted', 46), rep('Rejected', 668)))
Gender <- factor(c(rep('M', 22), rep('F', 24), rep('M', 351), rep('F', 317)))
Admissions <- data.frame(Admit, Gender)
adminXtabs <- rxCrossTabs(~Admit:Gender, data = Admissions, returnXtabs = TRUE)
rxKendallCor(adminXtabs, type = "b")
```

‖ R

```
ds=iris
colnames(ds)<-c('x','x1','x2','x3','y')
pearsoncorr = cor(ds$x1,ds$x2)
spearmancorr = cor(ds$x1,ds$x2, method="spearman")
kendalltau = cor(ds$x1,ds$x2, method="kendall")
```

or

```
cormat = cor(cbind(ds$x1,ds$x2,ds$x3))
```

‖ **참고**

cor ()에 대한 옵션으로 method = "spearman" 또는 method = "kendall"을 지정하면 Spearman 또는 Kendall 상관 계수가 각각 생성된다. 변수 집합[cbind ()로 생성]은 변수 집합 간의 상관 관계를 생성하는 데 사용할 수 있다. cor ()의 use 옵션은 누락된 값을 처리하는 방법("all.obs", "complete.obs" 또는 "pairwise.complete.obs")을 지정한다. cor.test () 함수는 상관 관계에 대한 테스트(또는 신뢰 구간 계산)를 수행할 수 있다.

11.4 분할표 작성

11.4.1 교차표 작성

비상 계획 테이블은 범주(그룹) 변수 전체에 그룹 구성원을 표시한다. 교차 분류 표, 교차표 및 양방향 표라고도 한다.

‖ **R**

```
x<-iris$Sepal.Length
y<-iris$Species

mytab = table(y,x)
addmargins(mytab)
prop.table(mytab, 1)
```

or

```
xtabs(~ y + x)
```

or

```
library(mosaic)
tally(~ y + x)
```

or

```
library(prettyR)
xtab(y~x)
```

‖ 참고

누락 값에 대한 범주를 포함하려면 exclude = NULL 옵션을 table () 함수와 함께 사용할 수 있다. addmargins () 함수는 행 및 열 합계를 테이블에 추가하고 prop.table ()은 행 합계(옵션 1 사용) 및 열 합계(옵션 2 사용)를 계산하는 데 사용할 수 있다. colSums (), colMeans () 함수(및 행에 대한 해당 값)는 숫자 벡터의 합계 및 평균을 효율적으로 계산하는 데 사용할 수 있다. xtabs () 함수는 교차 분류 요소를 사용하여 우발적 테이블을 만드는 데 사용할 수 있다. 모자이크 패키지의 tally () 함수는 범주 테이블에 대한 모델링 언어를 지원한다. 연산자를 사용하여 세 번째 변수로 계층화한다. tally () 함수의 옵션에는 format = "percent" 또는 format = "proportion"이 포함된다. 테이블 표시의 추가 구성은 prettyR 패키지 xtab () 함수에서 제공된다.

11.4.2 카이 제곱 검정

```
Admit <- factor(c(rep('Admitted', 46), rep('Rejected', 668)))
Gender <- factor(c(rep('M', 22), rep('F', 24), rep('M', 351), rep('F', 317)))
Admissions <- data.frame(Admit, Gender)
```

‖ MS R

```
adminXtabs <- rxCrossTabs(~Admit:Gender, data = Admissions, returnXtabs = TRUE)
rxChiSquaredTest(adminXtabs)
```

‖ R

```
chisq.test(Admissions$Admit,Admissions$Gender)
```

‖ 참고

chisq.test () 명령은 두 개의 클래스 벡터 또는 개수가 있는 행렬 중 하나를 채택할 수 있다. 기본적으로 연속성 보정이 사용된다(option correct = FALSE로 설정하면 꺼짐). 모자이크 패키지의 xchisq.test () 함수에서 더 자세한 출력(예: 예상 셀 수)이 있는 버전을 찾을 수 있다.

11.4.3 Fisher 정확 검정

```
Admit <- factor(c(rep('Admitted', 46), rep('Rejected', 668)))
Gender <- factor(c(rep('M', 22), rep('F', 24), rep('M', 351), rep('F', 317)))
Admissions <- data.frame(Admit, Gender)
```

‖ **MS R**

```
adminXtabs <- rxCrossTabs(~Admit:Gender, data = Admissions, returnXtabs = TRUE)
rxFisherTest(adminXtabs)
```

‖ **R**

```
adt<-table(Admissions)
fisher.test(adt,alternative = "greater")
```

‖ **참고**

fisher.test () 명령은 두 클래스 벡터 또는 개수가 있는 행렬(ymat로 표시)을 허용할 수 있다. 많은 행 및 / 또는 열이 있는 테이블의 경우 p 값은 simulate.p.value 옵션을 사용하여 몬테카를로 시뮬레이션을 사용하여 계산할 수 있다. 몬테카를로 p 값은 큰 표본 크기에 비해 계산 집약성이 현저히 떨어진다.

11.5 예제

11.5.1 기술 통계 기반 탐색적 자료 분석

먼저 데이터 세트를 읽는다. lrecl 문은 csv 파일의 긴 행 때문에 필요하다.

```
options(digits=3)
options(width=72)        # narrows output to stay in the grey box
ds = read.csv("http://www.amherst.edu/~nhorton/sasr2/datasets/help.csv")
```

‖ **MS R**

```
rxSummary(~cesd, ds)
```

‖ R

R에서 fivenum ()과 같은 일련의 통계를 생성하는 함수를 사용하거나 단독으로 요청할 수 있다.

```
with(ds, mean(cesd))
[1] 32.8

library(mosaic)
mean(~ cesd, data=ds)
[1] 32.8

with(ds, median(cesd))
[1] 34

with(ds, range(cesd))
[1]     1 60

sd(~ cesd, data=ds)
[1] 12.5

var(~ cesd, data=ds)
[1] 157

favstats(~ cesd, data=ds)
min   Q1   median   Q3   max   mean    sd    n   missing
 1    25     34     41    60   32.8   12.5  453      0

library(moments)
with(ds, skewness(cesd))
[1] -0.26

with(ds, kurtosis(cesd))
[1] 2.55
```

또한 원하는 quantile을 생성할 수 있다. 여기서 10분위수를 발견할 수 있다.

‖ MS R

```
rxQuantile(data = ds, varName = 'cesd',
probs = seq(from = 0, to = 1, by = .1))
Rows Read: 453, Total Rows Processed: 453, Total Chunk Time: 0.001 seconds
Computation time: 0.003 seconds.
0%   10%   20%   30%   40%   50%   60%   70%   80%   90%   100%
1    15    22    27    30    34    37    40    44    49    60
```

‖ R

```
with(ds, quantile(cesd, seq(from=0, to=1, length=11)))
 0%   10%   20%   30%   40%   50%   60%   70%   80%   90%   100%
1.0   15.2  22.0  27.0  30.0  34.0  37.0  40.0  44.0  49.0  60.0
```

그래픽을 사용하면 데이터의 전체 배포를 쉽게 검토할 수 있다. 여기서 CESD의 히스토그램을 경험적인 PDF와 가장 가깝게 맞는 정규 분포로 겹쳐서 생성한다.

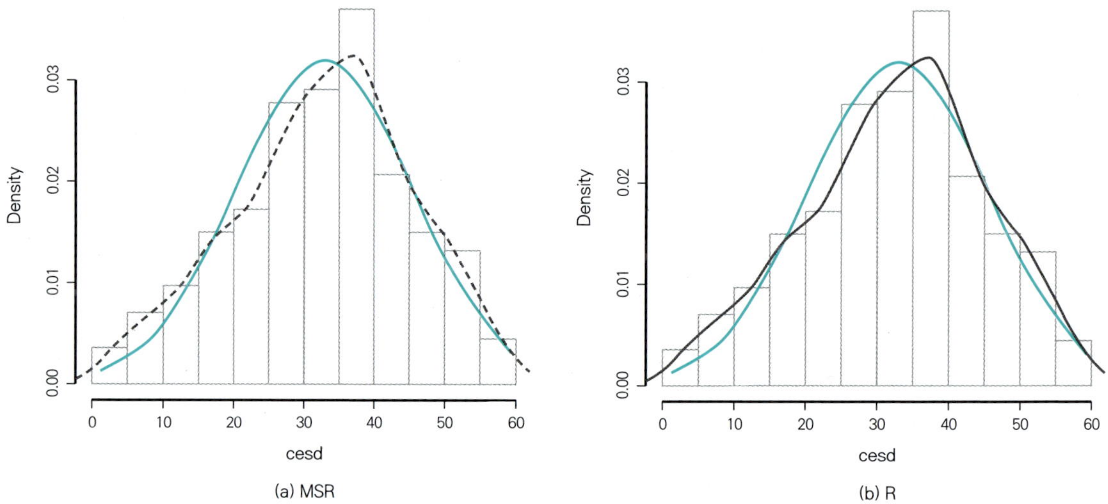

그림 11-3 • 우울 증상 점수(CESD)와 중첩 히스토그램 및 정규 분포의 밀도 도표

‖ R

```
with(ds, hist(cesd, main="", freq=FALSE))
with(ds, lines(density(cesd), main="CESD", lty=2, lwd=2))
xvals = with(ds, seq(from=min(cesd), to=max(cesd), length=100))
with(ds, lines(xvals, dnorm(xvals, mean(cesd), sd(cesd)), lwd=2))
```

11.5.2 상관분석

CESD와 MCS 및 PCS(정신 및 신체 구성 요소 점수) 간의 상관 관계를 계산할 수 있다. 먼저 기본 상관 행렬을 보여준다.

‖ MS R

```
rxCovCor(~cesd+mcs+pcs, data = ds, type = "Cor")
```

or

```
cormat = rxCor(~cesd+mcs+pcs, data = ds)
cormat
cesd     mcs      pcs
cesd     1.000   -0.682    -0.293
mcs     -0.682    1.000     0.110
pcs     -0.293    0.110     1.000

cormat[c(2,3),1]
mcs    pcs
-0.682 -0.293
```

‖ R

```
cormat = cor(with(ds, cbind(cesd, mcs, pcs)))
cormat
cesd     mcs      pcs
cesd     1.000   -0.682    -0.293
mcs     -0.682    1.000     0.110
pcs     -0.293    0.110     1.000

cormat[c(2, 3), 1]
  mcs      pcs
 -0.682   -0.293
```

공간을 절약하기 위해 상관 관계의 하위 집합을 인쇄할 수 있다.

‖ R

```
with(ds, plot(cesd[female==1], mcs[female==1], xlab="CESD", ylab="MCS", type="n", bty="n"))
with(ds, text(cesd[female==1&substance=="alcohol"], mcs[female==1&substance=="alcohol"],"A"))
with(ds, text(cesd[female==1&substance=="cocaine"], mcs[female==1&substance=="cocaine"],"C"))
with(ds, text(cesd[female==1&substance=="heroin"], mcs[female==1&substance=="heroin"],"H"))
with(ds, rug(jitter(mcs[female==1]), side=2))
with(ds, rug(jitter(cesd[female==1]), side=3))
```

다음 그림은 CESD와 MCS의 산점도(8.3.1)를 여성 대상으로 나타낸다. 플로팅 문자는 주요 물질(알코올, 코카인 또는 헤로인)이다. R의 경우, 한계 분포를 증명할 수 있도록 러그 플롯이 추가된다.

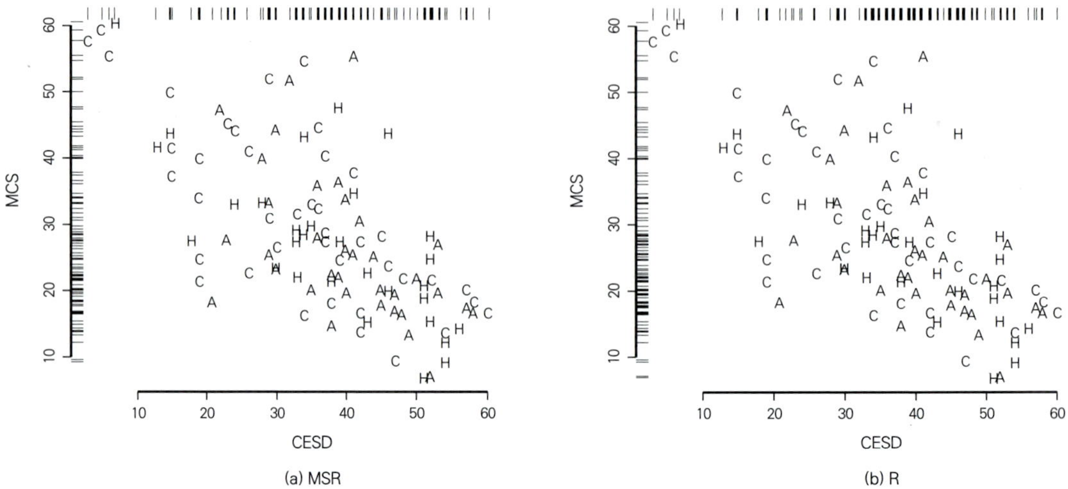

그림 11-4 • 여성을 위한 CESD 및 MCS의 산점도, 주요 물질이 플롯 기호로 표시됨

11.5.3 교차표 작성

여기서는 성별로 노숙자의 교차 표를 표시하고 관찰된 교차비를 계산하고 카이제곱 검정 및 피셔의 정확검정(exact test)을 수행하며, R에서는 모자이크 패키지의 tally () 함수로 교차 테이블을 표시한다.

‖ MS R

```
library(mosaic)
tally(~ homeless + female, data=ds)
female
homeless      0     1
0           177    67
1           169    40

tally(~ homeless + female, format="percent", data=ds)
female
homeless      0      1
0         39.07  14.79
1         37.31   8.83

tally(~ homeless | female, data=ds)
female
homeless      0     1
0           177    67
1           169    40
```

|| R

```
tally(~ homeless + female, data=ds)
female
homeless       0       1       Total
0            177      67       244
1            169      40       209
Total        346     107       453

tally(~ homeless + female, format="percent", data=ds)
female
homeless       0       1       Total
0          39.07     14.79     53.86
1          37.31     8.83      46.14
Total      76.38     23.62     100.00

tally(~ homeless | female, data=ds)
female
homeless        0       1
0              0.512   0.626
1              0.488   0.374
Total          1.000   1.000
```

교차 비율을 직접 계산할 수 있다.

|| R

```
or = with(ds, (sum(homeless==0 & female==0)* sum(homeless==1 & female==1))
/ (sum(homeless==0 & female==1)* sum(homeless==1 & female==0)))
or
[1] 0.625
---------------------------------------------------------------------------
library(epitools)
oddsobject = with(ds, oddsratio.wald(homeless, female))
oddsobject$measure

odds ratio with 95% C.I Predictor estimate lower upper
0       1.000   NA      NA
1       0.625   0.401   0.975

oddsobject$p.value

two-sided
Predictor midp.exact fisher.exact chi.square
0       NA        NA            NA
1       0.0381    0.0456        0.0377     .03
```

x^2와 피셔의 정확한 검정은 별도의 명령을 사용하여 R에 맞는다.

‖ R

```
chisqval = with(ds, chisq.test(homeless, female, correct=FALSE))
chisqval
Pearson's Chi-squared test data: homeless and female
X-squared = 4.32, df = 1, p-value = 0.03767
```

```
with(ds, fisher.test(homeless, female))
Fisher's Exact Test for Count Data data: homeless and female
p-value = 0.0456
alternative hypothesis: true odds ratio is not equal to 1
95 percent confidence interval: 0.389 0.997
sample estimates: odds ratio
0.626
```

테이블의 그래픽 묘사가 생성될 수 있다. 이는 자동 보고서 생성 및 재현 가능한 분석(11.3 참조)의 일부로 도움이 될 수 있다.

‖ R

```
library(gridExtra)
mytab = tally(~ racegrp + substance, data=ds)
plot.new()
grid.table(mytab)
```

그 결과를 다음에 나타냈다.

	alcohol	cocaine	heroin
black	55	125	31
hispanic	17	7	26
other	9	7	10
white	96	13	57

(a) MS R

	alcohol	cocaine	heroin	Total
black	55	125	31	211
hispanic	17	7	26	50
other	9	7	10	26
white	96	13	57	166
Total	177	152	124	453

(b) R

그림 11-5 • 인종 / 민족에 의한 물질 표의 그래픽 표시

12. 선형회귀분석모형의 모델링

12.1 선형회귀분석모형

12.1.1 선형회귀식

다음과 같이 데이터를 불러온다.

```
ds = read.csv("http://www.amherst.edu/~nhorton/sasr2/datasets/help.csv")
colnames(ds)[c(5,6,7,8,9,72,73)]<-c('y','x','x1','x2','x3','x4','xk')
```

‖ MS R

```
rxLinMod(y~x1 + x2 + x3+ xk, data=ds)
```

Note: rxLinMod 함수에서 빈도수를 사용하고 싶으면 fweights="reps" 옵션을 사용하면 된다.

‖ R

```
mod1 = lm(y~x1 + x2 + x3+ xk, data=ds)
summary(mod1)
summary.aov(mod1)
or
form = as.formula(y~x1 + x2 + x3+ xk)
mod1 = lm(form, data=ds)
summary(mod1)
coef(mod1)
```

```
Rows Read: 453, Total Rows Processed: 453, Total Chunk Time: Less than .001 seconds
Computation time: 0.004 seconds.
Call:
rxLinMod(formula = y~x1 + x2 + x3 + xk, data = ds)
Linear Regression Results for: y~x1 + x2 + x3 + xk
Data: ds
Dependent variable(s): y
Total independent variables: 5
Number of valid observations: 241
Number of missing observations: 212
```

```
Coefficients:
                      y
(Intercept) 58.63503207
x1          -0.10023140
x2          -0.28159750
x3           0.04659318
xk          -0.16044587
```

‖ 참고

lm() 함수의 첫 번째 인수는 수식 객체이다. 인수는 명시된 결과값(y), 연산자 ~, 그리고 예측 변수가 순으로 입력하게 된다. lm() 결과로는 선형모델의 객체를 반환한다. 선형모델 summary() 명령어에 대한 자세한 내용은 help(summary.lm)에서 찾을 수 있다. coef() 함수는 모델로부터 상관 계수를 도출한다(coeplot 패키지 참조). biglm 키지에 있는 biglm() 함수는 큰 dataset에 모델 적합을 지원한다. 디폴트로 별표는 중요도 level에 따른 결과에 주석을 달기 위해서 사용된다. 이러한 기능은 options (show.signif.stars=FALSE) 명령어를 이용하여 끌 수 있다. Biglm 패키지는 큰 dataset을 추정하는 데 사용할 수 있다. rxLinMod와 R함수 lm에 의한 출력은 일치한다.

‖ MS R

```
library(MicrosoftML)
rxFastLinear(y~x1 + x2 + x3+ xk, data=ds, type="regression")
```

12.1.2 공변량 활용

‖ MS R

```
ds = transform(ds, x1f = as.factor(x1))
mod1 = rxLinMod(y~x1f + x2 + x3 + xk, data=ds)
```

‖ R

```
ds = transform(ds, x1f = as.factor(x1))
mod1 = lm(y~x1f + x2 + x3 + xk, data=ds)
```

```
Call:
lm(formula = y~x1 + x2 + x3 + xk, data = ds)
Residuals:
    Min      1Q  Median      3Q     Max
-27.551  -6.599   2.008   6.920  21.946
Coefficients:
            Estimate Std. Error t value Pr(>|t|)
(Intercept) 58.63503    4.69049  12.501  < 2e-16 ***
x1          -0.10023    0.07709  -1.300 0.194780
x2          -0.28160    0.07891  -3.568 0.000435 ***
x3           0.04659    0.02214   2.105 0.036369 *
xk          -0.16045    0.20304  -0.790 0.430205
---
Signif. codes:  0 '***' 0.001 '**' 0.01 '*' 0.05 '.' 0.1 ' ' 1

Residual standard error: 10.16 on 236 degrees of freedom
  (212 observations deleted due to missingness)
Multiple R-squared:  0.065,     Adjusted R-squared:  0.04916
F-statistic: 4.102 on 4 and 236 DF,  p-value: 0.003116
```

‖ 참고

R에서의 as.factor() 명령어는 변수에서 범주형 변수를 만든다. 디폴트는 가장 작은 값(숫자로나 사전상으로나)이 참조하는 값이다. factor()함수에서의 level 옵션은 특정 참조 값을 선택하는 데 사용된다(2.2.19 참조). ordered() 함수로 factor를 정렬할 수 있다.

12.1.3 선형회귀식 구성

(1) 절편 없는 선형회귀분석

‖ MS R

```
mod1 = rxLinMod(dist~0+speed, data=cars)
or
mod1 = rxLinMod(dist~speed-1, data=cars)
```

‖ R

```
lm(dist~0+speed, data=cars)
or
lm(dist~speed-1, data=cars)
```

(2) 상호작용이 있는 선형회귀

‖ **MS R**

```
mod1 = rxLinMod(y~x1 + x2 + x1:x2 + x3 + xk, data=ds)
or
rxLinMod(y~x1*x2 + x3 + xk, data=ds)
```

‖ **R**

```
mod1 = lm(y~x1 + x2 + x1:x2 + x3 + xk, data=ds)
or
lm(y~x1*x2 + x3 + xk, data=ds)
```

‖ **참고**

*연산자에는 모든 하위 항(이 경우 주요 효과)이 포함되지만, : 연산자에는 명시된 교호작용만 포함된다. 예를 들어 y~x1 * x2 * x3는 y~x1 + x2 + x3 + x1 : x2 + x1 : x3 + x2 : x3 + x1 : x2 : x3 명령어는 동일하다. 이 문법은 as.factor() 명령어(6.1.2 참조)를 같이 사용하여 범주형으로 지정된 공변량에도 사용할 수 있다.

12.2 모수추정 결과

12.2.1 회귀 계수

(1) Parameter 추정값

‖ **MS R**

```
mod1 = rxLinMod(y~x,covCoef = T, data=ds)
```

‖ **R**

```
mod1 = lm(y~x, data=ds)
coeff.mod1 = coef(mod1)
```

‖ **참고**

벡터 coeff.mod1의 첫 번째 성분은 절편이다(절편이 있는 모델에 적합했다고 가정).

(2) 표준화 회귀 계수

선형회귀모델에서의 표준화 회귀 계수는 모델 적합 전에 예측 변수와 결과값의 분산이 1이 되도록 먼저 표준화 했을 때 얻는 추정값이다.

‖ **R**

```
library(QuantPsyc)
mod1 = lm(y~x, data=ds)
lm.beta(mod1)
```

‖ **참고**

클래스(lm) 객체의 표준화된 회귀 계수(beta)를 계산한다.

12.2.2 표준오차 계산

covariance matrix를 확인해보자.

‖ **MS R**

```
mod1 = rxLinMod(y~x, data=ds,covCoef = T)
sqrt(diag(mod1$covCoef))
```

‖ **R**

```
mod1 = lm(y~x, data=ds)
sqrt(diag(vcov(mod1)))
or
coef(summary(mod1))[,2]
```

‖ **참고**

표준오차는 coef()의 결과 중 두 번째 열이다.

12.2.3 신뢰구간 산출

(1) Parameter 추정값의 신뢰구간

‖ **R**

```
mod1 = lm(y~x, data=ds)
confint(mod1)
```

(2) 평균에 대한 신뢰구간 한계

평균에 대한 신뢰구간 한계는 공변량에 따른 관측치 평균의 신뢰구간 하한(상한)이다. 이것은 공변량에 따른 개별 관측치의 예측 한계와는 차이가 있다.

‖ **MS R**

```
mod1 = rxLinMod(y~x, data=ds,covCoef = T)
pred = rxPredict(mod1,data=ds,computeStdErrors = T,interval="confidence")
lcl.varname = pred[,3]
```

‖ **R**

```
mod1 = lm(y~x, data=ds)
pred = predict(mod1, interval="confidence")
lcl.varname = pred[,2]
```

‖ **참고**

신뢰구간의 하한은 predict() 결과의 두 번째 열이다. 신뢰구간의 상한을 생성하기 위해서는 사용자는 R의 predict() 객체의 세 번째 열에 접근한다. predict() 명령어는 모든 lm()객체에 대해 작동하며 이 옵션을 사용하면 신뢰구간 한계값이 생성된다. 디폴트로 함수는 추정 dataset을 사용한다. 하지만, dataset을 나눠서 예측하도록 지정할 수 있다. mosaic 패키지의 panel = panel.lmbands 옵션을 xyplot()에 추가하여 산점도에 신뢰구간과 예측대를 표시하여 보강할 수 있다.

(3) 예측 한계

예측 한계는 dataset에서 관측한 대상의 공변량 값에 따른 "새로운" 관측치의 예측 한계의 하한(상한)이다. 이것은 모집단 평균의 신뢰구간 한계와는 차이가 있다.

‖ **MS R**

```
mod1 = rxLinMod(y~x+x1+x2, data=ds,covCoef = T)
pred = rxPredict(mod1,data=ds,computeStdErrors = T,interval="prediction")
pred.w.lowlim = pred[,3]
```

‖ **R**

```
mod1 = lm(y~x+x1+x2, data=ds)
pred.w.lowlim = predict(mod1, interval="prediction")[,2]
```

‖ **참고**

이 코드는 predict() 함수의 결과 중 두 번째 열을 벡터에 저장한다. 신뢰구간의 상한을 생성하기 위해서는 사용자는 R의 predict() 객체의 세 번째 열에 접근한다. predict() 명령어는 모든 lm() 객체에 대해 작동하며 이 옵션을 사용하면 신뢰구간 한계값이 생성된다. 디폴트로 함수는 추정 dataset을 사용한다. 하지만, dataset을 나눠서 예측하도록 지정할 수 있다.

12.2.4 모형 평가

(1) R-squared

‖ **MS R**

```
mod1 = rxLinMod(y~x + x1 + x2, data=ds)
mod1$r.squared
```

‖ **R**

```
mod1 = lm(y~x + x1 + x2, data=ds)
summary(mod1)$r.squared
or
library(mosaic)
rsquared(mod1)
```

(2) Parameter 추정값의 공분산 행렬

‖ MS R

```
mod1 = rxLinMod(y~x, data=ds, covCoef = T)
mod1$covCoef
```

‖ R

```
mod1 = lm(y~x, data=ds)
vcov(mod1)
or
sumvals = summary(mod1)
covb = sumvals$cov.unscaled*sumvals$sigma^2
```

‖ 참고

help(summary.lm)을 실행하면 반환 값에 대한 세부 정보가 제공된다.

(3) Parameter 추정값의 상관 행렬

‖ MS R

```
mod1 = rxLinMod(y~x, data=ds, covCoef = T)
mod1$covCoef
```

‖ R

```
mod1 = lm(y~x, data=ds)
mod1.cov = vcov(mod1)
mod1.cor = cov2cor(mod1.cov)
```

‖ 참고

cov2cor () 함수는 공분산 행렬을 상관 행렬로 변환하는 편리한 방법이다.

12.3 예측치 활용한 이상점 탐색

12.3.1 예측치 생성

다음과 같이 데이터를 불러온다.

```
ds = read.csv("http://www.amherst.edu/~nhorton/sasr2/datasets/help.csv")
colnames(ds)[c(5,6,7,8,9,72,73)]<-c('y','x','x1','x2','x3','x4','xk')
```

|| MS R

```
mod1 = rxLinMod(y~x, data=ds)
p = rxPredict(modelObject = mod1, data= ds)
```

|| R

```
mod1 = lm(y~x, data=ds)
predicted.varname = predict(mod1)
```

|| 참고

predict() 명령어는 어떠한 lm 객체에 대해서도 작동하며 디폴트로 예측값들의 벡터를 생성한다.

12.3.2 잔차 계산

|| MS R

```
p = rxPredict(modelObject = mod1, data= ds, computeResiduals = TRUE)
or
mod1 = rxLinMod(y~x, data= ds)
mod1$residual
```

|| 참고

rxPredict 함수에서 modelObject에 모델을 지정하면 예측값을 얻을 수 있다. 또 잔차를 구하려면 computeResiduals 옵션을 TRUE로 지정하면 된다.

‖ R

```
mod1 = lm(y~x, data=ds)
residual.varname = residuals(mod1)
```

‖ 참고

residual() 명령어는 어떠한 lm 객체에 대해서도 작동하며 잔차 벡터를 생성한다. Aov, glm이나 lme 객체의 다른 기능도 있다[예시로 help(residuals.glm)를 참조].

12.3.3 표준화 잔차 계산

표준화 잔차는 일반 잔차(음의 값이 예상되는 관측값, −)를 표준편차의 추정값으로 나눠서 계산한다. 스튜던트 잔차도 관측값을 제외하고 예측값과 잔차의 분산은 모델의 적합으로부터 추정하는 유사한 방식으로 계산된다.

‖ MS R

```
mod1 = rxLinMod(y~x, data=ds)
mod1$residual.squares
mod1$residual.variance
```

‖ 참고

rxLinMod 함수를 사용하여 만든 mod1에서 residual.squares와 residual.variance를 확인할 수 있다.

‖ R

```
library(MASS)
mod1 = lm(y~x, data=ds)
standardized.resid.varname = stdres(mod1)
studentized.resid.varname = studres(mod1)
```

‖ 참고

stdres() 및 studres() 함수는 어떠한 lm 객체에서도 작동하며 스튜던트 잔차 벡터를 생성한다(전자의 명령어는 관측치를 계산에 포함하고, 후자는 그렇지 않다). 유사한 명령어는 다른 회귀 분석 출력을 검색한다[help(influence.measures) 참조].

12.4 변수 선택

12.4.1 단계별 변수 선택

단계별 선형회귀 분석은 회귀모델에서 가장 중요한 변수를 결정하는 데 도움이 되는 알고리즘이다. 최소 또는 더 낮은 모델 수식과 최대 또는 상부 모델 수식을 제공하고 전진 선택, 후진 제거 또는 양방향 검색을 사용하여 알고리즘이 AIC 선택 기준에 따라 가장 잘 맞는 모델 수식을 결정한다. 오픈 소스 R에서는 함수 단계를 통해 구현된다. RevoScaleR은 "메모리 내[In-Memory]" 알고리즘의 사용에 의해 제한되지 않는 단계적 선형회귀의 구현을 제공한다. RevoScaleR의 단계별 선형회귀는 rxLinMod 및 rxStepControl 함수로 구현된다.

간단한 예로서, AirlineDemoSmall.xdf 샘플 데이터 세트를 사용해본다.

|| MS R

```
readPath <- rxGetOption("sampleDataDir")
airlineDemoSmall <- file.path(readPath, "AirlineDemoSmall.xdf")
```

문제는 "더 많은 예측 변수를 추가하여 이 모델을 개선할 수 있는가"이다. RevoScaleR에서 단계별 선택을 사용하려면 rxLinMod에서 variableSelection을 추가한다. rxStepControl을 사용하여 방법(default는 "stepwise", 양방향 검색 지정), 범위(검색의 아래쪽 및 위쪽 수식) 및 다양한 컨트롤 매개변수를 지정한다.

|| MS R

```
readPath <- rxGetOption("sampleDataDir")
airlineDemoSmall <- file.path(readPath, "AirlineDemoSmall.xdf")

airlineStepModel <- rxLinMod(ArrDelay~DayOfWeek + CRSDepTime, data = airlineDemoSmall,
                    variableSelection = rxStepControl(method="stepwise", scope =~DayOfWeek
+ CRSDepTime ))
airlineStepModel
```

‖ R

```
Call:
rxLinMod(formula = ArrDelay~DayOfWeek + CRSDepTime, data = airlineDemoSmall,
    variableSelection = rxStepControl(method = "stepwise", scope = ~DayOfWeek +
        CRSDepTime))

Linear Regression Results for: ArrDelay~DayOfWeek + CRSDepTime
Data: airlineDemoSmall (RxXdfData Data Source)
File name: C:/Program Files/Microsoft/R Server/R_SERVER/library/RevoScaleR/SampleData/
AirlineDemoSmall.xdf
Dependent variable(s): ArrDelay
Total independent variables: 9 (Including number dropped: 1)
Number of valid observations: 582628
Number of missing observations: 17372

Coefficients:
                              ArrDelay
(Intercept)                 -3.1945789
DayOfWeek=Monday             2.0809966
DayOfWeek=Tuesday            1.3401542
DayOfWeek=Wednesday          0.1515479
DayOfWeek=Thursday          -1.3230144
DayOfWeek=Friday             4.8004218
DayOfWeek=Saturday           2.1896494
DayOfWeek=Sunday               Dropped
CRSDepTime                   0.9786211
```

‖ Note

R상에서 step 함수의 direction 옵션을 사용한다. direction에는 “both”, “forward”, backward”가 지정 가능하고 scope 옵션을 사용해서 scope 또한 지정 가능하다.

‖ MS R

```
readPath <- rxGetOption("sampleDataDir")
airlineDemoSmall <- file.path(readPath, "AirlineDemoSmall.xdf")
airline<-rxImport(airlineDemoSmall)

airlinelm<-lm(ArrDelay~DayOfWeek + CRSDepTime, data = airline)
step(airlinelm, direction = "both")
```

‖ **Note**

variableSelection 옵션은 현재 MicrosoftML에서 지원되지 않는다.

```
library(MicrosoftML)
readPath <- rxGetOption("sampleDataDir")
airlineDemoSmall <- file.path(readPath, "AirlineDemoSmall.xdf")
airlineStepModel <- rxFastLinear(ArrDelay~DayOfWeek + CRSDepTime,
data = airlineDemoSmall,type="regression))
airlineStepModel
```

12.4.2 변수 선택 방법

변수 선택의 세 가지 방법이 rxLinMod에서 지원된다.

- "forward": 최소 모델에서 시작하여 추가 변수가 선택 기준을 충족할 때까지 또는 최대 모델에 도달할 때까지 변수가 한 번에 하나씩 추가된다.
- "backward": 최대 모델에서 시작하여 다른 변수의 제거가 선택 기준을 충족하지 못하거나 최소 모델에 도달할 때까지 한 번에 하나씩 변수가 제거된다.
- "stepwise(기본값)": 변수가 최소 모델에 추가되는 전방 및 후방 선택 조합이다. 각 단계에서 모델이 재분석되어 추가된 변수가 현재 모델에서 삭제 대상이 되는지 확인한다.

12.4.3 모델 범위 지정

rxStepControl의 scope 옵션을 사용하여 최종 모델 선택에 포함할 변수와 무시해야 할 변수를 지정한다. 즉, 범위에 대해 별도의 값을 지정할 수 있다. 범위를 간단한 공식(상한 또는 최대 모델로 처리됨)으로 또는 구성 요소가 "lower" 및 "upper"(둘 중 누락될 수 있음)로 지정할 수 있다. 예를 들어 단일 예측 변수인 Sepal.Width와 Sepal.Width, Petal.Length가 포함된 최대 모델 및 Petal.Width와 Species 간의 상호작용을 포함하는 최소 모델을 사용하여 홍채 데이터를 분석하기 위해 변수 선택 모델을 다음과 같이 지정할 수 있다.

MS R

```
form <- Sepal.Length~Sepal.Width + Petal.Length
scope <- list(lower =~Sepal.Width, upper =~Sepal.Width + Petal.Length + Petal.Width *
Species)
varsel <- rxStepControl(method = "stepwise", scope = scope)
rxlm.step <- rxLinMod(form, data = iris, variableSelection = varsel, verbose = 1, dropMain =
FALSE,
                    coefLabelStyle = "R")
```

```
Rows Read: 150, Total Rows Processed: 150, Total Chunk Time: 0.002 seconds

Start: AIC=-326.656
Sepal.Length~Sepal.Width+Petal.Length
DataSet[4, 6]
Row         StepMethod    Step                Df     Sum of Sq    RSS        AIC
[   1,.]     1            Species             2      2.3632       13.9655    -346.1066
[   2,.]     1            Petal.Width         1      1.8834       14.4454    -343.0388
[   3,.]     0            <none>              NA     NA           16.3288    -326.6561
[   4,.]    -1            Petal.Length        1      84.4273      100.7561   -55.6899

Step 1: AIC=-346.107
Sepal.Length~Sepal.Width+Petal.Length+Species
DataSet[3, 6]
Row         StepMethod    Step                Df     Sum of Sq    RSS        AIC
[   1,.]     1            Petal.Width         1      0.4090       13.5565    -348.5655
[   2,.]     0            <none>              NA     NA           13.9655    -346.1066
[   3,.]    -1            Petal.Length        1      14.0382      28.0037    -243.7450

Step 2: AIC=-348.566
Sepal.Length~Sepal.Width+Petal.Length+Species+Petal.Width
DataSet[4, 6]

Row         StepMethod    Step                Df     Sum of Sq    RSS        AIC
[   1,.]    1             Petal.Width:Species 2      0.3720       13.1845    -348.7394
[   2,.]    0             <none>              NA     NA           13.5565    -348.5655

Step 3: AIC=-348.739
Sepal.Length~Sepal.Width+Petal.Length+Species+Petal.Width+Petal.Width:Species
DataSet[2, 6]
Row         StepMethod    Step                Df     Sum of Sq    RSS        AIC
[   1,.]     0            <none>              NA     NA           13.1845    -348.7394
[   2,.]    -1            Petal.Length        1      13.8603      27.0448    -242.9712

Elapsed computation time: 0.026 secs.

Regression Results for: Sepal.Length~Sepal.Width+Petal.Length+Petal.Width+Species+Petal.
Width:Species
```

```
Model Name: Sepal.Length~Sepal.Width+Petal.Length+Petal.Width+Species+Petal.Width:Species
Description: Sepal.Length~Sepal.Width+Petal.Length+Petal.Width+Species+Petal.Width:Species

Dependent Variable: Sepal.Length
Total independent variables: 10 (Including number dropped: 2)
Number of valid observations: 150

Coeffs.                          Value      Std. Error       t Value      Pr(>|t|)
 (Intercept)                     0.7228       0.4503          1.6051       0.1107
Sepal.Width                      0.5051       0.0858          5.8896       0.0000
Petal.Length                     0.8703       0.0712         12.2180       0.0000
Petal.Width                     -0.2314       0.1713         -1.3506       0.1790
Species1                         1.2716       0.4317          2.9455       0.0038
Species2                         1.0782       0.4710          2.2890       0.0236
Species3                         Dropped      Dropped         Dropped      0.0000
Petal.Width:Species1             0.2631       0.4429          0.5941       0.5534
Petal.Width:Species2            -0.5013       0.2853         -1.7568       0.0811
Petal.Width:Species3             Dropped      Dropped         Dropped      0.0000

R-Squared: 0.8710
Residual standard error: 0.3047 (142 d.f.)
F-statistic: 136.9112 (7 and 142 d.f.), p-value: 0.0000
Condition number: 1265.9304
```

‖ R

```
upper <- lm(Sepal.Length~Sepal.Width + Petal.Length + Petal.Width * Species,data=iris)
lower <- lm(Sepal.Length~Sepal.Width,data=iris)
step(lower, direction = "both", scope=list(lower=lower, upper=upper))
```

일반적으로 고려된 모델은 범위 인수에서 다음과 같이 결정된다.

- "하위" 범위만: 고려된 모든 모델에는 하위 모델이 rxLinMod의 수식 인수에 지정된 기본 모델까지 포함된다.
- "상위" 범위만: 고려된 모든 모델에는 기본 모델의 조건(rxLinMod의 수식 인수로 지정)과 상위 범위에 지정된 추가 용어가 포함된다.
- "lower" 및 "upper"scope 모두 제공: 고려된 모든 모델에는 적어도 더 낮은 범위의 용어가 포함되며 추가 기준은 중지 기준에 도달하거나 전체 upper scope 모델이 선택될 때까지 상위 범위의 용어를 사용하여 추가된다.
- 제공된 범위 없음: 최소 모델에는 절편만 포함되며 최대 모델에는 기본 모델에 지정된 조건까지만

포함된다.

이 규칙은 R의 단계 함수에서 사용된 것과 동일하다.

12.4.4 선택 기준 지정

기본적으로 변수 선택은 Akaike Information Criterion 또는 AIC를 사용하여 결정된다. 이것은 R 표준이다. SAS와 유사한 단계별 선택을 원하면 stepCriterion = "SigLevel"을 지정할 수 있다. 이것이 설정된 경우 rxLinMod는 F– 테스트 (기본값) 또는 카이 제곱 테스트를 사용하여 모델에서 용어를 추가 또는 삭제할지 여부를 결정한다. 테스트 인수를 사용하여 수행할 테스트를 지정할 수 있다. 예를 들어, 다음과 같이 F– 테스트와 함께 SigLevel 단계 기준을 사용하여 모델을 재구성할 수 있다.

```
airlineStepModelSigLevel <- rxLinMod(ArrDelay~DayOfWeek + CRSDepTime, data =
airlineDemoSmall,
                           variableSelection = rxStepControl( method = "stepwise", scope =~
                           DayOfWeek + CRSDepTime , stepCriterion = "SigLevel" ))
```

```
Call:
rxLinMod(formula = ArrDelay~DayOfWeek + CRSDepTime, data = airlineDemoSmall,
    variableSelection = rxStepControl(method = "stepwise", scope = ~DayOfWeek +
        CRSDepTime, stepCriterion = "SigLevel"))

Linear Regression Results for: ArrDelay~DayOfWeek + CRSDepTime
Data: airlineDemoSmall (RxXdfData Data Source)
File name: C:/Program Files/Microsoft/R Server/R_SERVER/library/RevoScaleR/SampleData/
AirlineDemoSmall.xdf
Dependent variable(s): ArrDelay
Total independent variables: 9 (Including number dropped: 1)
Number of valid observations: 582628
Number of missing observations: 17372

Coefficients:
                          ArrDelay
(Intercept)              -3.1945789
DayOfWeek=Monday          2.0809966
DayOfWeek=Tuesday         1.3401542
DayOfWeek=Wednesday       0.1515479
DayOfWeek=Thursday       -1.3230144
DayOfWeek=Friday          4.8004218
DayOfWeek=Saturday        2.1896494
DayOfWeek=Sunday          Dropped
CRSDepTime                0.9786211
```

이 경우(다른 많은 잘 작동하는 모델과 함께) SigLevel 단계 기준을 사용한 결과는 AIC를 사용하는 결과와 동일하다. 모델 추가 및 삭제에 대한 유의 수준을 제어할 수 있다.

maxSigLevelToAdd 및 minSigLevelToDrop. maxSigLevelToAdd는 모델에서 변수가 포함될 수 있는 유의 수준을 지정한다. minSigLevelToDrop는 현재 포함된 변수가 삭제될 것으로 보이는 유의 수준을 지정한다. 기본적으로 method = "stepwise"의 경우 두 수준 모두 .15로 설정된다.

12.4.5 모델 계수 플롯

기본적으로 계단식 선택의 각 단계에서 매개변수 값은 유지되지 않는다. 추가 인수인 keepStepCoefs를 사용하면 회귀의 각 단계에서의 계수 값이 저장된다. 이 계수 데이터는 다른 함수인 rxStepPlot을 사용하여 플롯될 수 있다. iris 데이터에 대한 단계적 선형회귀를 고려해보자.

|| MS R

```
form <- Sepal.Length~Sepal.Width + Petal.Length
scope <- list(lower =~Sepal.Width, upper =~Sepal.Width + Petal.Length + Petal.Width *
Species)
varsel <- rxStepControl(method = "stepwise", scope = scope, keepStepCoefs=TRUE)
rxlm.step <- rxLinMod(form, data = iris, variableSelection = varsel, verbose = 1, dropMain =
FALSE,
coefLabelStyle = "R")
```

keepStepCoefs = TRUE 인수를 rxStepContol 옵션에 추가한다. 이렇게 하면 rxLinMod 객체에 여분의 출력이 생성되고, 회귀의 각 단계에서 계수의 값을 포함하는 데이터 프레임이 된다. 이 데이터 프레임인 stepCoefs는 다음과 같이 액세스할 수 있다.

```
rxlm.step$stepCoefs
```

```
                  0           1           2           3
(Intercept)       2.2491402   0.9962913   1.1477685   0.7228228
Sepal.Width       0.5955247   0.4322172   0.4958889   0.5050955
Petal.Length      0.4719200   0.7756295   0.8292439   0.8702840
Petal.Width       0.0000000   0.0000000   -0.3151552  -0.2313888
Species1          0.0000000   1.3940979   1.0234978   1.2715542
Species2          0.0000000   0.4382856   0.2999359   1.0781752
Species3          0.0000000   NA          NA          NA
```

```
Petal.Width:Species1      0.0000000     0.0000000     0.0000000     0.2630978
Petal.Width:Species2      0.0000000     0.0000000     0.0000000     -0.5012827
Petal.Width:Species3      0.0000000     0.0000000     0.0000000     NA
```

테이블에서 패턴과 정보를 수집하는 것은 어려울 수 있다. 그래서 사용자가 각 단계에서 매개변수 값을 그릴 수 있는 다른 함수 rxStepPlot을 추가했다. 아이리스 모델 객체를 사용하여 계수를 플롯했다.

```
rxStepPlot(rxlm.step)
```

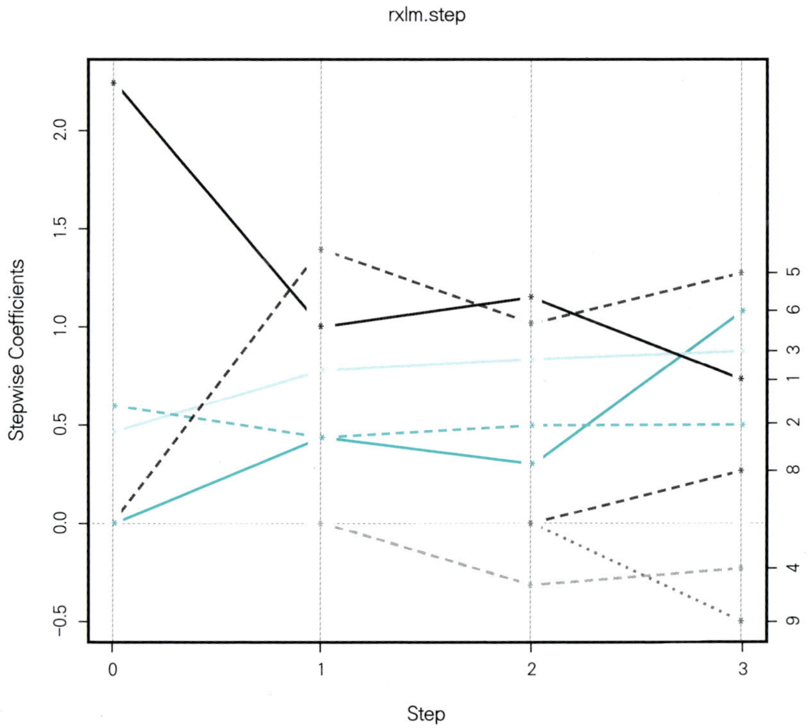

그림 12-1 • rxStepPlot 함수 시각화 결과

이 플롯에서 변수가 언제 0이 아닌 단계에 주목하여 모델에 입력되는지 알 수 있다. 선은 파라미터를 나타내기 위해 오른쪽 축의 숫자로 표시된다. 번호는 데이터 프레임 stepCoef에 나타나는 순서와 일치한다. species3 매개변수가 종에 대한 참조 카테고리이므로 7번째 및 10번째 매개변수가 이 플롯에 표시

되지 않는다. rxStepPlot 함수는 기본 R의 matplot 함수에서 추가 그래픽 매개변수를 사용하여 쉽게 사용자 정의할 수 있다. 다음 예제에서는 rxStepPlot에 대한 원래 옵션을 업데이트하여 각 행에 사용되는 색상을 지정하고, 선 너비를 조정하고 플롯에 적절한 제목을 추가하는 방법을 보여준다.

```
colorSelection <- c("#000000", "#E69F00", "#56B4E9", "#009E73", "#F0E442", "#0072B2",
"#D55E00", "#CC79A7")

rxStepPlot(rxlm.step, col = colorSelection, lwd = 2, main = "Step Plot - Iris Coefficients")
```

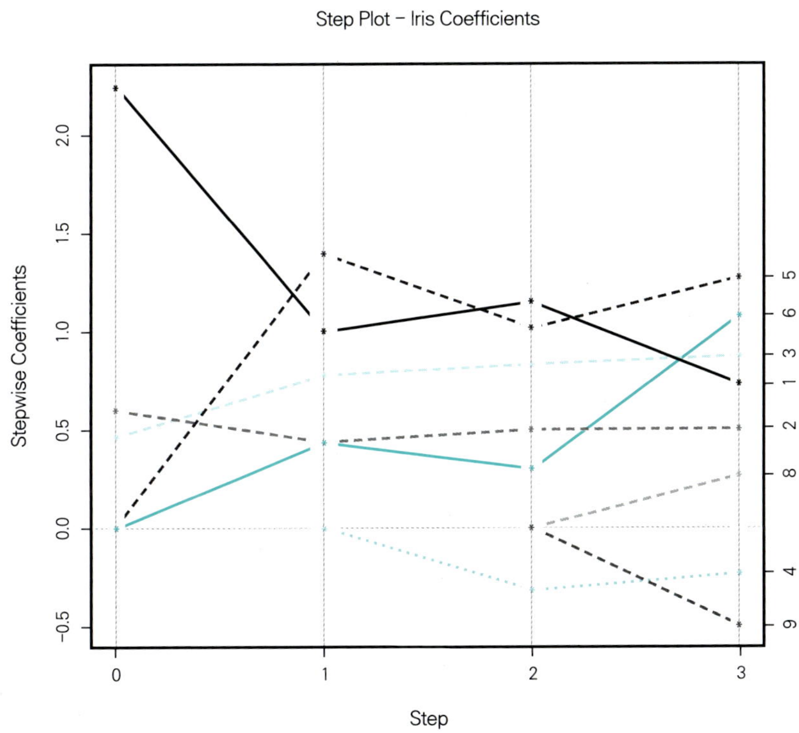

그림 12-2 • 옵션이 추가된 rxStepPlot 함수 시각화 결과

기본적으로 rxStepPlot 함수는 7가지 선 색상을 사용한다. 매개변수의 수가 색상 수를 초과하면 동일한 순서로 재사용된다. 그러나 선 유형은 1에서 5까지 다양하게 설정되므로 동일한 색상의 선은 선 유형이 다를 수 있다. 회선 유형은 rxStepPlot 옵션의 lty 인수를 사용하여 지정할 수도 있다.

13. 일반화선형모형의 모델링

13.1 일반화선형모형

13.1.1 링크 함수

■ 데이터 사례 1: 미국 2000 센서스 데이터 분석

CensusWorkers.xdf 데이터 세트에는 세 주에서 연중 최소 20주 동안 근무한 20세에서 65세 사이의 개인에 대한 미국 2000년 5% 센서스의 하위 집합이 포함되어 있다. 임금 소득(변수 incwage에 의해 설정된 데이터로 표현됨)과 연령 간의 관계를 살펴보자.

숫자 변수들 사이의 관계를 관찰하는 유용한 방법은 predictor 변수(우리의 경우 나이)를 bin한다. 음각 bin에 대한 응답의 평균을 그려보는 것이다. 빈 보관소를 만드는 가장 간단한 방법은 초기 공식에서 F() 래퍼를 사용하는 것이다. 고유한 각 값에 대해 별도의 bin을 작성한다(더 정확하게 말하면, 나이 값이 낮을 때부터 나이 값이 큰 것까지 길이가 1인 빈을 만든다. 원래 데이터 세트에 일부 연령이 없는 경우 빈은 어쨌든 만들어진다).

우리는 다음과 같이 원래 모델을 만든다.

‖ **MS R**

```
readPath <- rxGetOption("sampleDataDir")
censusWorkers <- file.path(readPath, "CensusWorkers.xdf")
censusWorkersCube <- rxCube(incwage~F(age), data=censusWorkers)
```

먼저 반환된 개체 이름인 censusWorkersCube를 입력하여 표 형식으로 결과를 확인하면 다음과 같은 결과가 나타난다.

```
Call:
rxCube(formula = incwage~F(age), data = censusWorkers)
Cube Results for: incwage~F(age)
File name:
C:\Program Files\Microsoft\MRO-for-RRE\8.0\R-

3.2.2\library\RevoScaleR\SampleData\CensusWorkers.xdf Dependent variable(s): incwage Number
of valid observations: 351121
```

```
Number of missing observations: 0
Statistic: incwage means

F_age incwage   Counts
20    12669.94  6500
21    14114.23  6479
22    15982.00  6676
23    18503.92  6884
24    20672.06  6931
25    23856.25  7273
26    25938.17  7116
27    26902.97  7584
28    28531.59  8184
29    30153.10  8889
30    30691.10  9055
31    31647.06  8670
32    33459.31  8459
33    34208.33  8574
34    34364.06  9058
35    35739.92  9743
36    36945.24  9888
37    36970.63  9860
... 생략 ...
```

우리가 원했던 것처럼, 이 표에는 각 연령별 평균 임금 수준이 포함되어 있다. 결과 플롯을 작성하려면 rxResultsDF 함수를 사용하여 출력을 데이터 프레임으로 편리하게 변환할 수 있다. F_age 요소 변수는 자동으로 정수 변수로 다시 변환된다. 그런 다음 rxLinePlot을 사용하여 데이터를 플롯할 수 있다.

|| MS R

```
censusWorkersCubeDF <- rxResultsDF(censusWorkersCube)
rxLinePlot(incwage~age, data=censusWorkersCubeDF, title="Relationship of Income and Age")
```

결과 플롯은 연령에 대한 소득 관계를 명확하게 보여준다.

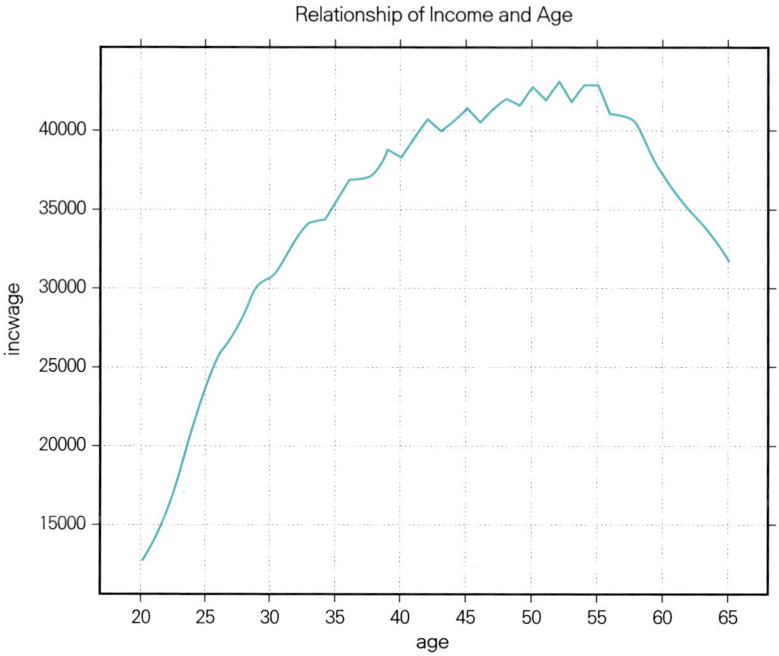

그림 13-1 • rxLinePlot 함수 시각화 결과

일반화선형모델(GLM)은 광범위한 분석을 위한 기본 틀이다. 두 가지 방법으로 표준 선형모델에 대한 가정을 완화한다. 첫째, "링크" 기능이라고 하는 예측기의 조건부 평균에 대한 함수 형식을 지정할 수 있다. 둘째, 응답 변수에 대한 분포를 지정할 수 있다. RevoScaleR의 rxGlm 기능은 대용량 데이터 세트에서 일반화선형모델을 평가하는 기능을 제공한다.

binomial / logit, gamma / log, poisson / log 및 Tweedie와 같은 다음과 같은 패밀리 / 링크 조합이 성능 향상을 위해 C ++에서 구현된다. 다른 패밀리 / 링크 조합은 C ++ 및 R 코드의 조합을 사용한다. glm ()과 함께 사용할 수 있는 유효한 R 계열 객체는 rxGlm()과 함께 사용할 수 있으며 사용자 정의도 가능하다. 다음 표는 사용자 정의 외에도 지원되는 모든 패밀리 / 링크 조합을 보여준다.

Family	Default Link Function	Other Available Link Functions
Binomial	"logit"	"probit", "cauchit", "log", "cloglog"
Gaussian	"identity"	"log", "inverse"
Gamma	"identity"	"identity", "log"
Inverse.gaussian	"1/mu^2"	"inverse", "identity", "log"
Poisson	"log"	"identity", "sqrt"
Quasi	"identity" with variance = "constant"	"logit", "probit", "cloglog", "inverse", "log", "1/mu^2", "sqrt"
Quasibinomial	"logit"	Same as binomial, but dispersion parameter not fixed at one
Quasipoisson	"log"	Same as poisson, but dispersion parameter not fixed at one
rxTweedie	requires arguments instead of link function	

13.1.2 rxGlm 함수

(1) Description

rxGlm을 사용하여 작거나 큰 데이터에 대한 일반화선형회귀모델을 맞춘다. 모든 유효한 glm 패밀리 객체를 사용할 수 있다.

(2) Usage

```
rxGlm(formula, data, family = gaussian(),
pweights = NULL, fweights = NULL, offset = NULL,
cube = FALSE, variableSelection = list(), rowSelection = NULL, transforms = NULL,
transformObjects = NULL,
transformFunc = NULL, transformVars = NULL, transformPackages = NULL, transformEnvir = NULL,
dropFirst = FALSE, dropMain = rxGetOption("dropMain"), covCoef = FALSE, computeAIC = FALSE,
initialValues = NA, coefLabelStyle = rxGetOption("coefLabelStyle"), blocksPerRead =
rxGetOption("blocksPerRead"), maxIterations = 25, coeffTolerance = 1e-06,
objectiveFunctionTolerance = 1e-08,
reportProgress = rxGetOption("reportProgress"), verbose = 0, computeContext =
rxGetOption("computeContext"),
...)
```

(3) Arguments

- formula: rxFormula에 설명된 수식
- data: 데이터 원본 개체. .xdf 파일을 지정하는 문자열 또는 데이터 프레임 개체.

- family

클래스 패밀리의 객체 또는 패밀리를 지정하는 문자열. 패밀리는 오류 분포에 대한 설명이며 모델에서 사용되는 링크 함수와 연관된다. 모든 유효한 패밀리 객체를 사용할 수 있다. C ++에서 구현된 패밀리 / 링크 조합은 binomial / logit, gamma / log, poisson / log 및 Tweedie이다. 다른 패밀리 / 링크 조합은 C ++ 및 R 코드의 조합을 사용한다. Tweedie 배포판의 경우 family = rxTweedie(var.power, link.power)를 사용하여라. R 패키지 tweedie에서 family = tweedie(var.power, link.power)를 사용할 수도 있다.

- pweights: 관측치의 확률 가중치로 사용할 변수를 지정하는 문자열
- fweights: 관측치의 주파수 가중치로 사용할 변수를 지정하는 문자열
- offset

모델의 오프셋(offset = "x")으로 사용할 변수를 지정하는 문자열. 오프셋은 수식의 용어로 지정할 수도 있다(offset (x)). 오프셋은 계수가 필요 없는 선형 예측 변수의 일부로 포함될 변수이다.

- cube: 논리 플래그. TRUE이고 예측 변수의 첫 번째 항목이 범주(요인 또는 요소의 상호작용)인 경우 Frisch-Waugh-Lovell 정리를 적용하여 회귀를 수행한다. Frisch-Waugh-Lovell 정리는 분할된 역수를 사용하여 계산 시간과 메모리를 절약한다. 아래의 세부 정보 섹션을 참조하여라.
- variableSelection: 단계별 회귀의 양상을 제어하는 다양한 매개변수를 지정하는 목록이다. 빈 목록(기본값)이면 단계별 모델 선택이 수행되지 않는다. 그렇지 않은 경우 단계별 회귀가 수행되고 큐브는 거짓이어야 한다. 자세한 내용은 rxStepControl을 참조하여라.
- rowSelection: 데이터 세트의 논리 변수 이름(따옴표) 또는 행 선택을 지정하기 위해 데이터 세트의 변수를 사용하는 논리식. 예를 들어, rowSelection = "old"는 old 변수의 값이 TRUE인 관측만 사용한다. rowSelection = (age〉 20) & (age 〈65) & (log (income)〉 10)는 age 변수의 값이 20에서 65 사이이고 소득 변수의 로그 값이 행 선택은 데이터 변환을 처리한 후에 수행된다(인수 transforms 또는 transformFunc 참조). 모든 식과 마찬가지로 rowSelection은 expression 함수를 사용하여 함수 호출 외부에서 정의할 수 있다.
- transforms: 변수 변환의 첫 번째 라운드를 나타내는 양식 목록(name = expression, ...)의 표현식이다. 모든 표현식과 마찬가지로 transform(또는 rowSelection)은 expression 함수를 사용하여 함

수 호출 외부에서 정의할 수 있다.

- transformObjects: transforms, transformsFunc 및 rowSelection에 의해 참조될 수 있는 객체를 포함하는 명명된 목록이다.
- transformFunc: 변수 변환 함수. 자세한 내용은 rxTransform을 참조하여라.
- transformVars: 변환 함수에 필요한 입력 데이터 세트 변수의 문자 벡터. 자세한 내용은 rxTransform을 참조하여라.
- transformPackages: Variables 및 transformFunc 인수를 통해 RevoScaleR 함수에 명시적으로 정의된 변수 변환 함수 또는 암시적으로 정의된 변수 변환 함수에서 사용할 수 있도록 추가 R 패키지를 정의하는 문자 벡터[rxGetOption("transformPackages")에 지정된 패키지 외부] formula 또는 rowSelection 인수를 통해 transformPackages 인수는 rxGetOption("transformPackages") 외부의 패키지가 사전에 로드되지 않음을 나타내는 NULL일 수도 있다.
- transformEnvir: 내부적으로 개발되고 가변 데이터 변환에 사용되는 모든 환경에 대한 상위 역할을 하는 사용자 정의 환경. transformEnvir = NULL일 경우, 부모 baseenv ()가 있는 새로운 "해시" 환경이 대신 사용된다.
- dropFirst: 논리 플래그. FALSE일 경우, 모델의 모든 요소 레벨 세트에서 마지막 레벨이 제거된다. 그 수준에 관측치가 없다면(또는 어떤 집합에서도) 또는 형성된 모델이 단수로 결정되면, 모든 요인 수준의 집합에서 첫 번째 수준을 떨어뜨려 모델을 추정하려고 시도한다. TRUE이면 시작 위치가 첫 번째 레벨을 내린다. 큐브 회귀 분석의 경우 첫 번째 요소 집합이 이 규칙에서 제외되고 절편이 삭제된다.
- dropMain: 논리 값. 참이면 주요 효과 용어가 상호작용하기 전에 삭제된다.
- covCoef: 논리 플래그. TRUE이고 큐브가 FALSE인 경우 회귀 계수의 분산 – 공분산 행렬이 반환된다. 이러한 데이터를 얻으려면 rxCovCoef 함수를 사용하여라.
- computeAIC: 논리 플래그. TRUE이면 적합 모델의 AIC가 반환된다. 기본값은 FALSE이다.
- initialValues: 모델 계수를 추정하는 데 사용되는 반복적으로 재작성된 최소 자승법 알고리즘의 시작 값이다. 이 인수에 대해 지원되는 값은 세 가지 형식으로 제공된다.
  - NA – 초기 값은 R 계열 객체가 사용된 경우에는 family $ initialize 표현식에 의해 생성된 'mustart' 값 또는 C ++로 코딩된 패밀리에 해당하는 값을 기반으로 한다.

  - Scalar – 초기 값을 형성하기 위해 모델의 각 계수에 대해 한 번 복제될 숫자 스칼라이다. 모델에 따라 0이 좋은 시작 값일 수 있다.
  - Vector – 길이가 K인 숫자 벡터이다. 여기서 K는 모델 계수의 수이며, 인면 세트에서 누락될 수 있는 요소를 포함하여 절편을 포함한다. 이 인수는 유사한 계수 세트에서 추정 계수 집합을 사용할 수 있는 경우에 가장 유용하다. 소수의 관측치에 대해 모델을 실행하고 길이(z $ 계수)를 통해 출력에서 계수의 수, 예를 들어 z를 얻음으로써 K가 발견될 수 있음에 유의하여라.
- coefLabelStyle: 계수 레이블 스타일을 지정하는 문자열. 기본값은 "Revo"이다. "R"이면 R 호환 레이블이 작성된다.
- blockPerRead: 데이터 소스에서 읽은 데이터의 각 chunk에 대해 읽을 블록 수이다.
- maxIterations: 최대 반복 횟수
- coeffTolerance: 계수에 대한 수렴 허용 오차. 최대 절대 계수 값으로 나눈 계수(단계)의 최대 절대 변화가 반복의 끝에서 이 허용 오차보다 작거나 같으면 추정이 수렴된 것으로 간주된다. 이 테스트를 사용하지 않으려면 이 값을 0으로 설정하여라.
- objectiveFunctionTolerance: 목적 함수에 대한 수렴 공차 편차의 절대 상대 변화(−2.0 곱셈 우도)가 반복의 끝에서 이 허용 오차보다 작거나 같은 경우, 추정은 수렴된 것으로 간주된다. 이 테스트를 사용하지 않으려면 이 값을 0으로 설정하여라.
- reportProgress: 옵션이 있는 정수 값
  - 0: 진행률이 보고되지 않는다.
  - 1: 처리된 행의 수가 인쇄되고 갱신된다.
  - 2: 처리된 행과 타이밍이 보고된다.
  - 3: 처리된 행 및 모든 타이밍이 보고된다.
- Verbose: 정수 값. 0이면 계산 중에 자세한 출력이 인쇄되지 않는다. 1에서 4까지의 정수 값은 정보가 증가하는 양을 제공한다.
- computeContext
- 유효한 RxComputeContext RxSpark 및 RxHadoopMR computeContext는 computeContext로 지정된 노드 사이에서 계산을 배포한다. 다른 computeContext의 경우 계산은 가능한 경우 로컬 컴퓨터에 분산된다.

- …: 추가 인수는 Revolution Compute Engine에 직접 전달된다.

(4) Details

수식에서 특수 함수 F()를 사용하여 변수를 요인으로 강제 해석할 수 있다. 큐브가 TRUE일 때 Frisch-Waugh-Lovell(FWL) 정리가 모델에 적용된다. FWL 접근법은 각 요인 조합에 대한 대비가 있는 모델에서 절편을 사용하는 대신 각 범주(단일 요인 수준 또는 요인 수준 조합)에 대해 하나의 계수를 포함하도록 모델을 매개변수화한다. 또한 큐브가 참인 경우 출력에는 각 범주의 개수를 나타내는 countDF 요소가 포함된다.

(5) Value

다음 요소가 포함된 rxGlm 객체이다.

- coefficients: 계수의 명명된 벡터
- covCoef: 회귀 계수 추정치에 대한 분산 – 공분산 행렬
- condition.umber: 최종 가중치 교차 곱(X'WX) 행렬의 추정된 상호 조건 수
- rank: 적합 선형모델의 수치 랭크
- aliased: 공선성(collinearity)으로 인해 열이 떨어졌는지 여부를 지정하는 논리 벡터이다.
- coef.std.error: 계수의 표준 오차
- coef.t.value: 계수를 표준 오차로 나눈 값
- coef.p.value: coef.t.value에 대한 p– 값; family가 포아송, 이항이 지정되면 분산은 1이 되고 정규분포가 사용된다[Pr () | z |)]. 그 외의 경우 분산이 추정되고 t 분포가 사용된다[Pr () | t |)].
- f.pvalue: 적합 모델에 대한 F– 테스트 결과 p 값
- df: 자유도, 3 벡터(p, n-p, p *), 마지막은 non-aliased 계수의 수이다.
- fstatistics: (비 인터셉트 조건을 포함한 모델의 경우) 분자와 분모의 자유도가 있는 F– 통계의 값을 갖는 3–vector
- params: 매개변수는 Microsoft R Services Compute Engine으로 전송된다.
- formula: 모델 공식
- call: 일치하는 call
- nValidObs: 유효한 관측 수

- nMissingObs: 누락된 관측 수
- deviance: 최대화된 로그 가능성(log-likelihood)의 두 배를 뺀 것(상수까지)
- dispersion: 포아송 및 이항 가족의 경우 분산은 1이다. 다른 가족의 경우 분산이 추정되며 Pearson chi-squared 통계를 잔여 자유도로 나눈 것이다.

(6) Note

일반화선형모델은 IRLS[Iteratively Reweighted Least Squares] 알고리즘을 사용하여 계산된다.

(7) Examples

```
Compare rxGlm and glm, which both can be used on small datasets
infertRxGlm <- rxGlm(case~age + parity + education + spontaneous + induced,

family = binomial(), dropFirst = TRUE, data = infert)

summary(infertRxGlm)

infertGlm <- glm(case~age + parity + education + spontaneous + induced, data = infert,
family = binomial())
summary(infertGlm)

For the case of the binomial family with the 'logit' link family,

the optimized rxLogit function can be used

infertRxLogit <- rxLogit(case~age + parity + education + spontaneous + induced, data =
infert, dropFirst = TRUE)
summary(infertRxLogit)

# Estimate a Gamma family model using sample data

claimsXdf <- file.path(rxGetOption("sampleDataDir"),"claims.xdf") claimsGlm <-
rxGlm(cost~age + car.age + type, family = Gamma, dropFirst = TRUE, data = claimsXdf)
summary(claimsGlm)

In the claims data, the cost is set to NA if no claim was made

Convert NA to 0 for the cost, to prepare data for using

the Tweedie family - which is appropriate for positive data

that also contains exact zeros
```

```
Read the transformed data into a data frame

claims <- rxDataStep(inData = claimsXdf,

transforms = list(cost = ifelse(is.na(cost), 0, cost)))

# Estimate using a Tweedie family

claimsTweedie <- rxGlm(cost~age + car.age + type ,

data=claims, family = rxTweedie(var.power =1.15))

summary(claimsTweedie)

Illustrate the use of a Tweedie family with offset TestData <- data.frame(

Factor1 = as.factor(c(1,1,1,1,2,2,2,2)), Factor2 = as.factor(c(1,1,2,2,1,1,2,2)), Discount =
c(1,2,1,2,1,2,1,2),

Exposure = c(24000,40000,7000,14000,7500,15000,2000,5600), PurePrem =
c(46,32,73,58,48,25,220,30)
)

rxGlmTweedieOffset <- rxGlm(PurePrem~Factor1 * Factor2 - 1 + offset(log(Discount)), family =
rxTweedie(var.power = 1.5, link.power = 0),
data = TestData, fweights = "Exposure", dropFirst = TRUE, dropMain = FALSE )

## Not run:
require(statmod)

glmTweedieOffset <- glm(PurePrem~Factor1 * Factor2 - 1, family = tweedie(var.power = 1.5,
link.power = 0),
data = TestData, weights = Exposure, offset = log(Discount)

)

## End(Not run)
```

13.2 로지스틱회귀

13.2.1 로지스틱회귀

이 예에서 예측 변수의 기능으로 노숙자가 될 확률(지난 6개월 동안 쉼터 거리에서 한 번 이상 밤을 보냄)을 모델로 하는 회귀 분석Logistic regression에 적합하다. R 내에서 로지스틱회귀모델에 맞게 glm() 명령을 사용한다.

‖ 데이터 사용

```
ds = read.csv("http://www.amherst.edu/~nhorton/sasr2/datasets/help.csv")
```

‖ MS R

```
rxLogit(homeless~female + i1 + substance + sexrisk + indtot, data=ds)
```

```
Iteration 2 time: 0.012 secs.
Rows Read: 453, Total Rows Processed: 453, Total Chunk Time: 0.002 seconds

Iteration 3 time: 0.008 secs.
Rows Read: 453, Total Rows Processed: 453, Total Chunk Time: 0.002 seconds
Elapsed computation time: 0.087 secs.
Logistic Regression Results for: homeless~female + i1 + substance + sexrisk + indtot
Data: ds
Dependent variable(s): homeless
Total independent variables: 8 (Including number dropped: 1)
Number of valid observations: 453
Number of missing observations: 0

Coefficients:
                       homeless
(Intercept)         -2.57505775
female              -0.26170295
i1                   0.01748948
substance=alcohol    0.44313645
substance=cocaine   -0.06020897
substance=heroin        Dropped
sexrisk              0.07250902
indtot               0.04668849
```

‖ R

```
logres = glm(homeless~female + i1 + substance + sexrisk + indtot, binomial, data=ds)
summary(logres)
or
library(rms)
lrm(homeless~female + i1 + substance + sexrisk + indtot, data=ds)
```

‖ **참고**

rms 패키지의 lrm() 함수는 소위 "c" 통계(ROC 곡선 아래 영역, 8.5.7 참조) 및 Nagelkerke pscudo-색인[125]을 제공한다. 중첩 모델은 anova(mymod2, mymod1, test = "Chisq")를 사용하여 비교할 수 있다.

```
Call:
glm(formula = homeless~female + i1 + substance + sexrisk +
    indtot, family = binomial, data = ds)

Deviance Residuals:
    Min       1Q   Median       3Q      Max
-1.7500  -1.0431  -0.6998   1.1316   2.0267

Coefficients:
                  Estimate Std. Error z value Pr(>|z|)
(Intercept)      -2.131921   0.633471  -3.365 0.000764 ***

female           -0.261703   0.251460  -1.041 0.297998
i1                0.017489   0.006308   2.773 0.005563 **
substancecocaine -0.503345   0.264530  -1.903 0.057068 .
substanceheroin  -0.443136   0.270303  -1.639 0.101128
sexrisk           0.072509   0.038780   1.870 0.061518 .
indtot            0.046688   0.016219   2.879 0.003993 **
---
Signif. codes:  0 '***' 0.001 '**' 0.01 '*' 0.05 '.' 0.1 ' ' 1
(Dispersion parameter for binomial family taken to be 1)

    Null deviance: 625.28  on 452  degrees of freedom
Residual deviance: 576.65  on 446  degrees of freedom
```

13.2.2 rxLogit 함수

(1) Description

rxLogit을 사용하여 작거나 큰 데이터에 대한 로지스틱회귀모델을 적합하게 만든다.

(2) Usage

```
rxLogit(formula, data, pweights = NULL, fweights = NULL, cube = FALSE, cubePredictions =
FALSE, variableSelection = list(), rowSelection = NULL, transforms = NULL, transformObjects
= NULL,
```

```
transformFunc = NULL, transformVars = NULL,
transformPackages = NULL, transformEnvir = NULL,
dropFirst = FALSE, dropMain = rxGetOption("dropMain"),
covCoef = FALSE, covData = FALSE,
initialValues = NULL,
coefLabelStyle = rxGetOption("coefLabelStyle"),
blocksPerRead = rxGetOption("blocksPerRead"),
maxIterations = 25, coeffTolerance = 1e-06,
gradientTolerance = 1e-06, objectiveFunctionTolerance = 1e-08,
reportProgress = rxGetOption("reportProgress"), verbose = 0,
computeContext = rxGetOption("computeContext"),
...)
```

(3) Arguments

- formula: rxFormula에 설명된 수식. 종속변수는 2진이어야 한다. 논리 변수, 두 개의 범주만 있는 계수 또는 범위 (0,1)의 값을 갖는 숫자 변수일 수 있다. 후자의 경우 논리로 변환된다.
- data: 데이터 원본 개체. .xdf 파일을 지정하는 문자열 또는 데이터 프레임 개체
- pweights: 관측치의 확률 가중치로 사용할 변수를 지정하는 문자열
- fweights: 관측치의 주파수 가중치로 사용할 변수를 지정하는 문자열. 논리 플래그
- cube

TRUE이고 예측 변수의 첫 번째 항목이 범주(요인 또는 요소의 상호작용)인 경우 Frisch-Waugh-Lovell 정리를 적용하여 회귀를 수행한다. Frisch-Waugh-Lovell 정리는 분할된 역수를 사용하여 계산 시간과 메모리를 절약한다. 아래의 세부 정보 섹션을 참조하여라.

- cubePredictions: 논리 플래그. TRUE 및 cube가 TRUE이면 예상 모델이 큐브의 각 셀에 대해 평가(예측)되고 모델의 비 큐브 변수가 평균값으로 고정되며 이러한 예측은 반환 값의 countDF 구성 요소에 포함된다. 대형 모델의 경우 시간과 메모리가 많이 소요될 수 있다. 아래의 세부 정보 섹션을 참조하여라.
- variableSelection: 단계별 회귀의 양상을 제어하는 다양한 매개변수를 지정하는 목록이다. 빈 목록(기본값)이면 단계별 모델 선택이 수행되지 않는다. 그렇지 않은 경우 단계별 회귀가 수행되고 큐브는 거짓이어야 한다. 자세한 내용은 rxStepControl을 참조하여라.
- rowSelection: 데이터 세트의 논리 변수 이름(따옴표) 또는 행 선택을 지정하기 위해 데이터 세트의 변수를 사용하는 논리식. 예를 들어, rowSelection = “old”는 old 변수의 값이 TRUE인 관측만 사

용한다. rowSelection = (age〉 20) & (age 〈65) & (log (income)〉 10)는 age 변수의 값이 20에서 65 사이이고 소득 변수의 로그 값이 행 선택은 데이터 변환을 처리한 후에 수행된다(인수 transforms 또는 transformFunc 참조). 모든 식과 마찬가지로 rowSelection은 expression 함수를 사용하여 함수 호출 외부에서 정의할 수 있다.

- transforms: 변수 변환의 첫 번째 라운드를 나타내는 양식 목록(name = expression, ...)의 표현식이다. 모든 표현식과 마찬가지로 transform(또는 rowSelection)은 expression 함수를 사용하여 함수 호출 외부에서 정의할 수 있다.
- transformObjects: transforms, transformsFunc 및 rowSelection에 의해 참조될 수 있는 객체를 포함하는 명명된 목록
- transformFunc: 변수 변환 함수. 자세한 내용은 rxTransform을 참조하여라.
- transformVars: 변환 함수에 필요한 입력 데이터 세트 변수의 문자 벡터. 자세한 내용은 rxTransform을 참조하여라.
- transformPackages: [("transformPackages")를 rxGetOption에 규정된 이외의] 추가 R 패키지를 정의하는 특성 벡터를 제공하고 예를 들어, 변수 변환 기능에 사용하기 위한 사전 로드하기 위해 명시적으로 변환하여 transformFunc 인자 또는 RevoScaleR 함수에서 정의된 내재적 정의 formula 또는 rowSelection 인수를 통해 transformPackages 인수는 rxGetOption("transformPackages") 외부의 패키지가 사전 로드되지 않음을 나타내는 NULL일 수도 있다.
- transformEnvir: 내부적으로 개발되고 가변 데이터 변환에 사용되는 모든 환경에 대한 상위 역할을 하는 사용자 정의 환경. transformEnvir = NULL일 경우, 부모 baseenv()가 있는 새로운 "hash" 환경이 대신 사용된다.
- dropFirst: 논리 플래그값(TRUE/FALSE). FALSE인 경우, 모형식의 모든 인자 레벨셋에서 마지막 레벨이 제거된다. 레벨셋 중 하나라도 해당 레벨에 관측치가 없거나 모형식이 비정칙(singular)로 결정되면 모든 인자 레벨의 셋에서 첫 번째 레벨을 제거하고 모형을 추정하려고 시도하게 된다. TURE이면 시작위치는 첫 번째 레벨을 제거한다. 큐빅회귀분석의 경우 첫 번째 인자셋은 이규칙과는 예외로 절편이 제거된다.
- dropMain: 논리 값. 참이면 주요 효과 용어가 상호작용하기 전에 삭제된다.
- covCoef: 논리 플래그. TRUE이고 큐브가 FALSE인 경우 회귀 계수의 분산 – 공분산 행렬이 반환

된다. 이러한 데이터를 얻으려면 rxCovCoef 함수를 사용하여라.

- initialValues: 모델 계수를 추정하는 데 사용되는 반복적으로 재작성된 최소 자승법 알고리즘의 시작 값이다. 이 인수에 대해 지원되는 값은 네 가지 형태로 제공된다.
  - NA: 매개변수의 초기 값은 사용자 지정 가중치가 없는 경우 종속변수의 예상 값(mu)으로 설정되는 가중치가 최소 제곱 단계에 의해 계산된다. 이진 종속변수가 1이면 0.75이고, 0이면 0.25, 그렇지 않으면 해당 가중치 값이다. 이는 glm 함수의 로지스틱회귀 초기 값에 대한 기본 옵션과 동일하며 기본 NULL 옵션이 없는 경우 수렴으로 이어질 수 있지만 다른 경우에는 반복이 더 많이 발생할 수 있다. 기본 NULL 옵션을 사용하여 수렴에 실패하면 NA로 추정이 다시 시작되고 반대의 경우도 마찬가지이다.
  - NULL: (기본값) 초기 값은 선형회귀를 기반으로 추정된다. 이렇게 하면 많은 경우 수렴 속도가 크게 빨라질 수 있다. 모델이 이러한 값을 사용하여 수렴하지 못하면 초기 값에 대해 NA 옵션을 사용하여 추정이 자동으로 다시 시작된다.
  - Scalar: 초기 값을 형성하기 위해 모델의 각 계수에 대해 한 번 복제될 숫자 스칼라이다. 0은 종종 좋은 시작 값이다.
  - Vector: 길이가 K인 숫자 벡터이다. 여기서 K는 모형 계수의 수이며, 인면 세트에서 누락될 수 있는 요소를 포함하여 절편을 포함한다. 이 인수는 유사한 계수 세트에서 추정 계수 집합을 사용할 수 있는 경우에 가장 유용한다. 소수의 관측치에 대해 모델을 실행하고 길이(z $ 계수)를 통해 출력에서 계수의 수, 예를 들어 z를 얻음으로써 K가 발견될 수 있음에 유의하여라.
- coefLabelStyle: 계수 레이블 스타일을 지정하는 문자열. 기본값은 "Revo"이다. "R"이면 R 호환 레이블이 작성된다.
- blacksPerRead: 데이터 소스에서 읽은 데이터의 각 chunk에 대해 읽을 블록 수이다.
- MaxIterations: 최대 반복 횟수
- coeffTolerance: 계수에 대한 수렴 허용 오차. 최대 절대 계수 값으로 나눈 계수(단계)의 최대 절대 변화가 반복의 끝에서 이 허용 오차보다 작거나 같으면 추정이 수렴된 것으로 간주된다. 이 테스트를 사용하지 않으려면 이 값을 0으로 설정하여라.
- gradientTolerance: 이 인수는 사용되지 않는다. objectiveFunctionTolerance 및 coeffTolerance를 사용하여 수렴을 제어하여라.

- objectiveFunctionTolerance: 목적 함수에 대한 수렴 공차 편차의 절대 상대 변화(−2.0 곱셈 우도)가 반복의 끝에서 이 허용 오차보다 작거나 같은 경우, 추정은 수렴된 것으로 간주된다. 이 테스트를 사용하지 않으려면 이 값을 0으로 설정하여라.
- reportProgress: 정수 값과 옵션
  - 0: 진행률이 보고되지 않는다.
  - 1: 처리된 행의 수가 인쇄되고 갱신된다.
  - 2: 처리된 행과 타이밍이 보고된다.
  - 3: 처리된 행 및 모든 타이밍이 보고된다.
- verbose: 정수 값. 0이면 계산 중에 자세한 출력이 인쇄되지 않는다. 1에서 4까지의 정수 값은 정보가 증가하는 양을 제공한다.
- computeContext: 유효한 RxComputeContext RxSpark 및 RxHadoopMR computeContext는 computeContext로 지정된 노드 사이에서 계산을 배포한다. 다른 computeContext의 경우 계산은 가능한 경우 로컬 컴퓨터에 분산된다.
- …: 추가 인수는 Revolution Compute Engine에 직접 전달된다.

(4) Details

수식에서 특수 함수 F ()를 사용하여 변수를 요인으로 강제 해석할 수 있다.

큐브가 TRUE일 때 Frisch-Waugh-Lovell(FWL) 정리가 모델에 적용된다. FWL 접근법은 각 요인 조합에 대한 대비가 있는 모델에서 절편을 사용하는 대신 각 범주(단일 요인 수준 또는 요인 수준 조합)에 대해 하나의 계수를 포함하도록 모델을 매개변수화한다. 또한 큐브가 참인 경우 출력에는 각 범주의 개수를 나타내는 countDF 요소가 포함된다. cubePredictions도 TRUE이면 조건부 독립적인 연속 변수 및 조건부 독립적인 범주형 변수의 가중 계수를 사용하는 예측값도 계산되어 countDF에 포함된다. 대형 모델의 경우 시간과 메모리가 많이 소요될 수 있다. 조건부 독립변수가 없는 경우(큐브 외부) 예상 값은 계수와 동일하며 큐브가 TRUE일 때마다 countDF에 포함된다.

(5) Value

다음 요소를 포함하는 rxLogit 객체

- coefficients: 계수의 명명된 벡터

- covCoef: 회귀 계수 추정치에 대한 분산 – 공분산 행렬
- covData: 회귀 모형에서 설명 변수에 대한 분산 – 공분산 행렬
- condition.number: 최종 가중치 교차 곱(X'WX) 행렬의 추정된 상호 조건 수
- rank: 적합 선형모델의 수치 랭크
- aliased: 공선성(collinearity)으로 인해 열이 떨어졌는지 여부를 지정하는 논리 벡터이다.
- coef.std.error: 계수의 표준 오차
- coef.t.value: 계수를 표준 오차로 나눈 값
- coef.p.value: coef.t.values에 대한 p– 값, 정규 분포[Pr (〉 | z |)]
- total.squares: Y의 Y'Y
- f.value: 적합 모델에 대한 F– 테스트 결과 p 값
- df: 자유도, 3 벡터(p, n-p, p *), 마지막은 non-aliased 계수의 수이다.
- y.names: 종속변수의 이름
- partitions: cube가 TRUE이면 분할된 결과도 반환된다.
- fstatistics

(비 인터셉트 조건을 포함한 모델의 경우) 분자 및 분모의 자유도가 있는 F– 통계의 값을 갖는 3– 벡터

- params: 매개변수는 Microsoft R Services Compute Engine으로 전송된다.
- formula: 모델 공식
- call: 일치하는 call
- countDF: cube가 TRUE이면 큐브 부분에 대한 카테고리 수를 포함하는 데이터 프레임도 반환된다. cubePredictions도 TRUE이면 큐브의 각 그룹에 대한 예측값이 포함된다.
- nValidObs: 유효한 관측 수
- nMissingObs: 누락된 관측 수
- deviance: 최대화된 로그 가능성(log-likelihood)의 두 배를 뺀 것(상수까지)
- dispersion: rxLogit(가족 2 항수로 일반선형모델을 추정)의 경우 분산은 항상 1이다.

(6) Note

로지스틱회귀는 IRLS^Iteratively Reweighted Least Squares^ 알고리즘을 사용하여 계산된다. 이 알고리즘은 최대 최대 우도^Maximum Maximum Likelihood^와 같다.

(7) References

Frisch, Ragnar; Waugh, Frederick V., Partial Time Regressions as Compared with Individual Trends, Econometrica, 1 (4) (Oct., 1933), pp. 387−401. Lovell, M., 1963, Seasonal adjustment of economic time series, Journal of the American Statistical Association, 58, pp. 993−1010. Lovell, M., 2008, A Simple Proof of the FWL(Frisch,Waugh,Lovell) Theorem, Journal of Economic Education.

(8) Examples

```
Compare rxLogit and glm, which produce similar results when contr.SAS is used infertLogit <-
rxLogit(case~age + parity + education + spontaneous + induced,
data = infert)

infertLogit

summary(infertLogit)

infertGLM <- glm(case~age + parity + education + spontaneous + induced,

data = infert, family = binomial(), contrasts = list(education = contr.SAS))

summary(infertGLM)

Instead of using the equivalent of contr.SAS, estimate the parameters
for the categorical levels without contrasting against an intercept term.
infertCubeLogit <- rxLogit(case~education + age + parity +
spontaneous + induced, data = infert, cube = TRUE)
Define an ageGroup variable through a variable transformation list.
Partition the age groups between 1 and 100 by 20 years.
rxLogit(case~education + ageGroup + parity + spontaneous + induced, transforms=list(ageGroup
= cut(age, seq(1, 100, 20))), data = infert, cube = TRUE)

summary(infertCubeLogit)
```

13.3 능형회귀모형

릿지 회귀는 조건부 회귀 문제, 특히 다중 공선성으로 인한 회귀 문제를 처리하는 데 사용된다. 상관 행렬의 또 다른 적용은 다중 공선성을 다루는 데 도움이 될 수 있는 일종의 회귀선을 계산하고 PRM(Penalized Regression Models)이라는 더 광범위한 클래스의 일부이다.

일반 최소 자승 회귀가 제곱된 잔차의 합, $\sum_i \left(y_i - x_i^T\beta\right)^2$을 최소화하는 경우 능선 회귀는 약간 수정된 합, $\sum_i \left(y_i - x_i^T\beta\right)^2 + \lambda\sum_{j=1}^{p}\beta_j^2$을 최소화한다. 능선 회귀에 대한 해답은 다음과 같다.

$$\hat{\beta} = \left(X^T X + \lambda I\right)^{-1} X^t y$$

여기서 x는 모델 행렬이다. 이는 대각선을 따라 '능형(Ridge)'이 추가된 일반 최소 자승 회귀 솔루션과 유사하다. 모델 행렬이 상관 행렬에 embedding되어 있기 때문에, 다음 함수는 능선 회귀 해를 계산할 수 있게 해준다.

‖ MS R

```
rxRidgeReg <- function(formula, data, lambda, ...) {
  myTerms <- all.vars(formula)
  newForm <- as.formula(paste("~", paste(myTerms, collapse = "+")))
  myCor <- rxCovCor(newForm, data = data, type = "Cor", ...)
  n <- myCor$valid.obs
  k <- nrow(myCor$CovCor) - 1
  bridgeprime <- do.call(rbind, lapply(lambda,function(l) qr.solve(myCor$CovCor[-1,-1] +
l*diag(k), myCor$CovCor[-1,1])))

  bridge <- myCor$StdDevs[1] * sweep(bridgeprime, 2, myCor$StdDevs[-1], "/")
  bridge <- cbind(t(myCor$Means[1] -
                    tcrossprod(myCor$Means[-1], bridge)), bridge)
  rownames(bridge) <- format(lambda)

  return(bridge)
}
```

다음 예제는 능선 회귀가 다중 공선성을 포함하는 회귀에서 솔루션을 극적으로 향상시키는 방법을 보여준다.

```
set.seed(14)
x <- rnorm(100)
y<- rnorm(100, mean=x, sd=.01)
z<- rnorm(100, mean=2 + x +y)
data <- data.frame(x=x, y=y, z=z)

lm(z~x + y)
```

```
Call:
lm(formula = z~x + y)

Coefficients:
(Intercept)            x            y
     1.827        4.359       -2.584
```

```
rxRidgeReg(z~x + y, data=data, lambda=0.02)
```

```
Rows Read: 100, Total Rows Processed: 100, Total Chunk Time: 0.001 seconds
Computation time: 0.003 seconds.
                            x         y
0.02 1.827674 0.8917924 0.8723334
```

다양한 선택을 비교할 수 있는 빠른 방법으로 lambda 벡터를 제공할 수 있다.

```
rxRidgeReg(z~x + y, data=data, lambda=c(0, 0.02, 0.2, 2, 20))
```

```
Rows Read: 100, Total Rows Processed: 100, Total Chunk Time: Less than .001 seconds
Computation time: 0.003 seconds.
                            x            y
 0.00 1.827112 4.35917238 -2.58387778
 0.02  1.827674 0.89179239  0.87233344
 0.20  1.833899 0.81020130  0.80959911
 2.00  1.865339 0.44512940  0.44575060
20.00 1.896779 0.08092296  0.08105322
```

$\lambda = 0$일 때, 릿지 회귀는 일반 최소 자승과 동일하고, $\lambda \to \infty$일 때 x와 y의 계수는 0에 가깝다.

‖ R

```
library(MASS)
ridgemod = lm.ridge(z~x + y,data=data, lambda=c(0, 0.02, 0.2, 2, 20))
ridgemod
```

‖ **참고**

ridgelm 객체를 지원하는 사후 평가 함수에는 plot() 및 select()가 포함된다. 리지드 상수의 벡터는 lambda 옵션을 사용하여 지정할 수 있다.

13.4 일반화선형모형 예제

13.4.1 포아송 family 적용

포아송Poisson family는 수량 데이터의 모형을 추정하는 데 사용된다. 문헌의 예로는 다음 유형의 반응 변수가 포함되어 있다.

- 토요일 밤의 음료수
- 페트리 접시의 세균 콜로니 수
- 기혼 여성에게 태어난 자녀 수
- 개인이 소유한 신용카드의 수

이제 robust R 패키지와 함께 제공되는 데이터를 사용하여 Kabacoff의 저서인 R in Action(2011) 의 간단한 예제부터 시작한다. 이 자료는 59명의 간질 환자를 대상으로 한 위약 대조 임상시험에서 나온 것이다. 부분 발작 환자는 항 간질 치료제인 프로게이비드Progabide의 무작위 임상시험에 등록되어 있다. 간질 발작의 횟수는 재판 동안 기록되었다. 이 데이터 세트에는 또한 8주간의 기본 발작 횟수와 환자의 나이가 포함된다. 이 데이터에 액세스하려면 먼저 robust 패키지가 설치되어 있는지 확인한 다음 data 명령을 사용하여 데이터 프레임을 불러와야 한다.

```
#install.packages('robust') # 패키지 설치
library(robust)           # 패키지 활성화

if ("robust" %in% .packages()){
data(breslow.dat, package = "robust")}
```

먼저 데이터 세트에 대한 기본 정보를 얻은 다음, trial 동안 총 발작 횟수를 포함하는 sumY 변수의 막대 그래프를 그린다.

‖ MS R

```
rxGetInfo(breslow.dat, getVarInfo = TRUE)
rxHistogram( ~sumY, numBreaks = 25, data = breslow.dat)
```

▶ rxGetInfo(data, getVarInfo=FALSE, …)

- data: 정보를 얻을 데이터 세트, getVarInfo: 변수 정보 출력 유무

▶ rxHistogram(formula, data, pweight = NULL, fweight = NULL, numBreaks = NULL,
startVal = NULL, endVal = NULL,
fillColor = NULL, lineColor = NULL, gridColor = NULL, ...)

- formula: 히스토그램을 위한 변수명, data: 정보를 얻을 데이터 세트
- pweight: 관측치의 확률 가중치로 사용할 변수, fweight: 관측치의 빈도수 가중치로 사용할 변수
- numBreaks: 히스토그램의 구간 수, startVal: 히스토그램 시작점, endVal: 히스토그램 끝점
- fillColor: 막대 색, lineColor: 막대선 색, gridColor: 눈금선 색

‖ R

```
str(breslow.dat)
hist(breslow.dat$sumY, breaks=25)
```

```
Data frame: breslow.dat
Number of observations: 59
Number of variables: 12
Variable information:
Var 1: ID, Type: integer, Low/High: (101, 238)
Var 2: Y1, Type: integer, Low/High: (0, 102)
Var 3: Y2, Type: integer, Low/High: (0, 65)
Var 4: Y3, Type: integer, Low/High: (0, 76)
Var 5: Y4, Type: integer, Low/High: (0, 63)
Var 6: Base, Type: integer, Low/High: (6, 151)
Var 7: Age, Type: integer, Low/High: (18, 42)
Var 8: Trt
       2 factor levels: placebo progabide
Var 9: Ysum, Type: integer, Low/High: (0, 302)
Var 10: sumY, Type: integer, Low/High: (0, 302)
Var 11: Age10, Type: numeric, Low/High: (1.8000, 4.2000)
Var 12: Base4, Type: numeric, Low/High: (1.5000, 37.7500)
```

데이터 집합에는 59개의 관측치와 12개의 변수가 있다. 관심 변수는 Base, Age, Trt 및 sumY이다.

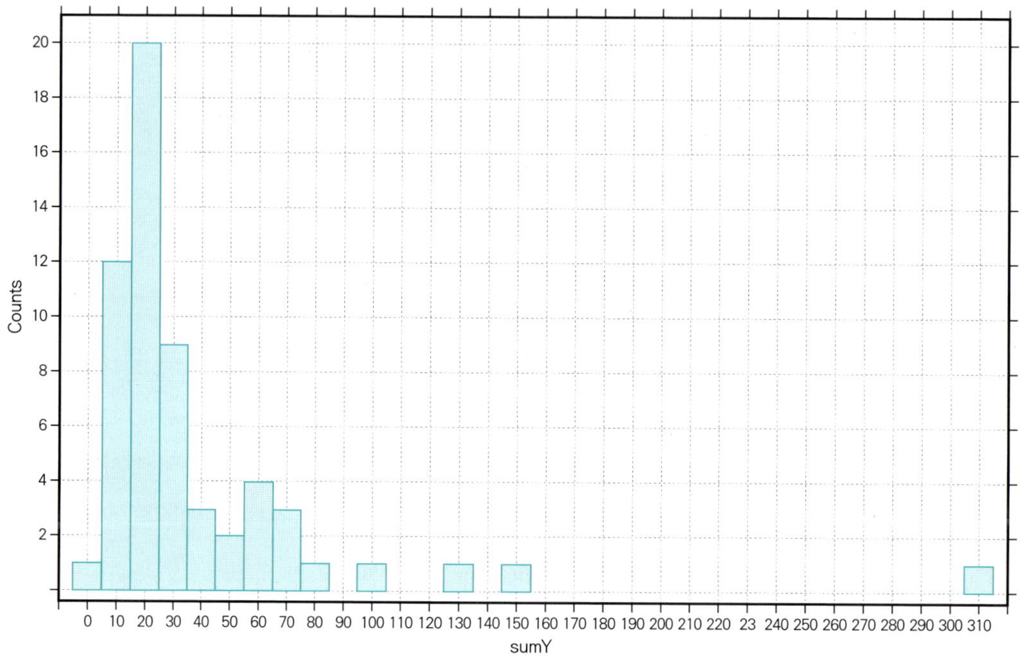

그림 13-2 • sumY에 관한 그래프

sumY를 반응 변수로 하고 발작의 기본 수, 나이, 치료를 설명 변수로 사용하여 모형을 추정하기 위해 rxGlm을 사용할 수 있다. rxGlm의 장점은 훨씬 더 큰 데이터 세트와 함께 사용할 수 있도록 확장된다는 것이다.

‖ MS R

```
myGlm <- rxGlm(sumY~Base + Age + Trt, dropFirst = TRUE, data = breslow.dat, family =
poisson())
summary(myGlm)
```

▶ rxGlm(formula, data, family = gausssian(), cube = FALSE, dropFirst = FALSE, …)

- formula: 모형 추정식, data: 정보를 얻을 데이터 세트
- family: 오차에 대한 분포이며 모형에서 사용하는 연결 함수와 연관됨
- cube: TRUE일 경우 Frisch-Waugh-Lovell 정리를 적용하여 회귀분석 수행
- dropFirst: FALSE일 경우 범주형 변수에서 마지막 수준을 제거(drop), TRUE 일 경우 범주형 변수

에서 첫 번째 수준을 제거(drop), 큐브 회귀분석의 경우 상수항 절편도 삭제

‖ **R**

```
myGlm <- glm(sumY~ Base + Age + Trt, data = breslow.dat, family = poisson())
summary(myGlm)
```

```
Call:
rxGlm(formula = sumY~Base + Age + Trt, data = breslow.dat,
    family = poisson(), dropFirst = TRUE)
Generalized Linear Model Results for: sumY~Base + Age + Trt
Data: breslow.dat
Dependent variable(s): sumY
Total independent variables: 5 (Including number dropped: 1)
Number of valid observations: 59
Number of missing observations: 0
Family-link: poisson-log
Residual deviance: 559.4437 (on 55 degrees of freedom)
Coefficients:
                Estimate Std. Error z value Pr(>|z|)
(Intercept)    1.9488259  0.1356191  14.370 2.22e-16 ***
Base           0.0226517  0.0005093  44.476 2.22e-16 ***
Age            0.0227401  0.0040240   5.651 1.59e-08 ***
Trt=placebo      Dropped    Dropped Dropped  Dropped
Trt=progabide -0.1527009  0.0478051  -3.194   0.0014 **
---
Signif. codes:  0 '***' 0.001 '**' 0.01 '*' 0.05 '.' 0.1 ' ' 1

(Dispersion parameter for poisson family taken to be 1)

Condition number of final variance-covariance matrix: 3.3382
Number of iterations: 5
```

계수를 해석하기 위해 반응 변수의 원래 형태로 변환하는 것이 유용할 때도 있다.

```
exp(coef(myGlm))
```

```
(Intercept)          Base          Age   Trt=placebo Trt=progabide
  7.0204403     1.0229102    1.0230007            NA     0.8583864
```

발작 및 나이의 기본 수를 통제하면서 재판 동안 프로그레이드를 복용한 사람들은 그렇지 않은 사람들에 비해 예상 발작 횟수의 85%를 차지했다.

과대분산Overdispersion을 검사하는 일반적인 방법은 잔차와 자유도의 비율을 계산하는 것인데, 이는 모형

의 가정에 따라 약 1이어야 한다.

‖ MS R

```
myGlm$deviance/myGlm$df[2]
```

‖ R

```
myGlm$deviance/myGlm$df.residual
```

```
10.1717
```

비율이 1보다 훨씬 높다는 것을 알 수 있다. 준 포아송 family는 과대 분산을 처리하는 데 사용할 수 있다. 이 경우 분산과 평균이 하나라고 가정하는 대신 데이터로부터 관계가 추정된다.

‖ MS R

```
myGlm1 <- rxGlm(sumY~Base + Age + Trt, dropFirst = TRUE,
data = breslow.dat, family = quasipoisson())
summary(myGlm1)
```

‖ R

```
myGlm1 <- glm(sumY~Base + Age + Trt, data = breslow.dat, family = quasipoisson())
summary(myGlm1)
```

```
Call:
rxGlm(formula = sumY~Base + Age + Trt, data = breslow.dat,
    family = quasipoisson(), dropFirst = TRUE)

Generalized Linear Model Results for: sumY~Base + Age + Trt
Data: breslow.dat
Dependent variable(s): sumY
Total independent variables: 5 (Including number dropped: 1)
Number of valid observations: 59
Number of missing observations: 0
Family-link: quasipoisson-log

Residual deviance: 559.4437 (on 55 degrees of freedom)
Coefficients:
               Estimate Std. Error t value Pr(>|t|)
(Intercept)    1.948826   0.465091   4.190 0.000102 ***
```

```
Base             0.022652   0.001747  12.969 2.22e-16 ***
Age              0.022740   0.013800   1.648 0.105085
Trt=placebo       Dropped    Dropped Dropped  Dropped
Trt=progabide -0.152701   0.163943  -0.931 0.355702
---
Signif. codes:  0 '***' 0.001 '**' 0.01 '*' 0.05 '.' 0.1 ' ' 1

(Dispersion parameter for quasipoisson family taken to be 11.76075)
Condition number of final variance-covariance matrix: 3.3382
Number of iterations: 5
```

계수는 포아송 family를 사용할 때와 같고, 표준오차는 더 크다. 치료의 효과는 더 이상 중요하지 않다.

13.4.2 감마 family 적용

감마Gamma family는 양수 값과 양수 왜도Skew가 있는 데이터와 함께 사용된다. 고전적인 예는 자동차 보험 청구의 가치를 추정하는 것이다. 샘플 데이터 claims.xdf를 사용한다.

‖ MS R

```
# An Example Using the Gamma Family
claimsXdf <- file.path(rxGetOption("sampleDataDir"),"claims.xdf")
claimsGlm <- rxGlm(cost~age + car.age + type, family = Gamma,
dropFirst = TRUE, data = claimsXdf)
summary(claimsGlm)
```

▶ rxGetOption(opt, default=NULL)

- opt: RevoScaleR에서 제공하는 rxOptions()의 각 명칭
- default: opt에서 찾을 수 없을 경우 반환되는 값

‖ R

```
# An Example Using the Gamma Family
claimstxt <- file.path("C:/Program Files/Microsoft/R Server/R_SERVER/library/RevoScaleR/
SampleData","claims.txt")
claims_txt = read.table(claimstxt,header=T,sep=',')
claimsGlm <- glm(cost~age + car.age + type, family = Gamma,
                             data = claims_txt)
summary(claimsGlm)
```

```
Call:
rxGlm(formula = cost~age + car.age + type, data = claimsXdf,  family = Gamma, dropFirst = TRUE)
Generalized Linear Model Results for: cost~age + car.age + type
Data: claimsXdf (RxXdfData Data Source)
File name: C:/Program Files/Microsoft/R
    Server/R_SERVER/library/RevoScaleR/SampleData/claims.xdf
Dependent variable(s): cost
Total independent variables: 17 (Including number dropped: 3)
Number of valid observations: 123
Number of missing observations: 5
Family-link: Gamma-inverse
Residual deviance: 15.6397 (on 109 degrees of freedom)

Coefficients:
              Estimate Std. Error t value Pr(>|t|)
(Intercept)  0.0032807  0.0005126   6.400 4.02e-09 ***
age=17-20      Dropped    Dropped Dropped  Dropped
age=21-24    0.0006593  0.0005471   1.205 0.230843
age=25-29    0.0003911  0.0005183   0.755 0.452114
age=30-34    0.0012388  0.0005982   2.071 0.040720 *
age=35-39    0.0017152  0.0006514   2.633 0.009685 **
age=40-49    0.0012649  0.0006007   2.106 0.037516 *
age=50-59    0.0002863  0.0005087   0.563 0.574771
age=60+      0.0013006  0.0006041   2.153 0.033519 *

car.age=0-3    Dropped    Dropped Dropped  Dropped
car.age=4-7  0.0003444  0.0003535   0.974 0.332120
car.age=8-9  0.0011005  0.0004161   2.645 0.009375 **
car.age=10+  0.0034437  0.0006107   5.639 1.36e-07 ***
type=A         Dropped    Dropped Dropped  Dropped
type=B      -0.0004443  0.0004880  -0.911 0.364508
type=C      -0.0004189  0.0004912  -0.853 0.395668
type=D      -0.0016209  0.0004344  -3.732 0.000304 ***
---
Signif. codes:  0 '***' 0.001 '**' 0.01 '*' 0.05 '.' 0.1 ' ' 1

(Dispersion parameter for Gamma family taken to be 0.1785316)

Condition number of final variance-covariance matrix: 12.4648
Number of iterations: 5
```

그러나 이러한 추정은 주장이 제기되었다는 사실을 조건으로 한다.

13.4.3 Tweedie family 적용

분포의 Tweedie family는 유연한 추정 모형을 제공한다. Power의 매개변수 var.power는 익숙한 모형을 특별한 경우로 사용하여 분포의 형태를 결정한다. 만약 Tweedie는 var.power가 0이라면 정규분포, 1이라면 포아송, 2이면 감마, 3이면 역가우스이다. 만약 var.power가 1과 2 사이라면, 이는 복합 포아송 분포이며, 이는 보험금 청구나 강우 혹은 어획량과 같이 0을 포함하는 양수 데이터에 적합하다. 만약 var.power가 2보다 크다면, 양수 데이터에 적합하다.

이 예에서는 미국의 2000년 인구 조사의 5% 표본의 하위 표본을 사용한다. 21세에서 89세까지의 세대주들에 대한 재산 보험의 연간 비용과 나이, 성별 및 지역과의 관계를 고려할 것이다. 데이터 세트의 변수 "perwt"는 해당 관측치의 확률 가중치를 나타낸다. 먼저 하위 샘플을 만든다(다운로드한 데이터의 올바른 데이터 경로 지정).

‖ MS R

```
bigDataDir = "C:/MRS/Data"
bigCensusData <- file.path(bigDataDir, "Census5PCT2000.xdf")
propinFile <- "CensusPropertyIns.xdf"
propinDS <- rxDataStep(inData = bigCensusData, outFile = propinFile,
rowSelection = (related == 'Head/Householder')
 & (age > 20) & (age < 90),
varsToKeep = c("propinsr", "age", "sex", "region", "perwt"),
blocksPerRead = 10, overwrite = TRUE)
rxGetInfo(propinDS)
```

▶ rxDataStep(inData = NULL, outFile = NULL, varsToKeep = NULL, rowSelection = NULL, overwrite = FALSE, blocksPerRead = rxGetOption("blocksPerRead"), …)

- inData: RxXdfData 혹은 RxTeradata 데이터 소스 객체
- outFile: .xdf파일, RxXdfData 객체, RxHiveData 데이터 소스, RxParquetData 데이터 소스
- RxOdbcData: 데이터 소스 혹은 RxTeradata 데이터 소스로 저장시킬 파일명
- varsToKeep: 유지시킬 변수 명, rowSelection: 데이터를 불러오는 조건
- overwrite: overwrite = TRUE이면 outFile에 데이터를 덮어씀
- blocksPerRead: 데이터의 분할된 덩어리별로 읽을 block 수

```
File name: C:\Users\dsetrade\Documents\CensusPropertyIns.xdf
Number of observations: 5175270
Number of variables: 5
Number of blocks: 10
Compression type: zlib
```

새 데이터 파일을 나타내는 Xdf 데이터 소스가 반환된다. 새로운 데이터 파일에는 500만 건 이상의 관측치가 있다. 데이터 정리에서 한 단계 더 나아가보자. 변수 region에는 매우 긴 범주의 문자열이 있으며, 관측값이 없는 범주도 있다. rxSummary를 이용하여 이를 확인할 수 있다.

∥ MS R

```
rxSummary(~region, data = propinDS)
```

▶ rxSummary(formula, data, removeZeroCounts = useSparseCube, summaryStats = c("Mean", "StdDev", "Min", "Max", "ValidObs", "MissingObs"), …)

- formula: 요약 값을 보기 위한 변수 명
- data: 정보를 얻을 데이터 세트
- removeZeroCounts: 만약 TRUE라면, 범주형 변수의 경우 관측치가 없는 행은 제외함
- summaryStats: 숫자형 변수의 경우에 대한 요약 값

∥ R

```
oper_R_propinDS = rxImport("C:/Users/dsetrade/Documents/CensusPropertyIns.xdf")
summary(oper_R_propinDS$region)
```

```
Rows Read: 5175270, Total Rows Processed: 5175270, Total Chunk Time: 0.023 seconds
Computation time: 0.064 seconds.
Call:
rxSummary(formula = ~region, data = propinDS)

Summary Statistics Results for: ~region
Data: propinDS (RxXdfData Data Source)
File name: C:\Users\dsetrade\Documents\CensusPropertyIns.xdf
Number of valid observations: 5175270

Category Counts for region
Number of categories: 17
Number of valid observations: 5175270
Number of missing observations: 0
```

```
region                                              Counts
 New England Division                               265372
 Middle Atlantic Division                           734585
 Mixed Northeast Divisions (1970 Metro)                  0
 East North Central Div.                            847367
 West North Central Div.                            366417
 Mixed Midwest Divisions (1970 Metro)                    0
 South Atlantic Division                            981614
 East South Central Div.                            324003
 West South Central Div.                            553425
 Mixed Southern Divisions (1970 Metro)                   0
 Mountain Division                                  328940
 Pacific Division                                   773547
 Mixed Western Divisions (1970 Metro)                    0
 Military/Military reservations                          0
 PUMA boundaries cross state lines-1% sample             0
 State not identified                                    0
 Inter-regional county group (1970 Metro samples)        0
```

▶ rxFactors 함수를 사용하여 이름을 바꾸고 레벨 수를 줄일 수 있다.

|| MS R

```
regionLevels <- list( "New England" = "New England Division",
"Middle Atlantic" = "Middle Atlantic Division",
"East North Central" = "East North Central Div.",
"West North Central" = "West North Central Div.",
"South Atlantic" = "South Atlantic Division",
"East South Central" = "East South Central Div.",
"West South Central" = "West South Central Div.",
"Mountain" ="Mountain Division",
"Pacific" ="Pacific Division")
rxFactors(inData = propinDS, outFile = propinDS,
factorInfo = list(region = list(newLevels = regionLevels, otherLevel = "Other")), overwrite
= TRUE)
```

▶ rxFactors(inData, factorInfo, outFile = NULL, overwrite = FALSE, …)

- ffactorInfo: 새로운 변수 명의 목록 혹은 NULL
  - levels: 범주형이 아닌 데이터를 범주형으로 변환할 때 사용
  - otherLevel: newLevels이 지정되었을 때, 포함되지 않는 모든 범주형에 대해 적용할 수준
  - sortLevels: 만약 TRUE라면, 알파벳 순서대로 정렬
  - varName: 변환시킬 데이터 세트의 변수 명

– newLevels: 변경하고자 하는 범주형 수준 명

‖ R

```
regionLevels <- list( "New England" = "New England Division",
                      "Middle Atlantic" = "Middle Atlantic Division",
                      "East North Central" = "East North Central Div.",
                      "West North Central" = "West North Central Div.",
                      "South Atlantic" = "South Atlantic Division",
                      "East South Central" = "East South Central Div.",
                      "West South Central" = "West South Central Div.",
                      "Mountain" ="Mountain Division",
                      "Pacific" ="Pacific Division")
origin_names = as.character(unlist(regionLevels))
change_names = names(regionLevels)
for(i in 1:NROW(levels(oper_R_propinDS$region))){
         if(levels(oper_R_propinDS$region)[i]%in%origin_names){
             levels(oper_R_propinDS$region)[i] = change_names[which(levels(oper_R_
propinDS$region)[i]==origin_names)]}
           else "Other"
}
summary(oper_R_propinDS$region)
```

분석을 위한 첫 번째 단계로 재산 보험 비용의 막대 그래프를 살펴보자.

‖ MS R

```
rxHistogram(~propinsr, data = propinDS, pweights = "perwt")
```

‖ R

```
install.packages('plotrix')
library(plotrix)
weighted.hist(oper_R_propinDS$propinsr,oper_R_propinDS$perwt, breaks=seq(0,4000,50))
```

양수 값의 분포 이외에 0의 “무리”를 가지고 있기 때문에, 이는 1과 2 사이의 분산 검정 매개변수를 지니는 Tweedie family에 적합한 것으로 보인다.

Var.power 인수를 1.5로 설정한 rxGlm을 사용하여 매개변수를 추정할 수 있다. 설명 변수로는 성별, 각 연령별 수준의 “즉시” 요인 변수 및 지역을 사용한다.

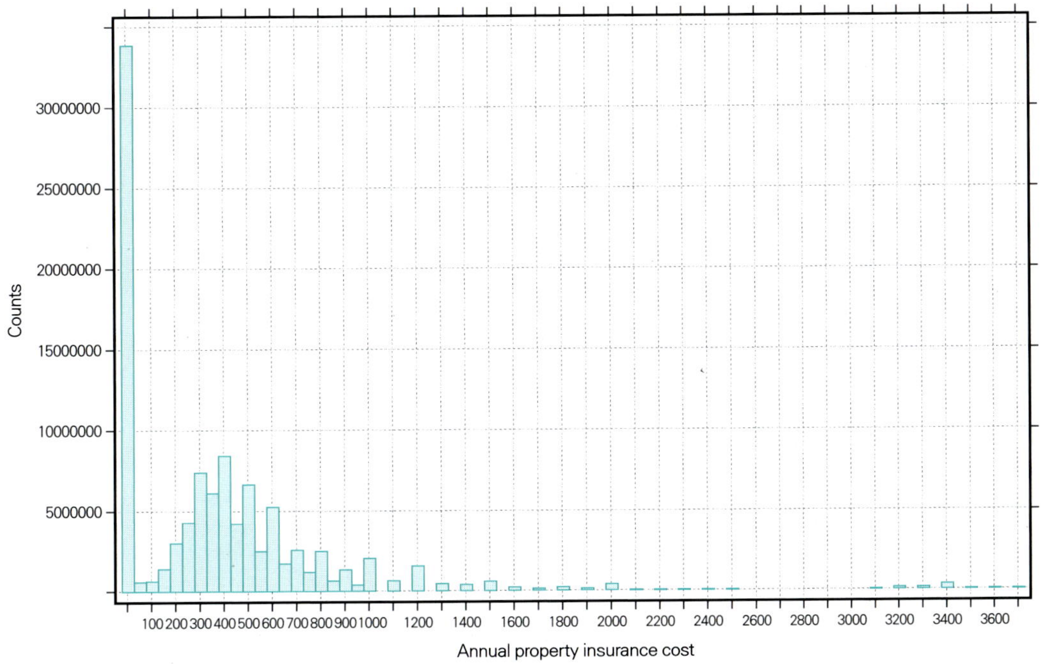

그림 13-3 • rxGlm 함수 시각화 결과

|| MS R

```
propinGlm <- rxGlm(propinsr~sex + F(age) + region,
pweights = "perwt", data = propinDS,
family = rxTweedie(var.power = 1.5), dropFirst = TRUE)
summary(propinGlm)
```

```
Call:
rxGlm(formula = propinsr~sex + F(age) + region, data = propinDS,
    family = rxTweedie(var.power = 1.5), pweights = "perwt",
    dropFirst = TRUE)

Generalized Linear Model Results for: propinsr~sex + F(age) + region
Data: propinDS (RxXdfData Data Source)
File name: C:\Users\dsetrade\Documents\CensusPropertyIns.xdf
Probability weights: perwt
Dependent variable(s): propinsr
Total independent variables: 82 (Including number dropped: 4)
Number of valid observations: 5175270
Number of missing observations: 0
Family-link: Tweedie-mu^-0.5
```

```
Residual deviance: 3292809839.3236 (on 5175192 degrees of freedom)

Coefficients:
                          Estimate  Std. Error  t value Pr(>|t|)
(Intercept)              1.231e-01  5.893e-04  208.961 2.22e-16 ***
sex=Male                   Dropped    Dropped  Dropped  Dropped
sex=Female               9.026e-03  3.164e-05  285.305 2.22e-16 ***
F_age=21                   Dropped    Dropped  Dropped  Dropped
F_age=22                -9.208e-03  7.523e-04  -12.240 2.22e-16 ***
F_age=23                -1.980e-02  6.966e-04  -28.430 2.22e-16 ***
F_age=24                -2.856e-02  6.648e-04  -42.955 2.22e-16 ***
F_age=25                -3.652e-02  6.432e-04  -56.776 2.22e-16 ***
F_age=26                -4.371e-02  6.289e-04  -69.500 2.22e-16 ***
F_age=27                -4.894e-02  6.182e-04  -79.162 2.22e-16 ***
F_age=28                -5.398e-02  6.099e-04  -88.506 2.22e-16 ***
F_age=29                -5.787e-02  6.043e-04  -95.749 2.22e-16 ***
F_age=30                -6.064e-02  6.020e-04 -100.716 2.22e-16 ***
F_age=31                -6.336e-02  6.004e-04 -105.522 2.22e-16 ***
F_age=32                -6.526e-02  5.991e-04 -108.933 2.22e-16 ***
F_age=33                -6.721e-02  5.975e-04 -112.489 2.22e-16 ***
F_age=34                -6.854e-02  5.962e-04 -114.948 2.22e-16 ***
F_age=35                -6.942e-02  5.949e-04 -116.688 2.22e-16 ***
F_age=36                -7.090e-02  5.941e-04 -119.342 2.22e-16 ***
F_age=37                -7.184e-02  5.936e-04 -121.023 2.22e-16 ***
F_age=38                -7.265e-02  5.931e-04 -122.498 2.22e-16 ***
F_age=39                -7.354e-02  5.926e-04 -124.090 2.22e-16 ***
F_age=40                -7.401e-02  5.923e-04 -124.954 2.22e-16 ***
F_age=41                -7.462e-02  5.923e-04 -125.994 2.22e-16 ***
F_age=42                -7.508e-02  5.920e-04 -126.819 2.22e-16 ***
F_age=43                -7.568e-02  5.920e-04 -127.846 2.22e-16 ***
F_age=44                -7.597e-02  5.919e-04 -128.344 2.22e-16 ***
F_age=45                -7.642e-02  5.918e-04 -129.139 2.22e-16 ***
F_age=46                -7.693e-02  5.919e-04 -129.973 2.22e-16 ***
F_age=47                -7.727e-02  5.918e-04 -130.564 2.22e-16 ***
F_age=48                -7.749e-02  5.919e-04 -130.927 2.22e-16 ***
F_age=49                -7.783e-02  5.919e-04 -131.488 2.22e-16 ***
F_age=50                -7.809e-02  5.919e-04 -131.941 2.22e-16 ***
F_age=51                -7.853e-02  5.919e-04 -132.678 2.22e-16 ***
F_age=52                -7.888e-02  5.916e-04 -133.326 2.22e-16 ***
F_age=53                -7.919e-02  5.916e-04 -133.859 2.22e-16 ***
F_age=54                -7.909e-02  5.931e-04 -133.348 2.22e-16 ***
F_age=55                -7.938e-02  5.929e-04 -133.873 2.22e-16 ***
F_age=56                -7.930e-02  5.929e-04 -133.751 2.22e-16 ***
F_age=57                -7.959e-02  5.928e-04 -134.276 2.22e-16 ***
F_age=58                -7.935e-02  5.937e-04 -133.644 2.22e-16 ***
F_age=59                -7.923e-02  5.942e-04 -133.336 2.22e-16 ***
F_age=60                -7.894e-02  5.946e-04 -132.753 2.22e-16 ***
F_age=61                -7.917e-02  5.947e-04 -133.122 2.22e-16 ***
```

```
F_age=62                      -7.912e-02  5.949e-04 -133.003 2.22e-16 ***
F_age=63                      -7.904e-02  5.954e-04 -132.746 2.22e-16 ***
F_age=64                      -7.886e-02  5.956e-04 -132.405 2.22e-16 ***
F_age=65                      -7.878e-02  5.952e-04 -132.359 2.22e-16 ***
F_age=66                      -7.871e-02  5.961e-04 -132.031 2.22e-16 ***
F_age=67                      -7.864e-02  5.963e-04 -131.869 2.22e-16 ***
F_age=68                      -7.861e-02  5.966e-04 -131.766 2.22e-16 ***
F_age=69                      -7.845e-02  5.967e-04 -131.490 2.22e-16 ***
F_age=70                      -7.861e-02  5.965e-04 -131.790 2.22e-16 ***
F_age=71                      -7.856e-02  5.970e-04 -131.600 2.22e-16 ***
F_age=72                      -7.850e-02  5.971e-04 -131.460 2.22e-16 ***
F_age=73                      -7.813e-02  5.977e-04 -130.714 2.22e-16 ***
F_age=74                      -7.818e-02  5.981e-04 -130.722 2.22e-16 ***
F_age=75                      -7.800e-02  5.986e-04 -130.302 2.22e-16 ***
F_age=76                      -7.781e-02  5.993e-04 -129.825 2.22e-16 ***
F_age=77                      -7.763e-02  6.002e-04 -129.342 2.22e-16 ***
F_age=78                      -7.735e-02  6.009e-04 -128.728 2.22e-16 ***
F_age=79                      -7.724e-02  6.024e-04 -128.221 2.22e-16 ***
F_age=80                      -7.646e-02  6.045e-04 -126.495 2.22e-16 ***
F_age=81                      -7.651e-02  6.060e-04 -126.244 2.22e-16 ***
F_age=82                      -7.643e-02  6.081e-04 -125.693 2.22e-16 ***
F_age=83                      -7.600e-02  6.109e-04 -124.411 2.22e-16 ***
F_age=84                      -7.546e-02  6.145e-04 -122.798 2.22e-16 ***
F_age=85                      -7.529e-02  6.183e-04 -121.775 2.22e-16 ***
F_age=86                      -7.441e-02  6.259e-04 -118.882 2.22e-16 ***
F_age=87                      -7.422e-02  6.324e-04 -117.363 2.22e-16 ***
F_age=88                      -7.339e-02  6.463e-04 -113.553 2.22e-16 ***
F_age=89                      -7.310e-02  6.569e-04 -111.284 2.22e-16 ***
region=New England               Dropped    Dropped  Dropped  Dropped
region=Middle Atlantic         1.710e-03  6.893e-05   24.807 2.22e-16 ***
region=East North Central      3.552e-03  6.867e-05   51.723 2.22e-16 ***
region=West North Central      4.200e-04  7.697e-05    5.457 4.83e-08 ***
region=South Atlantic         -1.227e-03  6.521e-05  -18.821 2.22e-16 ***
region=East South Central     -7.894e-04  7.793e-05  -10.130 2.22e-16 ***
region=West South Central     -5.857e-03  6.732e-05  -87.011 2.22e-16 ***
region=Mountain                1.821e-03  8.060e-05   22.596 2.22e-16 ***
region=Pacific                -5.990e-04  6.732e-05   -8.897 2.22e-16 ***
region=Other                     Dropped    Dropped  Dropped  Dropped
---
Signif. codes:  0 '***' 0.001 '**' 0.01 '*' 0.05 '.' 0.1 ' ' 1
(Dispersion parameter for Tweedie family taken to be 546.4888)
Condition number of final variance-covariance matrix: 5980.277
Number of iterations: 8
```

추정된 모형의 결과를 검토하는 좋은 방법은 주어진 설명 특성에 대한 예측값을 보는 것이다. 예를 들어 남반구 지역의 모든 연령대와 남녀에 대한 예측 데이터 세트를 만든다.

‖ MS R

```
# Get the region factor levels
varInfo <- rxGetVarInfo(propinDS)
regionLabels <- varInfo$region$levels

# Create a prediction data set for region 5, all ages, both sexes
region <- factor(rep(5, times=138), levels = 1:10, labels = regionLabels)
age <- c(21:89, 21:89)
sex <- factor(c(rep(1, times=69), rep(2, times=69)), levels = 1:2,
labels = c("Male", "Female"))
predData <- data.frame(age, sex, region)
```

▶ rxGetVarInfo(data, getValueLabels = TRUE, varsToKeep = NULL, ...)

- data: 정보를 얻을 데이터 세트
- getValueLabels: 만약 TRUE라면, 값에 대한 Label이나 수준 수 출력
- varsToKeep: 정보를 반환하는 변수들의 이름, 만약 NULL일 경우 무시되어 전체를 의미

‖ R

```
# Get the region factor levels
regionLabels = levels(oper_R_propinDS$region)
# Create a prediction data set for region 5, all ages, both sexes
region <- factor(rep(5, times=138), levels = 1:10, labels = regionLabels)
age <- c(21:89, 21:89)
sex <- factor(c(rep(1, times=69), rep(2, times=69)),
              levels = 1:2,
              labels = c("Male", "Female"))
predData <- data.frame(age, sex, region)
```

이제 이것을 중동 대서양 지역에 대한 유사한 예측 데이터 세트의 기초로 사용할 것이다.

‖ MS R

```
# Create a prediction data set for region 2, all ages, both sexes
predData2 <- predData
predData2$region <-factor(rep(2, times=138), levels = 1:10, labels = varInfo$region$levels)
```

‖ R

```
open_R_predData2 <- predData
open_R_predData2$region <-factor(rep(2, times=138), levels = 1:10,
                                 labels = levels(oper_R_propinDS$region))
```

다음으로 두 데이터 세트를 결합하고, 추정된 rxGlm 모형을 사용하여 연간 재산 보험 비용에 대한 예측값을 계산한다.

‖ MS R

```
# Combine data sets and compute predictions
predData <- rbind(predData, predData2)
outData <- rxPredict(propinGlm, data = predData)
```

▶ rxPredict(modelObject, data = NULL, confLevel = 0.95, ...)

- modelObject: rxLinMod, rxLogit 또는 rxGlm 함수를 통해 만들어진 예측 모형
- data: 예측에 사용할 RxXdfData 데이터 소스 개체
- confLevel: 신뢰수준(0~1)

마지막으로 예측된 값과 예측 데이터 프레임 및 그림을 결합할 수 있다.

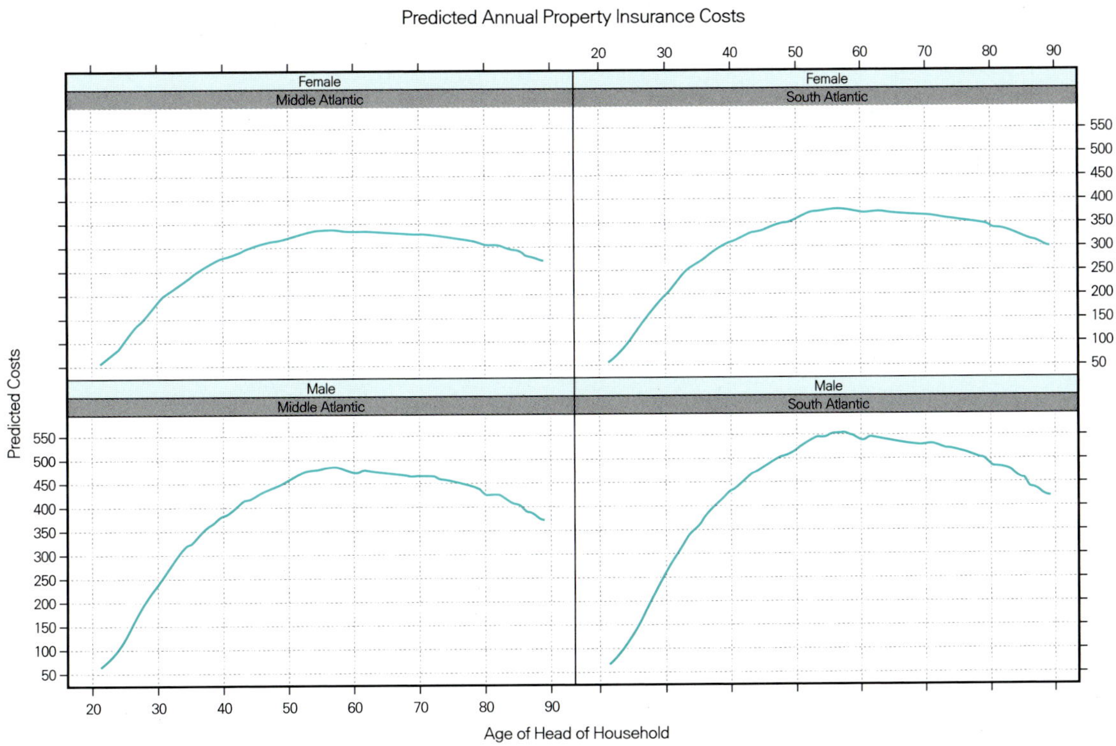

그림 13-4 • rxPredict 함수 시각화 결과

|| MS R

```
predData$predicted <- outData$propinsr_Pred
rxLinePlot( predicted ~age|region+sex, data = predData,
title = "Predicted Annual Property Insurance Costs",
xTitle = "Age of Head of Household",
yTitle = "Predicted Costs")
```

▶ rxLinePlot(formula, data, rowSelection = NULL,

- formula: 모형 추정식, data: 정보를 얻을 데이터 세트
- rowSelection: 데이터를 불러오는 조건
- title: 도식화한 그림 제목, xTitle: x축의 설명, yTitle: y축의 설명
- lineColor: 그림의 선 색, plotAreaColor: 외부 영역의 색, gridColor: 외부 영역의 눈금자 색

14. 주요 모형 활용(Microsoft R)

14.1 Tree 모형

14.1.1 Tree 알고리즘

RevoScaleR의 rxDTree 함수는 결합을 기반으로 한 재귀 분할 알고리즘을 사용하여 tree 모델에 적합하다. 결과는 R 패키지인 rpart에 의해 생성된 모델과 유사하다. 분류 tree와 회귀 tree를 모두 지원한다. rpart와의 차이점은 반응 변수의 특성에 따라 결정된다는 점이다. 범주형Factor 반응 변수는 분류 tree를 생성하고, 연속형Numeric 반응 변수는 회귀 tree를 생성한다.

(1) rxDTree 알고리즘

Decision Tree는 분류 및 회귀에 널리 사용되는 효과적인 알고리즘이다. Decision Tree를 작성하려면 일반적으로 데이터를 분할할 위치를 결정해야 한다. 그리고 모든 연속형 변수를 정렬해야 한다. 이 정렬 단계는 시간이 많이 걸리고 큰 데이터를 다룰 때 많은 메모리가 필요하다. 정렬 단계에서 일어나는 문제점을 극복하기 위해 여러 가지 기술이 제안되었는데, 크게 두 가지로 나눌 수 있다. 데이터를 pre-sorting하거나 또는 데이터의 대략적인 요약 통계를 사용하는 것이다.

pre-sorting 기술은 표준 Decision Tree 알고리즘과 가깝지만 매우 큰 데이터 세트를 다루지 못한다. 이러한 빅데이터 결정 tree는 일반적으로 대량 학습을 가능하게 하기 위해 다양한 방식으로 병렬 처리된다. 데이터 병렬 처리는 데이터를 가로 또는 세로로 분할하여 서로 다른 processor가 서로 다른 관측치 또는 변수를 보고 병렬 처리하여 서로 다른 processor에 서로 다른 tree 모델의 노드를 구축할 수 있게 한다.

rxDTree 알고리즘은 특히 대용량 데이터 세트를 처리하기 위해 설계되었고 수평적Horizontal 데이터를 병렬 처리하여 얻은 근사치를 이용하는 Decision Tree 알고리즘이다. 데이터의 압축된 근사치를 표현하기 위해 히스토그램을 사용하고 breadth-first 방식으로 Decision Tree를 구축한다. 히스토그램은 병렬로 작성되기 때문에 대용량 데이터 세트의 경우에도 신속하게 작성할 수 있다.

rxDTree를 사용하면 히스토그램의 최대 bin의 개수를 지정하여 시간 복잡도와 예측 정확도 사이의 균형을 조절할 수 있다. 알고리즘은 히스토그램에 각 bin에 대략적으로 동일한 수의 관측치를 넣고 tree의

terminal nod에 대한 분할 기준의 후보로 bin의 경계를 사용한다. 제한된 수의 분할한 것만을 검사하기 때문에 표준 알고리즘에 의해 구성된 tree와는 다른 전체 분할 tree를 만드는 차적의Suboptimal 분할점이 선택될 수 있다. 그러나 병렬 tree의 오류율은 tree가 동일하지 않더라도 직렬 tree의 오류율와 비슷하다는 것을 분석적으로 보여준다. 히스토그램의 bin의 개수를 설정하여 정확도와 속도 사이의 균형을 조절할 수 있다. 많은 수의 bin을 사용하면 데이터를 더 정확하게 설명하고 따라서 더 정확한 결과를 얻을 수 있지만 적은 수의 bin을 사용하면 시간 복잡성과 메모리 사용량을 줄일 수 있다.

bin의 수가 관측치의 수와 같거나 초과하는 숫자Integer 예측 변수의 경우 rxDTree 알고리즘은 표준 정렬 알고리즘과 동일한 결과를 생성한다.

(2) 모델 적합 옵션

rxDTree 함수에는 모델 적합을 제어하는 여러 가지 옵션이 있다. 이러한 대부분의 parameter 제어어는 “rpart” 사용자에게 익숙하다. 그러나 경우에 따라 대용량 데이터 tree 모델을 보다 잘 다루기 위해 default가 수정되었다. 이러한 옵션의 전체 목록은 rxDTree 도움말 파일에서 찾을 수 있다. 다음의 내용은 테스팅 중에 발견한 rxDTree를 사용하여 모델을 적합할 때 필요한 시간을 조절하는 유용한 방법이다.

- xVal: 교차 검정Cross-Validation 검사를 수행하는 데 사용되는 폴드의 횟수를 제어한다. default인 2(사용되는 폴드 횟수)는 일부 가지치기를 허용한다. 일단 모델을 선정하면 최종 적합과 가지치기에서 값(사용되는 폴드 횟수)을 늘리고 싶을 것이다.
- maxDepth: tree 모델 노드의 최대 깊이를 설정한다. 계산은 깊이가 증가함에 따라 점점 더 커지므로 maxDepth 10~15를 권장한다.
- maxSurrogate: 출력에 나온 경쟁 분할 수를 지정한다. 다시 말하지만 default로 rxDTree는 이를 0으로 설정한다. Surrogate split은 주 분할 변수에 관측치가 없을 때 관측치를 할당하는 데 사용된다.
- maxNumBins: 각 변수에 사용되는 최대 bin의 수를 제어한다. 저장소의 수를 관리하는 것은 메모리 사용을 조절하는 데 중요하다. default는 크기가 작은 데이터 세트(최대 백만 관측)에서 보통 데이터 세트에 대한 관측 수의 제곱근과 101의 큰 값을 사용하지만 큰 세트에서는 1,001개의 bin을 사용한다. 연속형 예측 변수를 가진 작은 데이터 세트의 경우, rpart의 모델과 유사한 모델을 얻으려면 maxNumBins를 늘려야 할 수도 있다. 큰 데이터 세트(100,000개 이상의 관측치)의 경우 의미 있는 모델을 얻으려면 다음 parameter를 조정해야 할 수 있다.

- cp: 이것은 복잡성 parmeter이며 분할을 통해 complexity을 줄이는 것을 설정한다. 기본값을 0으로 설정하고 maxDepth 및 minBucket을 사용하여 tree의 크기를 조정할 것을 권장한다. cp값을 지정하려면 rpart의 0.01과 같이 보수적인 값으로 시작하여라. 충분한 수의 분할이 보이지 않을 때까지 10의 거듭 제곱으로 cp를 줄여라. 대형 항공사 데이터의 경우, 약 1e−4의 cp로 시작하는 재미있는 모델을 발견할 수 있다.
- minSplit, minBucket: 분할을 시도하기 전에 노드에 있어야 하는 관측치의 수는 minSplit로 종착노드에 남아 있어야 하는 관측치의 수는 minBucket로 결정한다.

(3) Missing Values 처리

대부분의 RevoScaleR 분석 함수같이 rxDTree에 대한 removeMissings 인수는 함수가 모델 적합성에서 누락된 데이터를 처리하게 해준다. TRUE인 경우, 모델 피팅 전에 응답 또는 예측 변수의 누락 값을 포함하는 모든 행이 제거된다. FALSE(default)일 경우 응답 값 또는 예측 변수의 모든 값이 누락된 행만 제거된다. removeMissings = TRUE를 사용하는 것은 rpart에 대한 na.omit 함수의 효과와 대략적으로 동일하다. NA를 포함하는 모든 행이 제거된다. rxDTree는 예측할 수 없는 관측치의 출력을 NA로 채우는 na.exclude 함수와 동일하지 않다. removeMissings = FALSE를 사용하면 na.rpart 또는 na.pass 함수를 사용하는 것과 동일하다. 데이터는 변경되지 않고 그대로지만 모든 예측 변수나 응답에 대한 데이터가 없는 행은 모델에서 제외된다.

14.1.2 단순 분류 Tree

이 모델은 다음과 같이 rxDTree를 사용하여 분류 tree를 작성할 수 있다.

‖ MS R

```
data("kyphosis", package="rpart")

kyphTree <- rxDTree(Kyphosis~Age + Start + Number, data = kyphosis, cp=0.01)
kyphTree
```

```
Call:
rxDTree(formula = Kyphosis~Age + Start + Number, data = kyphosis,
    cp = 0.01)
Data:  kyphosis
```

```
Number of valid observations:  81
Number of missing observations:  0

Tree representation:
n= 81

node), split, n, loss, yval, (yprob)
      * denotes terminal node

 1) root 81 17 absent (0.79012346 0.20987654)
    2) Start>=8.5 62  6 absent (0.90322581 0.09677419)
         4) Start>=14.5 29  0 absent (1.00000000 0.00000000) *
         5) Start< 14.5 33  6 absent (0.81818182 0.18181818)
            10) Age< 55 12  0 absent (1.00000000 0.00000000) *
            11) Age>=55 21  6 absent (0.71428571 0.28571429)
            22) Age>=111 14  2 absent (0.85714286 0.14285714) *
            23) Age< 111 7  3 present (0.42857143 0.57142857) *
    3) Start< 8.5 19  8 present (0.42105263 0.57894737) *
```

‖ R

```
library(rpart)
a<-rpart(Kyphosis~Age + Start + Number, data=kyphosis)
prune(a, cp=0.01)
```

‖ MS R

```
library(MicrosoftML)
data("kyphosis", package="rpart")
form<-Kyphosis~Age + Start + Number
rxFastTrees(form, type = "binary", data = kyphosis)
```

‖ Note

MicrosoftML 패키지의 “rxFastTrees”에서는 cp 옵션을 지원하지 않는다.

이 모델을 앞서 rxCube에 적합한 한 결론을 기억해보자. 시작이 자궁 경부 척추이고 더 많은 척추가 수술에 관여될 경우 수술 후 Kyphosis 발병 가능성이 더 크게 나타난다. 비슷하게 나이에 대한 의존도는 비선형적으로 나타난다. 나이가 들면서 처음으로 증가하고, 5~9의 범위에 있는 피크가 다시 감소한다.

rxDTree 모델은 Start 〈8.5, 19명의 관측치 중 11명에서 Kyphosis가 발병한 반면, Start〉 = 14.5를

가진 29명의 피험자 중 누구도 Kyphosis가 발병하지 않았다는 초기 결론을 확인한다. 나머지 33명의 피험자의 경우, 나이가 일차적 분할 요인이었고, 이전에 관찰한 바와 같이, 5세에서 9세 사이의 나이는 가장 큰 확률을 나타낸다.

반환된 객체 kyphTree는 rxDTree 클래스의 객체이다. rxDTree 클래스는 rpart 클래스에서 자세히 모델링되므로 rxDTree 클래스의 객체는 rpart 객체의 가장 중요한 구성 요소인 frame, cptable, split 등을 포함한다. 그러나 기본적으로 rxDTree 객체는 클래스 rpart에서 상속하지 않는다. 그러나 rxAddInheritance 함수를 사용하여 rxDTree 객체에 rpart 상속을 추가할 수 있다.

R에는 Decision Tree 분석을 할 수 있는 패키지가 대표적으로 tree, rpart, party가 있다. 각각의 패키지의 차이는 Decision Tree를 만들 때 가지치기를 하는 방법에 있다. tree 패키지는 binary recursive partitioning을, rpart 패키지는 CART[Classification and regression trees] 방법을 사용한다. Tree, rpart패키지는 엔트로피와 지니 계수를 기준으로 가지치기 변수를 결정하기 때문에 상대적으로 연산 속도는 빠르지만 과적합의 위험이 존재한다. 따라서 가지치기[Pruning] 과정을 거쳐서 Decision Tree를 최적화하는 과정이 필요하다. party 패키지는 Unbiased recursive partitioning based on permutation tests 방법을 사용한다. p-test를 거친 Significance를 기준으로 가지치기를 할 변수를 결정하기 때문에 biased될 위험이 없어 별도로 가지치기할 필요가 없다는 장점이 있다. 대신 입력 변수의 레벨이 3개까지로 제한되어 있다는 단점이 있다.

14.1.3 단순 회귀 Tree

regression tree model의 간단한 예로, mtcars 데이터 세트 내의 변수[Disp]를 사용하고 가스 주행 거리[mpg]를 예측 변수로 하여 모델을 적합해보자.

‖ MS R

```
mtcarTree <- rxDTree(mpg~disp, data=mtcars)
mtcarTree
```

```
Call:
rxDTree(formula = mpg~disp, data = mtcars)
Data:  mtcars
Number of valid observations:  32
Number of missing observations:  0
```

```
Tree representation:
n= 32

node), split, n, deviance, yval
      * denotes terminal node

1) root 32 1126.0470 20.09062
  2) disp>=163.5 18  143.5894 15.99444 *
  3) disp< 163.5 14  292.1343 25.35714 *
```

|| R

```
mtcarTree <- rpart(mpg~disp, data=mtcars)
mtcarTree
```

|| MS R

```
library(MicrosoftML)
rxFastTrees(mpg~disp, data=mtcars,type="regression")
```

대형차(163.5 입방 인치보다 큰 엔진 변위를 가진 차량)와 소형차 사이에는 명확한 구분이 있는 것을 확인할 수 있다.

14.1.4 큰 회귀 Tree

보다 복잡한 예로 censusWorkers 데이터를 사용해보자. perwt 변수를 확률 가중치로 사용하여 나이, 성별 및 주 근무에서 임금 소득을 예측하는 regression tree model을 작성한다.

|| MS R

```
censusWorkers <- file.path(rxGetOption("sampleDataDir"), "CensusWorkers.xdf")
rxGetInfo(censusWorkers, getVarInfo=TRUE)

incomeTree <- rxDTree(incwage~age + sex + wkswork1, pweights = "perwt", maxDepth = 3,
minBucket = 30000, data = censusWorkers)

incomeTree
```

```
Call:
rxDTree(formula = incwage~age + sex + wkswork1, data = censusWorkers,
    pweights = "perwt", minBucket = 30000, maxDepth = 3)
File:  C:\Program Files\Microsoft\R Server\R_SERVER\library\RevoScaleR\SampleData\
CensusWorkers.xdf
Number of valid observations:  351121
Number of missing observations:  0

Tree representation:
n= 351121

node), split, n, deviance, yval
      * denotes terminal node

 1) root 351121 1.177765e+16 35788.47
    2) sex=Female 161777 2.271425e+15 26721.09
      4) wkswork1< 51.5 56874 5.757587e+14 19717.74 *
      5) wkswork1>=51.5 104903 1.608813e+15 30505.87
        10) age< 34.5 31511 2.500078e+14 25836.32 *
        11) age>=34.5 73392 1.338235e+15 32576.74 *
    3) sex=Male 189344 9.008506e+15 43472.71
      6) age< 31.5 48449 6.445334e+14 27577.80 *
      7) age>=31.5 140895 8.010642e+15 49221.82
        14) wkswork1< 51.5 34359 1.550839e+15 37096.62 *
        15) wkswork1>=51.5 106536 6.326896e+15 53082.08 *
```

‖ Note

pweights="perwt" 확률 가중치 지정, maxDepth 옵션은 tree 모델 노드의 최대의 깊이를 뜻한다. 더 깊은 깊이에서 계산이 훨씬 더 오래 걸리므로 maxDepth를 낮추면 계산 시간이 크게 단축된다. minBucket 옵션은 잎노드(단말 노드)의 관측치의 최소 수를 뜻한다. 기본적으로 minSplit /3이다. minSplit이란 분할하기 전에 노드에 있어야 하는 관측치의 최소 수를 의미하고 default는 관측치의 수이다.

‖ R

```
census<-rxImport(censusWorkers)
censusTree<- rpart(incwage~age + sex + wkswork1,weights = perwt, maxdepth = 3,
minbucket=30000, data=census)
censusTree
```

‖ Note

weights, maxdepth, minbucket 옵션을 이용하면 위와 동일한 출력이 나오게 된다.

‖ MS R

```
library(MicrosoftML)
censusWorkers <- file.path(rxGetOption("sampleDataDir"), "CensusWorkers.xdf")
rxGetInfo(censusWorkers, getVarInfo=TRUE)
ft<-rxFastTrees(incwage~age + sex + wkswork1,numLeaves=3, minSplit = 30000, data =
censusWorkers, type="regression")
summary(ft)
```

시작 가이드에서 이 데이터 세트를 분석한 결과 놀랍지 않은 일이지만 여기서는 기본 분할이 성별이다. 평균적으로 남성보다 여성의 수입이 적다. 추가 분할을 해도 놀라운 일이 아니다. 고령 근로자는 젊은 근로자보다 더 많은 수입을, 더 많은 시간을 일하는 사람들은 더 적은 시간을 근로하는 사람들보다 더 많은 수입을 얻는 경향이 있다.

14.1.5 큰 자료의 Tree 모형

Decision Tree를 매우 큰 데이터 세트로 확장하는 것은 rxDTree를 사용하여 가능하지만 주의해서 수행해야 한다. 잘못된 모델 parameter를 선택하면 분산 컴퓨팅 환경에서도 쉽게 추정 시간이 오래 걸리는 모델로 이어질 수 있다. 예를 들어 Getting Started Guide에서 빅 항공사 데이터를 사용하여 선형모델을 추정하고 여러 모델에서 Origin 변수를 예측 변수로 사용했다. Origin 변수는 분명한 순서가 없는 373 레벨의 factor 변수이다. 이 변수를 두 개 이상의 레벨 분류를 수행하는 rxDTree 모델에 통합하면 수 시간의 계산 시간이 걸릴 수 있다. 이러한 의도하지 않은 결과를 방지하기 위해 rxDTree에는 maxUnorderedLevels parameter가 있으며 default는 32이다. Origin의 경우 이 parameter는 오류를 표시한다. 그러나 지역에 따라 공항을 그룹화하는 "Region"의 factor 변수는 유용한 대안[Proxy]일 수 있다. 그리고 제한된 수의 레벨만을 갖도록 할 수 있다.

대용량 데이터 분류 tree의 예로서 전체 항공 데이터의 7% 하위 표본을 사용하여 다음과 같은 간단한 모델을 고려해보자(도착 지연이 15분 이상인 항공편을 나타내는 변수 ArrDel15 사용).

‖ MS R

```
readPath <- rxGetOption("sampleDataDir")
airlineDemoSmall <- file.path(readPath, "AirlineDemoSmall.xdf")
airlineTree <- rxDTree(ArrDelay~CRSDepTime + DayOfWeek, data = airlineDemoSmall,
blocksPerRead = 30, maxDepth = 5, cp = 1e-5)

airlineTree
```

```
Call:
rxDTree(formula = ArrDelay~CRSDepTime + DayOfWeek, data = airlineDemoSmall,
    maxDepth = 5, cp = 1e-05, blocksPerRead = 30)
File:  C:\Program Files\Microsoft\R Server\R_SERVER\library\RevoScaleR\SampleData\
AirlineDemoSmall.xdf
Number of valid observations:  582628
Number of missing observations:  17372
Tree representation:
n= 582628

node), split, n, deviance, yval
      * denotes terminal node

 1) root 582628 964572200.0 11.3179400
   2) CRSDepTime< 11.5745 226261 277838400.0  5.7435880
     4) CRSDepTime< 8.4075 105476 125035000.0  3.6347420
       8) DayOfWeek=Wednesday,Thursday,Sunday 43019  42843160.0  1.6166810
        16) DayOfWeek=Thursday 14698  10375380.0  0.7075793 *
        17) DayOfWeek=Wednesday,Sunday 28321  32449330.0  2.0884860 *
...... 생략 ......
```

‖ R

```
readPath <- rxGetOption("sampleDataDir")
airlineDemoSmall <- file.path(readPath, "AirlineDemoSmall.xdf")
airline<-rxImport(airlineDemoSmall)
airlineRTree <- rpart(ArrDelay~CRSDepTime + DayOfWeek, data = airline , maxdepth = 5, cp =
1e-5)

airlineRTree
```

‖ Note

rxDTree의 blocksPerRead의 옵션을 제외한 모든 옵션이 동일하게 적용되었다. cp의 Default가 0이면 매우 많은 수의 분할이 생성된다. cp = 1e−5를 지정하면 이 모델에서보다 관리하기 쉬운 분할 세트가 생성된다.

‖ MS R

```
library(MicrosoftML)
readPath <- rxGetOption("sampleDataDir")
airlineDemoSmall <- file.path(readPath, "AirlineDemoSmall.xdf")
airfastTree<- rxFastTrees(ArrDelay~CRSDepTime + DayOfWeek, data = airlineDemoSmall,
blocksPerRead = 30, numLeaves = 3,type="regression")

airfastTree
```

‖ Note

MicrosoftML의 rxFastTrees에서는 cp 옵션을 지원하지 않는다.

```
Call:
rxDTree(formula = ArrDelay~CRSDepTime + DayOfWeek, data = airlineDemoSmall,
    maxDepth = 5, cp = 1e-05, blocksPerRead = 30)
File:  C:\Program Files\Microsoft\R Server\R_SERVER\library\RevoScaleR\SampleData\
AirlineDemoSmall.xdf
Number of valid observations:  582628
Number of missing observations:  17372
Tree representation:
n= 582628

node), split, n, deviance, yval
      * denotes terminal node

 1) root 582628 964572200.0 11.3179400
   2) CRSDepTime< 11.5745 226261 277838400.0  5.7435880
     4) CRSDepTime< 8.4075 105476 125035000.0  3.6347420
       8) DayOfWeek=Wednesday,Thursday,Sunday 43019  42843160.0  1.6166810
        16) DayOfWeek=Thursday 14698  10375380.0  0.7075793 *
        17) DayOfWeek=Wednesday,Sunday 28321  32449330.0  2.0884860 *
```

적합된 객체의 cptable 구성 요소를 살펴보면 모델을 초과 적용했는지 여부를 확인할 수 있다.

```
airlineTree$cptable
```

```
CP      nsplit         rel          error     xerror      xstd
1  1.191672e-02     0          1.0000000 1.0000042 0.01051384
2  1.390117e-03     1          0.9880833 0.9881960 0.01049588
3  9.109732e-04     2          0.9866932 0.9861910 0.01049507
4  7.811803e-04     3          0.9857822 0.9857432 0.01049661
5  5.984679e-04     4          0.9850010 0.9853620 0.01049762
```

```
6  5.702427e-04        5        0.9844025 0.9844741 0.01049791
...(생략)...
23 1.912935e-05        22       0.9818366 0.9822175 0.01049571
24 1.160150e-05        23       0.9818175 0.9821951 0.01049501
25 1.115919e-05        24       0.9818059 0.9821917 0.01049493
26 1.000000e-05        25       0.9817947 0.9822053 0.01049519
```

분할 수가 증가함에 따라 교차 검정 오류(xerror)가 꾸준히 감소하는 것을 볼 수 있다. 그러나 약 nsplit = 11일 때 변경 속도가 크게 느려진다. 최적의 모델은 아마도 여기 근처일 것이다(데이터를 통과하는 총 횟수는 maxDepth + 3에 xVal times(maxDepth + 2)를 더한 값과 같다. 여기서 xVal은 교차 검정의 폴드 수이고 maxDepth는 tree 모델의 최대 깊이이다. 따라서 깊이 4배 cross-validation이 있는 10tree는 13 + 48 또는 61이 데이터를 통과해야 한다).

tree 모델을 다시 정리하려면 prune.rxDTree 함수를 사용하면 된다.

‖ MS R

```
airlineTree4 <- prune.rxDTree(airlineTree, cp=1e-4)
airlineTree4
```

```
Call:
rxDTree(formula = ArrDelay~CRSDepTime + DayOfWeek, data = airlineDemoSmall,
    maxDepth = 5, cp = 1e-05, blocksPerRead = 30)
File:  C:\Program Files\Microsoft\R Server\R_SERVER\library\RevoScaleR\SampleData\
AirlineDemoSmall.xdf
Number of valid observations:  582628
Number of missing observations:  17372

Tree representation:
n= 582628

node), split, n, deviance, yval
      * denotes terminal node
 1) root 582628 964572200 11.317940
   2) CRSDepTime< 11.5745 226261 277838400  5.743588
     4) CRSDepTime< 8.4075 105476 125035000  3.634742
       8) DayOfWeek=Wednesday,Thursday,Sunday 43019  42843160  1.616681 *
       9) DayOfWeek=Monday,Tuesday,Friday,Saturday 62457  81896010  5.024737 *
     5) CRSDepTime>=8.4075 120785 151924700  7.585147
      10) DayOfWeek=Wednesday,Thursday,Sunday 51113  51107910  5.032771 *
      11) DayOfWeek=Monday,Tuesday,Friday,Saturday 69672 100239500  9.457630 *
...(생략)...
```

rpart가 설치되어 있으면 prune.rxDTree가 제거 기능의 방법으로써 작동하므로 더 간단하게 호출 할 수 있다.

‖ R

```
airlineTree4 <- prune(airlineTree, cp=1e-4)
airlineTree4
```

‖ MS R

MicrosoftML에서는 prune 함수를 제공하고 있지 않다.

교차 검증이 2배 이상인 모델의 경우 교차 검정의 표준 오류(cptable 구성 요소의 일부)를 정리의 지침으로 사용하는 것이 유용하다. rpart 함수 plotcp를 이용하면 더욱 유용한 사용이 가능하다.

14.1.6 예측

다른 RevoScaleR 분석 함수와 마찬가지로 rxPredict 함수를 사용하여 예측을 수행한다. 여기에 맞는 모델 객체와 새 데이터 세트를 제공한다.

성인 데이터 세트(Kohavi, 1996)는 우리가 이미 분석한 censusWorkers 데이터와 유사하게 널리 사용되는 머신러닝 데이터 세트이다. 이 데이터 세트는 UC Irvine(http://archive.ics.uci.edu/ml/datasets/Adult)의 머신러닝 데이터 저장소(Frank & Asuncion, 2010)에서 구할 수 있으며 트레이닝 데이터 세트(adult.data) 및 테스트데이터 세트(adult.test)를 사용하면 예측에 사용할 수 있다. 아래 예제를 실행하려면 데이터를 다운로드하고 .txt 확장명을 추가하여 adult.data.txt 및 adult.test.txt를 갖도록 하라(세 번째 파일인 adult.names는 변수에 대한 설명을 제공하며, 아래 코드에서 데이터 파일의 일부가 아닌 변수 이름의 소스로 사용한다).

‖ MS R

```
adultTrain<-read.csv('adult.data.txt',header=F)
adultTest<-read.csv('adult.test.txt',header=F)
newNames <- c("age", "workclass", "fnlwgt", "education", "education_num", "marital_status",
"occupation", "relationship", "ethnicity", "sex", "capital_gain", "capital_loss", "hours_
per_week", "native_country", "income")
```

```
names(adultTrain) <- newNames
names(adultTest) <- newNames

adultTree <- rxDTree(income~age + sex + hours_per_week, pweights = "fnlwgt", data =
adultTrain)
adultPred <- rxPredict(adultTree, data = adultTest, type="vector")
sum((adultPred-1) == as.integer(adultTest$income))/length(adultTest$income)
```

결과는 적합 모델이 테스트데이터의 약 75%를 정확하게 분류함을 보여준다. rxPredict를 rxDTree 개체와 함께 사용하는 경우 rpart 개체와 예측이 다른 점을 명심해야 한다. 첫째, 데이터 인수가 항상 필요하다. 이는 원본 데이터 또는 새 데이터 중 하나일 수 있다. rpart와 같이 newData 인수가 없다. 원래 데이터의 예측은 예측값이 아닌 적합값을 제공하지만 예상 변수 이름의 default는 여전히 varname_Pred이다.

14.1.7 시각화

RevoTreeView 패키지를 사용하여 HTML 페이지에서 rxDTree 또는 rpart Decision Tree를 그릴 수 있다. 분류 및 regression tree가 모두 지원된다. RevoTreeView의 createTreeView 함수에서 반환한 tree 모델 객체를 브라우저에 플로팅하면 Decision Tree와 상호작용할 수 있다. 결과 tree model의 HTML 페이지는 다른 사람과 공유하거나 패키지의 zipTreeView 기능을 사용하여 다른 컴퓨터에 표시할 수도 있다. 예를 들어, rpart 패키지에 포함되어 있는 kyphosis 데이터로 작성된 분류 tree를 생각해보자. 이는 다음 텍스트와 같은 출력을 생성한다.

|| MS R

```
data("kyphosis", package="rpart")
kyphTree <- rxDTree(Kyphosis~Age + Start + Number, data = kyphosis, cp=0.01)
kyphTree
```

|| R

```
data("kyphosis", package="rpart")
kyphTree <- rpart(Kyphosis~Age + Start + Number, data = kyphosis, cp=0.01)
kyphTree
```

MS R

```
library(MicrosoftML)
data("kyphosis", package="rpart")
kyphTree <- rxFastTrees(Kyphosis~Age + Start + Number, data = kyphosis, type="binar")
kyphTree
```

Note

MicrosoftML의 rxFastTrees에서는 cp 옵션을 지원하지 않는다.

```
Call:
rxDTree(formula = Kyphosis~Age + Start + Number, data = kyphosis, cp = 0.01)
Data:  kyphosis
Number of valid observations:  81
Number of missing observations:  0

Tree representation: n= 81

node), split, n, loss, yval, (yprob)
      * denotes terminal node

 1) root 81 17 absent (0.79012346 0.20987654)
   2) Start>=8.5 62  6 absent (0.90322581 0.09677419)
     4) Start>=14.5 29  0 absent (1.00000000 0.00000000) *
     5) Start< 14.5 33  6 absent (0.81818182 0.18181818)
      10) Age< 55 12  0 absent (1.00000000 0.00000000) *
      11) Age>=55 21  6 absent (0.71428571 0.28571429)
        22) Age>=111 14  2 absent (0.85714286 0.14285714) *
        23) Age< 111 7  3 present (0.42857143 0.57142857) *
   3) Start< 8.5 19  8 present (0.42105263 0.57894737) *
```

이제 createTreeView 함수로 생성된 객체를 플로팅하여 tree model 출력의 HTML 버전을 표시할 수 있다. 밑의 R 코드를 실행한 후 다음을 실행하여 RevoTreeView 패키지를 로드하고 브라우저에 대화식 Decision Tree를 표시한다.

MS R

```
library(RevoTreeView)
plot(createTreeView(kyphTree))
```

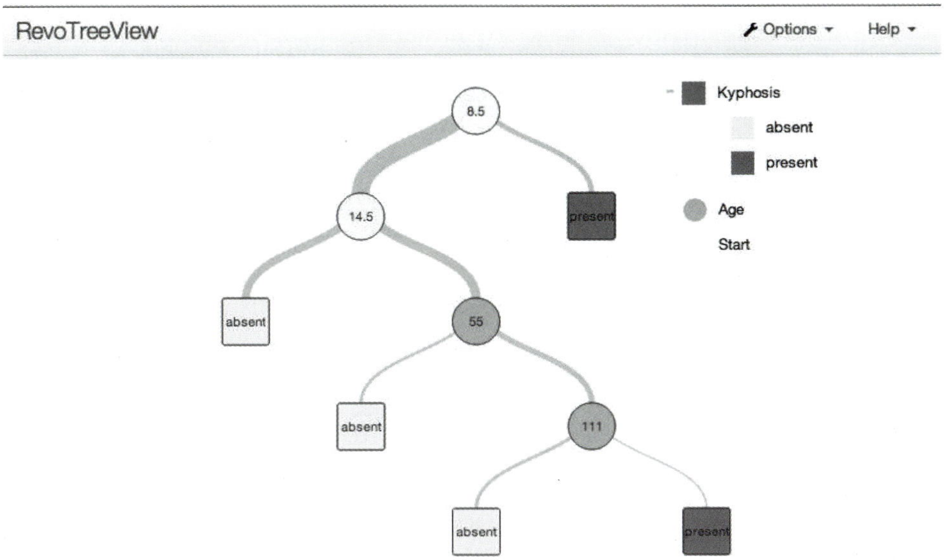

그림 14-1 • RevoTreeView 패키지를 활용한 Decision Tree 시각화

이 대화형 tree model에서 원형 분기 노드를 클릭하여 tree model의 분기를 확장하거나 축소한다. 노드를 클릭하면 노드가 해당 분기의 마지막 보기로 확장 및 축소된다. Ctrl + 클릭을 사용하면 tree model에 선택한 노드의 하위 노드만 표시된다. ALT + 클릭을 클릭하면 선택한 노드 아래의 모든 레벨이 tree에 표시된다. 잎[Leaf] 또는 terminal nod라고 하는 사각형 모양의 노드는 확장할 수 없다. 추가 정보를 얻으려면 노드 위로 마우스를 가져가면 이름, 다음 분할 변수, 해당 값, n, 예상 값 및 손실 또는 편차와 같은 기타 세부 정보와 같은 노드 세부 정보가 표시된다.

rxAddInheritance 함수를 사용하여 rpart 상속을 제공하는 경우 rxDTree 객체와 함께 rpart 플롯 및 텍스트 방법를 사용할 수도 있다.

‖ MS R

```
data("kyphosis", package="rpart")
kyphTree <- rxDTree(Kyphosis~Age + Start + Number, data = kyphosis, cp=0.01)
plot(rxAddInheritance(kyphTree))
text(rxAddInheritance(kyphTree))
```

‖ R

```
data("kyphosis", package="rpart")
kyphTree <- rpart(Kyphosis~Age + Start + Number, data = kyphosis, cp=0.01)

plot(kyphTree)
text(kyphTree)
```

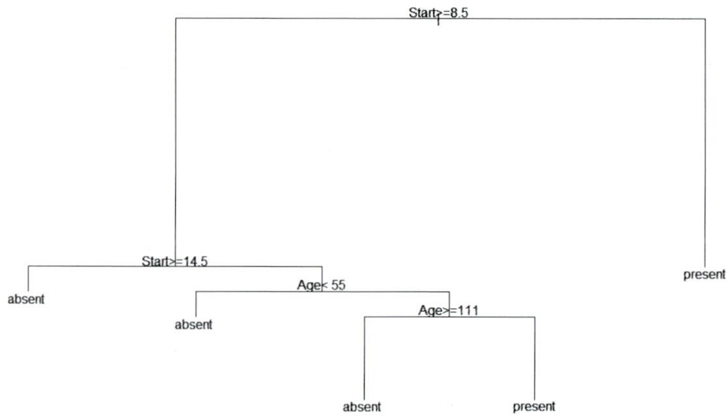

그림 14-2 • rxAddInheritance 함수 시각화 결과

14.2 Forest 모형

14.2.1 Decision Tree 알고리즘

RevoScaleR의 rxDForest 함수는 앙상블 학습 기법을 사용한 랜덤 포레스트 모델이다. 각 tree model은 원본 데이터의 bootstrap 샘플에 적합하며, 각 tree model의 피팅에 사용되지 않는 데이터의 약 1/3을 남긴다. 원래 데이터의 각 데이터 요소는 사용되지 않은 각 tree model을 통해 공급된다. 해당 데이터 포인트에 대한 의사결정 포레스트 예측은 개별 tree model 예측의 통계 모드, 즉 대다수 예측(분류의 경우, 회귀 문제의 경우 예측은 개별 예측의 평균)이다. 개별 Decision Tree 모델과 달리 의사결정 포레스트는 과적합되지 않으므로 최상의 시스템 학습 알고리즘 중 하나로 일관되게 나타난다.

RevoScaleR은 rxDForest 함수에서 의사결정 포레스트를 구현한다. 이 함수는 rxDTree와 동일한 기본 tree model 적합 알고리즘을 사용한다(11.1절, rxDTree 알고리즘 참조). 포레스트를 만들려면 nTree 인수를 사용하는 tree model의 수와 mTry 인수를 사용하여 각 tree model에서 분할할 때 고려해야 할 변수 수를 지정한다. 대부분의 경우 개별 tree model이 커지도록 최대 깊이를 지정해야 한다. 깊이를 늘리면 일반적으로 정확도가 높아지지만 rxDTree와 마찬가지로 적합 시간이 상당히 길어진다.

■ 모델 맞춤 제어

rxDForest 함수에는 모델 적합성을 제어하는 여러 가지 옵션이 있다. 이러한 제어 매개변수의 대부분은 rxDTree의 동일한 컨트롤과 동일하다. 이러한 옵션의 전체 목록은 rxDForest 도움말 파일에서 찾을 수 있지만 rxDForest를 사용하여 모델을 맞추는 데 필요한 시간을 제어하는 데 가장 유용한 다음 테스트가 있다.

- maxDepth: tree model의 노드의 최대 깊이를 설정한다. 계산은 깊이가 증가함에 따라 점점 더 커진다. maxDepth는 10~15를 권장한다.
- maxNumBins: 각 변수에 사용되는 최대 bin의 수를 조절한다. 저장소의 수를 관리하는 것은 메모리 사용을 조절하는 데 중요하다. default는 크기가 작은 데이터 세트(최대 백만 관측)에서 보통 데이터 세트에 대한 관측 수의 제곱근과 101의 큰 값을 사용하지만 큰 세트에서는 1,001개의 bin을 사용한다. 연속형 예측 변수를 가진 작은 데이터 세트의 경우, rpart의 모델과 유사한 모델을 얻으려면 maxNumBins를 늘려야 할 수도 있다.
- minSplit, minBucket: 분할을 시도하기 전에 노드에 있어야 하는 관측치의 수는 minSplit로, 종착 노드에 남아 있어야 하는 관측치의 수는 minBucket로 결정한다.

14.2.2 단순 분류 Forest

rpart의 kyphosis 데이터에 간단한 분류 tree model을 적용했다. 이 모델은 다음과 같이 rxDForest를 사용하는 분류결정 포레스트로 쉽게 재작성된다.

‖ **MS R**

```
data("kyphosis", package="rpart")
kyphForest <- rxDForest(Kyphosis~Age + Start + Number, seed = 10, data = kyphosis,
nTree=500, mTry=3)

kyphForest
```

```
Call:
rxDForest(formula = Kyphosis~Age + Start + Number, data = kyphosis,
    cp = 0.01, nTree = 500, mTry = 3, seed = 10)

             Type of decision forest: class
                     Number of trees: 500
No. of variables tried at each split: 3

         OOB estimate of error rate: 18.52%
Confusion matrix:
         Predicted
Kyphosis  absent present class.error
  absent      56       8   0.1250000
  present      8       9   0.4705882
```

R

```
install.packages("randomForest")
library(randomForest)
set.seed(10)
kyp.rforest <- randomForest(Kyphosis~Age + Start + Number, seed=10, data = kyphosis, ntree =
500, mTry=3)

kyp.rforest
```

의사결정 포레스트는 로지스틱회귀 및 Decision Tree 모델에서처럼 통합 모델을 생성하지 않지만 각 데이터 요소에 대해 합리적인 예측을 산출한다. 이 경우 다음과 같이 rxPredict를 사용하여 예측값을 얻을 수 있다.

MS R

```
dfPreds <- rxPredict(kyphForest, data=kyphosis)
dfPreds
```

```
Kyphosis_Pred
1        present
2         absent
3        present
4         absent
5         absent
6         absent
```

```
...(생략)...
77         absent
78         absent
79         absent
80        present
81         absent
```

‖ **R**

```
rPreds<-predict(kyp.rforest, newdata = kyphosis)
rPreds
```

이것을 원래의 kyphosis 데이터의 척추 후만증 변수와 비교하면 약 88%의 사례가 올바르게 분류된 것으로 나타난다.

‖ **MS R**

```
sum(as.character(dfPreds[,1]) == as.character(kyphosis$Kyphosis))/81
```

```
[1] 0.8765432
```

‖ **R**

```
sum(as.character(rPreds)==as.character(kyphosis$Kyphosis))/81
```

14.2.3 단순 회귀 Forest

회귀포레스트의 간단한 예로 암모니아의 산화에 의해 질산을 생성하는 화학 공장의 관측을 포함하는 고전적인 스택 손실(stackloss) 데이터 세트를 고려하고 공기 흐름(Air.Flow)을 사용하여 스택 손실(stack.loss), 수온(Water.Temp) 및 산 농도(Acid.Conc.)를 예측 변수로 사용한다.

‖ **MS R**

```
stackForest <- rxDForest(stack.loss~Air.Flow + Water.Temp + Acid.Conc., data=stackloss,
nTree=200, mTry=2)
```

```
Call:
rxDForest(formula = stack.loss~Air.Flow + Water.Temp + Acid.Conc.,
    data = stackloss, nTree = 200, mTry = 2)

Type of decision forest: anova
Number of trees: 200
No. of variables tried at each split: 2
Mean of squared residuals: 44.06702
                    % Var explained: 55
```

‖ **R**

```
stackRForest <- randomForest(stack.loss~Air.Flow + Water.Temp + Acid.Conc., data=stackloss,
ntree=200, mtry=2)
stackRForest
```

14.2.4 큰 회귀 Forest

보다 복잡한 예로서 이전에 Decision Tree 모델에 맞는 censusWorkers 데이터로 돌아간다. perwt 변수를 확률 가중치로 사용하여 나이, 성별 및 주 근무에서 임금 소득을 예측하는 모형을 만들 것이다 (우리는 이전의 Decision Tree 모델 예제에서 maxDepth 및 minBucket parameter를 유지한다).

‖ **MS R**

```
censusWorkers <- file.path(rxGetOption("sampleDataDir"), "CensusWorkers.xdf")
rxGetInfo(censusWorkers, getVarInfo=TRUE)
```

```
Call:
rxDForest(formula = incwage~age + sex + wkswork1, data = censusWorkers,
    pweights = "perwt", minBucket = 30000, maxDepth = 3, nTree = 200,
    mTry = 2)

             Type of decision forest: anova
                     Number of trees: 200
No. of variables tried at each split: 2

          Mean of squared residuals: 1489824000
                    % Var explained: 9
```

‖ R

```
censusWorkers <- file.path(rxGetOption("sampleDataDir"), "CensusWorkers.xdf")
census<-rxImport(censusWorkers)
inRForest <- randomForest(incwage~age + sex + wkswork1, maxnodes = 3, nodesize = 30000, mtry=2,
                          ntree=200, data = census)
inRForest
```

‖ **Note**

R 패키지 randomForest에는 rxDForest의 pweights에 해당하는 옵션이 없다.

14.3 Naïve Bayes

14.3.1 Naïve Bayes 알고리즘

이 장에서는 Naïve Bayes로 알려진 분류 방법의 간단하고 효과적인 분류기를 설명한다. RevoScaleR에서 Naive Bayes 분류기는 rxNaiveBayes 함수를 사용하여 구현할 수 있다. 간단히 말해서 분류란 관측치를 클래스나 범주로 나누는 행위이다. 예를 들어 제품 리뷰를 긍정적 또는 부정적 카테고리로 분류하거나 이메일 스팸을 탐지하는 경우가 있다. 이러한 분류 예제는 일련의 규칙을 사용하여 수동으로 수행할 수 있다. 그러나 이는 효율적이지 않거나 확장성이 없다. Naive Bayes 및 기타 머신러닝 기반 분류 알고리즘에서 클래스 할당을 위한 결정 기준은 각 관찰에 수동으로 할당된 학습데이터 세트로부터 학습된다.

■ rxNaiveBayes 알고리즘

Naïves Bayes 분류법은 간단하고 효과적이며 견고하다. 이 방법은 크거나 작은 데이터에 적용할 수 있으며 최소한의 교육 데이터만을 필요로 하며 더 복잡한 보조 장치와 비교하여 성능이 저조한 분류기를 생성하지는 않는다. 관측치가 특정 클래스에 속할 확률을 결정하기 위해 베이즈 정리[Bayes Theorem]를 사용한다. 훈련데이터 세트는 미리 정의된 클래스 집합 내의 클래스에서 발생하는 관찰의 사전 확률을 계산하는 데 사용된다.

RevoScaleR에서는 rxNaiveBayes 함수를 사용하여 이 작업을 수행한다. 이 확률은 관찰이 각 클래스에 속하는 사후 확률을 계산하는 데 사용된다. 등급 구성원은 각 관찰에 대해 가장 큰 사후 확률을 갖는 등급을 선택하여 결정된다. 이것은 rxNaiveBayes에 대한 호출에서 Naive Bayes 객체를 사용하는 rxPredict 함수로 수행된다. Naive Bayes의 아름다움의 일부는 조건부 독립 가정으로 인한 단순성이다. 즉, 각 예측 변수의 값은 클래스가 주어지면 서로 독립적이다. 이 가정은 필요한 parameter의 수를 줄여 알고리즘을 매우 효율적으로 만든다.

Naive Bayes 방법은 연속적인 독립변수에 대한 분포의 선택이 서로 다르다. rxNaiveBayes 함수를 통한 구현은 분포가 가우스인 것으로 가정한다.

■ 누락된 데이터가 있는 Naive Bayes

rxNaiveBayes 함수의 byTerm 인수를 사용하여 누락된 데이터 처리를 제어할 수 있다. 기본적으로 byTerm은 TRUE로 설정된다. 즉, 조건부 확률을 계산하기 전에 변수에 의해 누락이 제거된다. byTerm 인수를 FALSE로 설정하면 계산이 완료되기 전에 모든 변수에서 누락된 관측치를 제거할 수 있다.

14.3.2 단순 Naïve Bayes 분류기

이전에서 rpart의 kyphosis 데이터에 간단한 로지스틱회귀모델을 적용하고 다시 척추 데이터를 사용하여 분류 및 회귀 tree를 만들었다. Naive Bayes 분류 자와 동일한 데이터를 사용하여 연령, 수 및 시작을 기준으로 어떤 환자가 더 큰 신장을 얻을 가능성이 높은지 확인할 수 있다.

설명을 위해 kyphosis 데이터에 대한 분류기를 훈련하고 테스트할 수 있다. kyphosis 데이터에 대한 분류기를 생성하기 위해 rxNaiveBayes 함수를 사용해보자.

‖ **MS R**

```
data("kyphosis", package="rpart")
kyphNaiveBayes <- rxNaiveBayes(Kyphosis~Age + Start + Number, data = kyphosis)
kyphNaiveBayes
```

‖ **R**

```
install.packages("e1071")
library(e1071)
kyphNaiveBayes2<-naiveBayes(Kyphosis~Age + Start + Number, data = kyphosis)
kyphNaiveBayes2
```

```
Call:
rxNaiveBayes(formula = Kyphosis~Age + Start + Number, data = kyphosis)

A priori probabilities:
Kyphosis
     absent   present
0.7901235 0.2098765

Predictor types:
  Variable    Type
1      Age numeric
2    Start numeric
3   Number numeric

Conditional probabilities:
$Age
           Means   StdDev
absent  79.89062 61.86111
present 97.82353 39.27505

$Start
            Means   StdDev
absent  12.609375 4.427967
present  7.294118 4.283175

$Number
           Means   StdDev
absent  3.750000 1.414214
present 5.176471 1.878673
```

반환된 객체 kyphNaiveBayes는 rxNaiveBayes 클래스의 객체이다. 이 클래스의 객체는 다음과 같은 유용한 구성 요소인 apriori 및 table을 제공한다. apriori 구성 요소에는 응답 변수에 대한 조건부 확률이 포함되어 있다. 이 경우에는 Kyphosis 변수이다.

테이블 구성 요소에는 각 예측 변수에 대해 하나씩 테이블 목록이 포함된다. 범주형 변수의 경우 표에는 응답 변수의 대상 수준에서 변수의 조건부 확률이 포함된다. 숫자 변수의 경우 표에는 응답 변수의 목표 레벨이 주어지는 변수의 평균 및 표준편차가 포함된다. 이러한 구성 요소는 위 출력에 인쇄된다. Naive Bayes 객체를 rxPredict와 함께 사용하여 원래 데이터 집합의 각 자식에 대한 Kyphosis 변수를 다시 분류할 수 있다.

```
kyphPred <- rxPredict(kyphNaiveBayes,kyphosis)
```

‖ R

```
kyphPred2<-predict(kyphNaiveBayes2,kyphosis, type='class')
```

```
Kyphosis_Pred
1          absent
2          absent
3         present
4          absent
5          absent
6          absent
7          absent
8          absent
9          absent
10         absent
11         absent
12         absent
13         absent
...(생략)...
```

Naive Bayes 분류기의 결과를 원래의 Kyphosis 변수로 표를 작성하면 81명의 어린이 중 13명이 잘못 분류된 것처럼 보인다.

```
table(kyphPred[["Kyphosis_Pred"]], kyphosis[["Kyphosis"]])
```

```
           absent      present
absent         59            8
presen          5            9
```

14.3.3 큰 Naïve Bayes 분류기

mortDefaultSmall.xdf에는 2000년부터 2009년까지의 데이터가 있다. 2000~2007년 데이터를 학습데이터 세트로 만들고 2008년과 2009년 데이터를 테스트데이터 세트로 만든다. mortDefaultSmall 기본 데이터 세트는 온라인으로 다운로드할 수 있다. 또는 MS R sampleDataDir path에 있다. 다운로드된 데이터를 사용하여 다음과 같이 교육 데이터 세트 및 테스트데이터 세트를 만들 수 있다.

```
readPath <- rxGetOption("sampleDataDir")
mortDefaultSmall<- file.path(readPath, "mortDefaultSmall.xdf")
mort<-rxImport(mortDefaultSmall)
```

```
train<-mort[!(mort$year=="2009"),]
test<-mort[mort$year==c("2009"),]

train$default<-as.factor(train$default)
```

이제 학습 및 테스트데이터 세트가 있으므로 rxNaiveBayes를 사용하여 Naive Bayes 분류기를 트레이닝 데이터와 일치시키고 rxPredict를 사용하여 테스트데이터 내의 관측값에 대한 기본 변수 값을 할당할 수 있다.

```
mortNB <- rxNaiveBayes(default~year + creditScore + yearsEmploy + ccDebt, data = train,
 smoothingFactor = 1)

mortNBPred <- rxPredict(mortNB, data = test)
```

rxNaiveBayes 호출에 추가 인수 smoothingFactor를 추가했다. 이는 데이터에 테스트데이터에 포함될 것으로 예상되는 특정 변수의 수준이 누락된 경우 유용한 인수이다. 우리의 훈련데이터를 기반으로 2008년과 2009년의 조건부 확률은 2000년과 2007년 사이의 데이터만 포함하므로 0이 된다.

rxNaiveBayes 호출에서 평활화 요인을 지정하지 않고 테스트데이터에서 분류기를 사용하려고 하면 테스트데이터에는 2008년과 2009년의 데이터만 있기 때문에 rxPredict 함수는 결과를 생성하지 않는다.

일반적으로 smoothing은 모델의 과적합을 피하기 위해 사용된다. Naive Bayes 분류기의 기본 변수의 예상 값과 테스트데이터 세트의 실제 데이터를 비교할 수 있다.

```
results <- table(mortNBPred[["default_Pred"]], rxDataStep(test)[["default"]])
results
```

```
        0        1
0   19617      383
1       0        0
```

이 결과는 Naive Bayes 분류기를 사용하여 1.9%의 오분류 비율을 나타낸다.

```
pctMisclassified <- sum(results[2:3])/sum(results)*100
pctMisclassified
```

```
[1] 1.915
```

14.4 Stochastic Gradient Boosting

14.4.1 Stochastic Gradient Boosting 알고리즘

RexScaleR의 rxBTrees 함수는 rxDForest와 같이 의사결정 포레스트를 데이터에 적용하지만 포레스트는 확률적 그라디언트 증폭 알고리즘을 사용하여 생성된다. 이는 각 tree가 트레이닝 집합의 하위 샘플(교체 없이 샘플링됨)에 맞추어지고 모든 tree의 예측에 대해 예측을 수행하여 예측 포레스트 알고리즘과 유사하다.

rxDForest 알고리즘과는 달리, boosting된 tree model은 한 번에 하나씩 추가되고, 각 반복에서 regression tree model이 현재의 가잔차[Pseudo-Residuals]에 맞춘다. 즉, 손실 함수의 기울기가 최소화된다.

rxDForest 함수와 마찬가지로 rxBTrees도 rxDTree와 동일한 기본 tree model 적합 알고리즘을 사용한다. 포레스트를 만들려면 nTree 인수를 사용하는 tree의 수와 mTry 인수를 사용하여 각 tree model의 노드에서 분할할 때 고려해야 할 변수 수를 지정한다. 대부분의 경우 개별 tree model을 확장하기 위해 최대 깊이를 지정해야 한다. 얕은 tree는 많은 응용 프로그램에서 충분하지만 rxDTree 및 rxDForest에서와 같이 깊이가 길면 적합 시간이 길어진다.

다음과 같이 다른 손실 함수를 지정하여 서로 다른 모델 유형을 지원한다.

- 회귀모델의 경우 "가우스"
- 이진 분류 모델의 경우 "bernoulli"
- 다중 클래스 분류 모델의 경우 "다항식"

■ 모델 맞춤 제어

부스팅 알고리즘 자체를 제어하는 주요 parameter는 학습 속도이다. 학습 속도(또는 축소)는 앙상블에 추가될 때 각 tree model의 기여도를 조정하는 데 사용된다. 기본 학습 속도는 0.1이다.

rxBTrees 함수에는 모델 적합성을 제어하기 위한 여러 가지 옵션이 있다. 이러한 제어 parameter의 대부분은 rxDTree의 동일한 컨트롤과 동일하다. 이러한 옵션의 전체 목록은 rxBTrees 도움말 파일에서 찾을 수 있지만 다음의 내용은 테스팅 중에 발견한 rxBTrees를 사용하여 모델을 적합할 때 필요한 시간을 조절하는 유용한 방법이다.

- maxDepth: tree의 노드의 최대 깊이를 설정한다. 계산은 깊이가 커질수록 비용이 많이 들기 때문에 maxDepth = 1로 시작하는 것이 좋다(즉, 스텀트를 늘린 것).
- maxNumBins: 각 변수에 사용되는 최대 빈수를 제어한다. 저장소의 수를 관리하는 것은 메모리 사용을 제어하는 데 중요하다. 기본값은 크기가 작은 데이터 세트(약 1백만 관측)의 경우 관측 수의 제곱근과 101의 큰 값을 사용하지만 1,001개의 빈을 사용하는 큰 세트의 경우 큰 관측값을 사용하는 것이다. 지속적인 예측 변수를 가진 작은 데이터 세트의 경우, rpart의 모델과 유사한 모델을 얻으려면 maxNumBins를 늘려야 할 수도 있다.
- minSplit, minBucket: 분할을 시도하기 전에 노드에 있어야 하는 관측치의 수는, minSplit로 종착노드에 남아있어야 하는 관측치의 수는 minBucket로 결정한다.

14.4.2 이진 분류 SGB

이 모델은 다음과 같이 rxBTrees를 사용하는 분류결정 포레스트로 쉽게 재구성할 수 있다(재사용을 보장하기 위해 seed 인수를 설정하므로 대부분 생략할 수 있다).

‖ **MS R**

```
data("kyphosis", package="rpart")
kyphBTrees <- rxBTrees(Kyphosis~Age + Start + Number, seed = 10, data = kyphosis, cp=0.01,
nTree=500, mTry=3, lossFunction="bernoulli")
kyphBTrees
```

```
Call:
rxBTrees(formula = Kyphosis~Age + Start + Number, data = kyphosis,
cp = 0.01, nTree = 500, mTry = 3, seed = 10, lossFunction = "bernoulli")

Loss function of boosted trees: bernoulli
Number of iterations: 500
OOB estimate of deviance: 0.1441952
```

이 경우에는 손실 함수를 명시적으로 지정할 필요가 없다. "bernoulli"가 기본값이다.

14.4.3 다항 분류 SGB

단순한 다항식 예제로서 rxBTrees 모델을 iris 데이터에 적용할 것이다.

|| MS R

```
irisBTrees <- rxBTrees(Species~Sepal.Length + Sepal.Width + Petal.Length + Petal.Width,
data=iris, nTree=50, seed=0, maxDepth=3, lossFunction="multinomial")
irisBTrees
```

```
Call:
rxBTrees(formula = Species~Sepal.Length + Sepal.Width + Petal.Length + Petal.Width, data =
iris, maxDepth = 3, nTree = 50, seed = 0, lossFunction = "multinomial")

Loss function of boosted trees: multinomial
Number of boosting iterations: 50
No. of variables tried at each split: 1
OOB estimate of deviance: 0.02720805
```

14.4.4 단순 회귀 SGB

회귀 숲의 간단한 예로 암모니아의 산화에 의해 질산을 생성하는 화학 공장의 관측을 포함하는 클래식 스택 손실(stackloss) 데이터 세트를 고려하고 공기 흐름(Air.Flow)을 사용하여 스택 손실(stack.loss), 수온(Water.Temp) 및 산 농도(Acid.Conc.)를 예측 변수로 사용한다.

|| MS R

```
stackBTrees <- rxDForest(stack.loss~Air.Flow + Water.Temp + Acid.Conc., data=stackloss,
nTree=200, mTry=2, lossFunction="gaussian")
stackBTrees
```

```
Call:
rxDForest(formula = stack.loss~Air.Flow + Water.Temp + Acid.Conc., data = stackloss, nTree =
200, mTry = 2, lossFunction = "gaussian")

Loss function of boosted trees: gaussian
umber of iterations: 200
OOB estimate of deviance: 1.46797
```

14.5 신경망

14.5.1 신경망 알고리즘

신경망은 인간 두뇌에서 영감을 받은 예측 모델의 종류이다. 신경망은 가중치 연결 그래프로 나타낼 수 있다. 그래프의 각 노드를 뉴런이라고 한다. 그래프는 한 층의 뉴런이 가중치(가중치는 0 또는 양수가 될 수 있음)에 의해 다음 층의 뉴런에 연결되는 형태로 배열된다.

첫 번째 층을 입력층이라고 하며, 입력층의 각 뉴런은 기능 중 하나에 해당한다. 함수의 마지막 계층을 출력층이라고 한다. 따라서 이진[Binary] 신경망의 경우 두 개의 출력 뉴런을 포함한다. 각 뉴런은 각 클래스에 하나씩 포함되며, 그 값은 각 클래스에 속하는 확률이다. 나머지 층을 숨겨진 층(은닉층)이라고 한다. 숨겨진 층과 출력 층의 뉴런 값은 이전 층의 뉴런 값의 가중 합을 계산하고 그 가중 합에 활성화 함수를 적용하여 결정된다.

신경망 모델은 그래프의 구조(즉, 숨겨진 층의 수와 각 숨겨진 층의 뉴런 수), 활성화 함수의 선택, 그래프 가장자리의 가중치로 정의된다. 신경망 알고리즘은 훈련데이터를 기반으로 끝에서 최적의 가중치를 학습하려고 한다.

신경망은 심층 학습 및 이미지 인식과 같은 복잡한 문제를 모델링하는 데 널리 사용되지만 회귀 문제에도 쉽게 적용된다. 통계 모델의 모든 클래스는 적응 가중치를 사용하고 입력의 비선형 함수를 근사할 수 있는 경우 신경망으로 간주될 수 있다. 신경망 회귀는 특히 전통적인 회귀모델이 솔루션으로 적합하지 않은 문제에 적합한다.

rxNeuralNet 이진 분류, 회귀모델링 및 이진 및 다중 클래스 분류를 위한 신경망 함수이다. 사용자 지정 가능한 네트워크와 지원 convoluted 네트워크 GPU를 사용하여 GPU 가속을 사용한다. MS R 9.0 버전인 MicrosoftML에서 지원하는 rxNeuralNet를 소개하고 간단한 예제를 살펴보도록 하자.

14.5.2 이진 분류 신경망

간단한 예제로 infert 데이터를 사용한다. IsCase를 종속변수로, age, parity, education, spontaneous, induced를 독립변수로 놓고 이진[Binary] 신경망 모델을 돌려보자.

‖ MS R

```
library(MicrosoftML)
rxNeuralNet1 <- rxNeuralNet(isCase~age + parity + education + spontaneous + induced,
                           transforms = list(isCase = case == 1), data = infert)
```

```
***** Net definition *****
  input Data [7];
  hidden H [100] sigmoid { // Depth 1
    from Data all;
  }
  output Result [1] sigmoid { // Depth 0
    from H all;
  }
***** End net definition *****
Input count: 7
Output count: 1
Output Function: Sigmoid
Loss Function: CrossEntropy
PreTrainer: NoPreTrainer
___________________________________________________________________
Starting training...
Learning rate: 0.001000
Momentum: 0.000000
InitWtsDiameter: 0.100000
___________________________________________________________________
Initializing 1 Hidden Layers, 901 Weights...
Estimated Pre-training MeanError = 0.667550
Iter:1/100, MeanErr=0.650136(-2.61%%), 14.81M Weight
생략
Done
```

그리고 데이터 프레임에 스코어를 부여한다.

‖ MS R

```
scoreDF <- rxPredict(rxNeuralNet1, data = infert, extraVarsToWrite = "isCase", outData =
NULL)
# return a data frame
scoreDF
```

```
isCase PredictedLabel      Score Probability
1      TRUE           FALSE -0.6919599   0.3335972
2      TRUE           FALSE -0.7096225   0.3296827
3      TRUE           FALSE -0.7111322   0.3293492
4      TRUE           FALSE -0.7107096   0.3294425
```

```
5      TRUE               FALSE -0.7069119   0.3302819
6      TRUE               FALSE -0.7068795   0.3302891
7      TRUE               FALSE -0.7172325   0.3280033
8      TRUE               FALSE -0.7171191   0.3280283
9      TRUE               FALSE -0.7072578   0.3302054
... 생략 ...
```

Radio Operator 곡선 및 AUC를 계산하고 그려보자.

‖ MS R

```
roc1 <- rxRoc(actualVarName = "isCase", predVarNames = "Probability", data = scoreDF)
plot(roc1)
rxAuc(roc1)
```

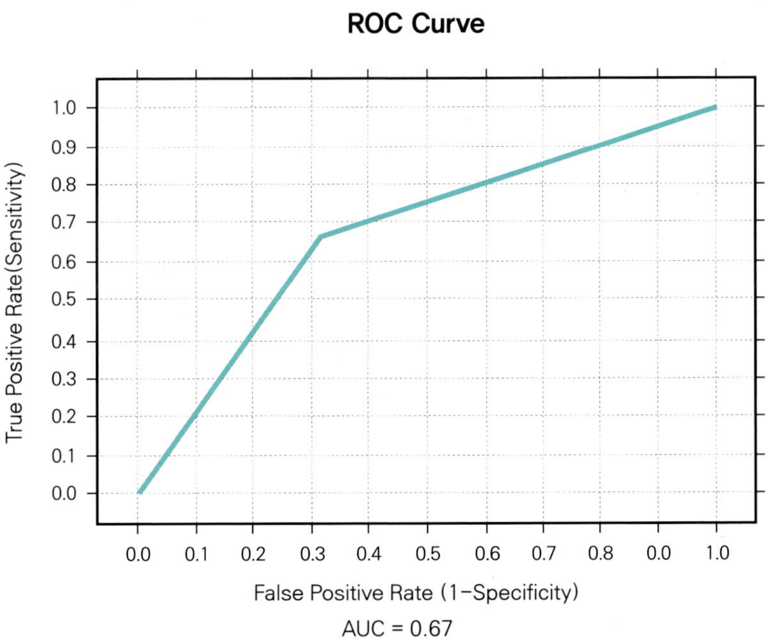

그림 14-3 • ROC 곡선 시각화 결과

```
[1] 0.6737495
```

14.5.3 다항 분류 신경망

|| **MS R**

```
multiNN <- rxNeuralNet(formula = Species~Sepal.Length + Sepal.Width + Petal.Length + Petal.
Width, type = "multiClass", data = iris)
scoreMultiDF <- rxPredict(multiNN, data = iris, extraVarsToWrite = "Species", outData =
NULL)
```

데이터를 만든 다음 회귀 신경망을 추정한다.

|| **MS R**

```
res2 <- rxNeuralNet(formula = attitudeForm,  data = myXdfDS, type = "regression")
```

```
Automatically adding a MinMax normalization transform, use 'norm=Warn' or 'norm=No' to turn
this behavior off.
Beginning processing data.
Rows Read: 150, Read Time: 0, Transform Time: 0

***** Net definition *****
  input Data [4];
  hidden H [100] sigmoid { // Depth 1
    from Data all;
  }
  output Result [3] softmax { // Depth 0
    from H all;
  }
***** End net definition *****
Input count: 4
Output count: 3
Output Function: SoftMax
Loss Function: CrossEntropy
PreTrainer: NoPreTrainer
___________________________________________________________________
Starting training...
Learning rate: 0.001000
Momentum: 0.000000
InitWtsDiameter: 0.100000
___________________________________________________________________
Initializing 1 Hidden Layers, 803 Weights...
Estimated Pre-training MeanError = 1.916633
Iter:1/100, MeanErr=1.923026(0.33%%), 60.82M WeightUpdates/sec
Iter:2/100, MeanErr=1.921710(-0.07%%), 57.74M WeightUpdates/sec
```

```
생략
Iter:99/100, MeanErr=1.899418(0.18%%), 125.69M WeightUpdates/sec
Iter:100/100, MeanErr=1.900709(0.07%%), 136.05M WeightUpdates/sec
Done!
Estimated Post-training MeanError = 1.888740
```

데이터 프레임의 첫 번째 행을 점수와 함께 출력해보자.

```
head(scoreMultiDF)
```

```
Species PredictedLabel Score.setosa Score.versicolor Score.virginica
1  setosa      virginica     0.3380161          0.3233578         0.3386261
2  setosa      virginica     0.3378097          0.3235345         0.3386558
3  setosa      virginica     0.3381245          0.3234143         0.3384612
4  setosa      virginica     0.3377907          0.3235275         0.3386819
5  setosa      virginica     0.3380961          0.3233177         0.3385862
6  setosa      virginica     0.3367736          0.3233756         0.3398508
```

잘못된 예측의 %를 계산하고 잘못된 예측으로 관측치를 찾아보자.

```
badPrediction = scoreMultiDF$Species != scoreMultiDF$PredictedLabel
sum(badPrediction)*100/nrow(scoreMultiDF)
scoreMultiDF[badPrediction,]
```

```
[1] 63.33333

Species PredictedLabel Score.setosa Score.versicolor Score.virginica
1       setosa      virginica     0.3380161          0.3233578         0.3386261
2       setosa      virginica     0.3378097          0.3235345         0.3386558
3       setosa      virginica     0.3381245          0.3234143         0.3384612
4       setosa      virginica     0.3377907          0.3235275         0.3386819
5       setosa      virginica     0.3380961          0.3233177         0.3385862
6       setosa      virginica     0.3367736          0.3233756         0.3398508
7       setosa      virginica     0.3376496          0.3233954         0.3389550
8       setosa      virginica     0.3378368          0.3234310         0.3387322
9       setosa      virginica     0.3378960          0.3235541         0.3385499
...생략...
```

14.5.4 회귀 신경망

attitude 데이터로 xdf 파일을 만들고 회귀 신경망을 돌려보자.

|| MS R

```
myXdf <- tempfile(pattern = "tempAttitude", fileext = ".xdf")
rxDataStep(attitude, myXdf, rowsPerRead = 50, overwrite = TRUE)
myXdfDS <- RxXdfData(file = myXdf)

attitudeForm <- rating~complaints + privileges + learning + raises + critical + advance
```

데이터를 만든 다음 회귀 신경망을 추정한다.

|| MS R

```
res2 <- rxNeuralNet(formula = attitudeForm,  data = myXdfDS, type = "regression")
```

```
Automatically adding a MinMax normalization transform, use 'norm=Warn' or 'norm=No' to turn
this behavior off.
Beginning read for block: 1
Rows Read: 30, Read Time: 0.001, Transform Time: 0
Beginning read for block: 2
No rows remaining. Finished reading data set.
Using: SSE Math

***** Net definition *****
  input Data [6];
  hidden H [100] sigmoid { // Depth 1
    from Data all;
  }
  output Result [1] linear { // Depth 0
    from H all;
  }

***** End net definition *****
Input count: 6
Output count: 1
Output Function: Linear
Loss Function: SquaredError
PreTrainer: NoPreTrainer
___________________________________________________________________
Starting training...
Learning rate: 0.001000
Momentum: 0.000000
InitWtsDiameter: 0.100000
___________________________________________________________________
Initializing 1 Hidden Layers, 801 Weights...
Estimated Pre-training MeanError = 4335.656266
Iter:1/100, MeanErr=1276.882372(-70.55%%), 25.60M WeightUpdates/sec
```

```
Iter:2/100, MeanErr=131.654779(-89.69%%), 32.73M WeightUpdates/sec
Iter:3/100, MeanErr=134.259375(1.98%%), 33.66M WeightUpdates/sec
... 생략 ...
Iter:98/100, MeanErr=76.228856(14.24%%), 29.02M WeightUpdates/sec
Iter:99/100, MeanErr=69.375054(-8.99%%), 27.64M WeightUpdates/sec
Iter:100/100, MeanErr=72.171170(4.03%%), 12.55M WeightUpdates/sec
Done!
Estimated Post-training MeanError = 65.027565
___________________________________________________________________
Not training a calibrator because it is not needed.
Elapsed time: 00:00:00.2071953
```

데이터 프레임에 스코어를 추가해준다.

‖ MS R

```
scoreOut2 <- rxPredict(res2, data = myXdfDS, extraVarsToWrite = "rating")
```

회귀선을 사용하여 점수 대 점수 그림을 그려본다.

‖ MS R

```
rxLinePlot(rating~Score, type = c("p","r"), data = scoreOut2)
```

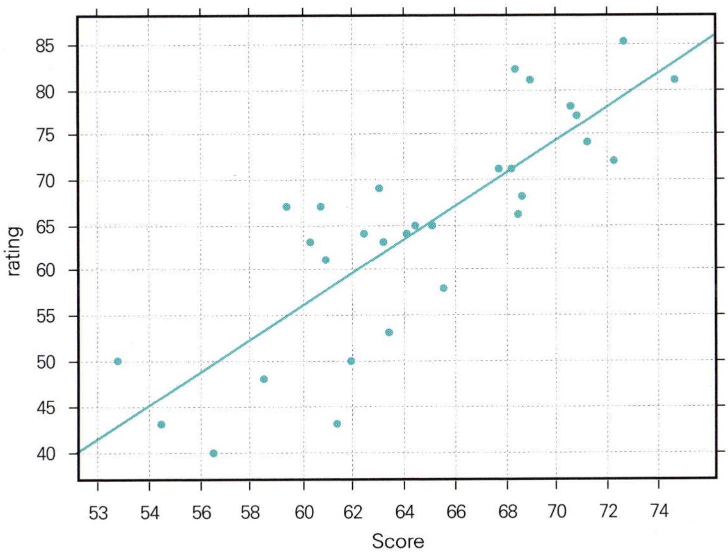

그림 14-4 • 회귀 신경망 시각화 결과

14.6 SVM

Detection은 일부 목표 클래스에 속하지 않는 Outlier를 식별하는 것이다. 이 SVM 유형은 학습 집합에 대상 클래스의 예제만 포함되어 있기 때문에 one-class이다. 한 클래스에 속하는지 속하지 않는지 분류해주는 함수이다. 이것은 학습의 예가 부족하기 때문에 이상치 식별에 유용하다. 일반적으로 network intrusion, fraud 또는 기타 비정상 행동의 예는 거의 없다.

MS R 9.0버전인 MicrosoftML에서 지원하는 "rxOneClassSvm" 함수를 소개하고 간단한 예제를 살펴보도록 한다.

■ 간단한 OneClassSVM 예제

간단한 예제로 iris 데이터를 사용하자. 다음과 같이 train 데이터와 test 데이터를 만들고 svmmodel을 추정해보자.

‖ **MS R**

```
library(MicrosoftML)
trainRows <- c(1:30, 51:80, 101:130)
testRows = !(1:150 %in% trainRows)
trainIris <- iris[trainRows,]
testIris <- iris[testRows,]

svmModel <- rxOneClassSvm(formula = ~Sepal.Length + Sepal.Width + Petal.Length + Petal.
Width, data = trainIris)
```

테스트데이터 세트에 iris 이외의 데이터를 추가해보았다.

```
testIris$isIris <- 1
notIris <- data.frame( Sepal.Length = c(2.5, 2.6), Sepal.Width = c(.75, .9), Petal.Length =
c(2.5, 2.5),
  Petal.Width = c(.8, .7), Species = c("not iris", "not iris"),  isIris = 0)
testIris <- rbind(testIris, notIris)
testIris
```

```
Sepal.Length Sepal.Width Petal.Length Petal.Width    Species isIris
42           4.5         2.30         1.3          0.3      setosa       1
43           4.4         3.20         1.3          0.2      setosa       1
44           5.0         3.50         1.6          0.6      setosa       1
45           5.1         3.80         1.9          0.4      setosa       1
```

```
46          4.8        3.00         1.4         0.3      setosa       1
47          5.1        3.80         1.6         0.2      setosa       1
48          4.6        3.20         1.4         0.2      setosa       1
49          5.3        3.70         1.5         0.2      setosa       1
50          5.0        3.30         1.4         0.2      setosa       1
```

그리고 rxPredict를 이용해 예측해보자.

```
scoreDF <- rxPredict(svmModel, data = testIris, extraVarsToWrite = "isIris")
scoreDF
```

```
isIris        Score
1        1 -0.0729947090
2        1 -0.1845207214
3        1  0.0333127975
4        1  0.0014014244
5        1 -0.0646409988
6        1 -0.0250487328
7        1 -0.0573692322
8        1  0.0096220970
9        1  0.0088238716
10       1 -0.0784988403
… 생략 …
```

마지막으로 데이터의 마지막 관측치들을 확인하고 'isIris'에 의해 조정된 평균 점수를 확인하도록 해보자.

```
tail(scoreDF)
rxCube(Score~F(isIris), data = scoreDF)
```

```
Call:
rxCube(formula = Score~F(isIris), data = scoreDF)

Cube Results for: Score~F(isIris)
Data: scoreDF
Dependent variable(s): Score
Number of valid observations: 64
Number of missing observations: 0
Statistic: Score means
  F_isIris Score      Counts
1 0         0.5199776  2
2 1        -0.2272973  620
```

14.7 앙상블

rxEnsemble은 단일 모델에서 얻을 수 있는 것보다 더 나은 예측 성능을 얻기 위해 다양한 종류의 여러 모델을 교육하는 기능이다. MS R 9.0 버전인 MicrosoftML에서 지원하는 rxEnsemble을 소개하고 간단한 예제를 살펴보도록 하자.

14.7.1 Argument

- formular: rxFormula에 설명된 수식이다. 상호작용 조건 및 F()는 현재 MicrosoftML에서 지원되지 않는다.
- data: .xdffile 또는 데이터 프레임 객체를 지정하는 데이터 소스 객체 또는 문자열. 또한 목록에있는 데이터 소스 중 하나를 각 모델을 학습해야 하는 것을 나타내는 데이터 소스 목록이 될 수 있다. 이 경우 데이터 목록의 길이는 modelCount와 같아야 한다.
- trainers: 인수가 있는 trainer 목록. trainer는 fastTrees, fastForest, fastLinear, logisticRegression 또는 neuralNet을 사용하여 만든다.
- combineMethod: 모델을 결합하는 데 사용되는 방법을 지정한다.
- median: 개별 모델 출력의 중앙값을 계산하기 위해 사용한다.
- average:개별 모델 출력의 평균을 계산한다.
- vote(pos-neg) / 모델의 총 수: 'pos'는 양수 출력 수이고 'neg'는 음수 출력수이다.

14.7.2 간단한 앙상블 예제

간단한 예제로 claims4blocks.xdf 데이터를 사용한다. 그리고 회귀 rxFastTrees 모델의 앙상블을 만들어 보자.

‖ **MS R**

```
library(MicrosoftML)
dataFile <- file.path(rxGetOption("sampleDataDir"), "claims4blocks.xdf")
rxGetInfo(dataFile, getVarInfo = TRUE, getBlockSizes = TRUE)
form <- cost~age + type + number

rxSetComputeContext("localpar")
rxGetComputeContext()
```

다른 parameter를 가진 세 가지 'rxFastTrees' 모델을 포함하는 앙상블 모델을 작성해보자. trainers 옵션에 각자 다른 parameter를 설정하도록 하고, type에는 regression을 지정한다.

‖ **MS R**

```
ensemble <- rxEnsemble(
  formula = form,
  data = dataFile,
  type = "regression",
  trainers = list(fastTrees(), fastTrees(numTrees = 60), fastTrees(learningRate = 0.1)),
  replace = TRUE
)
```

텍스트 데이터의 소스를 사용하자. 'distributed'가 TRUE이면 분산된 데이터 소스가 생성된다.

```
colInfo <- list(DayOfWeek = list(type = "factor", levels = c("Monday", "Tuesday",
"Wednesday", "Thursday", "Friday", "Saturday", "Sunday")))
source <- system.file("SampleData/AirlineDemoSmall.csv", package = "RevoScaleR")
data <- RxTextData(source, missingValueString = "M", colInfo = colInfo)

distributed <- FALSE
if (distributed) {
  bigDataDirRoot <- "/share"
  inputDir <- file.path(bigDataDirRoot, "AirlineDemoSmall")
  rxHadoopMakeDir(inputDir)
  rxHadoopCopyFromLocal(source, inputDir)
  hdfsFS <- RxHdfsFileSystem()
  data <- RxTextData(file = inputDir, missingValueString = "M", colInfo = colInfo,
fileSystem = hdfsFS)
}
```

'분산'이 TRUE인 경우 training이 분류된다.

```
if (distributed) {
  cc <- rxSetComputeContext(RxSpark())
} else {
  cc <- rxGetComputeContext()
}

ensemble <- rxEnsemble(
  formula = ArrDelay~DayOfWeek,
  data = data,
  type = "regression",
  trainers = list(fastTrees(), fastTrees(numTrees = 60), fastTrees(learningRate = 0.1)), #
The ensemble will contain three 'rxFastTrees' models
  replace = TRUE # Indicates using a bootstrap sample for each trainer
)
```

스코어를 넣기 위해 계산 문장들을 이전으로 변경한다. 다음으로 데이터 프레임에 스코어와 모델 변수를 넣었다.

```
rxSetComputeContext(cc)
scores <- rxPredict(ensemble, data = data, writeModelVars = TRUE)
head(scores, 10)
```

```
ArrDelay DayOfWeek    Score
1          6    Monday 11.95715
2         -8    Monday 11.95715
3         -2    Monday 11.95715
4          1    Monday 11.95715
5         -2    Monday 11.95715
6        -14    Monday 11.95715
7         20    Monday 11.95715
8         -2    Monday 11.95715
9         -2    Monday 11.95715
10       -15    Monday 11.95715
```

마지막으로 평활화 선으로 실제값 대 예측값 플랏을 그려보자.

```
rxLinePlot(Score~ArrDelay, type = c("p", "smooth"), data = scores)
```

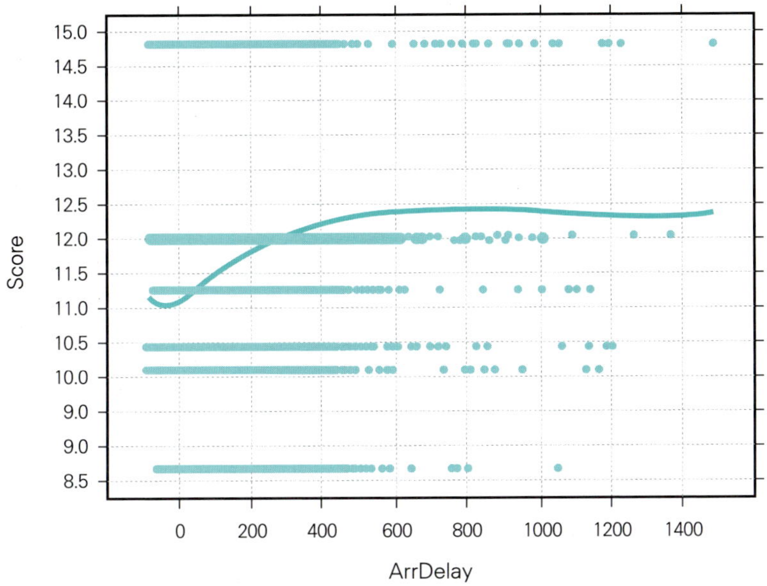

그림 14-5 • 실제값 대 예측값 시각화 결과

14.8 클러스터링

14.8.1 k-Means 알고리즘

클러스터링은 거리 metric을 기반으로 두 개 이상의 클러스터 중 하나에서 멤버십에 관측값을 할당하는 것과 관련된 일반적인 분류 기법 이름이다. K-means 클러스터링은 몇 가지 반복적인 재배치 알고리즘 중 하나를 사용하여 수치 데이터의 관측치를 그룹화하는 분류 기법이다. 즉, 임의의 초기 분류부터 시작하여 점을 클러스터에서 다른 것으로 이동하여 제곱의 합을 최소화한다.

RevoScaleR에서 사용된 알고리즘은 Lloyd(1982)의 알고리즘이다. RevoScaleR을 사용하여 k-means 클러스터링을 수행하려면 rxKmeans 함수를 사용하면 된다.

14.8.2 클러스터링 예제

■ 항공사 데이터 클러스터링

k-means 클러스터링의 첫 번째 예제로써 도착 지연과 예정된 출발 시간을 항공사 데이터의 7% 하위 샘플에 클러스터링한다. 시작하기 위해 관심 있는 변수를 새로운 작업 데이터 세트로 추출하여 추가 정보를 작성한다.

‖ **MS R**

```
readPath <- rxGetOption("sampleDataDir")
airlineDemoSmall <- file.path(readPath, "AirlineDemoSmall.xdf")

rxDataStep(inData = airlineDemoSmall, outFile = "AirlineDataClusterVars.xdf",
varsToKeep=c("DayOfWeek", "ArrDelay", "CRSDepTime"))
```

‖ **R**

```
readPath <- rxGetOption("sampleDataDir")
airlineDemoSmall <- file.path(readPath, "AirlineDemoSmall.xdf")
airlineDemoSmall <- rxImport(airlineDemoSmall)
```

수식으로 클러스터할 변수를 지정하고 원하는 클러스터 수를 지정한다. 이 클러스터에 대한 초기 중심은 무작위로 선택된다.

‖ **MS R**

```
kclusts1 <- rxKmeans(formula= ~ArrDelay + CRSDepTime, data = "AirlineDataClusterVars.xdf",
seed = 10, outFile = "airlineDataClusterVars.xdf", numClusters=5)

kclusts1
```

‖ **R**

```
airlineDemo<-airlineDemoSmall[,-3]
airlineDemo<-na.omit(airlineDemo)
kmeans(airlineDemo,centers=5)
```

초기 중심이 무작위로 선택되기 때문에 결과가 다르게 보일 수 있을 것이다.

```
Call:
rxKmeans(formula = ~ArrDelay + CRSDepTime, data = "AirlineDataClusterVars.xdf",
    outFile = "AirlineDataClusterVars.xdf", numClusters = 5,  seed = 10)

Data: "AirlineDataClusterVars.xdf"
Number of valid observations: 582628
Number of missing observations: 17372
Clustering algorithm:

K-means clustering with 5 clusters of sizes 345753, 1836, 49422, 169780, 15837


Cluster means:
    ArrDelay CRSDepTime
1  -8.218462   13.01465
2 355.644336   13.36414
3  67.914390   15.10715
4  17.409471   13.77348
5 155.995201   15.21790

Within cluster sum of squares by cluster:
       1        2        3        4        5
31796934 39135643 18593383 21071608 20863669

Available components:
[1] "centers"       "size"      "withinss"     "valid.obs"   "missing.obs" "numIterations"
[8] "tot.withinss"  "totss"     "betweenss"    "cluster"     "params"      "formula"     "call"
```

rxKmeans가 반환하는 값은 표준 R kmeans 함수가 반환하는 목록과 비슷한 목록이다. 인쇄된 출력에는 유효 및 누락된 관측치의 수, 클러스터의 크기, 클러스터 중심 및 클러스터 내 합계를 포함하여 이 정보의 하위 집합이 표시된다. 입력이 데이터 프레임인 경우 클러스터 멤버십 구성 요소가 반환되지만 입력이 .xdf 파일인 경우 outFile이 지정된 경우에만 클러스터 멤버십이 반환된다. 이 경우 반환된 객체의 일부가 아닌 지정된 파일의 열로 반환된다. 다음의 예는 outFile을 지정했으며 파일을 볼 때 rxGetInfo를 사용하여 클러스터 멤버 변수를 본 경우이다.

‖ MS R

```
rxGetInfo("AirlineDataClusterVars.xdf", getVarInfo=TRUE)
```

```
File name: AirlineDataClusterVars.xdf
Number of observations: 10399755
Number of variables: 5
Number of blocks: 19
Compression type: zlib
Variable information:
Var 1: DayOfWeek
7 factor levels: Mon Tues Wed Thur Fri Sat Sun
Var 2: ArrDelay, Type: integer, Low/High: (-1233, 2453)
Var 3: CRSDepTime, Type: numeric, Storage: float32, Low/High: (0.0000, 24.0000)
Var 4: DepDelay, Type: integer, Low/High: (-1199, 2467)
Var 5: .rxCluster, Type: integer, Low/High: (1, 5)
```

■ 클러스터 멤버십 정보 사용

클러스터링에 대한 일반적인 후속 작업은 클러스터 멤버십 정보를 사용하여 주어진 모델이 클러스터마다 크게 달라지는지 확인하는 것이다. rowSelection 인수를 사용하여 단일 클러스터를 즉시 추출할 수 있기 때문에 먼저 데이터를 정렬할 필요가 없다. 예를 들어 DayOfWeek에서 ArrDelay의 원래 선형모델을 다음 두 클러스터에 맞춘다.

‖ MS R

```
clust1Lm <- rxLinMod(ArrDelay~DayOfWeek, "AirlineDataClusterVars.xdf",
 rowSelection = .rxCluster == 1 )
clust5Lm <- rxLinMod(ArrDelay~DayOfWeek, "AirlineDataClusterVars.xdf", rowSelection = .
rxCluster == 5)
summary(clust1Lm)
summary(clust5Lm)
```

‖ R

```
airlineDemo<-airlineDemoSmall
airlineDemo<-na.omit(airlineDemo)
airkmeans<-kmeans(airlineDemo[,c(1,2)],centers=5)

k<-as.data.frame(airkmeans$cluster[airkmeans$cluster==1])
lm(ArrDelay~DayOfWeek, data = airlineDemo[as.numeric(rownames(k)),])
```

clust1Lm에 대한 요약을 보면 다음과 같은 내용이다.

```
Call:
rxLinMod(formula = ArrDelay~DayOfWeek, data = "AirlineDataClusterVars.xdf",
 rowSelection = .rxCluster == 1)
Linear Regression Results for: ArrDelay~DayOfWeek
File name: AirlineDataClusterVars.xdf
Dependent variable(s): ArrDelay
Total independent variables: 8 (Including number dropped: 1)
Number of valid observations: 922985
Number of missing observations: 0
Coefficients: (1 not defined because of singularities)
                   Estimate     Std. Error  t value    Pr(>|t|)
(Intercept)        45.21591     0.04237     1067.199   2.22e-16        ***
DayOfWeek=Mon      0.23053      0.05893     3.912      9.16e-05        ***
DayOfWeek=Tues     -0.06496     0.05968     -1.089     0.2764
DayOfWeek=Wed      0.10139      0.05869     1.727      0.0841          .
DayOfWeek=Thur     0.06098      0.05708     1.068      0.2854
DayOfWeek=Fri      0.23222      0.05660     4.103      4.08e-05        ***
DayOfWeek=Sat      -0.43444     0.06364     -6.827     8.68e-12        ***
DayOfWeek=Sun      Dropped      Dropped     Dropped    Dropped
---
Signif. codes: 0 '***' 0.001 '**' 0.01 '*' 0.05 '.' 0.1 ' ' 1

Residual standard error: 14.89 on 922978 degrees of freedom
Multiple R-squared: 0.0001705
Adjusted R-squared: 0.000164
F-statistic: 26.24 on 6 and 922978 DF,   p-value: < 2.2e-16
Condition number: 12.8655
```

마찬가지로 clust5Lm에 대한 요약은 다음과 같다.

```
Call:
rxLinMod(formula = ArrDelay~DayOfWeek, data = "AirlineDataClusterVars.xdf",
               rowSelection = .rxCluster == 5)

Linear Regression Results for: ArrDelay~DayOfWeek
File name: AirlineDataClusterVars.xdf
Dependent variable(s): ArrDelay

Total independent variables: 8 (Including number dropped: 1)
Number of valid observations: 4190525
Number of missing observations: 0
```

```
                    Estimate      Std. Error  t value     Pr(>|t|)
(Intercept)         7.808093      0.009593    813.960     2.22e-16         ***
DayOfWeek=Mon       -0.131001     0.013320    -9.835      2.22e-16         ***
DayOfWeek=Tues      -0.228087     0.013374    -17.055     2.22e-16         ***
DayOfWeek=Wed       -0.035954     0.013292    -2.705      0.00683          **
DayOfWeek=Thur      0.231958      0.013170    17.613      2.22e-16         ***

DayOfWeek=Fri       0.313961      0.013171    23.838      2.22e-16         ***
DayOfWeek=Sat       -0.257716     0.014036    -18.361     2.22e-16         ***
DayOfWeek=Sun       Dropped       Dropped     Dropped     Dropped
---
Signif. codes:      0 '***' 0.001 '**' 0.01 '*'        0.05 '.'    0.1   ' ' 1

Residual standard error: 7.238 on 4190518 degrees of freedom
Multiple R-squared: 0.0007911
Adjusted R-squared: 0.0007897
```

14.9 변수 축소

14.9.1 변수 축소와 상관 행렬

■ Estimating Correlation and Variance/Covariance Matrices

RevoScaleR의 rxCovCor 함수는 .xdf 파일 또는 데이터 프레임에서 변수 세트에 대한 공분산, 상관 관계 또는 제곱 / 교차 곱 행렬의 합을 계산한다. 이러한 행렬의 크기는 관측 횟수보다는 변수의 수에 의해 결정되므로 일반적으로 결과는 R의 메모리에 쉽게 맞출 수 있다.

다양한 범주의 분석은 예를 들면, factor 분석 및 주요 성분과 같은 교차 곱 행렬의 일부 형식으로 계산될 수 있다.

교차 곱 행렬은 X'X 형식의 행렬이다. 여기서 X는 원시 또는 표준화된 변수의 임의의 집합을 나타낸다. 보다 일반적으로 이것은 X'WX 형식의 행렬이며, W는 대각선 가중치 행렬이다.

■ Cross-Product 행렬 계산하기

rxCovCor는 공분산, 상관 관계 및 기타 교차 곱 행렬 계산을 위한 기본 도구이지만 직접 호출하지는 않는다. 대신 다음과 같은 편리한 함수 중 하나를 사용하는 것이 일반적으로 더 간단하다.

- rxCov: rxCov를 사용하여 공분산 행렬을 반환한다.
- rxCor: rxCor를 사용하여 상관 행렬을 반환한다.
- rxSSCP: rxSSCP를 사용하여 증가된 교차 곱 행렬을 반환한다. 즉, 가중치가 지정되지 않은 경우, 1의 열 또는 가중치의 제곱근과 같은 열을 데이터 행렬에 먼저 추가한 다음 Cross-Product를 계산한다.

■ 요인 분석Factor Analysis에 사용할 상관 행렬 계산

먼저 데이터 세트의 이름과 위치를 지정한다.

```
readPath <- rxGetOption("sampleDataDir")
bigCensusData <- file.path(readPath, "censusWorkers.xdf")
```

다음 rxSummary를 호출하여 변수를 간단하게 살펴볼 수 있다. 분석 과정에서 확률 가중 변수 perwt를 사용한다.

‖ MS R

```
rxSummary(~age+incwage+sex+wkswork1+state,pweights = "perwt",data=bigCensusData)
```

이 호출은 factor 변수의 셀 수를 포함하여 이 가중치가 있는 하위 샘플의 변수에 대한 요약 정보를 제공한다.

‖ R

```
bigcen<-rxImport(bigCensusData)
summary(bigcen)
```

다음으로 rxCor 함수를 호출할 것이다. 이 함수는 지정된 변수에 대한 피어슨의 상관 행렬을 반환하는 rxCovCor의 편리한 함수이다.

‖ MS R

```
rxCor(~age+incwage+wkswork1,data=bigCensusData)
```

‖ MS R

pweights 옵션을 사용하면 가중치를 주고 싶은 변수를 선택할 수 있다.

‖ R

```
bigcen<-rxImport(bigCensusData)
cor(bigcen[,c(1,2,5)])
```

```
Rows Read: 95420, Total Rows Processed: 95420, Total Chunk Time: 0.009 seconds
Rows Read: 42503, Total Rows Processed: 137923, Total Chunk Time: 0.008 seconds
Rows Read: 1799, Total Rows Processed: 139722, Total Chunk Time: 0.002 seconds
Rows Read: 131234, Total Rows Processed: 270956, Total Chunk Time: 0.013 seconds
Rows Read: 34726, Total Rows Processed: 305682, Total Chunk Time: 0.008 seconds
Rows Read: 45439, Total Rows Processed: 351121, Total Chunk Time: 0.005 seconds
Computation time: 0.049 seconds.
                age   incwage   wkswork1
age      1.00000000 0.1604952 0.09050311
incwage  0.16049517 1.0000000 0.18487989
wkswork1 0.09050311 0.1848799 1.00000000
```

결과 상관 관계 행렬은 R의 통계 패키지가 제공하는 factor 분석 함수에 대한 입력값으로 사용된다.

14.9.2 요인 분석

미국 2000 인구 조사의 5% 샘플에는 1,400만 건이 넘는 관측치가 있다. 여기서는 20세 이상의 개인에 대한 데이터 세트의 변수에서 파생된 16개의 변수에 대한 상관 행렬을 계산한다. 이 상관 행렬은 표준 R 요인 분석 함수인 factalal에 Input Data로 사용된다. Census5PCT2000.xdf 데이터는 https://packages.revolutionanalytics.com/datasets/에서 다운로드할 수 있다. 압축을 풀면 10GB이기 때문에 데이터를 불러올 때 주의하기를 바란다.

먼저 데이터 세트의 이름과 위치를 지정한다.

‖ MS R

```
bigDataDir <- "C:/"
bigCensusData <- file.path(bigDataDir, "Census5PCT2000.xdf")
```

‖ **R**

```
bigDataDir <- "C:/"
bigCensusData <- file.path(bigDataDir, "Census5PCT2000.xdf")
census<-rxImport(bigCensusData,numRows = 500000,rowSelection = age>20, rowsPerRead = 10000)
```

다음으로 rxSummary를 호출하여 기본적인 인구 통계 및 사회 경제적 변수를 간단하게 살펴볼 수 있다. Census 데이터의 변수에 대한 자세한 내용은 http://usa.ipums.org/usa-action/variables/group을 참조하라. 분석 과정에서 확률 가중 변수 perwt를 사용하고 분석에서의 사람들은 20세 이상으로 제한한다. MS R에서는 모든 행을 사용하고 R에서는 행번호 50만까지 사용한다.

‖ **MS R**

```
rxSummary(~phone + speakeng + wkswork1 + incwelfr + incss + educrec + metro +  ownershd +
marst + lingisol + nfams + yrsusal + movedin + racwht +  age, data = bigCensusData,
blocksPerRead = 5, pweights = "perwt",  rowSelection = age > 20)
```

‖ **R**

```
census2<-census[,colnames(census) %in% c("phone", 'speakeng', 'wkswork1', 'incwelfr',
'incss', 'educrec','metro', 'ownershd', 'marst', 'lingisol','nfams', 'yrsusal', 'movedin',
'racwht', 'age') ]

summary(census2)
```

이 호출은 요인 변수의 셀 수를 포함하여 이 가중치가 있는 하위 샘플의 변수에 대한 요약 정보를 제공한다.

```
Call:
rxSummary(formula = ~phone + speakeng + wkswork1 + incwelfr + incss + educrec + metro +
ownershd + marst + lingisol + nfams + yrsusal + movedin + racwht + age, data =
bigCensusData, pweights = "perwt", rowSelection = age > 20, blocksPerRead = 5)

Summary Statistics Results for: ~phone + speakeng + wkswork1 + incwelfr + incss + educrec +
metro + ownershd + marst + lingisol + nfams + yrsusal + movedin + racwht + age
Data: bigCensusData (RxXdfData Data Source)
File name: C://Census5PCT2000.xdf
Probability weights: perwt
Number of valid observations: 9822124
```

```
Name          Mean              StdDev          Min      Max      SumOfWeights
MissingWeights
wkswork1   32.068473     23.2438663      0       52       196971131      0
incwelfr   61.155293     711.0955602     0       25500    196971131      0
incss        1614.604835 3915.771723     0       26800    196971131      0
nfams        1.163434    0.5375238       1       48       196971131      0
yrsusal      2.868573    9.0098343       0       90       196971131      0
age          46.813005   17.1797905      21      93       196971131      0
Category Counts for phone
Number of categories: 3

 phone                       Counts
 N/A                          5611380
 No, no phone available      3957030
 Yes, phone available      187402721

Category Counts for speakeng
Number of categories: 10
 speakeng                      Counts
 N/A (Blank)                        0
 Does not speak English       2956934
 Yes, speaks English...             0
 Yes, speaks only English 162425091
 Yes, speaks very well      17664738
... 생략 ...
```

다음으로 rxCor 함수를 호출할 것이다. 이 함수는 지정된 변수에 대한 피어슨의 상관 행렬을 반환하는 rxCovCor의 편리한 함수이다. 변환 인수를 많이 사용하여 상관 행렬 생성에 사용되는 요인 변수로부터 일련의 논리적(또는 더미) 변수를 생성한다.

|| MS R

```
censusCor <- rxCor(formula=~poverty + noPhone + noEnglish + onSocialSecurity + onWelfare +
working + incearn + noHighSchool + inCity + renter +
 noSpouse + langIsolated + multFamilies + newArrival + recentMove +
              white + sei + older,
              data = bigCensusData, pweightsb= "perwt", blocksPerRead = 5,
              rowSelection = age > 20,
              transforms= list(
                    noPhone = phone == "No, no phone available",
                    noEnglish = speakeng == "Does not speak English",
                    working = wkswork1 > 20,
                    onWelfare = incwelfr > 0,
                    onSocialSecurity = incss > 0,
```

```
                  noHighSchool =!(educrec %in% c("Grade 12", "1 to 3 years of college",
                                               "4+ years of college")),
                  inCity = metro == "In metro area, central city",
renter = ownershd %in% c("No cash rent", "With cash rent"),
                  noSpouse = marst != "Married, spouse present",
                  langIsolated = lingisol == "Linguistically isolated",
                  multFamilies = nfams > 2,
                  newArrival = yrsusa2 == "0-5 years",
                  recentMove = movedin == "This year or last year",
                  white = racwht == "Yes",
                  older = age > 64 ))
```

‖ R

```
censustrans<-transform(census,
  noPhone = (census$phone == "No, no phone available"),
  noEnglish = (speakeng == "Does not speak English"),
  working = wkswork1 > 20,
  onWelfare = incwelfr > 0,
  onSocialSecurity = incss > 0,
  noHighSchool =
    !(educrec %in% c("Grade 12", "1 to 3 years of college", "4+ years of college")),

  inCity = metro == "In metro area, central city",
  renter = ownershd %in% c("No cash rent", "With cash rent"),
  noSpouse = marst != "Married, spouse present",
  langIsolated = lingisol == "Linguistically isolated",
  multFamilies = nfams > 2,
  newArrival = yrsusa2 == "0-5 years",
  recentMove = movedin == "This year or last year",
  white = racwht == "Yes",
  older = age > 64 )
cen_sub<-subset(censustrans,select=c(poverty, noPhone, noEnglish, onSocialSecurity,
onWelfare, working, incearn, noHighSchool, inCity, renter, noSpouse, langIsolated,
multFamilies, newArrival, recentMove, white, sei, older))
cencor<-cor(cen_sub)
```

결과 상관 관계 행렬은 R의 통계 패키지가 제공하는 요인 분석 함수에 대한 입력값으로 사용된다. 결과를 해석할 때 빈곤 변수는 가계 소득을 빈곤 기준의 백분율로 나타내므로 가계 소득이 증가하면 증가한다. 먼저 두 가지 요소를 지정하자.

|| MS R

```
censusFa <- factanal(covmat = censusCor, factors=2)

print(censusFa, digits=2, cutoff = .2, sort= TRUE)
```

|| R

```
censusFa <- factanal(covmat = cencor, factors=2)

print(censusFa, digits=2, cutoff = .2, sort= TRUE)
```

결과는 다음과 같다.

```
Call:
factanal(factors = 2, covmat = cencor)

Uniquenesses:
        poverty          noPhone         noEnglish  onSocialSecurity         onWelfare
           0.53             0.96              0.97              0.23              0.97
        working          incearn       noHighSchool            inCity            renter
           0.48             0.65              0.87              0.99              0.81
       noSpouse      langIsolated      multFamilies        newArrival        recentMove
           0.88             0.95              0.97              0.96              0.96

          white              sei             older
           0.91             0.55              0.23

Loadings:
                 Factor1  Factor2
onSocialSecurity -0.82    -0.33
working           0.72
incearn           0.5     -0.3
sei               0.64
older            -0.81    -0.34
poverty           0.31    -0.61
(… 생략 …)
renter            0.43
noSpouse          0.32
langIsolated      0.21
multFamilies
newArrival        0.2
recentMove
white            -0.3
```

```
               Factor1 Factor2
SS loadings      2.72    1.41
Proportion Var   0.15    0.08
Cumulative Var   0.15    0.23

The degrees of freedom for the model is 118 and the fit was 0.5325
```

동일한 상관 행렬을 사용하여 세 가지 요소를 추정할 수 있다.

14.9.3 주성분 분석

주성분 분석(PCA)은 요인 분석과 밀접한 관련이 있다. PCA는 첫 번째 축 또는 첫 번째 주성분이 가능한 한 많은 변동성을 고려하여 직각의 축 집합을 찾고 후속 축(또는 성분)을 선택하여 이전 축과의 직교성을 유지하면서 분산을 최대화한다.

주성분은 일반적으로 데이터 행렬의 특이값 분해나 공분산 또는 상관행렬의 고유치 분해로 계산된다. 후자는 rxCovCor를 사용하고 표준 R 함수 princomp와 함께 사용할 수 있게 한다.

예를 들어 rxCov 함수를 사용하여 iris 데이터의 로그에 대한 공분산 행렬을 계산하고 이를 princomp 함수에 전달한다. 이것은 Modern Applied Statistics of S(Venables & Ripley, 2002)의 pp. 303~304에서 예제를 재현할 것이다.

```
irisLog <- as.data.frame(lapply(iris[,1:4], log))
irisSpecies <- iris[,5]
```

|| MS R

```
irisCov <- rxCov(~ Sepal.Length + Sepal.Width + Petal.Length + Petal.Width, data=irisLog)
irisPca <- princomp(covmat=irisCov, cor=TRUE)
summary(irisPca)
```

|| R

```
irisCov <- cov(irisLog[,1:4])
irisPca <- princomp(covmat=irisCov, cor=TRUE)
summary(irisPca)
```

이렇게 하면 다음과 같은 결과를 얻을 수 있다.

```
Sepal.Length Sepal.Width  Petal.Length  Petal.Width
Sepal.Length    0.01993435    -0.00225173    0.07009841   0.11119517
Sepal.Width    -0.00225173     0.02046023   -0.03988924  -0.06332701
Petal.Length    0.07009841    -0.03988924    0.34824705   0.56004646
Petal.Width     0.11119517    -0.06332701    0.56004646   0.96628827

Importance of components:
                          Comp.1    Comp.2     Comp.3    Comp.4
Standard deviation     1.7124583 0.9523797 0.36470294 0.1656840
Proportion of Variance 0.7331284 0.2267568 0.03325206 0.0068628
Cumulative Proportion  0.7331284 0.9598851 0.99313720 1.0000000
```

princomp 클래스의 객체에 대한 기본 플롯 방법은 주요 구성 요소의 분산을 나타내는 막대 그래프인 screeplot이다. 주 구성 요소 객체를 사용하여 plot을 호출하여 평소처럼 플롯을 얻을 수 있다.

```
plot(irisPca)
```

그러면 다음 그림이 표시된다.

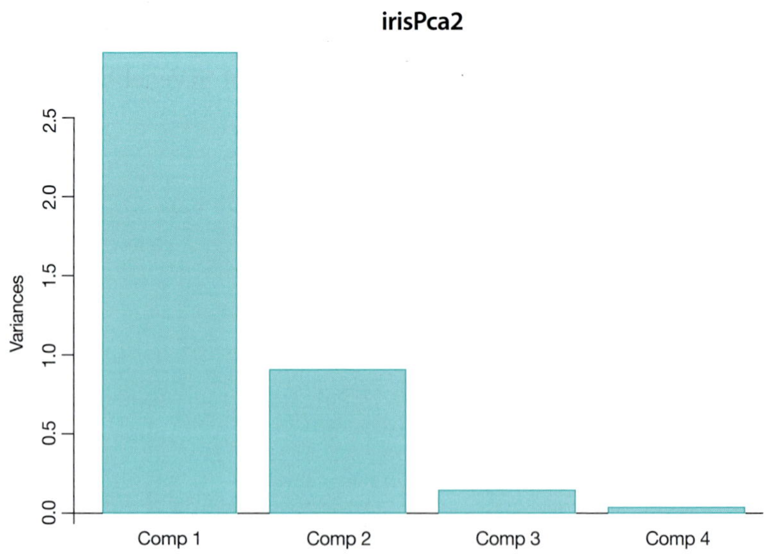

그림 14-6 • PCA 적용결과

출력의 또 다른 유용한 bit는 각 주요 구성 요소에 대한 선형 조합을 보여주는 열 세트를 반환하는 loadings 함수에 의해 제공된다.

```
loadings(irisPca)
```

```
Loadings:
              Comp.1    Comp.2    Comp.3    Comp.4
Sepal.Length  0.504     -0.455    0.709     0.191
Sepal.Width   -0.302    -0.889    -0.331
Petal.Length  0.577               -0.219    -0.786
Petal.Width   0.567               -0.583    0.580

              Comp.1    Comp.2    Comp.3    Comp.4
SS loadings   1.00      1.00      1.00      1.00
Proportion Var 0.25     0.25      0.25      0.25
Cumulative Var 0.25     0.50      0.75      1.00
```

princomp에 대한 호출에서 cor = TRUE 플래그를 제공한 것을 알 수 있다. 이것은 princomp가 공분산 행렬이 아닌 상관 행렬을 사용하여 주성분을 계산하도록 지시한다. 플래그를 생략하고 rxCor에 의해 반환된 상관 행렬을 제출하여 동일한 결과를 얻을 수 있다.

```
irisCor <- rxCor(~ Sepal.Length + Sepal.Width + Petal.Length + Petal.Width, data=irisLog)
irisPca2 <- princomp(covmat=irisCor)
summary(irisPca2)
```

```
Importance of components:
                          Comp.1    Comp.2     Comp.3    Comp.4
Standard deviation     1.7124583 0.9523797  0.36470294 0.1656840
Proportion of Variance 0.7331284 0.2267568 0.03325206 0.0068628
Cumulative Proportion  0.7331284 0.9598851  0.99313720 1.0000000
```

```
loadings(irisPca2)
```

```
Loadings:
             Comp.1 Comp.2 Comp.3 Comp.4
Sepal.Length  0.504  0.455  0.709  0.191
Sepal.Width  -0.302  0.889 -0.331
Petal.Length  0.577        -0.219 -0.786
Petal.Width   0.567        -0.583  0.580

               Comp.1 Comp.2 Comp.3 Comp.4
SS loadings      1.00   1.00   1.00   1.00
Proportion Var   0.25   0.25   0.25   0.25
Cumulative Var   0.25   0.50   0.75   1.00
```

```
plot(irisPca2)
```

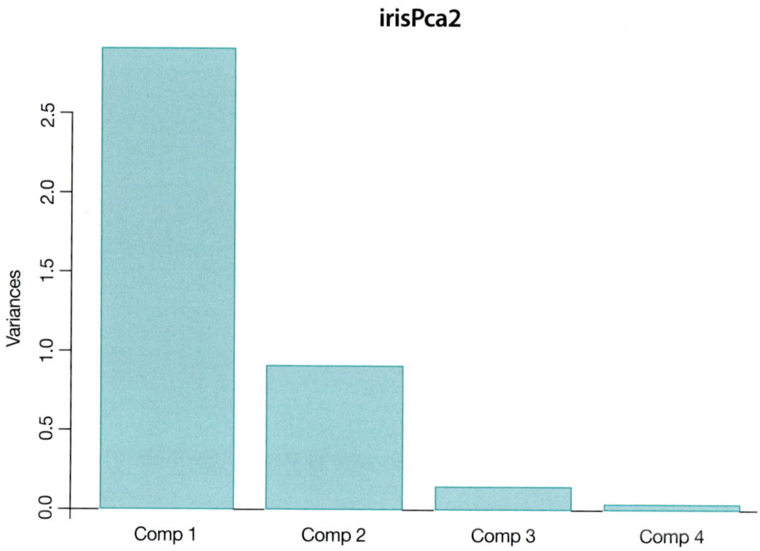

그림 14-7 • PCA 적용결과

15. 시뮬레이션

‖ **Visualizing Huge Data Sets: An Example from the U.S Census**

오픈 소스 R 언어의 강력함과 유연성을 RevoScaleR이 제공하는 거대한 데이터 세트에 대한 빠른 계산과 신속한 액세스와 결합함으로써 플로팅을 위해 '즉석에서' 정밀한 계산을 수행하고 이러한 패턴을 시각적으로 살펴보자.

다음 예는 기본적인 인구 통계학적 패턴에 초점을 맞춘다. 일반적으로 여아보다 남아가 더 많이 태어났으며 모든 연령대의 남성 사망률이 더 높다. 따라서 일반적으로 우리는 나이가 증가함에 따라 남성과 여성의 비율이 감소하는 것을 관찰한다.

15.1 데이터 검사

우리는 2000년 미국 Census의 5% 공공 사용 마이크로 데이터 샘플(PUMS)을 사용하여 미국에서 이 패턴을 조사할 수 있다. 약 12기가 바이트의 .xdf 파일에 저장된다. rxGetInfo 함수를 사용하여 데이터 세트의 요약 정보를 얻을 수 있다. https://docs.microsoft.com/en-us/machine-learning-server/r-reference/revoscaler/censusus5pct2000에서 다운받을 수 있다.

```
bigDataDir <- getwd()
bigCensusData <- file.path(bigDataDir,"CensusUS5Pct2000.xdf")

rxGetInfo(bigCensusData)
```

```
File name: C:\MRS\Data\CensusUS5Pct2000.xdf
Number of observations: 14058983
Number of variables: 264
Number of blocks: 98

Compression type: zlib
```

1,400만 개가 넘는 행을 포함하고 264개의 변수가 있으며 .xdf 파일의 98개 데이터 블록에 저장되었다. 먼저 rxCube 함수를 사용하여 Census에서 제공한 가중치 변수를 사용하여 각 연령별 남성과 여성의 수를 계산한다. 한 번에 15블록 또는 약 2백만 행의 chunk로 데이터를 읽는다.

‖ MS R

```
ageSex <- rxCube(~F(age):sex, pweights = "perwt", data = bigCensusData, blocksPerRead = 15)
```

계산에서 우리는 연령을 범주형 변수로 취급하므로 각 연령별로 계산된다. 이 요소 데이터를 정수로 다시 변환할 것이기 때문에 변환을 수행하는 함수를 작성한다.

```
factoi <- function(x){
        as.integer(levels(x))[x]    }
```

우리는 이제 R에 간단한 함수를 작성하여 rxCube에서 반환된 카운트 정보를 가져와 각 나이의 성비를 계산하는 산술 연산을 수행할 수 있다.

```
getSexRatio <- function(ageSex){
        ageSexDF <- as.data.frame(ageSex)
        sexRatioDF <- subset(ageSexDF, sex == 'Male')
names(sexRatioDF)[names(sexRatioDF) == 'Counts'] <- 'Males'
sexRatioDF$sex <- NULL
females <- subset(ageSexDF, sex == 'Female')
        sexRatioDF$Females <- females$Counts
sexRatioDF$age <- factoi(sexRatioDF$F_age)
sexRatioDF <- subset(sexRatioDF, Females > 0 & Males > 0 & age <=90)
sexRatioDF$SexRatio <- sexRatioDF$Males/sexRatioDF$Females
return(sexRatioDF)
}
```

남성 및 여성 모두에 대해 양수가 있는 모든 그룹의 남성 및 여성 통계, SexRatio 및 연령에 대한 데이터 프레임을 반환한다. 90세 이상도 제외된다. 함수를 사용하고 결과를 그려보자

‖ MS R

```
sexRatioDF <- getSexRatio(ageSex)
rxLinePlot(SexRatio~age, data = sexRatioDF,
xlab = "Age", ylab = "Sex Ratio",
main = "Figure 1: Sex Ratio by Age, U.S. 2000 5% Census")
```

‖ R

```
plot(sexRatioDF$age,sexRatioDF$SexRatio, type='l', xlab = "Age", ylab = "Sex Ratio",  main =
"Figure 1: Sex Ratio by Age, U.S. 2000 5% Census")
```

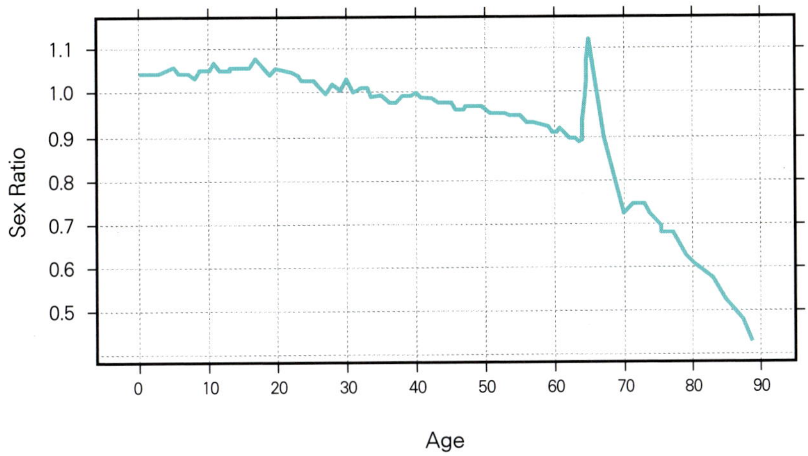

그림 15-1 • Sex Ratio by Age, U.S. 2000 5% Census

그래프는 젊은 연령대의 예상 하강 추세를 보여준다. 그러나 65세의 나이에 어떤 일이 일어나는지 확인해보자. 65세의 나이에 갑자기 10명당 12명의 남성이 생긴다.

신속하게 드릴 다운하고 각 지역에 대해 동일한 계산을 수행할 수 있다.

‖ MS R

```
ageSex <- rxCube(~F(age):sex:region, pweights = "perwt", data = bigCensusData, blocksPerRead
= 15)
sexRatioDF <- getSexRatio(ageSex)

rxLinePlot(SexRatio~age|region, data = sexRatioDF, xlab = "Age", ylab = "Sex Ratio",
main = "Figure 2: Sex Ratio by Age and Region, U.S. 2000 5% Census")
```

‖ R

```
par(mfrow = c(3, 3))
ratio<-c()
for(i in 1:9){
  ratio<-sexRatioDF[as.numeric(sexRatioDF$region)==unique(as.numeric(sexRatioDF$region))
[i],]
  plot(ratio$age,ratio$SexRatio, type='l',
       xlab = "Age", ylab = "Sex Ratio",
main = "Figure 2: Sex Ratio by Age and Region, U.S. 2000 5% Census")
}
```

모든 지역에서 65세의 나이에 'spike'가 발생하지 않을 것으로 예상된다.

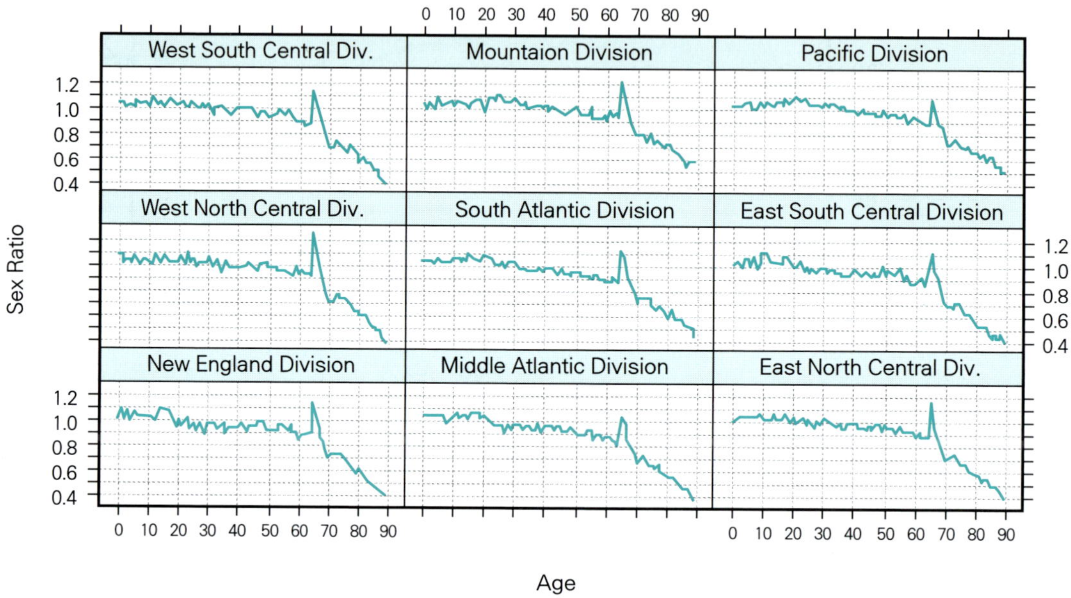

그림 15-2 • Sex Ratio by Age and Region, U.S. 2000 5% Census

|| MS R

```
ageSex <- rxCube(~F(age):sex:racwht, pweights = "perwt", data = bigCensusData, blocksPerRead
= 15)
sexRatioDF <- getSexRatio(ageSex)
rxLinePlot(SexRatio~age, groups = racwht, data = sexRatioDF, xlab = "Age", ylab = "Sex
Ratio", main = "Figure 3: Sex Ratio by Age, Conditioned on 'Is White?', U.S. 2000 5%
Census")
```

|| R

```
library(ggplot2)
ageSex <- rxCube(~F(age):sex:racwht, pweights = "perwt", data = bigCensusData, blocksPerRead
= 15)

sexRatioDF <- getSexRatio(ageSex)
ggplot(sexRatioDF,aes(x=age,y=SexRatio,col=racwht))+geom_line()+labs(colour="No/Yes")+
ggtitle( "Figure 3: Sex Ratio by Age, Conditioned on 'Is White?', U.S. 2000 5% Census")
```

두 그룹 간에 흥미로운 차이점이 있지만, 두 경우 모두 65세에 급등이 있다.

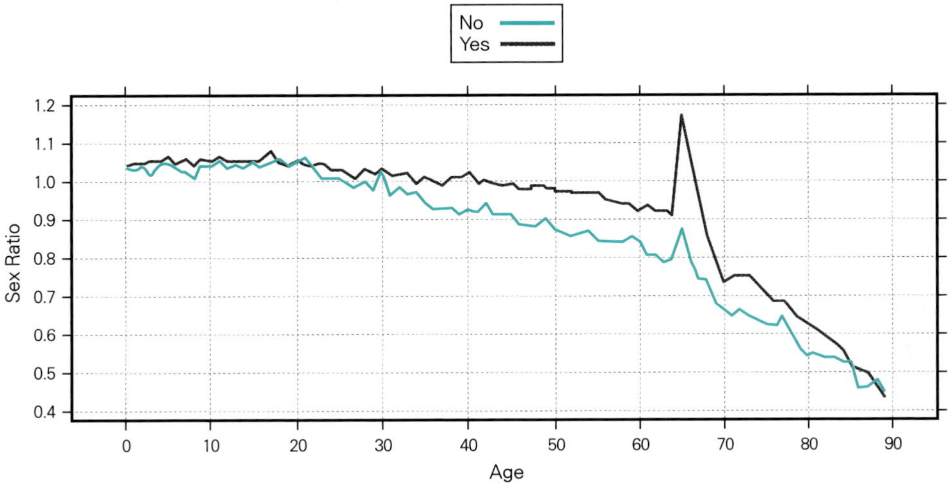

그림 15-3 • Sex Ratio by Age, Conditioned on 'Is White?', U.S. 2000 5% Census

기혼자를 미혼자와 비교해봅시다. 수행하기 위해 transform 인수를 사용하여 임시 변수를 만들겠다.

‖ MS R

```
ageSex <- rxCube(~F(age):sex:married, pweights = "perwt", data = bigCensusData, transforms =
list(married = factor(marst == 'Married, spouse present', levels = c(FALSE, TRUE), labels =
c("No Spouse", "Spouse Present"))), blocksPerRead = 15)
sexRatioDF <- getSexRatio(ageSex)
rxLinePlot(SexRatio~age, groups = married, data = sexRatioDF, xlab="Age", ylab = "Sex
Ratio", main="Figure 4: Sex Ratio by Age, Living/Not Living with Spouse, U.S. 2000 5%
Census")
```

‖ R

```
library(ggplot2)
ageSex <- rxCube(~F(age):sex:married, pweights = "perwt", data = bigCensusData, transforms =
list(married = factor(marst == 'Married, spouse present', levels = c(FALSE, TRUE), labels =
c("No Spouse", "Spouse Present"))), blocksPerRead = 15)
sexRatioDF <- getSexRatio(ageSex)
ggplot(sexRatioDF,aes(x=age,y=SexRatio,col=married))+geom_line()+labs(colour="No Spouse/
Spouse Present")+
  ggtitle("Figure 4: Sex Ratio by Age, Living/Not Living with Spouse, U.S. 2000 5% Census")
```

그림 15-4 • Sex Ratio by Age, Living/Not Living with Spouse, U.S. 2000 5% Census

첫째, 65세의 급등은 미혼의 사람들에게는 보이지 않는다. 또한 눈에 띄는 다른 경향을 살펴보자. 결혼한 20세의 경우 10명의 여성에 대해 약 5명의 남성이 있지만, 60세의 결혼의 경우 10명의 여성마다 약 11명의 남성이 있다. 이것은 처음에는 직관적인 것처럼 보이지 않을 수 있지만 남성이 젊은 여성과 결혼하는 경향이 있다는 개념과 일치한다. 다음을 살펴보자.

15.2 분석 확장하기

우리는 아내의 나이와 남성의 나이를 비교하고 싶다. 배우자의 나이가 데이터 파일의 다른 레코드에 저장되어 있기 때문에 이전 계산보다 더 복잡하다. 이를 처리하기 위해 RevoScaleR의 데이터 스텝 기능을 변환 기능과 함께 사용하여 새로운 데이터 세트를 만든다. 이 변환 함수는 RevoScaleR의 기능을 사용하여 .xdf 파일에서 추가 행을 chunk로 읽는 동안 되돌릴 수 있다. 또한 변환 함수 내에서 제공되는 내부 변수를 사용한다. .rxStartRow는 처리 중인 데이터 chunk의 첫 번째 행에 대한 원래 데이터 세트의 행 번호다.

.rxReadFileName은 읽히는 파일의 이름을 제공한다. 우선 데이터 세트에서 배우자의 상대 위치를 확인한다. 그런 다음 관측치 중 어느 것이 이전, 현재 또는 다음 데이터 덩어리에 배우자가 있는지를 결정한다. 그런 다음 세 가지 경우 각각 배우자 정보를 조회하고 원래 관찰에 추가한다.

```
# Extending the Analysis
spouseAgeTransform <- function(data)
{
# Use internal variables
censusUS2000 <- .rxReadFileName
startRow <- .rxStartRow
# Calculate basic information about input data chunk
numRows <- length(data$sploc)
endRow <- startRow + numRows - 1

# Create a new variable. A spouse is present if the spouse locator
# (relative position of spouse in data) is positive
data$hasSpouse <- data$sploc > 0

# Create variables for spouse information
spouseVars <- c("age", "incwage", "sex")
data$spouseAge <- rep.int(NA_integer_, numRows)
data$spouseIncwage <- rep.int(NA_integer_, numRows)
data$sameSex <- rep.int(NA, numRows)
# Create temporary row numbers for this block
rowNum <- seq_len(numRows)
# Find the temporary row number for the spouse
spouseRow <- rep.int(NA_integer_, numRows)
if (any(data$hasSpouse))
{
   spouseRow[data$hasSpouse] <-
   rowNum[data$hasSpouse] +
   data$sploc[data$hasSpouse] - data$pernum[data$hasSpouse]
}
##################################################################
# Handle possibility that spouse is in previous or next chunk
# Create a variable indicating if the spouse is in the previous,
# current, or next chunk
blockBreaks <- c(-.Machine$integer.max, 0, numRows, .Machine$integer.max)
blockLabels <- c("previous", "current", "next")
spouseFlag <- cut(spouseRow, breaks = blockBreaks, labels = blockLabels)
blockCounts <- tabulate(spouseFlag, nbins = 3)
names(blockCounts) <- blockLabels
# At least one spouse in previous chunk
if (blockCounts[["previous"]] > 0)
{
# Go back to the original data set and read the
# required rows in the previous chunk
needPreviousRows <- 1 - min(spouseRow, na.rm = TRUE)
previousData <- rxReadXdf(censusUS2000,
startRow = startRow - needPreviousRows,
numRows = needPreviousRows, varsToKeep = spouseVars,
```

```
returnDataFrame = FALSE, reportProgress = 0)
# Get the spouse locations
whichPrevious <- which(spouseFlag == "previous")
spouseRowPrev <- spouseRow[whichPrevious] + needPreviousRows
# Set the spouse information for everyone with a spouse
# in the previous chunk
data$spouseAge[whichPrevious] <- previousData$age[spouseRowPrev]
data$spouseIncwage[whichPrevious] <- previousData$incwage[spouseRowPrev]
data$sameSex[whichPrevious] <-
data$sex[whichPrevious] == previousData$sex[spouseRowPrev]
}
# At least one spouse in current chunk
if (blockCounts[["current"]] > 0)
{
# Get the spouse locations
whichCurrent <- which(spouseFlag == "current")
spouseRowCurr <- spouseRow[whichCurrent]
# Set the spouse information for everyone with a spouse
# in the current chunk
data$spouseAge[whichCurrent] <- data$age[spouseRowCurr]
data$spouseIncwage[whichCurrent] <- data$incwage[spouseRowCurr]
data$sameSex[whichCurrent] <-
data$sex[whichCurrent] == data$sex[spouseRowCurr]
}
# At least one spouse in next chunk
if (blockCounts[["next"]] > 0)
{
# Go back to the original data set and read the
# required rows in the next chunk
needNextRows <- max(spouseRow, na.rm=TRUE) - numRows
nextData <- rxReadXdf(censusUS2000, startRow = endRow+1,
numRows = needNextRows, varsToKeep = spouseVars,
returnDataFrame = FALSE, reportProgress = 0)
# Get the spouse locations
whichNext <- which(spouseFlag == "next")
spouseRowNext <- spouseRow[whichNext] - numRows
# Set the spouse information for everyone with a spouse
# in the next block
data$spouseAge[whichNext] <- nextData$age[spouseRowNext]
data$spouseIncwage[whichNext] <- nextData$incwage[spouseRowNext]
data$sameSex[whichNext] <-
data$sex[whichNext] == nextData$sex[spouseRowNext]
}
# Now caculate age difference
data$ageDiff <- data$age - data$spouseAge
data
}
```

적은 수의 데이터 행을 읽음으로써 변환 함수를 테스트할 수 있다. 먼저 이전 블록에 배우자가 있고 다음 블록에 배우자가 있는 chunk를 읽고 변환 함수를 호출한다. 두 배우자가 포함되도록 데이터 덩어리를 확장하고 동일한 결과가 동일한 행에 대해 같은지 다시 확인한다.

```
varsToKeep=c("age", "region", "incwage", "racwht", "nchild", "perwt", "sploc",
"pernum", "sex")
testDF <- rxReadXdf(bigCensusData, numRows = 6, startRow=9,
varsToKeep = varsToKeep, returnDataFrame=FALSE)
.rxStartRow <- 9
.rxReadFileName <- bigCensusData
newTestDF <- as.data.frame(spouseAgeTransform(testDF))
.rxStartRow <- 8
testDF2 <- rxReadXdf(bigCensusData, numRows = 8, startRow=8,
varsToKeep = varsToKeep, returnDataFrame=FALSE)
newTestDF2 <- as.data.frame(spouseAgeTransform(testDF2))
newTestDF[,c("age", "incwage", "sploc", "hasSpouse" ,"spouseAge", "ageDiff")]
newTestDF2[,c("age", "incwage", "sploc", "hasSpouse" ,"spouseAge", "ageDiff")]

> newTestDF[,c("age", "incwage", "sploc", "hasSpouse" ,"spouseAge", "ageDiff")]
age incwage sploc hasSpouse spouseAge ageDiff
1 46 1000 1 TRUE 43 3
2 16 0 0 FALSE NA NA
3 14 NA 0 FALSE NA NA
4 7 NA 0 FALSE NA NA
5 19 1500 0 FALSE NA NA
6 62 42600 2 TRUE 55 7

> newTestDF2[,c("age", "incwage", "sploc", "hasSpouse" ,"spouseAge", "ageDiff")]
age incwage sploc hasSpouse spouseAge ageDiff
1 43 150000 2 TRUE 46 -3
2 46 1000 1 TRUE 43 3
3 16 0 0 FALSE NA NA
4 14 NA 0 FALSE NA NA
5 7 NA 0 FALSE NA NA
6 19 1500 0 FALSE NA NA
7 62 42600 2 TRUE 55 7
8 55 0 1 TRUE 62 -7
```

새 데이터 세트를 만들려면 rxDataStep과 함께 변환 함수를 사용한다. 여성 배우자와 함께 사는 남성에 대한 관찰은 spouseCensus2000.xdf라는 새로운 데이터 .xdf 파일에 기록된다. 배우자의 나이에 대한 정보가 포함된다.

```
spouseCensusXdf <- "spouseCensus2000"
rxDataStep(inData = bigCensusData, outFile=spouseCensusXdf,
           varsToKeep=c("age", "region", "incwage", "racwht", "nchild", "perwt"),
           transformFunc = spouseAgeTransform,
           transformVars = c("age", "incwage","sploc", "pernum", "sex"), rowSelection = sex
== 'Male' &
hasSpouse == 1 & sameSex == FALSE &
           age <= 90,blocksPerRead = 15, overwrite=TRUE)
```

이제 남편 나이마다 배우자 연령 분포를 계산할 수 있다. 그런 다음 나이를 정수로 다시 변환한 후 남편의 나이에 따라 나이 차이를 플로팅할 수 있다.

‖ MS R

```
ageDiffData <- rxCube(ageDiff~F(age) , pweights="perwt", data = spouseCensusXdf,
returnDataFrame = TRUE, blocksPerRead = 15)
ageDiffData$ownAge <- factoi(ageDiffData$F_age)
rxLinePlot(ageDiff~ownAge, data = ageDiffData,xlab="Age of Husband", ylab = "Age Difference
(Husband-Wife)", main="Figure 5: Age Difference of Spouses Living Together, U.S. 2000 5%
Census")
```

‖ R

```
ageDiffData <- rxCube(ageDiff~F(age) , pweights="perwt", data = spouseCensusXdf,
returnDataFrame = TRUE, blocksPerRead = 15)
ageDiffData$ownAge <- factoi(ageDiffData$F_age)
plot(ageDiffData$ownAge,ageDiffData$ageDiff,type='l',xlab="Age of Husband", ylab = "Age
Difference (Husband-Wife)",
     main="Figure 5: Age Difference of Spouses Living Together, U.S. 2000 5% Census")
```

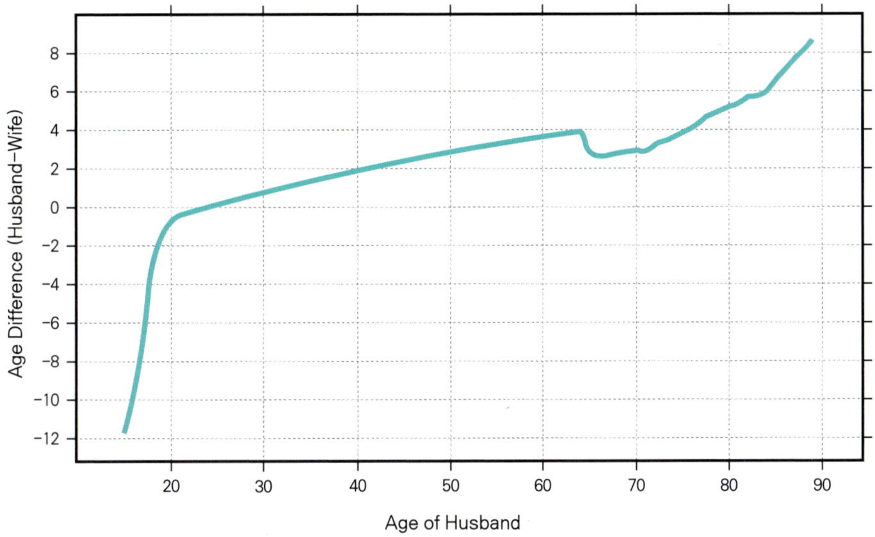

그림 15-5 • Age Difference of Spouses Living Together, U.S. 2000 5% Census

20대 초반부터 남성들은 젊은 여성과 결혼하는 경향이 있다. 남성이 나이가 들면 나이 차이가 커진다. 그러나 65세에 시작하여 우리의 원활한 추세는 멈추고 보다 비정상적인 행동을 보임으로써 우리의 데이터는 65세 이상 가구의 배우자 연령에 관한 잘못된 정보를 제공한다.

새로운 데이터 세트를 통해 남편의 나이와 부인의 나이를 조합하여 계산할 수 있다.

```
aa<- rxCube(~F(age):F(spouseAge), pweights = "perwt", data = spouseCensusXdf,
            returnDataFrame = TRUE, blocksPerRead = 7)
```

레벨 플롯은 결과를 시각화하는 좋은 방법이다. 여기서 색상은 남편과 아내의 나이 조합의 각 범주 수를 나타낸다.

```
#       Convert factors to integers
aa$age <- factoi(aa$F_age)
aa$spouseAge <- factoi(aa$F_spouseAge)

#       Do a level plot showing the counts for husbands aged 40 to 60
ageCompareSubset <- subset(aa, age >= 40 & age <= 60 & spouseAge >= 30 & spouseAge <= 65)
levelplot(Counts~age*spouseAge, data=ageCompareSubset, xlab="Age of Husband", ylab = "Age of
Wife",
          main="Figure 6: Counts by Age (40-60) and Spouse Age, U.S. 2000 5% Census")
```

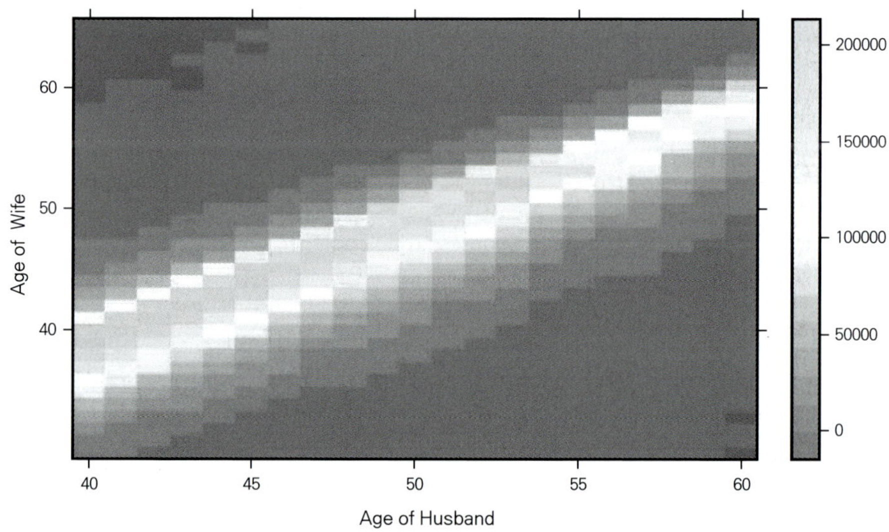

그림 15-6 • Counts by Age(40-60) and Spouse Age, U.S. 2000 5% Census

레벨 플롯에서 남편의 나이가 증가함에 따라 아내의 상대적 나이가 점차 감소하는 매우 명확한 패턴이 있다. 이제 60세에서 80세 사이의 남편과 반복하라.

```
ageCompareSubset <- subset(aa, age >= 60 & age <= 80 & spouseAge >= 50 & spouseAge <= 75)

levelplot(Counts~age*spouseAge, data = ageCompareSubset, xlab = "Age of Husband", ylab =
"Age of Wife",  main ="Figure 7: Counts by Age(60-80)and Spouse Age , U.S. 2000 5% Census")
```

그림 15-7 • Counts by Age(40-60) and Spouse Age, U.S. 2000 5% Census

이것은 다른 이야기를 보여준다. 65세의 여성과 결혼한 60~80세의 남성은 거의 없으며 특히 65세의 여성과 결혼한 65세 남성이 거의 없다는 점에 주목할 수 있다. 이 점을 더 자세히 검토하기 위해 62세에서 67세까지의 남성의 아내 연령대 분포도를 볼 수 있다.

‖ MS R

```
ageCompareSubset <- subset(aa, age > 61 & age < 68 & spouseAge > 50 & spouseAge < 85)

rxLinePlot(Counts~spouseAge, groups = age, data = ageCompareSubset, xlab = "Age of Wife",
ylab = "Counts", lineColor = c("Blue4", "Blue2", "Blue1", "Red2", "Red3", "Red4"),
 main = "Figure 8: Ages of Wives (> 45) for Husband's Ages 62 to 67, U.S. 2000 5% Census")
```

‖ R

```
library(ggplot2)
ageCompareSubset$age<-as.factor(ageCompareSubset$age)
ggplot(ageCompareSubset, aes(x=spouseAge,y=Counts,col=age))+geom_line()+
  ggtitle("Figure 8: Ages of Wives (> 45) for Husband's Ages 62 to 67, U.S. 2000 5%
Census")+xlab("Age of Wife")+
  ylab("Counts")
```

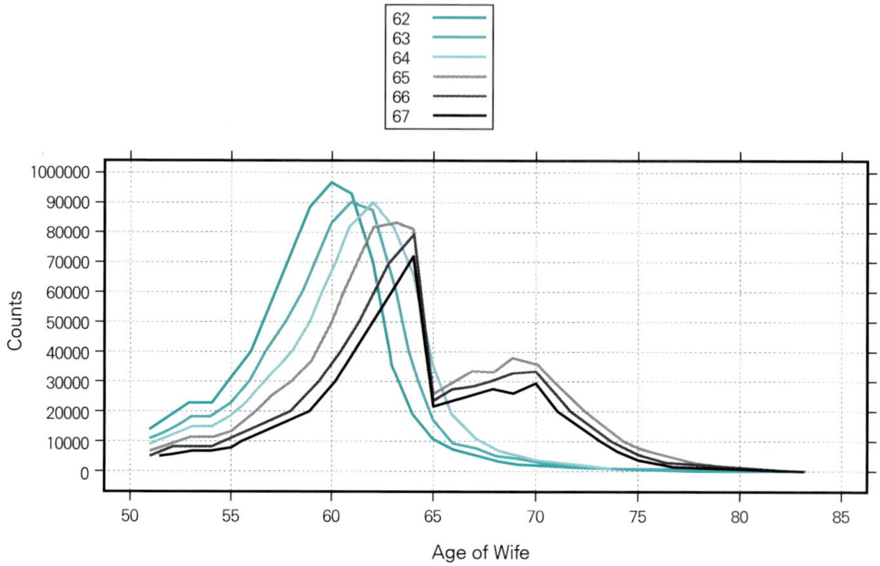

그림 15-8 • Ages Wives(>45) for Husband's Ages 62 to 67, U.S. 2000 5% Census

62세부터 64세에 해당하는 그래프 선을 살펴보면, 아내의 나이는 남편보다 2살 더 젊다. 이 그래프에서는 양쪽 꼬리에서 합당한 분포를 보인다. 그러나 65세부터 매우 다른 패턴을 나타난다. 남편이 65세가 되면 65세의 아내를 쫓아버리거나(또는 잃는다) 노인 여성과 결혼하는 것으로 보인다. 이것은 확실히 데이터를 의심스럽게 만든다. 실제로 센서스 국에서 데이터에 적용한 공개 회피 기술을 통해 데이터의 오류가 발생했다.

참고문헌

http://archive.ics.uci.edu/ml/datasets/Statlog+%28German+Credit+Data%29

http://blogs.nvidia.co.kr/2016/08/03/difference_ai_learning_machinelearning/

http://jdm.kr/blog/112

http://passi0n.tistory.com/80

http://pubdata.tistory.com/134

https://ai4life.blogspot.kr/2013/08/history-of-artificial-intelligence-ai_24.html

https://archive.ics.uci.edu/ml/datasets/Automobile

https://archive.ics.uci.edu/ml/datasets/Heart+Disease

https://archive.ics.uci.edu/ml/datasets/iris

https://docs.microsoft.com/en-us/machine-learning-server/install/machine-learning-server-windows-install

https://docs.microsoft.com/en-us/machine-learning-server/r-reference/introducing-r-server-r-package-reference

https://docs.microsoft.com/en-us/machine-learning-server/r/tutorial-introduction

https://docs.microsoft.com/ko-kr/azure/machine-learning/studio/algorithm-choice

https://docs.microsoft.com/ko-kr/azure/machine-learning/studio/algorithm-parameters-optimize

https://docs.microsoft.com/ko-kr/azure/machine-learning/studio/create-experiment

https://docs.microsoft.com/ko-kr/azure/machine-learning/studio/what-is-ml-studio

https://gallery.azure.ai/Experiment/Heart-Disease-Prediction-2

https://gallery.cortanaintelligence.com/Experiment/Anomaly-Detection-Credit-Risk-5

https://gallery.cortanaintelligence.com/Experiment/Multiclass-Classification-News-categorization-2

https://gallery.cortanaintelligence.com/Experiment/Quantile-Regression-Car-price-prediction-3

https://ko.wikipedia.org/wiki/%EB%94%A5_%EB%9F%AC%EB%8B%9D

https://ko.wikipedia.org/wiki/%EC%83%9D%EA%B0%81

https://ko.wikipedia.org/wiki/%EC%9D%B8%EA%B3%B5%EC%8B%A0%EA%B2%BD%EB%A7%9D

https://ko.wikipedia.org/wiki/%EC%9D%B8%EA%B3%B5%EC%A7%80%EB%8A%A5

https://mathemedicine.github.io/deep_learning.html

https://medium.com/mathpresso/머신러닝스터디

https://projectresearch.co.kr/2017/06/14/%EB%A8%B8%EC%8B%A0%EB%9F%AC%EB%8B%9Dml%EC%9D%98-%EA%B0%84%EB%9E%B5%ED%95%9C-%EC%97%AD%EC%82%AC/

https://studio.azureml.net/

https://www.data.go.kr/

https://www.microsoft.com/ko-KR/sql-server/sql-server-2017-pricing

https://www.python.org/

https://www.r-project.org/

https://www.scienceabc.com/innovation/what-is-artificial-intelligence.html

https://www.slideshare.net/medit74/ss-74123546?qid=5a76f350-f606-4cb0-aa56-7527fc-1d7a67&v=&b=&from_search=2

김성필, "딥러닝 첫걸음", 한빛미디어(2016).

김의중, "알고리즘으로 배우는 인공지능, 머신러닝, 딥러닝 입문", 위키북스(2017).

보안연구부 보안기술연구팀, "인공지능(AI) 개요 및 기술 동향", 금융보안원, 2016.08.26.

사이토 고키, "밑바닥부터 시작하는 딥러닝", 한빛미디어(2017).

양기철, "인공지능 이론 및 실제", 홍릉과학출판사(2014).

조영임, "인공지능시스템", 홍릉과학출판사(2012).

최근우, 송기선, 강요셉, "딥러닝(Deep Learning) 기술의 이해와 연구개발 정책과제", KISTEP, 2016.08.

Friedman, J., Hastie, T., & Tibshirani, R. (2001). The elements of statistical learning (Vol. 1, No. 10). New York, NY, USA:: Springer series in statistics.

Jeff Barnes, "Azure Machine Learning Microsoft Azure Essentials", Microsoft(2015).

John D. Kelleher, Brian Mac Namee, Aoife D'Arcy, "Fundamentals of Machine Learning for Predictive Data Analytics", MIT Press(2015).

Lutz Prechelt, "Early Stopping-but when?", Neural Networks: Tricks of the Trade(2012).

Marsland, Stephen. Machine learning: an algorithmic perspective. Chapman and Hall/CRC, 2011.

Michalski, Ryszard S., Carbonell, Jaime G., Mitchell, Tom M. (ed.), "Machine learning: An artificial intelligence approach", Springer Science & Business Media(2013).

Mitchell, T. M. (1997). Machine learning. WCB.

Nillson, Nils J, "Artificial Intelligence: A New Synthesis", Elsevier(1998).

Pratap Dangeti, "Statistics for Machine Learning", Packt Publishing(2017).

Roger Barga, Valentine Fontama, Wee Hyong Tok, "Predictive Analytics with Microsoft Azure Machine Learning 2nd edition", Apress(2015).

Shalev-Shwartz Shai, S Ben-David Shai, "Understanding machine learning: From theory to algorithms", Cambridge University Press(2014).

Stephen Marsland, "Machine Learning: An Algorithm Perspective, Second Edition", CRC Press(2014).

Trevor Hastie, Robert Tibshirani, Jerome Friedman, "The Elements of Statistical Learning", Springer(2016).

찾아보기